Umgehung des § 613a BGB durch Aufhebungsvereinbarung und Neuvertrag

Schriften zum Arbeitsrecht und Wirtschaftsrecht

Herausgegeben von Abbo Junker

Band 95

PL ACADEMIC RESEARCH

Martina Reiser

Umgehung des § 613a BGB durch Aufhebungsvereinbarung und Neuvertrag

PL ACADEMIC RESEARCH

Bibliografische Information der Deutschen Nationalbibliothek
Die Deutsche Nationalbibliothek verzeichnet diese Publikation
in der DeutschenNationalbibliografie; detaillierte bibliografische
Daten sind im Internet über http://dnb.d-nb.de abrufbar.

Zugl.: München, Univ., Diss., 2015

Gedruckt auf alterungsbeständigem,
säurefreiem Papier.

D 19
ISSN 1433-4666
ISBN 978-3-631-66811-5 (Print)
E-ISBN 978-3-653-05976-2 (E-Book)
DOI 10.3726/978-3-653-05976-2

PL Academic Research ist ein Imprint der Peter Lang GmbH.

Peter Lang – Frankfurt am Main · Bern · Bruxelles · New York ·
Oxford · Warszawa · Wien

Diese Publikation wurde begutachtet.

www.peterlang.com

Meiner Familie

Vorwort

Die vorliegende Arbeit wurde im Sommersemester 2015 von der Juristischen Fakultät der Ludwig-Maximilians-Universität in München als Dissertation angenommen. Gesetzgebung, Rechtsprechung und Literatur sind bis Januar 2015 berücksichtigt.

Zu besonderem Dank bin ich meinem Doktorvater Herrn *Professor Dr. Abbo Junker* verpflichtet, der mein Dissertationsvorhaben von der ersten Idee bis zum erfolgreichen Abschluss unterstützt und stets gefördert hat. Ihm und dem Zentrum für Arbeitsbeziehungen und Arbeitsrecht danke ich für die hervorragenden Arbeitsbedingungen. Herrn *Professor Dr. Richard Giesen* danke ich für die zügige Erstellung des Zweitgutachtens.

Darüber hinaus bedanke ich mich bei meinen Kolleginnen und Kollegen am Zentrum für Arbeitsbeziehungen und Arbeitsrecht für die schöne und lehrreiche Zeit. Herrn *Daniel Dommermuth-Alhäuser* und Frau *Eva Heup*, welche die Arbeit durch ihre konstruktiven Anregungen und ihre jederzeitige Gesprächsbereitschaft gefördert haben, danke ich für ihre Unterstützung.

Besonderer Dank gebührt auch meinen langjährigen Freunden, die mich auf meinem Lebensweg stetig unterstützt haben. Insbesondere danke ich Frau *Julia Siedhoff* für die mühevolle Korrekturarbeit.

Zutiefst dankbar bin ich meiner Familie, der ich diese Arbeit widme. Ihre bedingungslose Unterstützung und Förderung meiner gesamten juristischen Ausbildung hat die Anfertigung dieser Arbeit erst ermöglicht. Besonderer Dank gilt dabei vor allem meinem Vater *Lorenz Reiser*. Aber auch meiner Mutter *Monika Stadler* und meinen Großeltern *Gisela und Konrad Sedlmeyer* bin ich zu großem Dank verpflichtet.

München im Januar 2015 *Martina Reiser*

Gliederung

Inhaltsverzeichnis

Abkürzungsverzeichnis

a.A.	andere Ansicht
ABl. EG	Amtsblatt der Europäischen Gemeinschaft
ABl. EU	Amtsblatt der Europäischen Union
ABR	Aktenzeichen Rechtsbeschwerden Bundesarbeitsgericht
Abs.	Absatz
AcP	Archiv für die civilistische Praxis (Zeitschrift)
a.E.	am Ende
AEUV	Vertrag über die Arbeitsweise der Europäischen Union
a.F.	alte Fassung
AGB	Allgemeine Geschäftsbedingungen
AGG	Allgemeines Gleichbehandlungsgesetz
Alt.	Alternative
Anm.	Anmerkung
AP	Arbeitsrechtliche Praxis (Nachschlagewerk des Bundesarbeitsgerichts)
ArbG	Arbeitsgericht
AR-Blattei	Arbeitsrecht-Blattei
ArbR	Arbeitsrecht
ArbRB	Der Arbeits-Rechts-Berater (Zeitschrift)
Art., Artt.	Artikel
AuA	Arbeit und Arbeitsrecht (Zeitschrift)
Aufl.	Auflage
AuR	Arbeit und Recht (Zeitschrift)
AZR	Aktenzeichen Revisionsverfahren Bundesarbeitsgericht
BAG	Bundesarbeitsgericht
BAGE	Entscheidungen des Bundesarbeitsgerichts
BB	Betriebs-Berater (Zeitschrift)
Bd.	Band
BeckOK	Beck´scher Onlinekommentar
BeckRS	Beck-Rechtsprechung
Begr.	Begründer/Begründerin
Beil.	Beilage
BetrAVG	Gesetz zur Verbesserung der betrieblichen Altersversorgung (Betriebsrentengesetz)
BetrVG	Betriebsverfassungsgesetz

BGB	Bürgerliches Gesetzbuch
BGBl.	Bundesgesetzblatt
BGH	Bundesgerichtshof
BGHZ	Entscheidungen des Bundesgerichtshofs in Zivilsachen
Bl.	Blatt
BQG	Beschäftigungs- und Qualifizierungsgesellschaft
BT-Drucks.	Bundestags-Drucksache
BUrlG	Bundesurlaubsgesetz
BVerfG	Bundesverfassungsgericht
BvR	Aktenzeichen Verfassungsbeschwerden BVerfG
bzw.	beziehungsweise
Ca	Aktenzeichen Allgemeine Zivilsachen Arbeitsgericht
c.i.c.	culpa in contrahendo
DB	Der Betrieb (Zeitschrift)
ders.	derselbe
DGB	Deutscher Gewerkschaftsbund
d.h.	das heißt
DZWIR	Deutsche Zeitschrift für Wirtschafts- und Insolvenzrecht
EAS	Europäisches Arbeits- und Sozialrecht – Rechtsvorschriften, Systematische Darstellungen, Entscheidungssammlung
Ed.	Edition
EFZG	Entgeltfortzahlungsgesetz
EG	Europäische Gemeinschaft
Einf.	Einführung
Einl.	Einleitung
ErfK	Erfurter Kommentar zum Arbeitsrecht
EU	Europäische Union
EuGH	Gerichtshof der Europäischen Union
EWiR	Entscheidungen zum Wirtschaftsrecht (Zeitschrift)
EzA	Entscheidungssammlung zum Arbeitsrecht
EzA-SD	EzA Schnelldienst – Arbeitsrechtliche Sofortinformation der Entscheidungssammlung zum Arbeitsrecht
f.	folgende
ff.	fortfolgende
FA	Fachanwalt Arbeitsrecht (Zeitschrift)
Fn.	Fußnote
FS	Festschrift
gem.	gemäß
GG	Grundgesetz

ggf.	gegebenenfalls
GmbH	Gesellschaft mit beschränkter Haftung
GS	Großer Senat
GWR	Gesellschafts- und Wirtschaftsrecht (Zeitschrift)
Halbs.	Halbsatz
h.M.	herrschende Meinung
Hrsg.	Herausgeber
i.e.S.	im engeren Sinn
InsO	Insolvenzordnung
i.S.	im Sinne
i.V.m.	in Verbindung mit
JuS	Juristische Schulung (Zeitschrift)
JurA	Juristische Analysen (Zeitschrift)
JZ	Juristenzeitung (Zeitschrift)
Kap.	Kapitel
KR	Gemeinschaftskommentar zum Kündigungsschutzgesetz
KSchG	Kündigungsschutzgesetz
LAG	Landesarbeitsgericht
LAGE	Entscheidungen der Landesarbeitsgerichte
Lfg.	Lieferung
lit.	littera
LM	Lindenmaier-Möhring - Kommentierte BGH-Rechtsprechung
Ls.	Leitsatz, Leitsätze
MDR	Monatsschrift für deutsches Recht (Zeitschrift)
MünchHdb ArbR	Münchener Handbuch zum Arbeitsrecht
MüKo	Münchener Kommentar
m.w.N.	mit weiteren Nachweisen
n.F.	neue Fassung
NJW	Neue Juristische Wochenzeitschrift (Zeitschrift)
NJW-RR	NJW-Rechtsprechungs-Report Zivilrecht (Zeitschrift)
Nr.	Nummer
n.r.	nicht rechtskräftig
NZA	Neue Zeitschrift für Arbeits- und Sozialrecht
NZA-RR	NZA-Rechtsprechungs-Report (Zeitschrift)
NZI	Neue Zeitschrift für Insolvenz- und Sanierungsrecht
R	Rückseite
RAG	Reichsarbeitsgericht

RdA	Recht der Arbeit (Zeitschrift)
RL	Richtlinie
Rn.	Randnummer(n)
Rs.	Rechtssache
S.	Seite(n)
s.	siehe
Sa	Aktenzeichen Berufungssachen Landesarbeitsgericht
SAE	Sammlung Arbeitsrechtlicher Entscheidungen (Zeitschrift)
SGB	Sozialgesetzbuch
Slg.	Sammlung der Entscheidungen des Europäischen Gerichtshofs und des Gerichts Erster Instanz
sog.	sogenannt(e, er)
st. Rspr.	ständige Rechtsprechung
TVG	Tarifvertragsgesetz
TzBfG	Teilzeit- und Befristungsgesetz
UA	Unterabsatz
u.a.	unter anderem
UrhG	Gesetz über Urheberrecht und verwandte Schutzrechte
vgl.	vergleiche
Vorb.	Vorbemerkung
z.B.	zum Beispiel
ZfA	Zeitschrift für Arbeitsrecht
ZInsO	Zeitschrift für das gesamte Insolvenzrecht
ZIP	Zeitschrift für Wirtschaftsrecht
Zit.	Zitierweise
ZPO	Zivilprozessordnung
ZR	Revisionen in Zivilsachen und Berufungen in Patentnichtigkeitsverfahren (Bundesgerichtshof)
ZTR	Zeitschrift für Tarifrecht

§ 1 Einleitung

A. Anlass der Untersuchung

Anlass der Untersuchung sind zwei BAG-Urteile vom 18.8.2011[1] und 25.10.2012[2], welche die Frage beantworten, ob ein Aufhebungsvertrag bei einem Betriebsübergang mit Zwischenschaltung einer Beschäftigungs- und Qualifizierungsgesellschaft (BQG) wirksam ist. Das BAG hielt den Aufhebungsvertrag, der im Rahmen eines dreiseitigen Vertrages geschlossen wurde, in beiden Urteilen wegen Umgehung des § 613a BGB für unwirksam, weil gleichzeitig mit der Aufhebungsvereinbarung ein neuer Arbeitsvertrag mit dem Betriebserwerber verbindlich in Aussicht gestellt wurde. Das BAG setzt in diesen Entscheidungen zwar seine bisherige Rechtsprechung zur Nichtigkeit von Aufhebungsverträgen[3] bzw. dreiseitigen Verträgen[4] wegen Umgehung des § 613a BGB fort, lässt in Fällen der „übertragenden Sanierung insolvenzgefährdeter Betriebe“ aber die Tendenz zu einer strengeren Haltung erkennen.[5]

Schon im Jahr 1987 erteilte das BAG dem sog. Lemgoer Modell eine Absage, auf dem auch das heute praktizierte BQG-Modell basiert. In den folgenden Jahrzehnten musste die Rechtsprechung – mangels gesetzlicher Regelung – Wirksamkeitskriterien für Aufhebungsverträge bei Betriebsübergängen entwickeln, die in der Literatur größtenteils auf Ablehnung gestoßen sind.[6] Es bietet sich daher an, diese Wirksamkeitsvoraussetzungen in einer Arbeit zusammenzufassen und umfassend zu untersuchen. Schwerpunkt der Untersuchung ist die Frage, ob und wann Aufhebungsvereinbarungen im Zusammenhang mit diesen Sanierungsmodellen dogmatisch als „unwirksames Umgehungsgeschäft“ eingeordnet werden können.

---

1 BAG vom 18.8.2011 – 8 AZR 312/10, BAGE 139, 52 = NZA 2012, 152.

2 BAG vom 25.10.2012 – 8 AZR 575/11, EzA § 613a BGB 2002 Nr. 138 = NZA 2013, 203.

3 BAG vom 28.4.1987 – 3 AZR 75/86, BAGE 55, 228 = NZA 1988, 198.

4 BAG vom 10.12.1998 – 8 AZR 324/97, BAGE 90, 260 = NZA 1999, 422; BAG vom 18.08.2005 – 8 AZR 523/04, BAGE 115, 340 = NZA 2006, 145; BAG vom 23.11.2006 – 8 AZR 349/06, AP Nr. 1 zu § 613a BGB Wiedereinstellung = NZA 2007, 866.

5 *Pils*, NZA 2013, 125, 129; *Thum*, BB 2013, 1525.

6 Z.B. *Naber*, Aufhebungsverträge, S. 73 ff.; *Willemsen*, NZA 2013, 242, 243 ff.

Seitdem Rechtsordnungen Regeln aufstellen, die die Handlungsfreiheit beschränken, gibt es Versuche, diesen Regeln auszuweichen.[7] So auch im Falle des § 613a BGB, dessen Rechtsfolgen oft als „Hemmschuh“[8] bzw. als „Danaergeschenk“[9] für die Arbeitnehmer bezeichnet werden. Doch nicht jede Vermeidung der Rechtsfolgen ist automatisch auch ein unzulässiges Umgehungsgeschäft. Denn „wer nicht stiehlt, umgeht nicht § 242 StGB, sondern vermeidet ihn“.[10] Ziel der Arbeit ist es, die Rechtsprechung des BAG sowohl inhaltlich als auch in ihrer dogmatischen Begründung zu hinterfragen und die Reichweite des zwingenden Charakters des § 613a BGB genauer zu erforschen.

B. Gang der Untersuchung

Die Untersuchung ist in sechs Teile untergliedert. Im ersten Teil (§ 2) werden die für die Arbeit wesentlichen Grundlagen des § 613a BGB dargestellt. Sodann wird die Thematik der Aufhebungsverträge bei Betriebsübergängen erörtert (§ 3). In diesem Rahmen wird die für die Untersuchung relevante Rechtsprechung des BAG zusammengefasst. Sie unterscheidet zwischen sog. echten Aufhebungsverträgen[11] mit Beendigungsfunktion und solchen, die aufgrund einer bereits feststehenden Neuanstellung beim Erwerber eine Inhaltsänderung bezwecken (sog. unechte Aufhebungsverträge). Aus diesem Grund wird im zweiten Teil geprüft, ob § 613a BGB dem Abschluss eines (echten) Aufhebungsvertrags (bzw. einer Eigenkündigung) entgegensteht. In § 4 wird dargestellt, inwieweit § 613a BGB die Vertragsfreiheit des Arbeitgebers beschränkt. Sodann wird in § 5 genauer untersucht, ob die Norm auch die Vertragsbeendigungsfreiheit des Arbeitnehmers einschränken will oder der Bestandsschutz des § 613a BGB einvernehmlich durch den Abschluss eines Aufhebungsvertrages „abbedungen“ werden kann.[12]

Der dritte Teil der Arbeit widmet sich der Wirksamkeit sog. unechter Aufhebungsverträge. Die Verknüpfung von Aufhebungsvereinbarung und Neuvertrag und die damit verbundene Inhaltsänderung der Arbeitsverhältnisse wurden erstmals im Rahmen des sog. Lemgoer Modells problematisiert. Daher wird in den §§ 6-11 erörtert, ob der Arbeitnehmer auf den Inhaltsschutz des § 613a BGB verzichten kann. Die in diesem Zusammenhang vom BAG vorgenommene

7 *Sieker*, Umgehungsgeschäfte, S. 1.
8 *Willemsen*, ZIP 1983, 411, 412.
9 *Pietzko*, ZIP 1990, 1105.
10 *Hanau*, ZIP 1998, 1817, 1821.
11 Diese Bezeichnung wird auch von WHSS/*Willemsen*, 4. Auflage, H Rn. 125 verwendet.
12 *Willemsen*, RdA 1987, 327, 329.

Motivkontrolle wird auf eine Umgehung des § 613a BGB (§ 6) gestützt. Daneben kommt aber auch eine Rechtsfortbildung des § 613a BGB (§ 7), eine richterliche Inhaltskontrolle (§ 8) oder ein institutioneller Rechtsmissbrauch (§ 9) in Betracht. In § 10 werden die gewonnenen Erkenntnisse zusammengefasst und ein Lösungsansatz entwickelt. Sodann werden andere, im Zusammenhang mit dem Lemgoer Modell zu beachtende Vorschriften knapp dargestellt (§ 11).

Im vierten Teil wird die Wirksamkeit des sog. dreiseitigen Vertrages im Rahmen des BQG-Modells analysiert (§ 12). Da das heute praktizierte BQG-Modell auf der zum Lemgoer Modell entwickelten Rechtsprechung basiert, können die in den §§ 6 bis 11 gewonnenen Erkenntnisse auch auf dieses Sanierungsmodell übertragen werden. In § 13 wird sodann ein Lösungsvorschlag zum wirksamen Personalabbau bei Betriebsübernahmen in der Insolvenz unterbreitet.

Im fünften Teil der Arbeit wird in § 14 auf andere Unwirksamkeitsgründe der Aufhebungsverträge eingegangen. In § 15 sind andere Gestaltungsmöglichkeiten, die ebenfalls auf eine Vermeidung der Rechtsfolgen des § 613a BGB abzielen, auf ihre Wirksamkeit zu überprüfen.

Abschließend werden im sechsten Teil (§ 16) die Ergebnisse der Untersuchung zusammengefasst.

Erster Teil: Grundlagen der Untersuchung

§ 2 Grundlagen zu § 613a BGB

A. Entstehungsgeschichte

Vor Inkrafttreten des § 613a BGB herrschte jahrzehntelang ein Meinungsstreit, ob bei einer Betriebsveräußerung im Wege der Einzelrechtsnachfolge die Arbeitsverhältnisse automatisch auf den Erwerber übergehen.[13] Es galten die allgemeinen vertraglichen Grundsätze (§§ 398 ff., 414 ff. BGB), sodass bestehende Arbeitsverhältnisse nach Rechtsprechung[14] und herrschender Lehre[15] nur dann auf den Betriebserwerber übergingen, wenn ein dreiseitiges Rechtsgeschäft zwischen Erwerber, Veräußerer und Arbeitnehmer geschlossen wurde (Vertragsübernahme).[16] Fehlte eine solche Vereinbarung, unterlag der Erwerber keinem Kontrahierungszwang. Er konnte frei entscheiden, welche Arbeitnehmer er übernahm und welche nicht (Ablehnungsrecht des Erwerbers)[17]. Der Veräußerer war deshalb bei fehlender Übernahmebereitschaft des Erwerbers zur betriebsbedingten Kündigung gem. § 1 Abs. 2 Satz 1 KSchG berechtigt.[18] Diese „Lücke im Kündigungsschutz" sollte durch § 613a BGB geschlossen werden.[19]

Die Norm wurde am 19.1.1972 mit Abs. 1 S. 1, Abs. 2 und 3 im Zusammenhang mit der grundlegenden Reform des BetrVG 1972 durch § 122 BetrVG in das BGB eingefügt.[20] Im Jahr 1980 wurde die Vorschrift im Zuge der Umsetzung der Betriebsübergangsrichtlinie 77/187/EWG[21] um die Regelungen in Abs. 1

---

13 So z.B. *Nikisch*, Arbeitsrecht, Band 1, § 46, S. 657 ff., der § 571 BGB analog anwendet.

14 BAG vom 24.10.1972 – 3 AZR 102/72, AP Nr. 31 zu § 74 HGB = NJW 1973, 822, 822.

15 *Hueck/Nipperdey*, Lehrbuch des Arbeitsrechts, Band 1, 7. Auflage, § 54 III, S. 514 ff.; *Kirschner*, DB 1964, 1061, 1062 ff.

16 Staudinger/*Annuß*, 2011, § 613a BGB Rn. 3 f.; *Hillebrecht*, NZA 1989, Beil. 4, 10; *Schmalenberg*, NZA 1989, Beil. 3, 14; APS/*Steffan*, 4. Auflage, § 613a BGB Rn. 4.

17 *Lipinski*, Sonderkündigungsschutz, S. 4; *Seiter*, Betriebsinhaberwechsel, S. 25.

18 BAG vom 2.10.1974 – 5 AZR 504/73, AP Nr. 1 zu § 613a BGB = NJW 1975, 1378, 1379; WHSS/*Willemsen*, 4. Auflage, G Rn. 20.

19 Staudinger/*Annuß*, 2011, § 613a BGB Rn. 9; *Lessing*, Entlassungen, S. 230; *Lipinski*, Sonderkündigungsschutz, S. 4; *Seiter*, Betriebsinhaberwechsel, S. 30; APS/*Steffan*, 4. Auflage, § 613a BGB Rn. 4.

20 BGBl. 1972 I, S. 13; ErfK/*Preis*, 15. Auflage, § 613a BGB Rn. 1; WHSS/*Willemsen* 4. Auflage, G Rn. 3.

21 EG-Richtlinie des Rates vom 14.2.1977 zur Angleichung der Rechtsvorschriften der Mitgliedstaaten über die Wahrung von Ansprüchen der Arbeitnehmer beim Übergang

Sätze 2-4 sowie Abs. 4 ergänzt.[22] Die Absätze 5 und 6 kamen mit dem „Gesetz zur Änderung des Seemannsgesetzes und anderer Gesetze“[23] vom 23.3.2002 hinzu.[24]

B. Normzweck

§ 613a BGB dient vorrangig dem arbeitsrechtlichen Bestandsschutz.[25] Die Norm soll den „Gleichlauf“ von Arbeitsplatz und Arbeitsverhältnis sicherstellen.[26] Dieser zentrale Zweck lässt sich zwar nicht eindeutig dem Wortlaut oder den einschlägigen Gesetzesmaterialien entnehmen.[27] Er ergibt sich aber aus dem Streitstand vor Inkrafttreten des § 613a BGB.[28]

§ 613a Abs. 1 Satz 1 BGB ist ähnlich wie § 566 BGB („Kauf bricht nicht Miete“) ein Fall der gesetzlichen Sonderrechtsnachfolge, bei der der Erwerber in die zum Zeitpunkt des Betriebsinhaberwechsels bestehenden Arbeitsverhältnisse eintritt (arbeitsrechtliche Singularsukzession),[29] sofern der Arbeitnehmer nicht von seinem Widerspruchsrecht gem. § 613a Abs. 6 BGB Gebrauch macht.[30] Durch den Übergang kraft Gesetzes soll verhindert werden, dass der Erwerber lediglich von ihm favorisierte Arbeitnehmer aus der Gesamtbelegschaft auswählt.

§ 613a BGB enthält ein „Verbot der Negativauslese“.[31] Es werden alle bestehenden Arbeitsverhältnisse in ihrem Bestand gesichert und der Inhalt des

---

von Unternehmen, Betrieben oder Betriebsteilen, ABl. EG Nr. L 61 v. 5.3.1977, S. 26 ff. = RdA 1977, 162 f., geändert durch die Richtlinie 98/50/EG v. 29.06.1998, ABl. EG Nr. L 201 v. 17.7.1998, S. 88 ff., NZA 1998, 1211 ff., ersetzt durch die Richtlinie 2001/23/EG v. 12.3.2001, ABl. EG 2001 L 82 v. 22.3.2001, S. 16 ff.; zur Entstehungsgeschichte: *von Alvensleben*, Die Rechte der Arbeitnehmer bei Betriebsübergang, S. 87 ff.

22 Staudinger/*Annuß*, 2011, § 613a BGB Rn 2; Küttner/*Kreitner*, 21. Auflage, Betriebsübergang Rn. 1; ErfK/*Preis*, 15. Auflage, § 613a BGB Rn. 1.

23 BGBl. I 2002, S. 1163; eingefügt mit Wirkung zum 1.4.2002.

24 Staudinger/*Annuß*, 2011, § 613a BGB Rn. 9; APS/*Steffan*, 4. Auflage, § 613a BGB Rn. 2.

25 *Blomeyer*, Anmerkung zu BAG AP Nr. 35 zu § 613a BGB, Bl. 439 R, 440 R; MüKo/*Müller-Glöge*, 6. Auflage, § 613a BGB Rn. 6; *Pietzko*, ZIP 1990, 1105; *Schwanda*, Betriebsübergang, S. 72; *Seiter*, Betriebsinhaberwechsel, S. 30; APS/*Steffan*, 4. Auflage, § 613a BGB Rn. 1.

26 WHSS/*Willemsen*, 4. Auflage, G Rn. 20.

27 *Meyer*, Der Tatbestand des Betriebsübergangs S. 33; *Schwanda*, Betriebsübergang, S. 73; *Wagner*, Individualarbeitsrechtliche Vereinbarungen, S. 8 ff.

28 Dazu § 2 A; *Meyer*, Der Tatbestand des Betriebsübergangs, S. 33.

29 WHSS/*Willemsen*, 4. Auflage, G Rn. 18.

30 MüKo/*Müller-Glöge*, 6. Auflage, § 613a BGB Rn. 6; zum Widerspruchsrecht: § 5 A II.

31 Staudinger/*Annuß*, 2011, § 613a BGB Rn. 10; *Pietzko*, Tatbestand S. 3, 34 m.w.N.

Arbeitsverhältnisses vor nachteiligen Änderungen geschützt.[32] Der Arbeitnehmer soll durch den Betriebsübergang keine Einschränkungen seiner individuellen bzw. arbeitsvertraglich vermittelten Rechtspositionen erfahren. Insbesondere sollen seine sozialen Besitzstände durch den Betriebsübergang nicht verloren gehen.[33] Soziale Besitzstände sind alle für den Arbeitnehmer rechtlich vorteilhaften Positionen, die auf dem Bestand des Arbeitsverhältnisses bzw. auf der hiermit verbundenen Betriebszugehörigkeitsdauer beruhen.[34] Der Erwerber ist also an den zeitlichen Bestand des Arbeitsverhältnisses gebunden, nach dem sich Wartefristen, Kündigungsfristen, Treueprämien, Ruhegeldanwartschaften oder auch das „Vertrauenskapital“[35] im Rahmen verhaltensbedingter Kündigungen richten.[36]

§ 613a BGB enthält in den Absätzen 1 und 4 eine den allgemeinen Kündigungsschutz flankierende Regelung.[37] Gem. § 613a Abs. 4 Satz 1 BGB ist eine Kündigung des bisherigen Arbeitgebers oder des Betriebserwerbers unwirksam, wenn sie „wegen“ des Betriebsübergangs erfolgt. Dieser Schutzzweck wurde schon vorher § 613a Abs. 1 BGB a.F.[38] entnommen, sodass dem Kündigungsverbot nach Abs. 4 lediglich eine „Komplementärfunktion“ zukommt.[39] Darüber hinaus gewährleistet § 613a BGB die Kontinuität des amtierenden Betriebsrates[40]

---

32 BDH/*Dreher*, 3. Auflage, § 613a BGB Rn. 6; *Hillebrecht*, NZA 1989, Beil. 4, 10; *Naber*, Aufhebungsverträge, S. 105; *Pietzko*, Tatbestand, S. 22 f.: es bleibt „alles beim alten“.

33 BAG vom 19.3.2009 - 8 AZR 722/07, BAGE 130, 90, 96 f. = NZA 2009, 1091, 1093; *Blomeyer*, Anmerkung zu BAG AP Nr. 35 zu § 613a BGB, Bl. 439 R, 441; *Fuhlrott/Fabritius*, BB 2013, 1592; KR/*Treber*, 10. Auflage, § 613a BGB Rn. 3.

34 *Krüll*, Wiedereinstellungsanspruch, S. 231.

35 *Fuhlrott/Fabritius*, BB 2013, 1592.

36 *Fuhlrott/Fabritius*, BB 2013, 1592; *Seiter*, Betriebsinhaberwechsel, S. 86; a.A. *Blomeyer*, Anmerkung zu BAG AP Nr. 35 zu § 613a BGB, Bl. 439 R, 441.

37 *Naber*, Aufhebungsverträge, S. 105, 121 f.; HWK/*Willemsen*, 6. Auflage, § 613a BGB Rn. 8; WHSS/*ders.*, 4. Auflage, G Rn. 19.

38 § 613a Abs. 1 BGB a.F. entspricht § 613a Abs. 1 Satz 1 BGB n.F.: *Lipinski*, Sonderkündigungsschutz, S. 40.

39 *Willemsen*, ZIP 1983, 411, 413, dem folgend: BAG vom 26.5.1983 - 2 AZR 477/81, BAGE 43, 13, 21 = NJW 1984, 627, 629; Staudinger/*Annuß*, 2011, § 613a BGB Rn. 372; *Fuhlrott*, FA 2013, 258; *Hillebrecht*, NZA 1989, Beil. 4, 10, 12; APS/*Steffan*, 4. Auflage, § 613a BGB Rn. 171; WHSS/*Willemsen*, 4. Auflage, G Rn. 19; HWK/*ders./Müller-Bonanni*, 6. Auflage, § 613a BGB Rn. 304.

40 A.A. Staudinger/*Annuß*, 2011, § 613a BGB Rn. 11.

und regelt die Verteilung der Haftungsrisiken zwischen dem alten und dem neuen Arbeitgeber.[41]

C. Europarechtlicher Hintergrund

Als Umsetzung der Richtlinie 2001/23/EG[42] ist § 613a BGB europarechtskonform auszulegen,[43] auch wenn sich der europäische Gesetzgeber zeitlich erst nach dem deutschen Gesetzgeber mit der Problematik des Betriebsübergangs auseinandergesetzt hat. Dabei ist aber zu berücksichtigen, dass gem. Art. 8 der Richtlinie 2001/23/EG nationale Abweichungen zu Gunsten des Arbeitnehmers zulässig sind.[44]

Art. 3 Abs. 1 UA 1 der Richtlinie 2001/23/EG regelt, dass die Rechte und Pflichten des Veräußerers aus einem zum Zeitpunkt des Betriebsübergangs bestehenden Arbeitsvertrag oder Arbeitsverhältnis aufgrund des Übergangs auf den Erwerber übergehen. Art. 4 Abs. 1 UA 1 Satz 1 stellt klar, dass der Übergang als solcher kein Grund zur Kündigung ist. Der nach Art. 3 Abs. 1 UA 1 angeordnete automatische Übergang der Arbeitsverhältnisse kann somit nicht durch eine Kündigung des Veräußerers oder Erwerbers umgangen werden.[45] Nach Art. 4 Abs. 1 UA 1 Satz 2 sind aber Kündigungen aus wirtschaftlichen, technischen oder organisatorischen Gründen, die Änderungen im Bereich der Beschäftigung mit sich bringen, ausdrücklich erlaubt. Wird das Arbeitsverhältnis unter Verstoß gegen Art. 4 Abs. 1 gekündigt, gilt der Arbeitnehmer immer noch als bei dem veräußernden Unternehmen beschäftigt mit der Folge, dass das Arbeitsverhältnis auf den Erwerber übergeht.[46]

D. Charakter der Norm des § 613a BGB

Um die Grenzen der Vertragsfreiheit bei Betriebsübergängen feststellen zu können, muss zunächst der Rechtscharakter des § 613a BGB geklärt werden. Dabei

41 ErfK/*Preis*, 15. Auflage, § 613a BGB Rn. 2; APS/*Steffan*, 4. Auflage, § 613a BGB Rn. 1; WHSS/*Willemsen*, 4. Auflage, G Rn. 19.

42 Ursprünglich Richtlinie 77/187/EWG.

43 Statt vieler: ErfK/*Preis*, 15. Auflage, § 613a BGB Rn. 1; *Streinz*, Europarecht, 9. Auflage, Rn. 499 ff.

44 Staudinger/*Annuß*, 2011, § 613a BGB Rn. 39.

45 Begründung zu Art. 4 des Richtlinienvorschlages der Kommission in RdA 1975, 124, 125; *Fuchs/Marhold*, Europäisches Arbeitsrecht, 3. Auflage, S. 255.

46 EuGH vom 15.6.1988 – C-101/87, Slg. 1988, 3057, 3077 f. Rn. 18 – Bork International; *Fuchs/Marhold*, Europäisches Arbeitsrecht, 3. Auflage, S. 255.

ist zwischen einer Verbotsnorm im Sinne des § 134 BGB und einer zwingenden Rechtsnorm zu unterscheiden. Es können zwar sowohl zwingende Normen als auch Verbotsgesetze die Vertragsfreiheit der Parteien beschränken. Eine Vereinbarung ist aber nur dann nach § 134 BGB nichtig, wenn sie gegen eine Verbotsnorm verstößt. Das BAG zieht zur Begründung der Unwirksamkeit eines Aufhebungsvertrages als Umgehungsgeschäft immer § 134 BGB heran, ohne eine genaue Unterscheidung vorzunehmen.[47]

I. Zwingende Normen und Verbotsgesetze

Nach allgemeiner Ansicht handelt es sich bei § 613a Abs. 1, 2, Abs. 4 Satz 1 BGB um zwingendes Arbeitnehmerschutzrecht, von dem nicht durch Vereinbarung zwischen dem bisherigen und dem neuen Betriebsinhaber durch Betriebsvereinbarung oder durch Tarifvertrag abgewichen werden kann. Die Norm ist daher nicht dispositiv; sie ist zu Gunsten des Arbeitnehmers einseitig zwingend ausgestaltet.[48] Eine Abweichung zuungunsten des Arbeitnehmers ist deshalb nicht zulässig.[49]

Nicht alle zwingenden Bestimmungen sind automatisch Verbotsgesetze im Sinne des § 134 BGB.[50] Gesetzliche Verbote im Sinne des § 134 BGB sind Vorschriften, die eine nach unserer Rechtsordnung grundsätzlich mögliche rechtsgeschäftliche Regelung wegen ihres Inhalts oder wegen der Umstände ihres Zustandekommens missbilligen und deshalb untersagen. Sie betreffen

---

47 Zur Umgehung des § 613a Abs. 4 BGB: BAG vom 18.8.2005 – 8 AZR 523/04, BAGE 115, 340, 346 = NZA 2006, 145, 147; zur Umgehung des § 613a Abs. 1 BGB: BAG vom 18.8.2011 – 8 AZR 312/10, BAGE 139, 52, 59 = NZA 2012, 152, 154; dazu ausführlich § 6 C I.

48 BAG vom 29.10.1975 – 5 AZR 444/74, BAGE 27, 291, 298 = NJW 1976, 535, 536; BAG vom 12.5.1992 – 3 AZR 247/91, BAGE 70, 209, 213 = NZA 1992, 1080, 1081; Staudinger/*Annuß*, 2011, § 613a BGB Rn. 33; *Kreitner*, Kündigungsrechtliche Probleme, S. 192 m.w.N.; MüKo/*Müller-Glöge*, 6. Auflage, § 613a BGB Rn. 10; *Naber*, Aufhebungsverträge, S. 103; *Schwerdtner*, in: FS G. Müller, S. 557, 583; *Wank*, SAE 1986, 151, 155; Palandt/*Weidenkaff*, 74. Auflage, § 613a BGB Rn. 3; *Willemsen*; Anmerkung zu BAG EzA § 613a Nr. 67, 9, 13; HWK/*ders.*/*Müller-Bonanni*, 6. Auflage, § 613a BGB Rn. 247.

49 *Pietzko*, Tatbestand, S. 180.

50 MüKo/*Armbrüster*, 6. Auflage, § 134 BGB Rn. 46; *Flume*, BGB-AT II, 4. Auflage, § 17 S. 342 f.; *Mayer-Maly*, in: FS Hefermehl, S. 111 f.; Staudinger/*Sack*/*Seibl*, 2011, § 134 BGB Rn. 32.

Rechtsgeschäfte, die der Betroffene zwar vornehmen kann, aber nicht vornehmen darf.[51] Verbotsgesetze beziehen sich daher nicht unmittelbar auf die Privatautonomie, sondern wollen primär ein bestimmtes Verhalten verhindern.[52] Hierin liegt der Unterschied zu einer zwingenden Norm. Eine solche schränkt bereits das rechtliche „Können" ein. Eine Vereinbarung, die gegen zwingendes Recht verstößt, ist schon deshalb unverbindlich, weil sie die Grenzen des Gesetzes überschreitet. Der ausdrücklichen Anordnung der Nichtigkeit nach § 134 BGB bedarf es hierfür nicht.[53] Die Unterscheidung zwischen einer Verbotsnorm und einer anderen Beschränkung der rechtsgeschäftlichen Verfügungsmacht ist im Einzelfall oft nur schwer möglich.[54]

Im Folgenden soll daher untersucht werden, ob es sich bei den Vorschriften des § 613a Abs. 1 Satz 1 und Abs. 4 Satz 1 BGB auch um Verbotsgesetze im Sinne des § 134 BGB handelt. Dies ist durch Auslegung zu ermitteln.[55]

II. § 613a Abs. 1 Satz 1 BGB als zwingende Norm

1. Beschränkung der rechtsgeschäftlichen Verfügungsmacht

Nach § 613a Abs. 1 Satz 1 BGB tritt der neue Inhaber in die Rechte und Pflichten aus den im Zeitpunkt des Betriebsübergangs bestehenden Arbeitsverhältnissen ein. Zwar regelt die Vorschrift nicht ausdrücklich, dass abweichende Vereinbarungen unzulässig sind (anders als z.B. § 551 Abs. 4 BGB), bzw. die Vorschrift „zwingend" gelte (vgl. § 32b UrhG). Dennoch ergibt sich aus ihrem Sinn und Zweck[56], dass die Vertragsfreiheit im Interesse der betroffenen Arbeitnehmer beschränkt werden soll. Indem § 613a Abs. 1 Satz 1 BGB den Übergang der Arbeitsverhältnisse anordnet, kann der Erwerber „keine negative Auslese mehr

---

51 Palandt/*Ellenberger*, 74. Auflage, § 134 BGB Rn. 5; Soergel/*Hefermehl*, 13. Auflage, § 134 BGB Rn. 14; *Ulrici*, JuS 2005, 1073, 1075; BeckOK-BGB/*Wendtland*, Ed. 33, § 134 BGB Rn. 15; *Wolf/Neuner*, Allgemeiner Teil des Bürgerlichen Rechts, 10. Auflage, § 45 Rn. 3.

52 *Wolf/Neuner*, Allgemeiner Teil des Bürgerlichen Rechts, 10. Auflage, § 45 Rn. 3.

53 MüKo/*Armbrüster*, 6. Auflage, § 134 BGB Rn. 5; *Preis*, Vertragsgestaltung, S. 156; Staudinger/*Sack/Seibl*, 2011, § 134 BGB Rn. 33; *Simon*, Unabdingbarkeit und vertraglicher Verzicht, S. 105.

54 *Mayer-Maly*, in: FS Hefermehl, S. 103 f.

55 MüKo/*Armbrüster*, 6. Auflage, § 134 BGB Rn. 41; *Pietzko*, ZIP 1990, 1105, 1108 ff. nimmt keine Unterscheidung zwischen zwingender Norm und Verbotsnorm innerhalb des § 613a BGB vor.

56 *Ulrici*, JuS 2005, 1073, 1074.

treffen".[57] Vielmehr ist er an Bestand und Inhalt der vorhandenen Arbeitsverhältnisse gebunden und kann sich ebenso wie der frühere Arbeitgeber nur unter den Voraussetzungen der §§ 1, 2 KSchG davon lösen.[58] Aus diesem Grund sind abweichende Vereinbarungen zwischen dem Veräußerer und dem Erwerber unzulässig.[59] Dadurch wird bereits deren rechtsgeschäftliche Gestaltungs- und Verfügungsmacht und damit das „rechtliche Können" eingeschränkt.[60] Es wird vorliegend also kein Verhalten, sondern eine abweichende Vereinbarung für unwirksam erklärt.[61] Demnach handelt es sich um eine zwingende Norm.[62]

2. *Kein gesetzliches Verbot*

Ob § 613a Abs. 1 Satz 1 BGB auch ein gesetzliches Verbot entnommen werden kann, ist wiederum durch Auslegung zu ermitteln. Dabei können sich aus dem Wortlaut Anhaltspunkte ergeben.[63] Die Wortwahl „tritt ein" spricht im Gegensatz zu den typisch negativen Formulierungen von Verbotsnormen, wie z.B. „darf nicht"[64] oder „ist unwirksam", dafür, dass es sich nicht um eine Verbotsnorm im Sinne des § 134 BGB handelt.[65] Das Verbot könnte sich aber auch aus dem Sinn und Zweck der Norm ergeben.[66]

a. Kein Kündigungsverbot

Durch den Übergang der bestehenden Arbeitsverhältnisse kraft Gesetzes werden diese in ihrem Bestand geschützt. Daher darf weder der Veräußerer noch der Erwerber das Arbeitsverhältnis anlässlich eines Betriebsübergangs kündigen, um so die Rechtsfolgen des § 613a Abs. 1 Satz 1 BGB zu vermeiden. Folglich

---

57 *Kraft*, in: 25 Jahre BAG, S. 299, 311; *Pietzko*, Tatbestand, S. 34

58 *Willemsen*, RdA 1987, 327, 329.

59 Ob § 613a BGB auch die Verfügungsmacht des Arbeitnehmers beschränkt, wird in §§ 6, 7 genauer untersucht.

60 Palandt/*Ellenberger*, 74. Auflage, § 134 BGB Rn. 5.

61 *Wolf/Neuner*, Allgemeiner Teil des Bürgerlichen Rechts, 10. Auflage, § 45 Rn. 4.

62 So ausdrücklich für Abs. 1: Palandt/*Weidenkaff*, 74. Auflage, § 613a BGB Rn. 3.

63 Palandt/*Ellenberger*, 74. Auflage, § 134 BGB Rn. 6a; BeckOK-BGB/*Wendtland*, Ed. 33, § 134 BGB Rn. 9; allgemein zu den Kriterien der Auslegung: *Larenz*, Methodenlehre, 6. Auflage, S. 320 ff.

64 Soergel/*Hefermehl*, 13. Auflage, § 134 BGB Rn. 12; *Ulrici*, JuS 2005, 1073, 1075; zweifelnd aber MüKo/*Armbrüster*, 6. Auflage, § 134 BGB Rn. 43 ff.; *Mayer-Maly*, in: FS Hefermehl, S. 104.

65 *Pietzko*, ZIP 1990, 1105, 1108.

66 BGH vom 19.12.1968 – VII ZR 83/66, VII ZR 84/66, BGHZ 51, 255, 262; *Ulrici*, JuS 2005, 1073, 1075; BeckOK-BGB/*Wendtland*, Ed. 33, § 134 BGB Rn. 9.

wirkt sich die Norm auch auf die Kündigungsbefugnis aus[67] und beschränkt diesbezüglich das rechtliche Können des Veräußerers und des Erwerbers. § 613a Abs. 1 Satz 1 BGB will aber nicht primär die Kündigung als Verhalten verhindern. Ein solches Verbot wird ausdrücklich in der „Komplementärvorschrift“[68] des § 613a Abs. 4 Satz 1 BGB angeordnet, sodass sich § 613a Abs. 1 Satz 1 BGB kein eigenständiges Verbot dahingehend entnehmen lässt.[69] Abs. 4 Satz 1 geht als speziellere Norm vor. Sie soll gerade verhindern, dass der in Abs. 1 Satz 1 angeordnete Bestandsschutz durch eine Kündigung unterlaufen wird.[70]

b. Kein Inhaltsänderungsverbot

Zum Abschluss inhaltsändernder Vereinbarungen fehlt dem Erwerber und dem Veräußerer bereits die rechtsgeschäftliche Verfügungsmacht. Sie können weder den Übergang der Arbeitsverhältnisse noch dessen Folgen durch Vereinbarung ausschließen oder modifizieren.[71] Da solche Vereinbarungen schon nicht vorgenommen werden können, weil ihre Vertragsfreiheit insoweit beschränkt ist, ist ein darüberhinausgehendes gesetzliches Verbot nicht erforderlich und kann der Norm auch nicht entnommen werden. Auch das BAG geht davon aus, dass § 613a Abs. 1 Satz 1 BGB „keine generelle Sperre für alle Änderungsverträge“[72] enthält. Folglich sind auch nicht alle vorgenommenen Inhaltsveränderungen gesetzlich verboten. Vielmehr sind Änderungen zwischen dem Veräußerer bzw. Erwerber und dem Arbeitnehmer nach der Rechtsprechung zulässig, wenn sie durch sachliche Gründe gerechtfertigt sind.[73] Läge durch die Inhaltsänderung aber bereits ein Verstoß gegen ein Verbotsgesetz vor, vermögen auch sachliche Gründe diesen Verstoß nicht zu beseitigen.[74]

---

67 BAG vom 2.10.1974 – 5 AZR 504/73, BAGE 26, 301, 308 = NJW 1975, 1378.

68 Staudinger/*Annuß*, 2011, § 613a BGB Rn. 372; *Hillebrecht*, NZA 1989, Beil. 4, 10, 12; *Willemsen*, ZIP 1983, 411, 413; WHSS/*ders.*, 4. Auflage, G Rn. 19; HWK/*ders./Müller-Bonanni*, 6. Auflage, § 613a BGB Rn. 304.

69 A.A. offenbar *Commandeur/Kleinebrink*, BB 2012, 1857, 1859, die von einem Kündigungsverbot nach § 613a Abs. 1 Satz 1, Abs. 4 Satz 1 BGB sprechen.

70 BAG vom 28.4.1988 – 2 AZR 623/87, AP Nr. 74 zu § 613a BGB = NZA 1989, 265, 267; *Willemsen*, ZIP 1983, 411, 413.

71 Staudinger/*Annuß*, 2011, § 613a BGB Rn. 33.

72 BAG vom 29.10.1985 – 3 AZR 485/83, BAGE 50, 62, 72 = BB 1986, 1644, 1646.

73 BAG vom 29.10.1985 – 3 AZR 485/83, BAGE 50, 62, 73 = BB 1986, 1644, 1646; *Annuß*, ZInsO 2001, 49, 57.

74 *Preis*, Vertragsgestaltung, S. 166; *Wagner*, Individualarbeitsrechtliche Vereinbarungen, S. 42.

c. Zwischenergebnis: Zwingende Norm

Somit handelt es sich bei § 613a Abs. 1 Satz 1 BGB zwar um eine zwingende Norm[75], aber nicht um ein Verbotsgesetz im Sinne des § 134 BGB.[76] Sie beschränkt die rechtsgeschäftliche Verfügungsmacht des Veräußerers und des Erwerbers mit der Folge, dass sie keine abweichenden Vereinbarungen zu Lasten des Arbeitnehmers treffen dürfen. Inwieweit die Norm auch einer abweichenden Vereinbarung zwischen dem Veräußerer bzw. Erwerber und dem Arbeitnehmer und damit einem Verzicht des Arbeitnehmers auf den Schutz des § 613a BGB entgegensteht, wird im Folgenden genauer untersucht.[77]

III. § 613a Abs. 4 Satz 1 BGB als Verbotsnorm

Ob § 613a Abs. 4 Satz 1 BGB ein gesetzliches Verbot enthält, ist ebenfalls durch Auslegung zu ermitteln.[78]

1. Streitstand

Nach der Einführung des § 613a Abs. 4 BGB wurde anfänglich von Teilen der unterinstanzlichen Rechtsprechung[79] und der Literatur[80] angenommen, dass sich § 613a Abs. 4 Satz 1 BGB kein eigenständiges Kündigungsverbot entnehmen lasse. Die Norm konkretisiere lediglich die Sozialwidrigkeit gem. § 1 Abs. 2 KSchG dahingehend, dass der Betriebsübergang kein dringendes betriebliches Erfordernis im Sinne dieser Vorschrift darstelle.[81]

---

75 BAG vom 29.10.1975 – 5 AZR 444/74, BAGE 27, 291, 298 = NJW 1976, 535, 536; BAG vom 12.5.1992 – 3 AZR 247/91, BAGE 70, 209, 213 = NZA 1992, 1080, 1081; *Naber*, Aufhebungsverträge, S. 102.

76 So auch *Heinze*, Anmerkung zu LAGE § 613a BGB Nr. 61, S. 11; *Naber*, Aufhebungsverträge, S. 102; a.A. *Burkardt*, Aufhebungsvertrag, S. 175; offenbar auch BeckOK-ArbR/*Gussen*, Ed. 34, § 613a BGB Rn. 115; keine Unterscheidung zwischen Verbotsnorm und zwingender Norm bei *Pietzko*, ZIP 1990, 1105, 1107 ff.

77 Zum Verzicht des Arbeitnehmers auf den Bestandsschutz: § 5; zum Verzicht auf den Inhaltsschutz des § 613a BGB: § 7 C III.

78 MüKo/*Armbrüster*, 6. Auflage, § 134 BGB Rn. 41.

79 LAG Berlin vom 28.11.1983 – 12 Sa 97/83, DB 1984, 1151, 1152.

80 *Seiter*, Betriebsinhaberwechsel, S. 112.

81 *Lipinski*, Sonderkündigungsschutz, S. 26 m.w.N.

2. *Wortlaut des § 613a Abs. 4 Satz 1 BGB*

Für die Auslegung ist zunächst der Wortsinn des Gesetzes maßgeblich.[82] § 613a Abs. 4 Satz 1 BGB ordnet an, dass eine Kündigung des Arbeitsverhältnisses durch den bisherigen Arbeitgeber oder den neuen Inhaber wegen des Übergangs eines Betriebs oder Betriebsteils unwirksam ist. Schon die Wortwahl deutet somit auf ein eigenständiges Kündigungsverbot gem. § 13 Abs. 3 KSchG und nicht auf eine deklaratorische Konkretisierung der Sozialwidrigkeit gem. § 1 Abs. 2 KSchG hin. Der Gesetzgeber hat bewusst die „Unwirksamkeit" der Kündigung und nicht deren „Sozialwidrigkeit" angeordnet.[83] Die Nichtigkeitsfolge ergibt sich dabei schon ausdrücklich aus dem Gesetz.

3. *Teleologie und Systematik*

Etwas anderes lässt sich auch nicht dem Sinn und Zweck der Vorschrift entnehmen. Zwar war das Kündigungsverbot bis 1980 nicht ausdrücklich in § 613a BGB geregelt, entsprach aber gleichwohl dem Schutzziel der Norm.[84] Die Kündigung „wegen" eines Betriebsübergangs wird nun ausdrücklich in § 613a Abs. 4 BGB verboten, um zu verhindern, dass es zu einer Umgehung der in Abs. 1 Satz 1 angeordneten Rechtsfolge durch Kündigung kommt.[85] § 613a Abs. 4 BGB ergänzt daher § 613a Abs. 1 Satz 1 BGB und nicht das KSchG.[86]

Würde man § 613a Abs. 4 Satz 1 BGB nicht als eigenständiges Kündigungsverbot ansehen, wäre eine Kündigung anlässlich des Betriebsübergangs nur sozialwidrig, wenn das KSchG auf den jeweiligen Arbeitnehmer persönlich und betrieblich Anwendung fände. Die Rechtsfolgen des Betriebsübergangs sollten

---

82 Allgemein dazu: *Larenz,* Methodenlehre, 6. Auflage, S. 320 ff.; *ders./Canaris,* Methodenlehre, 3. Auflage, S. 141 ff.

83 BAG vom 31.1.1985 – 2 AZR 530/83, BAGE 48, 40 = NZA 1985, 593; BAG vom 5.12.1985 – 2 AZR 3/85, AP Nr. 47 zu § 613a BGB = NZA 1986, 522; Staudinger/*Annuß*, 2011, § 613a BGB Rn. 373 f.; *Fuhlrott*, FA 2013, 258; *Hanau*, ZIP 1984, 141; *Kracht,* Kündigungsverbot, S. 94 f.; *Kreitner*, Kündigungsrechtliche Probleme, S. 26 f.; *Lipinski*, Sonderkündigungsschutz, S. 32 f.; a.A. *Berkowsky*, DB 1983, 2683, 2685; *Schaub*, ZIP 1984, 272, 275 f.; *Seiter*, Betriebsinhaberwechsel, S. 110 ff.

84 BT-Drucks. 8/3317, S. 7.

85 BAG vom 26.5.1983 – 2 AZR 477/81, BAGE 43, 13, 19 f. = NJW 1984, 627, 628 f.; *Commandeur/Kleinebrink*, BB 2012, 1857; *Hanau*, ZIP 1984, 141; *Hillebrecht*, NZA 1989, Beil. 4, 10, 12; *Willemsen*, ZIP 1983, 411, 413.

86 *Hanau*, ZIP 1984, 141.

in § 613a BGB aber allgemein, d.h. für alle Arbeitnehmer geregelt werden.[87] Dies spiegelt sich auch in der systematischen Einordnung in die für alle Arbeitnehmer geltenden §§ 611 ff. BGB anstelle des KSchG wider.[88]

4. *Richtlinienkonforme Auslegung*

Ferner wäre ein anderes Verständnis der Norm auch nicht europarechtskonform. Der Gesetzgeber hat von der in Art. 4 Abs. 1 Satz 3 der RL 2001/23/EG vorgesehenen Ausnahmebestimmung keinen Gebrauch gemacht und einzelne Arbeitnehmergruppen gerade nicht vom Kündigungsverbot ausgenommen.[89]

5. *Zwischenergebnis: Gesetzliches Verbot*

Somit handelt es sich bei § 613a Abs. 4 Satz 1 BGB um ein gesetzliches Verbot im Sinne des § 134 BGB.[90] Auch wenn die Kündigungsbefugnis des Veräußerers und des Erwerbers bereits durch die zwingende Norm des § 613a Abs. 1 Satz 1 BGB eingeschränkt wird, hat sich der Gesetzgeber für ein ausdrückliches Verbot dieses Verhaltens in Abs. 4 Satz 1 entschieden[91], um jedenfalls Klarheit zu schaffen.[92] § 613a Abs. 4 Satz 1 BGB besitzt einen eigenen Regelungsgehalt. Das Kündigungsverbot ist mehr als eine bloße Ergänzung des Bestandsschutzes des Abs. 1, da es wesentlich auf den subjektiven Beweggrund der Kündigung ankommt und eine „rein objektive Umgehung" des Schutzzwecks des § 613a Abs. 1 BGB eben nicht ausreicht.[93]

---

87 Staudinger/*Annuß*, 2011, § 613a BGB Rn. 374; *Hanau*, ZIP 1984, 141; *Kraft*, in: 25 Jahre BAG, S. 299, 302; *Kreitner*, Kündigungsrechtliche Probleme, S. 47; *Roemheld*, BB 1976, 845, 846; *Stratmann*, SAE 1976, 78.

88 BAG vom 31.1.1985 – 2 AZR 530/83, BAGE 48, 40 = NZA 1985, 593; *Herschel*, DB 1984, 612; *Kreitner*, Kündigungsrechtliche Probleme, S. 47; *Lipinski*, Sonderkündigungsschutz, S. 38; a.A. *Berkowsky*, DB 1983, 2683, 2685.

89 *Hanau*, ZIP 1984, 141; *Kreitner*, Kündigungsrechtliche Probleme, S. 30; *Lipinski*, NZA 2002, 75, 76 f.; KR/*Treber*, 10. Auflage, § 613a BGB Rn. 183; WHSS/*Willemsen*, 4. Auflage, H Rn. 90.

90 So auch: Staudinger/*Annuß*, 2011, § 613a BGB Rn. 33; MüKo/*Armbrüster*, 6. Auflage, § 134 BGB Rn. 75; Moll/*Cohnen*, 3. Auflage, § 54 Rn. 176; *Döpner*, Erwerberkonzept, S. 137; Erman/*Edenfeld*, 14. Auflage, § 613a BGB Rn. 105.

91 Zweifelnd, ob die Ergänzung des § 613a BGB um den Abs. 4 überhaupt notwendig war: *Willemsen*, ZIP 1983, 411, 413 in Fn. 13 mit Verweis auf *Hutzler*, BB 1981, 1470, 1471.

92 *Hutzler*, BB 1981, 1470, 1471.

93 BAG vom 19.5.1988 – 2 AZR 596/87, BAGE 59, 12, 25 = NZA 1989, 461, 463.

6. Konsequenzen des Kündigungsverbotes

Verboten sind Kündigungen, die „wegen“ des Betriebsübergangs ausgesprochen werden. Dies ist der Fall, wenn der Betriebsübergang der tragende Grund für die Kündigung und nicht lediglich der äußere Anlass hierfür ist.[94] Das Recht zur Kündigung aus anderen Gründen bleibt gem. § 613a Abs. 4 Satz 2 BGB unberührt. Die Vorschrift geht auf Art. 4 Abs. 1 Satz 2 der Richtlinie 2001/23/EG zurück, der eine Kündigung aus wirtschaftlichen, technischen und organisatorischen Gründen zulässt.[95] § 613a Abs. 4 Satz 2 BGB kommt im Verhältnis zu Abs. 4 Satz 1 BGB eine deklaratorische Funktion zu.[96] Liegt also neben dem Betriebsübergang ein anderer sachlicher Grund vor, der die Kündigung „aus sich heraus“ rechtfertigt, war der Betriebsübergang nur äußerer Anlass, aber nicht der tragende Grund für die Kündigung. Somit bleiben vor allem betriebsbedingte, aber auch personen- oder verhaltensbedingte Kündigungen weiter möglich.[97]

Nach allgemeiner Meinung verbietet § 613a Abs. 4 Satz 1 BGB nicht nur die Beendigungskündigung, sondern auch die Änderungskündigung „wegen“ des Betriebsübergangs.[98] Denn auch die Änderungskündigung ist eine „echte“ Kündigung, die lediglich mit einem Änderungsangebot verknüpft wurde.[99] Zudem wird durch § 613a BGB nicht nur der Bestand, sondern auch der konkrete Inhalt des Arbeitsverhältnisses geschützt.[100] Die Unwirksamkeit der Kündigung ist innerhalb der Ausschlussfrist des § 4 KSchG vor den Gerichten für Arbeitssachen geltend zu machen.[101]

---

94 BAG vom 26.5.1983 – 2 AZR 477/81, BAGE 43, 13, 21 = NJW 1984, 627, 629; ausführlich: *Lipinski*, Sonderkündigungsschutz, S. 45 ff. m.w.N.; MüKo/*Müller-Glöge*, 6. Auflage, § 613a BGB Rn. 188; APS/*Steffan*, 4. Auflage, § 613a BGB Rn. 175; *Willemsen*, ZIP 1983, 411, 412.

95 ErfK/*Preis*, 15. Auflage, § 613a BGB Rn. 154.

96 *Döpner*, Erwerberkonzept, S. 138 ff.; *Lipinski*, Sonderkündigungsschutz, S. 37, 45; APS/*Steffan*, 4. Auflage, § 613a BGB Rn. 175.

97 Moll/*Cohnen*, 3. Auflage, § 54 Rn. 161 f.; ErfK/*Preis*, 15. Auflage, § 613a BGB Rn. 155 f.

98 *Annuß*, ZInsO 2001, 49, 56; *Fuhlrott*, FA 2013, 258; *Kreitner*, Kündigungsrechtliche Probleme, S. 123; *Lipinski*, Sonderkündigungsschutz, S. 5; ErfK/*Preis*, 15. Auflage, § 613a BGB Rn. 153; KR/*Treber*, 10. Auflage, § 613a BGB Rn. 182; WHSS/*Willemsen*, 4. Auflage, H Rn. 91.

99 APS/*Preis*, 4. Auflage, E III Rn. 10.

100 *Lipinski*, Sonderkündigungsschutz, S. 5; dazu schon § 2 B.

101 Seit Inkrafttreten des Gesetzes zu Reformen am Arbeitsmarkt vom 24. Dezember 2003 (BGBl. I S. 3002) gilt ab dem 1.1.2004 die Klagefrist des § 4 KSchG auch für

E. Betriebsübergang und Insolvenz

Sowohl das Lemgoer Modell als auch das BQG-Modell werden zur Sanierung von Unternehmen in der (drohenden) Insolvenz eingesetzt. Es werden Aufhebungsverträge geschlossen, um die Rechtsfolgen des § 613a BGB zu vermeiden und den Erwerb des Unternehmens zu ermöglichen. Im Folgenden soll deshalb kurz auf das Verhältnis zwischen Betriebsübergang und Insolvenz eingegangen werden.

I. Grundlagen

Zwischen Januar und November 2013 haben insgesamt 24.195 Unternehmen Insolvenz angemeldet.[102] Insolvenz ist der wirtschaftliche Zustand der Zahlungsunfähigkeit, der drohenden Zahlungsunfähigkeit oder der Überschuldung, welcher ein gerichtliches Verfahren auslösen kann.[103] Das Insolvenzverfahren dient gem. § 1 Satz 1 InsO der gemeinschaftlichen Gläubigerbefriedigung durch Verwertung des Schuldnervermögens. Dabei hat die Fortführung und Sanierung des Unternehmens Vorrang vor der Liquidation, soweit Aussicht auf Erfolg besteht.[104]

Das wichtigste Sanierungsinstrument ist die sog. „übertragende Sanierung".[105] Hier wird das Unternehmen bzw. ein Unternehmensteil im Wege der Einzelrechtsnachfolge im Rahmen eines sog. „Asset Deals" unter Zurücklassung seines Unternehmensträgers veräußert. Ziel der übertragenden Sanierung ist es, den Weiterbestand des Unternehmens zu sichern. Mit dem gezahlten Kaufpreis sollen die Gläubiger befriedigt werden.[106] Wenn es bei einem Asset Deal zu Betriebsübergängen oder Betriebsteilübergängen kommt, gilt § 613a BGB.

Bei der bloßen Anteilsübertragung („Share Deal") bleibt der Arbeitgeber (die Gesellschaft) hingegen rechtlich identisch. Es findet kein Wechsel der

---

§ 613a Abs. 4 Satz 1 BGB: APS/*Steffan*, 4. Auflage, § 613a BGB Rn. 200 f.; kritisch: *Kamanabrou*, NZA 2004, 950 ff.

102 Pressemitteilung Nr. 049 vom 14.2.2014 des Statistischen Bundesamtes, abrufbar unter: https://www.destatis.de/DE/PresseService/Presse/Pressemitteilungen/2014/02/PD14_049_52411.html; letzter Abruf: 2.2.2015.

103 Uhlenbruck/*Pape*, 13. Auflage, § 1 InsO Rn. 2.

104 *Hagebusch/Oberle*, NZI 2006, 618, 619.

105 *Wellensiek*, NZI 2002, 233; *Wimmer*, Unternehmenssanierung, S. 5; der Begriff geht auf *Karsten Schmidt*, ZIP 1980, 328, 336 zurück.

106 *Annuß/Lembke*, Umstrukturierung, S. 2; *Hagebusch/Oberle*, NZI 2006, 618, 619; Uhlenbruck/*Hirte*, 13. Auflage, § 11 InsO Rn. 16 f.; *Wellensiek*, NZI 2002, 233, 234; *Wimmer*, Unternehmenssanierung, S. 5.

Rechtspersönlichkeit des Betriebsinhabers statt mit der Folge, dass auch kein Betriebsübergang im Sinne des § 613a BGB vorliegt.[107]

II. Anwendbarkeit von § 613a BGB in der Insolvenz

Die Anwendbarkeit von § 613a BGB im Insolvenzverfahren war lange Zeit umstritten.[108] Mittlerweile ist jedoch anerkannt, dass § 613a BGB in der Insolvenz – wenn auch nicht uneingeschränkt – Anwendung findet. Dies lässt sich mittelbar § 128 Abs. 2 InsO entnehmen.[109] Denn bei Zustandekommen eines Interessenausgleichs mit Namensliste erstreckt sich die Vermutung nach § 125 Abs. 1 Satz 1 Nr.1 InsO auch darauf, dass die Kündigung der Arbeitsverhältnisse nicht „wegen" des Betriebsübergangs erfolgt und damit kein Verstoß gegen § 613a Abs. 4 BGB vorliegt.[110] Allerdings ist § 613a BGB im haftungsrechtlichen Bereich teleologisch zu reduzieren, um den Grundsatz der gleichmäßigen Gläubigerbefriedigung und die Bestandsschutzfunktion des § 613a BGB in Ausgleich zu bringen. Die Norm ist deshalb nicht anwendbar, wenn der Erwerber für Ansprüche haftet, die vor Insolvenzeröffnung bereits entstanden waren. Insoweit haben die Verteilungsgrundsätze des Insolvenzverfahrens Vorrang.[111] Dagegen ist die Bestandsschutzfunktion des § 613a BGB, vor allem das Kündigungsverbot des § 613a Abs. 4 Satz 1 BGB, im Falle der Insolvenz uneingeschränkt zu beachten. Die Insolvenz rechtfertigt keine betriebsbedingte Kündigung gem.

---

107 BAG vom 14.8.2007 – 8 AZR 803/06, AP Nr. 326 zu § 613a BGB = NZA 2007, 1428, 1430; APS/*Steffan*, 4. Auflage, § 613a BGB Rn. 50; KR/*Treber*, 10. Auflage, § 613a BGB Rn. 70; WHSS/*Willemsen*, 4. Auflage, B Rn. 6; *Wimmer*, Unternehmenssanierung, S. 5 f.

108 Gegen die Anwendbarkeit des § 613a BGB im Konkurs (konkursrechtliche Auffassung): z.B. *Riedel*, NJW 1975, 765, 766; *Uhlenbruck*, NJW 1975, 897, 903; dafür (arbeitsrechtliche Ansicht): z.B. *Heinze*, DB 1980, 205, 213; *Seiter*, Anmerkung zu BAG AP Nr. 5 zu § 613a BGB, Bl. 221, 223 ff.; Überblick bei: *Pietzko*, Tatbestand, S. 170 ff.

109 LAG Hamm vom 4.4.2000 – 4 Sa 1220/99, ZInsO 2000, 292, 294 = DZWIR 2000, 240, 243; Uhlenbruck/*Berscheid*, 13. Auflage, § 128 InsO Rn. 5; Jaeger/*Giesen*, 1. Auflage, Vor § 113 InsO Rn. 127; MüKo/*Müller-Glöge*, 6. Auflage, § 613a BGB Rn. 178; ErfK/*Preis*, 15. Auflage, § 613a BGB Rn. 146; KR/*Treber*, 10. Auflage, § 613a BGB Rn. 94.

110 LAG Hamm vom 4.4.2000 – 4 Sa 1220/99, ZInsO 2000, 292, 294 = DZWIR 2000, 240, 243; dazu: § 10 B II 2 a bb.

111 BAG vom 17.1.1980 – 3 AZR 160/79, BAGE 32, 326, 333 ff. = NJW 1980, 1124, 1125 f.; Staudinger/*Annuß*, 2011, § 613a BGB Rn. 343; Uhlenbruck/*Berscheid*, 13. Auflage, § 128 InsO Rn. 6; MüKo/*Müller-Glöge*, 6. Auflage, § 613a BGB Rn. 177; ErfK/*Preis*, 15. Auflage, § 613a BGB Rn. 146; KR/*Treber*, 10. Auflage, § 613a BGB Rn. 94.

§ 1 Abs. 2 KSchG und ist deshalb kein anderer Grund im Sinne des § 613a Abs. 4 Satz 2 BGB.[112]

Das europäische Recht steht der Anwendung des § 613a BGB in der Insolvenz nicht entgegen. Art. 5 Abs. 1 der Richtlinie 2001/23/EG regelt zwar, dass Art. 3 und Art. 4 der Richtlinie in einem auf Liquidation gerichteten Insolvenzverfahren keine Anwendung finden.[113] Gleichwohl steht es den Mitgliedstaaten frei, über das Schutzniveau der Richtlinie hinauszugehen.[114] Entscheidet sich ein Mitgliedstaat für die Anwendung der Artt. 3 und 4 in der Insolvenz, kann die Haftung des Erwerbers für die vor dem Betriebsübergang bzw. der Eröffnung des Insolvenzverfahrens entstandenen Verbindlichkeiten des Veräußerers ausgeschlossen werden, Art. 5 Abs. 2 lit. a). Zudem können Arbeitgeber und Arbeitnehmerseite eine Änderung der Arbeitsbedingungen vereinbaren, um das Unternehmen fortzuführen und Arbeitsplätze zu erhalten, Art. 5 Abs. 2 lit b).[115]

III. § 613a BGB als Sanierungshindernis?

§ 613a BGB wird vielfach als „Sanierungshindernis ersten Grades" kritisiert.[116] Gerade bei mittelständischen Unternehmen wird der Übergang sämtlicher Arbeitsverhältnisse oft als Bürde empfunden, die einer Sanierung im Wege steht. Stattdessen kommt es zu einer Liquidation und damit zu einem Verlust sämtlicher Arbeitsplätze,[117] der durch § 613a BGB gerade verhindert werden soll.[118] Hier erweist sich § 613a BGB als Danaergeschenk. Aus diesem Grund wird in

---

112 MüKo/*Müller-Glöge*, 6. Auflage, § 613a BGB Rn. 183; ErfK/*Preis*, 15. Auflage, § 613a BGB Rn. 151; APS/*Steffan*, 4. Auflage, § 613a BGB Rn. 243; KR/*Treber*, 10. Auflage, § 613a BGB Rn. 94.

113 Da in Deutschland alle Insolvenzverfahren gem. § 1 Abs. 1 Satz 1 InsO immer auch auf eine Auflösung des Schuldnervermögens abzielen, unterfallen sie Art. 5 Abs. 1 der Richtlinie 2001/23/EG: *Willemsen/Annuß*, NJW 1999, 2073, 2076.

114 Staudinger/*Annuß*, 2011, § 613a BGB Rn. 342; Uhlenbruck/*Berscheid*, 13. Auflage, § 128 InsO Rn. 5; MüKo/*Müller-Glöge*, 6. Auflage, § 613a BGB Rn. 176.

115 *Franzen*, NZA 2008, Beil. 4, 139, 143.

116 BDH/*Bernsau*, 3. Auflage, InsO Rn. 180; Überblick auch bei *Wimmer*, Unternehmenssanierung, S. 6 f.

117 BDH/*Bernsau*, 3. Auflage, InsO Rn. 180; *Vogel/Neufeld*, BB 2008, 1178, 1178 f.; dazu auch die Studie des Kohorten-Instituts aus dem Jahr 2007 in Wirtschaft Konkret Nr. 418, S. 17, abrufbar unter: http://www.zis.uni-mannheim.de/ studien/ dokumente/ studie_2007_wirtschaft_konkret/ studie_2007_wirtschaft_konkret.pdf; letzter Abruf: 2.2.2015.

118 *Hanau*, ZIP 1998, 1817 spricht deshalb von einer „Pervertierung der Norm".

der Praxis häufig versucht, dem „Würgegriff“[119] des § 613a BGB zu entkommen und dessen Rechtsfolgen zu vermeiden. Ein möglicher Fluchtweg sind Aufhebungsverträge, die mit den Arbeitnehmern vor dem Betriebsübergang abgeschlossen werden. Deren Wirksamkeit, insbesondere im Zusammenhang mit geplanten Sanierungen, wird im Folgenden genauer untersucht.[120]

§ 3 Aufhebungsverträge und Betriebsübergang

Der arbeitsrechtliche Aufhebungsvertrag zählt zu den wichtigsten Gestaltungsmöglichkeiten im Arbeitsrecht.

A. Der arbeitsrechtliche Aufhebungsvertrag

Eine spezielle Regelung zum Aufhebungsvertrag findet sich im BGB nicht, § 623 BGB[121] und § 112a Abs. 1 Satz 2 BetrVG setzen ihn aber voraus. Den Arbeitsvertragsparteien ist es gleichwohl aufgrund des verfassungsrechtlich garantierten Grundsatzes der Vertragsfreiheit jederzeit möglich, das Arbeitsverhältnis im gegenseitigen Einvernehmen für die Zukunft[122] zu beenden.[123] Das grundlegende Prinzip der Vertragsfreiheit bildet gewissermaßen das „Fundament“ für die Zulässigkeit des arbeitsrechtlichen Aufhebungsvertrages.[124]

I. Der Grundsatz der Vertragsfreiheit

Die freie Entscheidung des Arbeitnehmers, sein Arbeitsverhältnis mit dem Arbeitgeber zu beenden, basiert auf dem Grundsatz der Privatautonomie. Darunter versteht man die durch die Rechtsordnung gewährte und gesicherte Möglichkeit des Einzelnen, seine rechtlichen Beziehungen und die ihn betreffenden Rechtsverhältnisse innerhalb der gesetzlichen Grenzen nach seinem Willen zu gestalten.[125]

---

119 *Wimmer*, Unternehmenssanierung, S. 7.

120 §§ 5 ff.

121 § 623 BGB verwendet als Synonym „Auflösungsvertrag“, statt aller: MüKo/*Henssler*, 6. Auflage, § 623 BGB Rn. 12.

122 Ein außer Vollzug gesetztes Arbeitsverhältnis kann rückwirkend aufgelöst werden: BAG vom 10.12.1998 – 8 AZR 324/97, BAGE 90, 260, 269 = NZA 1999, 422, 424; Küttner/*Eisemann*, 21. Auflage, Aufhebungsvertrag Rn. 4.

123 *Bauer/Krieger/Arnold*, Arbeitsrechtliche Aufhebungsverträge, 9. Auflage, S. 3; *Bengelsdorf*, Aufhebungsvertrag, 5. Auflage, S. 2.

124 *Franz*, Aufhebungsvertrag, S. 15 f.

125 *Boemke*, NJW 1993, 2083; *ders.*, NZA 1993, 532; *Flume*, BGB-AT II, 4. Auflage, S. 1; *Larenz/Wolf*, Allgemeiner Teil des Bürgerlichen Rechts, 9. Auflage, § 2 Rn 17.

Im Vertragsrecht wird die Privatautonomie durch den Grundsatz der Vertragsfreiheit (§§ 241, 311 Abs. 1 BGB) konkretisiert[126]. Es wird jedem Teilnehmer am Rechtsverkehr freigestellt, einen Vertrag zu schließen, ihm einen bestimmten Inhalt zu geben sowie einen abgeschlossenen Vertrag abzuändern und wieder aufzuheben.[127] Diese „Selbstbestimmung des Einzelnen im Rechtsleben" ist als Ausfluss der allgemeinen Handlungsfreiheit gem. Art. 2 Abs. 1 GG verfassungsrechtlich garantiert.[128] Der Grundsatz der Vertragsfreiheit gilt auch im Arbeitsvertragsrecht und wird durch die berufliche Handlungsfreiheit gem. Art 12 Abs. 1 GG besonders geschützt.[129] Eines Rückgriffs auf Art. 2 Abs. 1 GG bedarf es nicht.[130]

Korrelat dieser Selbstbestimmung ist die Selbstverantwortung des Einzelnen.[131] Die Vertragsparteien sind für die Folgen ihrer Entscheidung selbst verantwortlich. Besteht aber ein Verhandlungsungleichgewicht dergestalt, dass der eine Vertragspartner den Vertragsinhalt faktisch einseitig bestimmen kann, verlangt das Sozialstaatsprinzip gem. Artt. 20 Abs. 1, 28 Abs. 1 GG den schwächeren Vertragspartner zu schützen.[132]

II. Beweggründe für den Vertragsschluss

1. Allgemeine Beweggründe

Der Aufhebungsvertrag kann sowohl dem Arbeitgeber als auch dem Arbeitnehmer im Vergleich zur Kündigung Vorteile bieten. Es ist ein legitimer und im Gegensatz zur Kündigung einfacher Weg, das Arbeitsverhältnis aufzulösen.[133] Weder der allgemeine (§ 1 KSchG) noch der besondere Kündigungsschutz

---

126 Die Vertragsfreiheit ist somit Unterfall der Privatautonomie, wird aber oft als Synonym verwendet: *Burkardt*, Aufhebungsvertrag, S. 33.

127 *Boemke*, NZA 1993, 532; *Larenz/Wolf*, Allgemeiner Teil des Bürgerlichen Rechts, 9. Auflage, § 34 Rn, 24 ff.; Staudinger/*Löwisch/Feldmann*, 2012, § 311 BGB Rn. 3 f.

128 BVerfG vom 12.11.1958 – 2 BvL4/56, 2 BvL 26/56, 2 BvL 40/56, 2 BvL 1/57, 2 BvL 7/57, BverfGE 8, 274 = NJW 1959, 475; *Boemke*, NZA 1993, 532; *Junker*, Grundkurs Arbeitsrecht, 13. Auflage, § 1 Rn. 17; *ders.*, NZA 1997, 1305, 1306.

129 *Boemke*, NZA 1993, 532, 534; *Junker*, Grundkurs Arbeitsrecht, 13. Auflage, § 1 Rn. 17; *ders.*, NZA 1997, 1305, 1306; ausführlich: *Papier*, RdA 1989, 138.

130 BVerfG vom 25.1.2011 – 1 BvR 1741/09, BverfGE 128, 157 = NZA 2011, 400; *Burkardt*, Aufhebungsvertrag, S. 34; *Franz*, Aufhebungsvertrag, S. 19.

131 *Flume*, BGB-AT II, 4. Auflage, S. 1 f.; *Zöllner*, AcP 176 (1976), 221, 222 f.

132 *Thies*, Schutz des Arbeitnehmers, S. 31 f.; *Winter*, Aufklärungspflichten, S. 28; dazu § 8 E.

133 *Grunewald*, AuR 1994, 260.

(z.B. § 15 KSchG, § 9 MuSchG, § 18 BEEG, § 85 SGB IX) sind auf Aufhebungsverträge anwendbar.[134] So können vor allem Probleme der Sozialauswahl gem. § 1 Abs. 3 KSchG bei betriebsbedingter Veranlassung vermieden werden.[135] Darüber hinaus muss weder der Betriebsrat gem. § 102 Abs. 1 BetrVG angehört werden,[136] noch ist die Zustimmung einer anderen Behörde (Integrationsamt) erforderlich.[137]

Aber auch der Arbeitnehmer kann ein Interesse am Abschluss eines Aufhebungsvertrages mit dem Arbeitgeber haben, obwohl er den Kündigungsschutz verliert und es ggf. zu sozialversicherungsrechtlichen Nachteilen (Sperrzeit gem. § 159 Abs. 1 SGB III; Ruhen des Anspruchs auf Arbeitslosengeld nach § 158 SGB III) kommt.[138] Insbesondere ist auch für ihn der Ausgang des unter Umständen langwierigen Kündigungsschutzprozesses unvorhersehbar und mit erheblichen (Kosten- und Lohnausfall-)Risiken verbunden.[139]

2. *Besondere Beweggründe beim Betriebsübergang*

Hauptinteresse des Veräußerers ist regelmäßig, die Zahl der übergehenden Arbeitsverhältnisse zu reduzieren, um eine Betriebsstilllegung herbeizuführen[140] oder die Betriebsübernahme für den Erwerber attraktiver zu machen. Gerade insolvente, ertragsschwache Betriebe, die über eine „ältere Personalstruktur“ verfügen, werden für potentielle Erwerber uninteressant und haben ein erhöhtes Risiko stillgelegt zu werden.[141] Durch den Abschluss von Aufhebungsverträgen kann die Personalstruktur „überarbeitet“ und die „unsichtbare Hypothek des

---

134 BAG vom 7.5.1987 – 2 AZR 271/86, AP Nr. 19 zu § KSchG 1969 = NZA 1988, 15; *Junker*, Grundkurs Arbeitsrecht, 13. Auflage, § 6 Rn. 425; APS/*Rolfs*, 4. Auflage, AufhebVtr Rn. 2.

135 *Bengelsdorf*, NZA 1994, 193; *ders.*, Aufhebungsvertrag, S. 3; APS/*Rolfs*, 4. Auflage, AufhebVtr Rn. 2.

136 *Fitting*, 27. Auflage, § 102 BetrVG Rn. 15; *Junker*, Grundkurs Arbeitsrecht, 13. Auflage, § 6 Rn. 425; ErfK/*Kania*, 15. Auflage, § 102 BetrVG Rn. 1; *Lingemann/Groneberg*, NJW 2010, 3496.

137 *Bauer/Krieger/Arnold*, Arbeitsrechtliche Aufhebungsverträge, 9. Auflage, S. 3; *Bengelsdorf*, NZA 1994, 193.

138 *Bengelsdorf*, Aufhebungsvertrag, S. 5; Moll/*ders.* 3. Auflage, § 49 Rn. 7; Schaub/*Linck*, 15. Auflage, § 122 Rn. 41; Küttner/*Voelzke*, 21. Auflage, Aufhebungsvertrag Rn. 29 ff.

139 *Junker/Kamanabrou*; Vertragsgestaltung, 3. Auflage, § 8 Rn. 38; *Wisskirchen/Worzolla*, DB 1994, 577.

140 *Weimar/Alfes*, NZA 1993, 155, 159 zum sog. Stilllegungsmodell.

141 BAG vom 26.5.1983 – 2 AZR 477/81, BAGE 43, 13 = NJW 1984, 627; *Loritz*, RdA 1987, 65, 70; *Pietzko*, ZIP 1990, 1105.

§ 613a Abs. 1 BGB", die den Erwerber zur Übernahme der Gesamtbelegschaft zwingt, überschaubarer gestaltet werden.[142]

III. Zustandekommen und Formerfordernis

Der Aufhebungsvertrag kommt nach den allgemeinen Regeln durch zwei übereinstimmende Willenserklärungen gem. §§ 145 ff. BGB zustande.[143] Es handelt sich daher im Gegensatz zur Kündigung nicht um ein einseitiges Gestaltungsrecht[144], sondern um eine gegenseitige Vereinbarung.[145] Ein Anspruch auf Abschluss des Aufhebungsvertrages besteht nicht und lässt sich auch nicht aus dem arbeitsrechtlichen Gleichbehandlungsgrundsatz ableiten. Der Abschluss einer Aufhebungsvereinbarung mit anderen Arbeitnehmern ist in der Regel Ausdruck der gegenüber dem Gleichbehandlungsgrundsatz vorrangigen Vertragsfreiheit.[146]

Nach § 623 BGB bedarf der Aufhebungsvertrag zur Wirksamkeit der Schriftform, um den Arbeitnehmer davor zu schützen, das Arbeitsverhältnis übereilt oder unüberlegt zu beenden.[147]

IV. Hinweispflichten bei Aufhebungsverträgen

1. Allgemeine Hinweispflichten

Beim Abschluss eines Aufhebungsvertrages können Privatautonomie und Schutzbedürfnis des Einzelnen konfligieren.[148] Gerade dem Arbeitnehmer drohen risikoreiche Rechtsfolgen, die er selbst oft nicht zu überblicken vermag. Es obliegt grundsätzlich dem Arbeitnehmer, sich vor Vertragsschluss Klarheit über

---

142 *Pietzko*, ZIP 1990, 1105.

143 *Bengelsdorf*, Aufhebungsvertrag, S. 69 f.; *Junker*, Grundkurs Arbeitsrecht, 13. Auflage, § 6 Rn. 426; *Lingemann/Groneberg*, NJW 2010, 3496.

144 Statt aller: APS/*Preis*, 4. Auflage, Teil 1 D Rn. 2.

145 *Burkardt*, Aufhebungsvertrag, S. 28; BeckOK-ArbR/*Stoffels*, Ed. 34, § 626 BGB Rn. 10.

146 BAG vom 25.2.2010 – 6 AZR 911/08, BAGE 133, 265, 279 f. = NZA 2010, 561, 566; Staudinger/*Oetker*, 2011, Vorb. zu §§ 620 ff. BGB Rn. 54; Küttner/*Eisemann*, 21. Auflage, Aufhebungsvertrag Rn. 4; ErfK/*Müller-Glöge*, 15. Auflage, § 620 BGB Rn. 5.

147 *Bauer/Krieger/Arnold*, Arbeitsrechtliche Aufhebungsverträge, 9. Auflage, S. 9; *Junker*, Grundkurs Arbeitsrecht, 13. Auflage, § 6 Rn. 426; *Lingemann/Groneberg*, NJW 2010, 3496.

148 *Thies*, Schutz des Arbeitnehmers, S. 33.

die arbeitsrechtlichen Konsequenzen zu verschaffen.[149] Dies ergibt sich aus der Vertragsfreiheit, die notwendigerweise auch die Eigenverantwortlichkeit des Arbeitnehmers voraussetzt. Dennoch trifft den Arbeitgeber in besonderen Fällen eine Hinweispflicht aus seiner nebenvertraglichen Fürsorgepflicht gem. § 241 Abs. 2 BGB,[150] wenn ein Informationsgefälle zwischen den Arbeitsvertragsparteien besteht und der wissensunterlegene Arbeitnehmer ein erkennbares Informationsbedürfnis hat. Zudem setzt eine Aufklärungspflicht voraus, dass sich der Arbeitnehmer die benötigten Informationen nicht anderweitig beschaffen kann und sich in entschuldbarer Weise im Ungewissen befindet.[151] Die erkennbaren Informationsbedürfnisse des Arbeitnehmers und die Beratungsmöglichkeit des Arbeitgebers sind gegeneinander abzuwägen.[152] Durch das Angebot zum Abschluss eines Aufhebungsvertrages kann der Arbeitgeber den Eindruck erwecken, dass die Interessen des Arbeitnehmers gewahrt werden. Deshalb besteht eine Hinweispflicht, wenn der Arbeitgeber erkennen musste, dass der Arbeitnehmer mangels eigener Kenntnisse auf eine Information des Arbeitgebers angewiesen war, die dieser auch unschwer erteilen konnte.[153] Der Arbeitgeber muss dann beispielsweise auf einen möglichen Verlust der Pensionsansprüche und auf die sozialversicherungsrechtlichen Folgen, insbesondere den möglichen Verlust des Arbeitslosengeldanspruchs, hinweisen.[154]

---

149 BAG vom 10.3.1988 – 8 AZR 420/85, AP Nr. 99 zu § 611 BGB Fürsorgepflicht = NZA 1988, 837, 838; BAG vom 3.7.1990 – 3 AZR 382/89, AP Nr. 24 zu § 1 BetrAVG = NZA 1990, 971, 972; BAG vom 11.12.2001 – 3 AZR 339/00, AP Nr. 2 zu § 1 BetrAVG Auskunft = NZA 2002, 1150, 1152; *Bauer/Krieger/Arnold*, Arbeitsrechtliche Aufhebungsverträge, 9. Auflage, S. 54; Küttner/*Eisemann*, 21. Auflage, Aufhebungsvertrag Rn. 13, ausführlich: *Winter*, Aufklärungspflichten, S. 74 ff.

150 *Junker*, Grundkurs Arbeitsrecht, 13. Auflage, § 6 Rn. 431; *Nägele*, BB 1992, 1274, 1277.

151 *Winter*, Aufklärungspflichten, S. 37 ff.

152 BAG vom 13.12.1988 – 3 AZR 322/87, AP Nr. 23 zu § 1 BetrAVG Zusatzversorgungskassen = NZA 1989, 512; BAG vom 17.10.2000 – 3 AZR 605/99, AP Nr. 116 zu § 611 BGB Fürsorgepflicht = NZA 2001, 206, 208; Küttner/*Eisemann*, 21. Auflage, Aufhebungsvertrag Rn. 13.

153 BAG vom 3.7.1990 – 3 AZR 382/89, AP Nr. 24 zu § 1 BetrAVG = NZA 1990, 971, 972; BAG vom 22.4.2004 – 2 AZR 281/03, AP Nr. 27 zu § 620 BGB Aufhebungsvertrag = NZA 2004, 1295; *Bauer/Krieger/Arnold*, Arbeitsrechtliche Aufhebungsverträge, 9. Auflage, S. 54; Küttner/*Eisemann*, 21. Auflage, Aufhebungsvertrag Rn. 13; Staudinger/*Oetker*, 2011, Vorb. zu §§ 620 ff. BGB Rn. 55.

154 *Junker*, Grundkurs Arbeitsrecht, 13. Auflage, § 6 Rn. 431.

2. *Hinweispflichten beim Betriebsübergang*

Auch im Zusammenhang mit Betriebsübergängen kommt eine Hinweispflicht des Arbeitgebers in Betracht,[155] da die Initiative zum Abschluss des Aufhebungsvertrags in der Regel vom Arbeitgeber ausgeht. Eine Hinweispflicht besteht insbesondere dann, wenn bereits konkret feststeht, zu welchen Bedingungen die Betriebsfortführung erfolgen soll und ob es sich dabei um eine Betriebsübernahme gem. § 613a BGB handelt.[156] Die Arbeitnehmer sind dann umfassend über den Zweck sowie die wirtschaftlichen und rechtlichen Konsequenzen der beabsichtigten Regelung, vor allem über das Recht der Versorgungsanwartschaften aufzuklären.[157] Auch wenn eine Betriebsfortführung noch nicht konkret feststeht, sollten die Arbeitnehmer zumindest darauf hingewiesen werden, dass eine solche möglich erscheint, wobei der Arbeitgeber aber nicht über den Inhalt der Übernahmegespräche im Einzelnen aufklären muss.[158] Der Arbeitnehmer muss sich jedoch ein Bild vom Risiko des Aufhebungsvertrages und der Wahrscheinlichkeit eines eintretenden Betriebsübergangs machen können.[159]

3. *Rechtsfolgen bei Verletzung der Hinweispflicht*

Die Verletzung einer bestehenden Aufklärungspflicht führt nicht automatisch zur Unwirksamkeit des Aufhebungsvertrages. Es kommt aber eine Anfechtung wegen arglistiger Täuschung gem. § 123 Abs. 1 Alt. 1 BGB in Betracht.[160] Darüber hinaus können Schadensersatzanspruche aus §§ 280 Abs. 1, 241 Abs. 2 BGB entstehen.[161] Dabei geht es vor allem um Vermögensschäden, die im Zusammenhang mit der betrieblichen Altersversorgung oder durch Einbußen beim Arbeitslosengeld durch Verhängung der Sperrzeit entstanden sind.[162]

---

155 So auch *Lessing*, Entlassungen, S. 240.

156 *Bauer/Krieger/Arnold*, Arbeitsrechtliche Aufhebungsverträge, 9. Auflage, S. 529; *Weimar/Alfes*, NZA 1993, 155, 160.

157 *Krieger/Fischinger*, NJW 2007, 2289, 2292 zum BQG-Modell; *Pietzko*, ZIP 1990, 1105, 1113; *Wimmer*, Unternehmenssanierung, S. 83.

158 *Fuhlrott*, NZA 2012, 549, 553; a.A. offenbar Moll/*Bengelsdorf*, 3. Auflage, § 49 Rn. 364, wonach der Arbeitgeber einen bevorstehenden Betriebsübergang bei Abschluss eines Aufhebungsvertrages nicht ungefragt offenbaren muss; ebenso: *Weimar/Alfes*, NZA 1993, 155, 160.

159 *Lindemann*, ZInsO 2012, 605, 612.

160 Dazu § 14 A II 1.

161 *Bauer/Krieger/Arnold*, Arbeitsrechtliche Aufhebungsverträge, 9. Auflage, S. 55; *Lindemann*, ZInsO 2012, 605, 612; ErfK/*Müller-Glöge*, 15. Auflage, § 620 BGB Rn. 12.

162 *Winter*, Aufklärungspflichten, S. 181.

B. Aufhebungsverträge im Zusammenhang mit Betriebsübergängen

Im Zusammenhang mit Betriebsübergängen spielen arbeitsrechtliche Aufhebungsverträge eine wichtige Rolle,[163] da Kündigungen „wegen" des Betriebsübergangs gem. § 613a Abs. 4 Satz 1 BGB unwirksam sind. Grundsätzlich unterliegen solche Aufhebungsverträge zwar der Vertragsfreiheit.[164] Dennoch steht die Rechtsprechung dem Abschluss von Aufhebungsvereinbarungen anlässlich eines Betriebsübergangs kritisch gegenüber.

I. Überblick über die Rechtsprechung

Das BAG differenziert im Hinblick auf die Zulässigkeit von Aufhebungsverträgen bei Betriebsübergängen nach dem Motiv des Vertragsschlusses. Demnach können Aufhebungsvereinbarungen wirksam abgeschlossen werden, wenn sie auf ein *endgültiges Ausscheiden* des Arbeitnehmers aus dem Betrieb gerichtet sind,[165] der Arbeitnehmer also weder ein neues Arbeitsverhältnis mit dem Betriebserwerber begründet, noch ein solches verbindlich in Aussicht gestellt bekommen hat.[166] Die mehr oder weniger begründete Erwartung reicht nicht aus. Die Aufhebungsvereinbarung muss ein sog. *Risikogeschäft* für den Arbeitnehmer sein.[167]

Dagegen sind Aufhebungsverträge, die vom Veräußerer oder Erwerber allein deshalb veranlasst werden, um dem Kündigungsverbot des § 613a Abs. 4 Satz 1 BGB auszuweichen[168], oder die objektiv die Beseitigung der Kontinuität des Arbeitsverhältnisses bei gleichzeitigem Erhalt des Arbeitsplatzes bezwecken, ein unwirksames Umgehungsgeschäft, wenn die damit verbundene

163 *Kreitner*, Kündigungsrechtliche Probleme, S. 190; *Lipinski*, Sonderkündigungsschutz, S. 108.

164 § 3 A I.

165 BAG vom 11.12.1997 – 8 AZR 654/95, NZA 1999, 262, 263; BAG vom 18.8.2005 – 8 AZR 523/04, BAGE 115, 340, 347 = NZA 2006, 145, 147; BAG vom 27.9.2012 – 8 AZR 826/11, EzA § 613a BGB 2002 Nr. 139 = NZA 2013, 961, 964; BAG vom 25.10.2012 – 8 AZR 575/11, EzA § 613a BGB 2002 Nr. 138 = NZA 2013, 203, 206.

166 BAG vom 10.12.1998 – 8 AZR 324/97, BAGE 90, 260, 270 = NZA 1999, 422, 424; BAG vom 27.9.2012 – 8 AZR 826/11, EzA § 613a BGB 2002 Nr. 139 = NZA 2013, 961, 964; BAG vom 25.10.2012 – 8 AZR 575/11, EzA § 613a BGB 2002 Nr. 138 = NZA 2013, 203, 206.

167 Dieser Begriff findet sich erstmals in der BAG-Entscheidung vom 10.12.1998 – 8 AZR 324/97, BAGE 90, 260, 270 = NZA 1999, 422, 424.

168 BAG vom 28.4.1987 – 3 AZR 75/86, BAGE 55, 228, 233 = NZA 1988, 198, 199; BAG vom 18.8.2005 – 8 AZR 523/04, BAGE 115, 340, 347 = NZA 2006, 145, 147.

Verschlechterung der Arbeitsbedingungen sachlich nicht gerechtfertigt ist. In diesem Fall dienen die Aufhebungsverträge objektiv der Umgehung der zwingenden Rechtsfolge des § 613a BGB.[169]

Diese Grundsätze gelten entsprechend für den Fall, dass der Arbeitnehmer zu einer Eigenkündigung veranlasst wird.[170]

II. Arten von Aufhebungsverträgen

Die Rechtsprechung unterscheidet somit verschiedene Arten von Aufhebungsverträgen:

1. Echter Aufhebungsvertrag mit Beendigungsfunktion

Grundsätzlich bezweckt der Aufhebungsvertrag die Beendigung des Arbeitsverhältnisses zwischen Arbeitgeber und Arbeitnehmer. Auch im Zusammenhang mit Betriebsübergängen liegt es oftmals im Interesse beider Parteien eine Aufhebungsvereinbarung zu schließen, die auf das *endgültige Ausscheiden* des Arbeitnehmers gerichtet ist. Solche Aufhebungsverträge sind nach der Rechtsprechung[171] zulässig. Weder § 613a Abs. 1 noch Abs. 4 BGB stehen der Wirksamkeit entgegen. Sachliche Gründe sind dabei nicht erforderlich.[172]

2. Unechter Aufhebungsvertrag

Daneben gibt es sog. unechte Aufhebungsverträge. Hier wird zwar auch ein Aufhebungsvertrag zwischen den Parteien geschlossen, zugleich wird aber eine *Weiterbeschäftigung* des Arbeitnehmers beim Betriebserwerber *vereinbart* (sog. Lemgoer-Modell[173]). Durch diese Verknüpfung mit dem Neuvertrag handelt es sich im Ergebnis nicht um Aufhebungs-, sondern um Änderungs- bzw. Verzichtsverträge.[174] Da die Kontinuität des Arbeitsverhältnisses bei gleichzeitigem Erhalt des Arbeitsplatzes beseitigt wird,[175] nimmt die Rechtsprechung eine

169 BAG vom 10.12.1998 – 8 AZR 324/97, BAGE 90, 260, 270 = NZA 1999, 422, 424; BAG vom 18.08.2005 – 8 AZR 523/04, BAGE 115, 340, 347 = NZA 2006, 145, 147.

170 BAG vom 27.9.2012 – 8 AZR 826/11, EzA § 613a BGB 2002 Nr. 139 = NZA 2013, 961, 964; *Mues*, ArbRB 2013, 100, 101.

171 BAG vom 10.12.1998 – 8 AZR 324, 97, BAGE 90, 260 = NZA 1999, 422.

172 Dazu im Einzelnen § 5.

173 § 6 A.

174 *Hanau*, ZIP 1998, 1817, 1821; *Krieger/Fischinger*, NJW 2007, 2289, 2291; APS/*Steffan*, 4. Auflage, § 613a BGB Rn. 197.

175 BAG vom 28.4.1987 – 3 AZR 75/86, BAGE 55, 228, 233 = NZA 1988, 198, 199; BAG vom 10.12.1998 – 8 AZR 324/97, BAGE 90, 260, 270 = NZA 1999, 422, 424, BAG

unzulässige Umgehung des § 613a BGB an, die zur Nichtigkeit des Aufhebungsvertrages führt.[176]

3. *Sonderfall: Dreiseitiger Vertrag*

Ein Sonderfall bei Betriebsübergängen ist der Aufhebungsvertrag im Rahmen eines sog. dreiseitigen Vertrages. Hier wird zwischen dem Betriebsveräußerer bzw. dem Insolvenzverwalter und dem Arbeitnehmer ein Aufhebungsvertrag geschlossen und zugleich mit einer Beschäftigungs- und Qualifizierungsgesellschaft (BQG)[177] ein Arbeitsvertrag begründet. Auch im Rahmen des dreiseitigen Vertrages ist es möglich, dass eine Weiterbeschäftigung des Arbeitnehmers beim Betriebserwerber bereits *verbindlich in Aussicht gestellt* wird.

III. Ist-Zustand: Motivkontrolle des BAG

Das BAG nimmt im Rahmen seiner Umgehungs- eine Motivkontrolle[178] vor, weil es vom Vorliegen eines bestimmten Beweggrundes für den Aufhebungsvertragsschluss auf ein unwirksames Umgehunggeschäft schließt. Streben die Parteien mit dem Aufhebungsvertrag das endgültige Ausscheiden des Arbeitnehmers aus dem Betrieb an (sog. echter Aufhebungsvertrag), ist die Vereinbarung ohne weiteres zulässig.

Bezwecken die Parteien hingegen die Beseitigung der Kontinuität bei gleichzeitigem Erhalt des Arbeitsplatzes (sog. unechter Aufhebungsvertrag), liegt darin nach Ansicht des BAG ein von § 613a BGB missbilligtes Motiv. Der Aufhebungsvertrag ist wegen objektiver Gesetzesumgehung nichtig, wenn die damit verbundene Verschlechterung der Arbeitsbedingungen sachlich nicht gerechtfertigt ist. Gleiches gilt, wenn der Aufhebungsvertrag vom Arbeitgeber veranlasst wird, um dem Kündigungsverbot auszuweichen.

Im Folgenden soll nun zuerst geprüft werden, ob ein echter Aufhebungsvertrag wirksam abgeschlossen werden kann (Zweiter Teil). Sodann werden unechte Aufhebungsverträge (Dritter Teil) und dreiseitige Verträge (Vierter Teil) genauer untersucht.

---

vom 18.08.2005 – 8 AZR 523/04, BAGE 115, 340, 347 = NZA 2006, 145, 147; APS/*Rolfs*, 4. Auflage, Aufhebungsvertrag Rn. 75.

176 § 3 B I; ausführlich zur Umgehung: § 6 B und C.

177 Zum BQG-Modell: § 12 A.

178 So auch schon *Naber*, Aufhebungsverträge, S. 71 f.

Zweiter Teil: Wirksamkeit von echten Aufhebungsverträgen bei Betriebsübergängen

Die Rechtsprechung lässt (echte) Aufhebungsverträge, die anlässlich eines Betriebsübergangs auf ein endgültiges Ausscheiden gerichtet sind, zu. Im zweiten Teil wird daher genauer untersucht, ob dieses Ergebnis mit § 613a BGB in Einklang gebracht werden kann, oder ob die Norm insoweit auch die Vertragsfreiheit des Arbeitnehmers beschränken will. In § 4 wird dargestellt, inwieweit die Vertragsfreiheit des Veräußerers und des Erwerbers bei Betriebsübergängen beschränkt wird. Sodann wird in § 5 untersucht, ob § 613a BGB dem Abschluss eines Aufhebungsvertrages bzw. dem Ausspruch einer Eigenkündigung des Arbeitnehmers entgegensteht.

§ 4 Beschränkung der Vertragsfreiheit des Arbeitgebers durch § 613a BGB

Dem Erwerber steht es frei, den Betrieb bzw. Betriebsteil zu übernehmen.[179] Ist aber der Tatbestand des Betriebsübergangs erfüllt, ordnet § 613a Abs. 1 Satz 1 BGB den automatischen Übergang der Arbeitsverhältnisse an, sodass sowohl die Vertragsfreiheit des Veräußerers als auch des Erwerbers eingeschränkt wird. § 613a BGB ist zwingendes Arbeitnehmerschutzrecht[180] und erlaubt keine abweichenden Vereinbarungen zwischen dem Erwerber und dem Veräußerer zu Lasten des Arbeitnehmers.[181] Zudem darf weder der Veräußerer noch der Erwerber eine Kündigung „wegen" des Betriebsübergangs aussprechen, § 613a Abs. 4 Satz 1 BGB.[182] Die Regelung des § 613a BGB wurde geschaffen, um eine Lücke im Kündigungsschutz zu schließen.[183] Vor der Kodifizierung war der Übergang des Arbeitsverhältnisses von einer Willenserklärung des Betriebserwerbers abhängig.

---

179 Staudinger/*Annuß*, 2011, § 613a BGB Rn. 16.

180 § 2 D II.

181 BAG vom 29.10.1975 – 5 AZR 444/74, BAGE 27, 291, 298 f. = NJW 1976, 535, 536; *Kraft*, in: 25. Jahre BAG, S. 299, 311; *Meyer*, SAE 2009, 110, 111; ErfK/*Preis*, 15. Auflage, § 613a BGB Rn. 82; WHSS/*Willemsen*, 4. Auflage, G Rn. 190.

182 § 2 D III 6;

183 Dazu oben § 2 A; Staudinger/*Annuß*, 2011, § 613a BGB Rn. 9; *Lessing*, Entlassungen, S. 230; *Lipinski*, Sonderkündigungsschutz, S. 4.

Er hatte ein freies Ablehnungsrecht, sodass die Belegschaft zwangsläufig der Gefahr des Arbeitsplatzverlustes ausgeliefert war. Durch die Einführung des § 613a BGB wurde der Bestandsschutz der Arbeitnehmer erweitert. Damit sollte das bestehende Ungleichgewicht zu Gunsten der Arbeitnehmer ausgeglichen werden.[184] Sinn und Zweck der Norm ist daher, den Arbeitnehmer vor einer Fremdbenachteiligung zu schützen.[185] Sowohl der Veräußerer als auch der Erwerber dürfen einseitige Beendigungen bzw. inhaltliche Veränderungen des Arbeitsverhältnisses nur unter Beachtung des Kündigungsschutzgesetzes vornehmen.[186]

§ 5 Vertragsbeendigungsfreiheit des Arbeitnehmers

Durch den automatischen Übergang der Arbeitsverhältnisse wird die Vertragsfreiheit des Arbeitnehmers berührt, da er einen von ihm nicht ausgewählten neuen Vertragspartner erhält.[187] Allerdings kann sich der Arbeitnehmer durch Ausübung seines Widerspruchsrechts gem. § 613a Abs. 6 BGB[188] davon befreien. Daneben lässt das BAG auch einvernehmliche Vertragsbeendigungen mittels Aufhebungsvertrag und Eigenkündigungen des Arbeitnehmers zu, wenn sie auf ein endgültiges Ausscheiden aus dem Betrieb gerichtet sind. Im Folgenden wird daher untersucht, ob der Bestandsschutz des § 613a BGB einvernehmlich durch einen Aufhebungsvertrag oder den Ausspruch einer Eigenkündigung „abbedungen" werden kann,[189] oder ob die Norm auch die Vertragsbeendigungsfreiheit des Arbeitnehmers einschränken will.

Zunächst wird erörtert, ob sich die Unwirksamkeit von Aufhebungsvereinbarungen bereits aus dem Kündigungsverbot des § 613a Abs. 4 Satz 1 BGB ergibt (A.). Sodann wird auf den Bestandsschutzverzicht im Kündigungsrecht hingewiesen (B.). Im Folgenden wird der von der Rechtsprechung oft gezogene Vergleich mit dem Widerspruchsrecht gem. § 613a Abs. 6 BGB genauer beleuchtet (C.). Zudem wird geprüft, ob die Richtlinie 2001/23/EG dem Abschluss von Aufhebungsverträgen entgegensteht (D.). Sodann wird unter E. dargestellt, wann nach der Rechtsprechung überhaupt von einem endgültigen Ausscheiden und damit einem wirksamen echten Aufhebungsvertrag ausgegangen werden kann.

---

184 So auch BAG vom 2.10.1974 – 5 AZR 504/73, BAGE 26, 301, 307 f. = NJW 1975, 1378; *Pietzko*, ZIP 1990, 1105, 1108; *Willemsen*, RdA 1987, 327, 329.

185 *Pietzko*, Tatbestand, S. 38.

186 *Willemsen*, RdA 1987, 327, 329.

187 Staudinger/*Annuß*, 2011, § 613a BGB Rn. 18.

188 Zum Widerspruchsrecht: § 5 A II.

189 *Willemsen*, RdA 1987, 327, 329.

A. Auslegung des § 613a BGB

I. Keine Unwirksamkeit des Aufhebungsvertrages nach § 613a Abs. 4 Satz 1 BGB

Nach dem Wortlaut des § 613a Abs. 4 Satz 1 BGB richtet sich das Kündigungsverbot ausschließlich an den Betriebsveräußerer und den Erwerber. Arbeitnehmerkündigungen bzw. Aufhebungsverträge werden nicht genannt. Dennoch könnte die Auslegung[190] des § 613a Abs. 4 Satz 1 BGB ergeben, dass auch eine Eigenkündigung des Arbeitnehmers oder ein Aufhebungsvertrag anlässlich eines Betriebsübergangs vom Geltungsbereich der Norm umfasst sein sollen und somit auch der Arbeitnehmer Adressat dieses Verbots ist.[191]

1. Begriff der Kündigung in § 613a Abs. 4 Satz 1 BGB

Zunächst stellt sich die Frage, was der Gesetzgeber unter dem Begriff „Kündigung" in § 613a Abs. 4 Satz 1 BGB versteht und ob er damit auch Aufhebungsverträge bzw. Eigenkündigungen regeln wollte.

a. Abgrenzung zum Aufhebungsvertrag

Die Kündigung ist eine einseitige empfangsbedürftige Willenserklärung, die ein Dauerschuldverhältnis für die Zukunft beendet.[192] Sie ist ein Gestaltungsrecht, das einer bestimmten Person das Recht eröffnet, durch Gestaltungserklärung als einseitigen Akt eine Rechtsänderung herbeizuführen.[193] Der Aufhebungsvertrag kommt hingegen durch zwei übereinstimmende Willenserklärungen zustande. Er kann daher schon anhand der unterschiedlichen Voraussetzungen nicht mit einer Kündigung gleichgesetzt werden.[194]

Dieses Verständnis wird durch einen Vergleich mit § 623 BGB unterstützt. Zwar trat die Norm erst nach der Kodifizierung des § 613a Abs. 4 Satz 1 BGB in Kraft.[195] Dennoch lässt sich daraus eine gesetzgeberische Wertung entnehmen.

---

190 Allgemein zur Auslegung: *Larenz*, Methodenlehre, 6. Auflage, S. 312 ff.

191 *Pietzko*, ZIP 1990, 1105, 1108.

192 Allgemeine Meinung: MüKo/*Hergenröder*, 6. Auflage, § 1 KSchG Rn. 38; *Junker*, Grundkurs Arbeitsrecht, 13. Auflage, § 6 Rn. 324; ErfK/*Müller-Glöge*, 15. Auflage, § 620 BGB Rn. 16 ff.

193 *Larenz/Wolf*, Allgemeiner Teil des Bürgerlichen Rechts, 9. Auflage, § 15 Rn. 65; *Lessing*, Entlassungen, S. 45.

194 MüKo/*Hergenröder*, 6. Auflage, § 1 KSchG Rn. 45.

195 Die Vorschrift wurde durch das Arbeitsgerichtsbeschleunigungsgesetz vom 30.3.2000, BGBl. I S. 333 mit Wirkung zum 1.5.2000 in das BGB eingefügt: MüKo/*Henssler*, 6. Auflage, § 623 BGB Rn. 1.

§ 623 BGB stellt ausdrücklich klar, dass das Schriftformerfordernis sowohl für „Kündigungen“ als auch für „Auflösungsverträge“[196] gilt. Mit dieser Unterscheidung macht der Gesetzgeber deutlich, dass der Kündigungsbegriff gerade nicht die Beendigung durch Aufhebungsvertrag beinhaltet.

Auch das Kündigungsschutzgesetz und andere kündigungsrechtliche Vorschriften finden auf Aufhebungsverträge keine Anwendung.[197] So kann z.B. die Anhörung des Betriebsrates vor jeder Kündigung gem. § 102 Abs. 1 Satz 1 BetrVG nicht auf Aufhebungsverträge ausgedehnt werden.[198]

b. Eigenkündigung des Arbeitnehmers

§ 613a Abs. 4 Satz 1 BGB regelt ebenso wie § 1 KSchG nur die Kündigung des Arbeitgebers. Der Arbeitnehmer kann sein Arbeitsverhältnis jederzeit kündigen.[199] Die in Artt. 12 Abs. 1, 2 Abs. 1 GG verfassungsrechtlich geschützte und in § 620 Abs. 2 BGB vorausgesetzte Kündigungsfreiheit[200] des Arbeitnehmers wird durch die Norm nicht beschränkt.

c. Veranlassung durch Arbeitgeber

Grundsätzlich unterfallen Aufhebungsverträge und Eigenkündigungen nicht dem allgemeinen[201] oder besonderen[202] Kündigungsschutz; selbst dann nicht, wenn sie vom Arbeitgeber veranlasst worden sind.[203] Dies muss richtigerweise auch im Falle des § 613a Abs. 4 Satz 1 BGB gelten. Nur weil der Arbeitgeber den ersten Anstoß dazu gegeben hat, kann die Kündigungserklärung des Arbeitnehmers bzw. die beidseitige Beendigung durch Aufhebungsvertrag nicht als fiktive

---

196 Auflösungsvertrag wird in § 623 BGB als Synonym für den Aufhebungsvertrag verwendet, statt aller: MüKo/*Henssler*, 6. Auflage, § 623 BGB Rn. 12.

197 MüKo/*Hergenröder*, 6. Auflage, § 1 KSchG Rn. 45; *Kreitner*, Kündigungsrechtliche Probleme, S. 190; HWK/*Quecke*, 6. Auflage, § 1 KSchG Rn. 45.

198 Allgemeine Meinung: *Fitting*, 27. Auflage, § 102 BetrVG Rn. 15; *Junker*, Grundkurs Arbeitsrecht, 13. Auflage, § 6 Rn. 425; ErfK/*Kania*, 15. Auflage, § 102 BetrVG Rn. 1; APS/*Koch*, 4. Auflage, § 102 BetrVG Rn. 33; *Lingemann/Groneberg*, NJW 2010, 3496.

199 KR/*Griebeling*, 10. Auflage, § 1 KSchG Rn. 161.

200 *Feuerborn*, Sachliche Gründe, S. 165; APS/*Preis*, 4. Auflage, 1. Teil G Rn. 2.

201 Zur Eigenkündigung: KR/*Griebeling*, 10. Auflage, § 1 KSchG Rn. 161; ErfK/*Oetker*, 15. Auflage, § 1 KSchG Rn. 17; zum Aufhebungsvertrag: KR/*Fischermeier*, 10 Auflage, § 626 BGB Rn. 47; MüKo/*Hergenröder*, 6. Auflage, § 1 KSchG Rn. 45.

202 Statt vieler: KR/*Etzel/Gallner*, 10. Auflage, § 85 SGB IX Rn. 5; KR/*Bader/Gallner*, 10. Auflage, § 9 MSchG Rn. 72.

203 Zur veranlassten Eigenkündigung: LAG Hamm vom 22.10.1981 – 10 Sa 780/81, BB 1983, 61, 62; *Feuerborn*, Sachliche Gründe, S. 165.

und nach § 613a Abs. 4 Satz 1 BGB verbotene Arbeitgeberkündigung bewertet werden.

2. *Sinn und Zweck des § 613a BGB*

Die Norm will den Arbeitnehmer lediglich vor einer Fremdbenachteiligung durch den Arbeitgeber schützen.[204] Demnach muss es dem Arbeitnehmer auch möglich sein, über den ihm vermittelten Schutz zu disponieren und Aufhebungsverträge zu schließen bzw. eine Eigenkündigung auszusprechen, selbst wenn ihm dadurch Nachteile entstehen.[205] Der vom Gesetzgeber gewollte, erweiterte Bestandsschutz des Arbeitsverhältnisses erfordert nur die Einschränkung der Vertragsfreiheit des Arbeitgebers.[206] Diese unterschiedliche Behandlung lässt sich vor allem damit begründen, dass sich der Erwerber vor der Betriebsübernahme über den Personalstand und dessen „soziale Belastung" informieren kann, während der Arbeitnehmer keine Möglichkeit hat, auf die Person seines zukünftigen Vertragspartners Einfluss zu nehmen.[207] Er kann lediglich dem Betriebsübergang widersprechen und ist dadurch der Gefahr einer betriebsbedingten Kündigung ausgesetzt. In den Auswahlprozess wird er aber nicht unmittelbar mit einbezogen.

Nach dem Sinn und Zweck des § 613a BGB soll demnach nur die Vertragsfreiheit des (alten und neuen) Arbeitgebers beschränkt werden.[208]

3. *Zwischenergebnis*

Weder Aufhebungsverträge noch Eigenkündigungen sind von § 613a Abs. 4 Satz 1 BGB erfasst.[209]

II. *Vergleich mit dem Widerspruchsrecht gem. § 613a Abs. 6 BGB*

Rechtsprechung und Literatur weisen oft darauf hin, dass sich die Vertragsfreiheit des Arbeitnehmers bei Betriebsübergängen schon aus dem Widerspruchsrecht

---

204 Dazu bereits § 4.

205 *Pietzko*, Tatbestand, S. 38; *ders.*, ZIP 1990, 1105, 1109; *Willemsen*, RdA 1987, 327, 329.

206 *Stratmann*, SAE 1976, 78.

207 BAG vom 2.10.1974 – 5 AZR 504/73, BAGE 26, 301, 308 = NJW 1975, 1378.

208 so auch BAG vom 2.10.1974 – 5 AZR 504/73, BAGE 26, 301, 308 = NJW 1975, 1378; *Pietzko*, ZIP 1990, 1105, 1108; *Willemsen*, RdA 1987, 327, 329.

209 Ebenso: *Ernst*, Aufhebungsverträge, S. 141; *Kreitner*, Kündigungsrechtliche Probleme, S. 190.

gem. § 613a Abs. 6 BGB ergebe.[210] Wenn der Arbeitnehmer durch Widerspruch verhindern könne, dass sein Arbeitsverhältnis auf den Betriebserwerber übergehe, müsse er auch die Möglichkeit haben, sein Arbeitsverhältnis einvernehmlich mit dem Betriebsveräußerer aufzuheben, wenn er an seinem bisherigen Arbeitsplatz nicht mehr weiterarbeiten will.[211] Es soll daher untersucht werden, welche Rückschlüsse aus dem gesetzlich normierten Widerspruchsrecht des Arbeitnehmers auf die Zulässigkeit von Aufhebungsverträgen bei Betriebsübergang gezogen werden können.

1. Das Widerspruchsrecht

a. Grundlagen

Nach dem Gesetzestext kommt es beim Übergang der Arbeitsverhältnisse nach § 613a Abs. 1 Satz 1 BGB auf den Willen des betroffenen Arbeitnehmers nicht an. Vielmehr geht das Arbeitsverhältnis automatisch kraft Gesetzes auf den Betriebserwerber über, ohne dass die Zustimmung des Arbeitnehmers erforderlich ist.[212] Das BAG[213] räumte den Arbeitnehmern nach Schaffung des § 613a BGB a.F. gleichwohl ein Widerspruchsrecht ein, um den Übergang auf den Betriebserwerber zu verhindern, und stieß damit auf heftige Kritik im Schrifttum.[214]

Der Gesetzgeber[215] ging davon aus, dass der automatische Übergang des Arbeitsverhältnisses mit der Würde des Menschen, dem Recht auf freie Entfaltung der Persönlichkeit und dem Recht der freien Arbeitsplatzwahl (Artt. 1 und 2 Abs. 1 GG, Art. 12 GG) nicht vereinbar ist, weil der Arbeitnehmer dadurch den

---

210 BAG vom 29.10.1975 – 5 AZR 444/74, BAGE 27, 291, 298 f. = NJW 1976, 535, 536; BAG vom 11.7.1995 – 3 AZR 154/95, AP Nr. 56 zu § 1 TVG Tarifverträge Einzelhandel = NZA 1996, 207, 208; BAG vom 25.10.2012 – 8 AZR 575/11, EzA § 613a BGB 2002 Nr. 138 = NZA 2013, 203, 205 f.; *Fuhlrott*, NZA 2012, 549, 551; *Lipinski*, Sonderkündigungsschutz, S. 108; *Pietzko*, ZIP 1990, 1105, 1107; *Schiefer*, NJW 1998, 1817, 1823 f.; *Schmalenberg*, NZA 1989 Beil. 3, 14, 25; WHSS/*Willemsen*, 4. Auflage, G Rn. 191.

211 BAG vom 11.7.1995 – 3 AZR 154/95, AP Nr. 56 zu § 1 TVG Tarifverträge Einzelhandel = NZA 1996, 207, 208; *Schiefer*, NJW 1998, 1817, 1823 f.; APS/*Steffan*, 4. Auflage, § 613a BGB Rn. 195.

212 *Hillebrecht*, NZA 1989, Beil. 4, 10; *Schmalenberg*, NZA 1989, Beil. 3, 14, 24.

213 BAG vom 2.10.1974 – 5 AZR 504/73, BAGE 26, 301, 304 ff. = NJW 1975, 1378; *Rieble*, NZA 2004, 1, 2.

214 Z.B. *Hess*, BB 1977, 501; *Schmitt*, ZfA 1979, 505 ff.; *Stratmann*, SAE 1976, 78.

215 BT-Drucks. 14/7760, S. 20.

Betriebserwerber als Arbeitgeber nicht frei wählen kann.[216] Art. 12 Abs. 1 GG gewährt neben der freien Wahl des Berufs auch die freie Wahl des Arbeitsplatzes. Dazu zählt bei abhängigen Beschäftigten auch die Wahl des Vertragspartners. Art. 12 Abs. 1 GG ist daher unbeschadet der Organisationsgewalt des Staates berührt, wenn der Gesetzgeber bestehende Arbeitsverhältnisse in der Weise normativ umgestaltet, dass er die Person des Arbeitgebers auswechselt.[217] Dem Arbeitnehmer darf als Ausfluss seiner negativen Vertragspartnerwahlfreiheit kein neuer Vertragspartner aufgezwungen werden.[218] Dies kommt bereits in §§ 414, 415 BGB für die einzeln übernommene Schuld zum Ausdruck und gilt umso mehr für einen Wechsel der Vertragspartei.[219] Der „Vertragsübergang nach Objektübergang" erfordert deshalb ein Abwehrrecht des Arbeitnehmers.[220] Aus diesem Grund wurde das Widerspruchsrecht in § 613a Abs. 6 BGB durch Gesetz vom 23.03.2002[221] kodifiziert.

Nach anfänglicher Unklarheit[222] steht nun fest, dass ein solches Widerspruchsrecht auch europarechtlich geboten ist, weil der Arbeitnehmer nicht zur Fortsetzung des Arbeitsverhältnisses mit dem Erwerber verpflichtet werden kann. Das Gemeinschaftsrecht sieht die Fortsetzung des Arbeitsverhältnisses mit dem bisherigen Arbeitgeber – anders als das deutsche Recht – nach Ausübung des Widerspruchsrechts aber nicht vor.[223]

---

216 BAG vom 22.4.1993 – 2 AZR 50/92, AP Nr. 103 zu § 613a BGB = NZA 1994, 360; ErfK/*Preis*, 15. Auflage, § 613a BGB Rn. 96; a.A. BAG vom 25.1.2001 – 8 AZR 336/00, AP Nr. 215 zu § 613a BGB = NZA 2001, 840, 842 f. das die grundrechtliche Ableitung des Widerspruchsrechts für bedenklich hält: dazu auch Staudinger/*Annuß*, 2011, § 613a BGB Rn. 293.

217 BVerfG vom 25.1.2011, 1 BvR 1741/09, BverfGE 128, 157, 176 = NZA 2011, 400, 401.

218 *Rieble*, NZA 2004, 1.

219 Staudinger/*Rieble*, 2012, § 414 BGB Rn. 109; *Schmalenberg*, NZA 1989, Beil. 3, 14, 24.

220 *Rieble*, NZA 2004, 1.

221 BGBl. 2002 I, S. 1163.

222 EuGH vom 5.5.1988 – C-144/87, C-145/87, Slg 1988, 2559, 2582 Rn. 12 = EzA § 613a BGB Nr. 89 – Berg/Busschers; *von Alvensleben*, Die Rechte der Arbeitnehmer bei Betriebsübergang, S. 235 ff.

223 EuGH vom 16.12.1992 – verb. Rs. C-132/91, 138/91, 139/91 Slg 1992, I-6577 = NZA 1993, 169 – Katsikas; Zusammenfassung der EuGH-Rechtsprechung in BVerfG vom 25.1.2011 – 1 BvR 1741/09, BVerfGE 128, 157, 190 ff. = NZA 2011, 400, 405 f.; Staudinger/*Annuß*, 2011, § 613a BGB Rn. 292; HWK/*Willemsen/Müller-Bonanni*, 6. Auflage, § 613a BGB Rn. 341.

b. Voraussetzungen eines wirksamen Widerspruchs

Gem. § 613a Abs. 6 BGB kann der Arbeitnehmer den Übergang seines Arbeitsverhältnisses verhindern, indem er dieser Rechtsfolge schriftlich widerspricht. Besondere Voraussetzungen sind für den Widerspruch nicht erforderlich, insbesondere bedarf es keines sachlichen Grundes.[224] Das Widerspruchsrecht ist ein Gestaltungsrecht in Form eines Rechtsfolgenverweigerungsrechts, weil es darauf gerichtet ist, das Arbeitsverhältnis mit dem bisherigen Arbeitgeber fortbestehen zu lassen.[225] Als Gestaltungsrecht ist der Widerspruch bedingungsfeindlich. Er muss binnen eines Monats nach vollständiger Unterrichtung i.S.d. § 613a Abs. 5 BGB schriftlich gegenüber dem alten oder neuen Inhaber erklärt werden, § 613a Abs. 6 BGB. Es handelt sich somit um eine empfangsbedürftige Willenserklärung, die gem. §§ 119 ff. BGB anfechtbar ist.[226] Wird der Widerspruch vor dem Betriebsübergang erklärt, geht das Arbeitsverhältnis nicht auf den Erwerber über. Wird er erst nach dem Betriebsübergang erklärt, wirkt der Widerspruch nach herrschender Meinung auf diesen Zeitpunkt zurück.[227]

2. *Rückschlüsse auf den Aufhebungsvertrag*

Fraglich ist aber, ob die Zulässigkeit von Aufhebungsverträgen anlässlich eines Betriebsübergangs im Hinblick auf das Widerspruchsrecht zwingend geboten erscheint.[228]

Es wird daher untersucht, welche Rückschlüsse aus der Kodifizierung des Widerspruchsrechts in § 613a Abs. 6 BGB auf die Vertragsfreiheit des Arbeitnehmers bei Betriebsübergängen gezogen werden können, indem zunächst die Rechtsnatur des Widerspruchsrechts und des Aufhebungsvertrages geklärt wird und anschließend die Rechtsfolgen verglichen werden.

---

224 MüKo/*Müller-Glöge*, 6. Auflage, § 613a BGB Rn. 115; WHSS/*Willemsen*, 4. Auflage, G Rn. 147.

225 BAG vom 30.10.1986 – 2 AZR 101/85, BAGE 53, 251, 263 = NZA 1987, 524, 526; BDH/*Dreher*, 3. Auflage, § 613a BGB Rn. 161; BeckOK-ArbR/*Gussen*, Ed. 34, § 613a BGB Rn. 159; HWK/*Willemsen/Müller-Bonanni*, 6. Auflage, § 613a BGB Rn. 355.

226 Staudinger/*Annuß*, 2011, § 613a BGB Rn. 295; MüKo/*Müller-Glöge*, 6. Auflage, § 613a BGB Rn. 115; ErfK/*Preis*, 15. Auflage, § 613a BGB Rn. 97.

227 St. Rspr.: BAG vom 13.7.2006 – 8 AZR 382/05, AP Nr. 1 zu § 613a BGB Widerspruch = NZA 2006, 1406, 1410; Staudinger/*Annuß*, 2011, § 613a BGB Rn. 307 f.; HWK/*Willemsen/Müller-Bonanni*, 6. Auflage, § 613a BGB Rn. 355; kritisch: *Rieble*, NZA 2004, 1, 4 f.; *Willemsen*, NJW 2007, 2065, 2072 f.

228 WHSS/*Willemsen*, 4. Auflage, G Rn. 191; gegen den Vergleich von Widerspruchsrecht und Aufhebungsvertrag ohne nähere Begründung z.B. *Kraft*, in: 25 Jahre BAG, S. 299, 311 f.; *Roemheld*, SAE 1976, 199, 200; *Schwerdtner*, in: FS G. Müller, S. 557, 583 f.

a. Unterschiedliche Rechtsnatur

Das Widerspruchsrecht wird durch einseitige empfangsbedürftige Willenserklärung ausgeübt.[229] Im Gegensatz dazu kommt der Aufhebungsvertrag – wie alle gegenseitigen Verträge – durch zwei übereinstimmende Willenserklärungen der Parteien zustande.[230]

b. Rechtsfolgenvergleich

Das Widerspruchsrecht verhindert den Eintritt der Rechtsfolgen des § 613a Abs. 1 Satz 1 BGB, das Vertragsverhältnis mit dem Veräußerer bleibt bestehen. Der Arbeitnehmer entscheidet sich durch die Ausübung des Widerspruchs dafür, das Arbeitsverhältnis mit dem bisherigen Arbeitgeber fortzuführen. Allenfalls droht ihm die betriebsbedingte Kündigung durch den bisherigen Arbeitgeber.[231] Der Widerspruch macht vor allem dann Sinn, wenn eine Weiterbeschäftigungsmöglichkeit im Unternehmen des Betriebsveräußerers gem. § 1 Abs. 2 Satz 2 Nr. 1b KSchG besteht. Zudem ist der Arbeitnehmer bei einem Betriebsteilübergang in die Sozialauswahl gem. § 1 Abs. 3 Satz 2 KSchG einzubeziehen.[232]

Der Aufhebungsvertrag hingegen beendet das Arbeitsverhältnis mit dem bisherigen Arbeitgeber, sodass es schon gar nicht zum Übergang des Arbeitsverhältnisses gem. § 613a Abs. 1 Satz 1 BGB auf den Betriebserwerber kommt. Es handelt sich daher – im Gegensatz zum Widerspruch – um einen Beendigungstatbestand.

Beiden gemeinsam ist, dass ein Übergang der Arbeitsverhältnisse gem. § 613a Abs. 1 Satz 1 BGB nicht stattfindet. Während der Arbeitnehmer sein bisheriges Arbeitsverhältnis bei Ausübung des Widerspruchs behält, steht er bei Abschluss eines Aufhebungsvertrages weder in einem Beschäftigungsverhältnis mit dem Erwerber noch mit dem Veräußerer.

---

229 BAG vom 30.10.1986 – 2 AZR 101/85, BAGE 53, 251, 263 = NZA 1987, 524, 526; BAG vom 15.2.2007 – 8 AZR 431/06, BAGE 121, 289, 299 f. = NZA 2007, 793, 796; Staudinger/*Annuß*, 2011, § 613a BGB Rn. 295; BDH/*Dreher*, 3. Auflage, § 613a BGB Rn. 161; BeckOK-ArbR/*Gussen*, Ed. 34, § 613a BGB Rn. 159; MüKo/*Müller-Glöge*, 6. Auflage, § 613a BGB Rn. 115; *Schiefer*, NJW 1998, 1817, 1825.

230 Küttner/*Eisemann*, 21. Auflage, Aufhebungsvertrag Rn. 8; *Junker*, Grundkurs Arbeitsrecht, 13. Auflage, § 6 Rn. 426; BeckOK-ArbR/*Stoffels*, Ed. 34, § 626 BGB Rn. 10.

231 *Schmalenberg*, NZA 1989, Beil. 3, 14, 25; HWK/*Willemsen*/*Müller-Bonanni*, 6. Auflage, § 613a BGB Rn. 357.

232 *Junker*, Grundkurs Arbeitsrecht, 13. Auflage, § 2 Rn. 142a.

3. *Zwischenergebnis*

Die Freiheiten, das Widerspruchsrecht auszuüben und einen Aufhebungsvertrag abzuschließen, sind in Art. 12 Abs. 1 GG grundgesetzlich verankert. Das Widerspruchsrecht ist nur eine einseitige Erklärung in Form eines Gestaltungsrechts, wohingegen der Aufhebungsvertrag zweier übereinstimmender Willenserklärungen bedarf.[233] Beiden ist gemeinsam, dass es nicht zum gesetzlichen Übergang der Arbeitsverhältnisse gem. § 613a Abs. 1 Satz 1 BGB kommt. Dennoch unterscheiden sich Widerspruch und Aufhebungsvertrag entscheidend in ihren Rechtsfolgen. Der Widerspruch ist im Vergleich zum Aufhebungsvertrag ein „weniger", weil zumindest das Arbeitsverhältnis mit dem Veräußerer bestehen bleibt. Durch einen Aufhebungsvertrag mit dem Veräußerer ist der Arbeitnehmer hingegen schlechter gestellt, weil er zum Zeitpunkt des Betriebsübergangs bereits aus dem Arbeitsverhältnis ausgeschieden ist.[234]

Nach einem Erst- Recht- Schluss[235] „a minore ad maius"[236] könnte von dem in seinen Rechtsfolgen weniger schwerwiegenden Widerspruch auf die Zulässigkeit des Aufhebungsvertrags geschlossen werden. Das „argumentum a minore ad maius" besagt, dass eine Rechtsfolge, die für einen nach dem Gesetzeszweck weniger bedeutenden Sachverhalt angeordnet ist, umso mehr für einen gewichtigeren Fall gelten muss.[237] Dieser Schluss ist aber – entgegen der Rechtsprechung – keinesfalls zwingend. Gleichwohl kann der gesetzlichen Normierung des Widerspruchsrechts aber eine Wertung entnommen werden, die für die Zulässigkeit eines Aufhebungsvertrages bei Betriebsübergängen spricht.[238] Denn durch das Widerspruchsrecht kommt zumindest konkludent zum Ausdruck, dass § 613a BGB lediglich die Vertragsabschlussfreiheit des Erwerbers beschränken will, die Vertragsfreiheit des Arbeitnehmers hingegen bestehen bleiben muss.

Zudem ist das Widerspruchsrecht sachlich ein Verzicht des Arbeitnehmers auf seinen durch § 613a BGB erweiterten Bestandsschutz. Dieser Bestandsschutz

---

233 So auch *Roemheld*, SAE 1976, 199, 200, der es deshalb für wenig einleuchtend hält, beides auf eine Stufe zu stellen.

234 *Kraft*, in: 25 Jahre BAG, S. 299, 311 f.

235 Auch „argumentum a fortiori" genannt; Sonderfall der Analogie: *Adrian*, Methodenlehre, S. 922.

236 *Rüthers/Fischer/Birk*, Rechtstheorie, 7. Auflage, S. 525 f.; *Schneider/Schnapp*, 6. Auflage, S. 162.

237 *Adrian*, Methodenlehre, S. 923.

238 So auch *Naber*, Aufhebungsverträge, S. 96.

wird dem Arbeitnehmer, ebenso wie im Kündigungsrecht[239], nicht aufgedrängt.[240] Daher muss der Arbeitnehmer auch durch Abschluss eines Aufhebungsvertrages auf diesen Bestandsschutz ohne weiteres verzichten können.

4. *Verzicht auf Widerspruchsrecht*

Der Arbeitnehmer kann anlässlich eines konkreten Betriebsübergangs auf die Ausübung seines Widerspruchsrechts und die damit verbundene Unterrichtung verzichten.[241] Ihm steht es außerdem frei, unabhängig von den ihm zustehenden Informationen eine Überleitungsvereinbarung abzuschließen. § 613a BGB steht dem nicht entgegen. Allerdings bleibt es dann beim gesetzlichen Übergang des Arbeitsverhältnisses auf den Erwerber gem. § 613a Abs. 1 Satz 1 BGB. Der Arbeitnehmer gebraucht dadurch konkludent sein – im Widerspruchsrecht zum Ausdruck kommendes – Wahlrecht und nimmt den Erwerber als seinen neuen Arbeitsvertragspartner an. Allerdings verzichtet er in diesem Fall nicht auf seinen Bestandsschutz, wie im Rahmen eines Aufhebungsvertrages bzw. einer Eigenkündigung. Dennoch zeigt auch die Möglichkeit eines solchen Verzichts, dass § 613a BGB den Arbeitnehmer lediglich vor Nachteilen schützen, ihn aber nicht in seiner Vertragsfreiheit einschränken will.[242] Folglich kann daraus zumindest eine Wertung für die Zulässigkeit von Aufhebungsverträgen und Eigenkündigungen entnommen werden.

III. *Richtlinienkonforme Auslegung des § 613a BGB*

§ 613a BGB dient der Umsetzung der Richtlinie des Rates zur Angleichung der Rechtsvorschriften der Mitgliedstaaten über die Wahrung von Ansprüchen der Arbeitnehmer beim Übergang von Unternehmen, Betrieben oder Unternehmens- oder Betriebsteilen (2001/23/EG).[243] Der Europäische Gerichtshof ist im Rahmen des Vorabentscheidungsverfahrens[244] gem. Art. 267 AEUV für die Auslegung der Richtlinie zuständig. Für die Auslegung und Anwendung des

---

239 Dazu: § 5 B I.

240 BAG vom 30.10.1986 – 2 AZR 101/85, BAGE 53, 251, 263 f. = NZA 1987, 524, 526; BAG vom 22.4.1993 – 2 AZR 313/92, AP Nr. 102 zu § 613a BGB = NZA 1994, 357; *Hillebrecht*, NZA 1989, Beil. 4, 10.

241 BAG vom 19.3.1998 – 8 AZR 139/97, BAGE 88, 196 = NZA 1998, 750; MüKo/*Müller-Glöge*, 6. Auflage, § 613a BGB Rn. 115; ErfK/*Preis*, 15. Auflage, § 613a BGB Rn. 102; zweifelnd: *Grobys*, BB 2002, 726, 730.

242 ErfK/*Preis*, 15. Auflage, § 613a BGB Rn. 83, 102.

243 § 2 A; Schaub/*Koch*, 15. Auflage, § 117 Rn. 1.

244 Zum richtigen Vorabentscheidungsersuchen: *Latzel/T. Streinz*, NJOZ 2013, 97 ff.

§ 613a BGB sind die Vorgaben der Richtlinie sowie die dazu ergangene EuGH-Rechtsprechung zu beachten.[245]

1. *Wortlaut des Art. 4 Abs. 1 der Richtlinie 2001/23/EG*

Art. 4 Abs. 1 UA 1 Satz 1 der Richtlinie bestimmt in der deutschen Fassung, dass der Übergang eines Unternehmens, Betriebs oder Unternehmens- bzw. Betriebsteils als solcher für den Veräußerer oder den Erwerber kein Grund zur Kündigung ist. Auch hier ist die Kündigung, unter der Zugrundelegung der verschiedenen Sprachfassungen der Richtlinie, eine einseitige empfangsbedürftige Willenserklärung des Arbeitgebers, die darauf gerichtet ist, das Arbeitsverhältnis mit Wirkung für die Zukunft zu beenden.[246] Der Kündigungsbegriff des § 613a Abs. 4 BGB entspricht dem der Richtlinie.[247] Ein Aufhebungsvertrag als gegenseitige Vereinbarung im Sinne des § 320 BGB ist daher nicht vom Wortlaut umfasst.

Auch Eigenkündigungen des Arbeitnehmers unterfallen nicht Art. 4 Abs. 1 UA 1 Satz 1 der Richtlinie 2001/23/EG, wie ein Vergleich mit Abs. 2 zeigt. Art. 4 Abs. 2 der Richtlinie 2001/23/EG schützt Arbeitnehmer vor weiteren Verschlechterungen der Arbeitsbedingungen, die sich nicht in einer arbeitgeberseitigen Kündigung auswirken, sondern den Arbeitnehmer dazu veranlassen, selbst zu kündigen. Die arbeitnehmerseitige Beendigung des Arbeitsverhältnisses wird also in diesem Fall mit der Kündigung des Arbeitgebers gleichgestellt.[248] Dies macht deutlich, dass die Eigenkündigung des Arbeitnehmers nicht unter Abs. 1 subsumiert werden kann, sonst hätte es der Regelung in Abs. 2 nicht bedurft.[249]

Der Wortlaut des Art. 4 Abs. 1 UA 1 Satz 1 der Richtlinie verbietet daher lediglich die Arbeitgeberkündigung und schränkt nur dessen Vertragsfreiheit bei Betriebsübergängen ein.

2. *Teleologische Auslegung*

Nach ständiger Rechtsprechung des EuGH[250] handelt es sich bei dem Kündigungsverbot des Art. 4 Abs. 1 der Richtlinie 2001/23/EG um eine zwingende

---

245 Schaub/*Koch*, 15. Auflage, § 117 Rn. 1; APS/*Steffan*, 4. Auflage, § 613a BGB Rn. 7; *Streinz*, Europarecht, 9. Auflage, Rn. 679 ff.

246 Umfassende Untersuchung des Kündigungsbegriffs in den verschiedenen Sprachfassungen bei *Lessing*, Entlassungen, S. 45 ff.

247 *Lessing*, Entlassungen, S. 229; *Pietzko*, ZIP 1990, 1105, 1108.

248 *Franzen*, NZA 2008, Beil. 4, 139, 142.

249 So auch *Lessing*, Entlassungen, S. 67.

250 Erstmals EuGH vom 7.2.1985 – C-19/83, Slg. 1985, S. 457, 466 f. = EAS Teil C RL 77/187/EWG Art. 3 Nr. 1 – Wendelboe.

Arbeitnehmerschutzvorschrift.[251] Problematisch ist daher, ob der Arbeitnehmer auf den ihm durch die Richtlinie vermittelten Schutz verzichten kann, indem er mit dem Arbeitgeber einen Aufhebungsvertrag anlässlich eines Betriebsübergangs schließt. Zwar wird in Art. 4 Abs. 1 lediglich die Kündigung des Arbeitgebers erwähnt. Durch die Fiktion der arbeitgeberseitigen Kündigung[252] in Art. 4 Abs. 2 kommt aber zum Ausdruck, dass es allein auf die Form der Beendigung nicht zwingend ankommen kann.[253] Der Arbeitnehmerschutz wird auch auf Eigenkündigungen des Arbeitnehmers und auf Aufhebungsverträge erweitert.[254]

In der Rechtsache *Mikkelsen* stellte der EuGH fest, dass der von der Richtlinie beabsichtigte Schutz gegenstandslos ist, „wenn der Betroffene selbst, aufgrund seiner eigenen, freien Entscheidung, das Arbeitsverhältnis nach dem Übergang mit dem neuen Unternehmensinhaber nicht fortsetzt." Dies sei der Fall, „wenn der betreffende Arbeitnehmer den Arbeitsvertrag aus freiem Entschluss kündigt oder dieser aufgrund einer aus freien Stücken getroffenen Vereinbarung zwischen Arbeitgeber und Arbeitnehmer beendet wird." In diesem Fall findet Art. 3 Abs. 1 der Richtlinie keine Anwendung.[255] Der Arbeitnehmer hat also grundsätzlich das Recht, jederzeit einen Aufhebungsvertrag mit dem Arbeitgeber zu schließen oder selbst zu kündigen, soweit dies auf seiner freien Entscheidung beruht.[256] Dabei kommt es entscheidend auf die allgemeinen Regelungen des Mitgliedstaates an.[257]

3. *Anerkennung des Widerspruchsrechts durch den EuGH*

Zudem kann auch an dieser Stelle mit dem Widerspruchsrecht argumentiert werden.[258] Der EuGH erkennt das Widerspruchsrecht des Arbeitnehmers, das

---

251 *von Alvensleben*, Die Rechte der Arbeitnehmer bei Betriebsübergang, S. 259; *Fuchs/Marhold*, Europäisches Arbeitsrecht, 3. Auflage, S. 260.

252 Zur Fiktionswirkung: *Debong*, Wahrung der Arbeitnehmeransprüche beim Betriebsübergang, S. 67.

253 *Naber*, Aufhebungsverträge, S. 52.

254 *Löw*, Betriebsveräußerung, S. 125.

255 EuGH vom 11.7.1985 – C-105/84, Slg. 1985, 2639, 2651 Rn. 16 = EAS Teil C RL 77/187/EWG Art. 3 Nr. 4 – Mikkelsen; *Ende*, NZA 1994, 494; *Naber*, Aufhebungsverträge, S. 52.

256 *von Alvensleben*, Die Rechte der Arbeitnehmer bei Betriebsübergang, S. 262; *Ende*, NZA 1994, 494.

257 *Naber*, Aufhebungsverträge, S. 56.

258 § 5 A II.

mittlerweile in § 613 Abs. 6 BGB kodifiziert ist, und damit auch den Verzicht auf den Bestandsschutz des Art. 3 der Richtlinie 2001/23/EG grundsätzlich an[259] und akzeptiert das Wahlrecht des Arbeitnehmers.[260]

Diese Anerkennung des Widerspruchsrechts lässt wiederum einen Rückschluss auf die Zulässigkeit von Aufhebungsverträgen zu. Auf europäischer Ebene muss dies umso mehr gelten, als der EuGH eine Fortsetzung des Arbeitsverhältnisses beim bisherigen Arbeitgeber nach Ausübung des Widerspruchsrechts – anders als im deutschen Recht – nicht vorsieht. Der Richtlinie lässt sich keine Pflicht zur Aufrechterhaltung des Arbeitsverhältnisses mit dem Veräußerer entnehmen. Es ist vielmehr Sache der Mitgliedsstaaten zu bestimmen, was mit dem Arbeitsverhältnis geschieht.[261] Der jeweilige Mitgliedsstaat kann also vorsehen, dass das Arbeitsverhältnis entweder vom Arbeitnehmer oder Arbeitgeber als gekündigt gilt oder dass es mit dem Veräußerer bestehen bleibt.[262] Folglich wäre es sogar zulässig, dass der Arbeitnehmer seinen Arbeitsplatz nach Ausübung des Widerspruchs gänzlich verliert. Würde der jeweilige Mitgliedsstaat daher anordnen, dass das Arbeitsverhältnis nach Ausübung des Widerspruchs als gekündigt gelten solle, käme der Widerspruch dem Aufhebungsvertrag als Beendigungstatbestand gleich. Lediglich die Voraussetzungen unterscheiden sich, da beim Widerspruch die Willenserklärung des bisherigen oder neuen Arbeitgebers nicht erforderlich ist.

4. *Zwischenergebnis*

Somit bleibt festzuhalten, dass auch der Sinn und Zweck der Richtlinie dem Aufhebungsvertrag nicht entgegensteht, soweit er auf einem „freien Entschluss“[263] des Arbeitnehmers beruht. Die Vertragsfreiheit des Arbeitnehmers wird auch nicht bei richtlinienkonformer Auslegung des § 613a BGB eingeschränkt. Somit

---

259 EuGH vom 16.12.1992 – verb. Rs. C-132/91, 138/91, 139/91, Slg 1992, I-6577, 6610 = NZA 1993, 169, 170 – Katsikas.

260 *Franzen*, NZA 2008, Beil. 4, 139, 141.

261 EuGH vom 16.12.1992 – verb. Rs. C-132/91, 138/91, 139/91, Slg 1992, I-6577, 6610 Rn. 37 = NZA 1993, 169, 170 – Katsikas; BAG vom 18.12.2008 – 8 AZR 660/07, AP Nr. 366 zu § 613a BGB = ZTR 2009, 534, 538.

262 EuGH vom 16.12.1992 – verb. Rs. C-132/91, 138/91, 139/91, Slg 1992, I-6577, 6609 f. Rn. 35 f. = NZA 1993, 169, 170 – Katsikas; EuGH vom 7.3.1996 – verb. Rs. C 171/94, 172/94, Slg 1996, I-1253 Rn. 35 = NZA 1996, 413, 415 – Merckx; *Franzen*, NZA 2008, Beil. 4, 139, 141.

263 Dazu ausführlich § 8 E.

ist im Lichte der Betriebsübergangsrichtlinie sowohl ein Aufhebungsvertrag, als auch eine Eigenkündigung des Arbeitnehmers grundsätzlich möglich.[264]

B. Vergleich mit dem Kündigungsschutzgesetz

§ 613a BGB flankiert die Regeln des Kündigungsschutzgesetzes, sodass sich dessen Wertungen möglicherweise auf § 613a BGB übertragen lassen.

I. Verzicht auf den Bestandsschutz des KSchG

Der allgemeine Kündigungsschutz dient dem Schutz des Arbeitnehmers vor Verlust seines Arbeitsverhältnisses. § 1 KSchG ist einseitig zwingendes Recht, von dem nicht durch Vereinbarung zuungunsten des Arbeitnehmers abgewichen werden kann.[265]

Ein Vorausverzicht auf den Kündigungsschutz, z.B. im Arbeitsvertrag, ist unzulässig. Ein Verzicht ist erst nach dem Zugang der Kündigung möglich, weil der Arbeitnehmer auch von der Erhebung der Kündigungsschutzklage absehen kann.[266] Anders als andere zwingende Vorschriften, wie z.B. § 13 Abs. 1 Satz 3 BUrlG oder § 12 EFZG, regelt § 1 KSchG gerade nicht, dass auch ein nachträglicher Verzicht unwirksam sein soll.[267] Im Umkehrschluss ist daher anzunehmen, dass auf die Rechte des KSchG verzichtet werden kann. Die Erklärung des Arbeitnehmers muss klar und deutlich sein, bloßes Schweigen genügt nicht.[268] Diese Grundsätze gelten auch für den Verzicht auf den besonderen Kündigungsschutz.[269] Der Verzicht auf den Kündigungsschutz kann in einem Vergleich, Klageverzichtsvertrag oder in einem Klagerücknahmeversprechen erklärt werden.[270]

---

264 So auch *Franzen*, NZA 2008, Beil. 4, 139, 141.

265 BAG vom 20.6.2013 – 2 AZR 790/11, EzA § 1 KSchG Nr. 64 = BB 2013, 2164; APS/*Dörner/Vossen*, 4. Auflage, § 1 KSchG Rn. 5 f.; MüKo/*Hergenröder*, 6. Auflage, Einleitung zum KSchG Rn. 10; *Junker*, Grundkurs Arbeitsrecht, 13. Auflage, § 6 Rn. 356.

266 BAG vom 25.9.1969 – 2 AZR 524/68, AP Nr. 36 zu § 3 KSchG = BB 1969, 1539; APS/*Dörner/Vossen*, 4. Auflage, § 1 KSchG Rn. 8; *Junker*, Grundkurs Arbeitsrecht, 13. Auflage, § 6 Rn. 356; ErfK/*Oetker*, 15. Auflage, § 1 KSchG Rn. 14.

267 MüKo/*Hergenröder*, 6. Auflage, Einleitung zum KSchG Rn. 12.

268 APS/*Dörner/Vossen*, 4. Auflage, § 1 KSchG Rn. 16; MüKo/*Hergenröder*, 6. Auflage, Einleitung zum KSchG Rn. 12; ErfK/*Oetker*, 15. Auflage, § 1 KSchG Rn. 14.

269 KR/*Bader/Gallner*, 10. Auflage, § 9 MuSchG Rn. 147.

270 BAG vom 19.4.2007 – BAGE 122, 111, 116 = NZA 2007, 1227, 1228; APS/*Dörner/Vossen*, 4. Auflage, § 1 KSchG Rn. 12.

Daneben ist anerkannt, dass der Arbeitnehmer trotz des bestehenden allgemeinen oder besonderen Kündigungsschutzes eine Eigenkündigung aussprechen bzw. eine Aufhebungsvereinbarung[271] abschließen und dadurch auf seinen Kündigungsschutz verzichten kann.[272] Dieser Verlust des Kündigungsschutzes ist kein Verzicht im Sinne des § 397 BGB, sondern lediglich mittelbare Folge der Aufhebung des Arbeitsverhältnisses als Vertragsgegenstand.[273]

II. Übertragbarkeit auf § 613a BGB

1. Unwirksamkeit eines Vorausverzichts

Auch bei Betriebsübergängen ist ein Vorausverzicht auf den Schutz des § 613a BGB unwirksam. Aus diesem Grund kann auch keine Vereinbarung im Arbeitsvertrag getroffen werden, die den Übergang des Arbeitsverhältnisses bei Betriebsinhaberwechsel von vorneherein ausschließt.[274]

2. Verzicht anlässlich eines konkreten Betriebsübergangs zulässig

§ 613a BGB ist eine Bestandsschutznorm, die wie § 1 KSchG keine ausdrückliche Regelung zur Unabdingbarkeit durch Individualvereinbarungen trifft. Lediglich für kollektivrechtliche Vereinbarungen findet sich eine solche Regelung in § 613a Abs. 1 Satz 2 BGB. Dies spricht dafür, die Grundsätze des Verzichts auf den Kündigungsschutz auch auf die flankierende Regelung des § 613a BGB zu übertragen. Der Arbeitnehmer kann demnach auf seinen Bestandsschutz verzichten, wenn der Betriebsübergang hinreichend konkret ist.[275]

III. Zwischenergebnis

Dem Arbeitnehmer wird der Bestandsschutz des Kündigungsschutzgesetzes nicht aufgedrängt. Dies muss konsequenterweise auch für den Bestandsschutz des § 613a BGB gelten,[276] der den allgemeinen Kündigungsschutz flankiert, aber

---

271 Statt aller: ErfK/*Preis/Müller-Glöge*, 15. Auflage, § 620 BGB Rn. 5.

272 *Feuerborn*, Sachliche Gründe, S. 165, 167.

273 *Ernst*, Aufhebungsverträge, S. 47 ff.; *Simon*, Unabdingbarkeit und vertraglicher Verzicht, S. 37 f.

274 Staudinger/*Annuß*, 2011, § 613a BGB Rn. 35; *Kreitner*, Kündigungsrechtliche Probleme, S. 193; MüKo/*Müller-Glöge*, 6. Auflage, § 613a BGB Rn. 10; ErfK/*Preis*, 15. Auflage, § 613a BGB Rn. 82; *Seiter*, Betriebsinhaberwechsel, S. 98; dazu § 15 B I.

275 So auch *Willemsen*, RdA 1987, 327, 329.

276 So auch BAG vom 30.10.1986 – 2 AZR 101/85, BAGE 53, 251, 263 f. = NZA 1987, 524, 526; *Kreitner*, Kündigungsrechtliche Probleme, S. 194 m.w.N; *Pietzko*, ZIP 1990, 1105, 1109.

nicht darüber hinausgehen soll[277] (Erst-Recht-Schluss[278]). Ansonsten würde der Schutzzweck der Norm überspannt.[279] Kann der Arbeitnehmer also trotz bestehenden allgemeinen oder besonderen Kündigungsschutzes sein Arbeitsverhältnis mittels Aufhebungsvertrag beenden, muss dies auch im Rahmen des § 613a BGB gelten. Aus diesem Grund ist es ohne weiteres möglich, echte Aufhebungsverträge zu schließen. Sachliche Gründe sind hierfür nicht erforderlich.[280]

C. Ergebnis: Zulässigkeit des echten Aufhebungsvertrages

I. Keine Beschränkung der Vertragsfreiheit des Arbeitnehmers

Die Vertragsfreiheit des Arbeitnehmers wird durch § 613a BGB nicht eingeschränkt. Eine solche Einschränkung lässt sich weder der Norm selbst noch ihrem Sinn und Zweck entnehmen. Auch die richtlinienkonforme Auslegung kommt zu keinem anderen Ergebnis. Vielmehr wird durch einen Vergleich mit dem gesetzlich normierten Widerspruchsrecht des Arbeitnehmers gem. § 613a Abs. 6 BGB deutlich, dass der Arbeitnehmer seine Dispositionsbefugnis auch bei Betriebsübergängen behält. Zwar räumt die Norm dem Arbeitnehmer einen Bestandsschutz seines Arbeitsverhältnisses ein. Auf diesen Schutz kann er aber in gleicher Weise wie auf den allgemeinen oder besonderen Kündigungsschutz verzichten. Dem Arbeitnehmer ist es deshalb nicht verwehrt, eine Aufhebungsvereinbarung abzuschließen bzw. eine Eigenkündigung auszusprechen, die in unmittelbar zeitlichem oder sachlichem Zusammenhang mit einem Betriebsübergang steht.[281] Es wird lediglich die Vertragsfreiheit des Arbeitgebers beschränkt. Dies ist nach allgemeiner Ansicht durch das in Artt. 20 Abs. 1, 28 GG verankerte Sozialstaatsprinzip gerechtfertigt.[282]

---

277 So auch BAG vom 30.10.1986 – 2 AZR 101/85, BAGE 53, 251, 263 f. = NZA 1987, 524, 526; *Kreitner*, Kündigungsrechtliche Probleme, S. 193 f.; *Naber*, Aufhebungsverträge, S. 121 f.; *Pietzko*, ZIP 1990, 1105, 1109.

278 Auch „argumentum a fortiori“ genannt; Sonderfall der Analogie: *Adrian*, Methodenlehre, S. 922.

279 *von Maydell*, SAE 1987, 219, 220.

280 *Feuerborn*, Sachliche Gründe, S. 167; *Fuhlrott*, NZA 2012, 549, 551; *Naber*, Aufhebungsverträge, S. 120; *Pils*, NZA 2013, 125, 126; WHSS/*Willemsen*, 4. Auflage, H Rn. 125.

281 So auch *Fuhlrott*, NZA 2012, 549, 551; *von Hoyningen-Huene/Windbichler*, RdA 1977, 329, 335; *Krieger/Fischinger*, NJW 2007, 2289, 2290; WHSS/*Willemsen*, 4. Auflage, G Rn. 191; HWK/*ders./Müller-Bonanni*, 6. Auflage, § 613a BGB Rn. 247.

282 *Ende*, NZA 1994, 494; *Schiefer*, NJW 1998, 1817, 1823; APS/*Steffan*, 4. Auflage, § 613a BGB Rn. 5.

II. Vorliegen eines Aufhebungsvertrages mit Beendigungsfunktion

Nach der Rechtsprechung des BAG ist der Aufhebungsvertrag dann wirksam, wenn er auf ein endgültiges Ausscheiden des Arbeitnehmers aus dem Betrieb gerichtet ist. Dabei hat das BAG aber immer wieder klargestellt, dass es nicht darauf ankommt, dass der Arbeitnehmer tatsächlich ausscheidet, sondern ob ihm zugleich mit dem Aufhebungsvertrag bzw. der Eigenkündigung ein neues Arbeitsverhältnis zugesagt oder zumindest verbindlich in Aussicht gestellt wird. Dies muss nicht zwangsläufig gleichzeitig erfolgen. Ein zeitlicher Zusammenhang reicht aus.[283] Das endgültige Ausscheiden aus dem Betrieb muss also zum Zeitpunkt des Abschlusses des Aufhebungsvertrags von den Vertragsparteien bezweckt werden. Daher liegt auch keine unzulässige Umgehung des § 613a BGB vor, wenn der Arbeitnehmer zunächst im Betrieb des Veräußerers durch Aufhebungsvereinbarung oder Eigenkündigung ausscheidet, sich dann aber später dazu entscheidet, einen neuen Arbeitsvertrag mit dem Erwerber zu schließen. Dies gebietet die Vertragsfreiheit des Arbeitnehmers und kann nicht zuletzt seinen Grund auch in der mit dem Veräußerer vereinbarten Abfindung haben.[284] Selbst wenn dem Arbeitnehmer auch nur eine rechtlich unverbindliche Chance einer Neubeschäftigung beim Erwerber eingeräumt wird, ist der Aufhebungsvertrag bzw. die Eigenkündigung nach Ansicht des BAG noch kein unzulässiges Umgehungsgeschäft. Vielmehr handelt es sich um ein sog. „Risikogeschäft“[285].

Somit bleibt festzuhalten, dass Aufhebungsvertrag und Eigenkündigung nach der Rechtsprechung des BAG grundsätzlich wirksam sind, wenn sie auf das endgültige Ausscheiden des Arbeitnehmers aus dem Betrieb gerichtet sind und ein Risikogeschäft[286] für den Arbeitnehmer darstellen.

---

283 BAG vom 25.10.2007 – 8 AZR 917/06, AP Nr. 333 zu § 613a BGB = NZA-RR 2008, 367, 370; *Willemsen*, NZA 2008, Beil. 4, 155, 163.

284 BAG vom 27.9.2012 – 8 AZR 826/11, EzA § 613a BGB 2002 Nr. 139 = NZA 2013, 961; *Krieger/Fischinger*, NJW 2007, 2289, 2291; *Willemsen*, NZA 2013, 242, 244 f.

285 Erstmals BAG vom 10.12.1998 – 8 AZR 324/97, BAGE 90, 260, 270 = NZA 1999, 422, 424; *Krieger/Fischinger*, NJW 2007, 2289, 2291.

286 Dazu: § 12 C I, hier wird der Begriff genauer analysiert.

Dritter Teil: Wirksamkeit des unechten Aufhebungsvertrages

Bei unechten Aufhebungsverträgen nimmt das BAG eine unzulässige Umgehung des § 613a BGB an, weil es zu einer funktionswidrigen und damit rechtsmissbräuchlichen Verknüpfung von Aufhebungsvereinbarung und Neuvertrag kommt.[287] Bei dieser Gestaltung handelt es sich nicht um Aufhebungsverträge im eigentlichen Sinn, sondern um Änderungs- und Verzichtsverträge (sog. unechter Aufhebungsvertrag).

Das Lemgoer Modell basiert auf dieser Verknüpfung und soll im folgenden Teil genauer dargestellt werden.

§ 6 Das Lemgoer Modell als Umgehungstatbestand

Ausgangspunkt der Umgehungsrechtsprechung bildet das sog. Lemgoer Modell.[288] Dieses Sanierungsmodell wird zunächst genauer beschrieben (A.). Im Folgenden wird auf das Rechtsinstitut der Gesetzesumgehung eingegangen (B.). Sodann wird geprüft, ob das Lemgoer Modell ein Umgehungsgeschäft ist (C.). Schließlich werden andere dogmatische Lösungsansätze der BAG-Rechtsprechung genauer erörtert (D.).

A. Das Lemgoer Modell

I. Beschreibung des Sanierungsmodells

Beim sog. Lemgoer Modell beenden alle Arbeitnehmer des sanierungsbedürftigen Betriebes in Absprache mit dem Veräußerer, dem Erwerber sowie dem Betriebsrat und evtl. der Gewerkschaft ihr Arbeitsverhältnis vor dem geplanten Betriebsübergang mittels Eigenkündigung oder Aufhebungsvertrag. Im Gegenzug erhalten sie beim Erwerber einen neuen Arbeitsvertrag, in der Regel zu schlechteren, d.h. sanierungsfreundlicheren Bedingungen. Die

287 *Hillebrecht*, NZA 1989, Beil. 4, 10, 11; *Kreitner*, Kündigungsrechtliche Probleme, S. 197; *Pietzko*, ZIP 1990, 1105, 1111; *Willemsen*, Anmerkung zu BAG EzA Nr. 67 zu § 613a BGB, 9, 14; *ders.*, NZA 2013, 242, 244.

288 Die Bezeichnung stammt von *Stückemann*, BB 1977, 1711, einem Rechtsanwalt aus der Stadt Lemgo, Kreis Lippe in Nordrhein-Westfalen; dort wurde dieses Modell vermutlich auch das erste Mal praktiziert: *Henckel*, ZIP 1980, 2, 3.

Wiedereinstellung wird ihnen bereits bei Vertragsschluss, z.B. mittels Wiedereinstellungsklauseln in den Aufhebungsverträgen fest zugesichert[289], sodass jeder einzelne Arbeitnehmer einen Anspruch[290] auf Wiedereinstellung beim Erwerber hat. Unmittelbar nach der Eröffnung des Insolvenzverfahrens wird der Betrieb dann auf den potentiellen Erwerber übertragen.[291] Der Aufhebungsvertrag ist in diesem Fall nicht auf das endgültige Ausscheiden des Arbeitnehmers gerichtet, weil die Weiterbeschäftigung nach dem Betriebsübergang beim Betriebserwerber zum Zeitpunkt der Vertragsbeendigung bereits feststeht. Den Arbeitnehmern steht es frei, sich den Vorschlägen des Betriebsrates und dessen Berater bzw. Vertreter anzuschließen oder die betriebsbedingte Kündigung des Arbeitgebers bzw. des Insolvenzverwalters abzuwarten.[292]

Sinn und Zweck dieses Sanierungsmodells ist es, eine Stilllegung des Betriebs zu verhindern, indem der Betrieb „verkaufsfähig" gemacht wird. Potentielle Erwerber lassen sich nicht mehr von den personalen Altlasten und den damit verbundenen Kosten von der Übernahme abhalten.[293] Da die Arbeitsverhältnisse bereits vor dem Betriebsübergang beendet wurden, können diese nicht mit ihrem bisherigen Inhalt auf den Erwerber gem. § 613a Abs. 1 Satz 1 BGB übergehen. Der Betrieb wird sodann vom Erwerber weiter fortgeführt, der die Arbeitnehmer neu einstellt. Die Arbeitnehmer entgehen dadurch einer betriebsbedingten Kündigung im Falle einer Betriebsstilllegung.[294] Der Veräußerer kann durch diese Gestaltung die Insolvenzmasse entlasten, da er die Kosten für einen Sozialplan spart und keinen Zahlungsansprüchen der Arbeitnehmer mehr ausgesetzt ist.[295]

---

289 *Kreitner*, Kündigungsrechtliche Probleme, S. 195.

290 *Wagner*, Individualarbeitsrechtliche Vereinbarungen, S. 121.

291 Staudinger/*Annuß*, 2011, § 613a BGB Rn. 390; *Ende*, NZA 1994, 494, 495: *Henckel*, ZIP 1980, 2, 3 f.; *Kracht*, Kündigungsverbot, S. 154; *Kreitner*, Kündigungsrechtliche Probleme, S. 195 f.; *Lipinski*, Sonderkündigungsschutz, S. 115; *Pietzko*, ZIP 1990, 1105, 1106; *Pils*, NZA 2013, 125, 126; *Stückemann*, BB 1977, 1711; *Unfried*, Betriebsübergang, S. 194; *Willemsen*, Anmerkung zu BAG EzA Nr. 67 zu § 613a BGB, S. 9 f.; *Wimmer*, Unternehmenssanierung, S. 63.

292 *Stückemann*, BB 1977, 1711.

293 *Lipinski*, Sonderkündigungsschutz, S. 115; *Loritz*, RdA 1987, 65, 70; *Pietzko*, ZIP 1990, 1105.

294 BAG vom 27.10.2005 – 8 AZR 568/04, AP Nr. 292 zu § 613a BGB = NZA 2006, 668, 671; Gottwald/*Heinze/Bertram*, 4. Auflage, § 105 InsO Rn. 82.

295 BAG vom 28.4.1987 – 3 AZR 75/86, BAGE 55, 228, 233 = NZA 1988, 198, 199; *Lipinski*, Sonderkündigungsschutz, S. 115; *Pietzko*, Tatbestand, S. 183; *ders.*, ZIP 1990, 1105; *Wimmer*, Unternehmenssanierung, S. 63.

II. *Tatbestand des Betriebsübergangs erfüllt*

1. *Tatbestandsvoraussetzungen des Betriebsübergangs*

Der Betriebsübergang setzt neben dem Inhaberwechsel durch Rechtsgeschäft auch den Übergang eines Betriebs oder Betriebsteils voraus, § 613a Abs. 1 Satz 1 BGB.[296] Unter einem Betrieb bzw. Betriebsteil versteht man eine auf Dauer eingerichtete wirtschaftliche Einheit. Das entscheidende Kriterium für einen rechtserheblichen Übergang ist die Identitätswahrung. Das BAG nimmt hier eine Einzelfallbetrachtung vor.[297] Als Teilaspekte der Gesamtwürdigung zählen insbesondere „die Art des betreffenden Unternehmens oder Betriebs, der etwaige Übergang der materiellen Betriebsmittel wie Gebäude und bewegliche Güter, der Wert der immateriellen Aktiva im Zeitpunkt des Übergangs, die etwaige Übernahme der Hauptbelegschaft durch den neuen Inhaber, der etwaige Übergang der Kundschaft sowie der Grad der Ähnlichkeit zwischen den vor und nach dem Übergang verrichteten Tätigkeiten und die Dauer einer eventuellen Unterbrechung dieser Tätigkeiten. Diese Umstände sind jedoch nur Teilaspekte der vorzunehmenden Gesamtbewertung und dürfen deshalb nicht isoliert betrachtet werden“.[298] Demnach kann auch die Übernahme eines „arbeitnehmerfreien“ Betriebes in betriebsmittelgeprägten Betrieben ein Betriebsübergang im Sinne des § 613a Abs. 1 Satz 1 BGB sein.[299] Steht der Betriebsübergang fest, ist der Übergang der Arbeitsverhältnisse Rechtsfolge und nicht Voraussetzung eines Betriebsübergangs.[300]

Das Vorliegen eines Betriebsübergangs gem. § 613a Abs. 1 Satz 1 BGB wird im Folgenden unterstellt. Gleichwohl können Aufhebungsverträge in betriebsmittelarmen Betrieben auch dazu dienen, den Tatbestand des Betriebsübergangs zu vermeiden. Vorliegende Arbeit beschränkt sich jedoch auf die Umgehung der Rechtsfolgen des § 613a BGB mittels Aufhebungsvereinbarung.

---

296 Ausführlich zu den Tatbestandsvoraussetzungen: Staudinger/*Annuß*, 2011, § 613a BGB Rn. 43 ff.; ErfK/*Preis*, 15. Auflage, § 613a BGB Rn. 5 ff.; APS/*Steffan*, 4. Auflage, § 613a BGB Rn. 13 ff.

297 Küttner/*Kreitner*, 21. Auflage, Betriebsübergang Rn. 10.

298 St. Rspr. des EuGH seit Urteil vom 18.3.1986 – C-24/85, Slg. 1986, 1119, 1128, Rn. 13 = EAS Teil C RL 77/187/EWG Art. 1 Nr. 2 – Spijkers; EuGH vom 20.1.2011 – C-463/09, Slg. 2011, I-95, 133, Rn. 34 = NZA 2011, 148, 149 – CLECE; st. Rspr. des BAG seit Urteil vom 22.5.1997 – 8 AZR 101/96, AP Nr. 154 zu § 613a BGB = NZA 1997, 1050, 1052.

299 BAG vom 21.6.2012 – 8 AZR 181/11, AP Nr. 434 zu § 613a BGB = NZA-RR 2013, 6, 9; ErfK/*Preis*, 15. Auflage, § 613a BGB Rn. 18.

300 BAG vom 22.7.2004 – 8 AZR 350/03, BAGE 111, 283, 299 = NZA 2004, 1383, 1388.

2. *Abgrenzung zur Betriebsstilllegung*

Darüber hinaus liegt beim Lemgoer Modell auch keine Betriebsstilllegung vor. Dies ist lediglich dann der Fall, wenn der Unternehmer ernsthaft und endgültig den Beschluss gefasst hat, die Betriebs- und Produktionsgemeinschaft zwischen Arbeitnehmer und Arbeitgeber für einen seiner Dauer nach unbestimmten, wirtschaftlich nicht unerheblichen Zeitpunkt aufzugeben.[301] Daran fehlt es hier, weil der bisherige Betriebsinhaber in Verhandlung mit einem oder mehreren potentiellen Erwerbern steht.[302]

III. Rechtsprechung des BAG zum Lemgoer Modell

1. BAG vom 28.4.1987

Bis zur Grundsatzentscheidung des BAG war das Lemgoer Modell gängige Sanierungspraxis.[303] Am 28.4.1987 erteilte das BAG[304] diesem Modell aber eine deutliche Absage. Der Entscheidung lag folgender Sachverhalt zugrunde: Vor der Veräußerung eines in Konkurs geratenen Unternehmens wurde eine Betriebsversammlung mit der Gesamtbelegschaft abgehalten. Allen Arbeitnehmern wurde der Abschluss neuer Arbeitsverträge mit dem Erwerber zugesagt. Auf Anraten der zuständigen Gewerkschaft kündigte der Betriebsrat nach einem entsprechenden Beschluss der Belegschaft im Namen und mit Vollmacht[305] aller Mitarbeiter die Arbeitsverhältnisse fristlos. Diese Kündigung wurde von der Arbeitgeberin „angenommen".[306] Am folgenden Werktag schloss der Betriebserwerber mit allen Arbeitnehmern neue Arbeitsverträge.

---

301 BAG vom 28.4.1987 – 3 AZR 75/86, BAGE 55, 228, 231 = NZA 1988, 198; APS/*Steffan*, 4. Auflage, § 613a BGB Rn. 62.

302 BAG vom 9.2.1994 – 2 AZR 666/93, AP Nr. 105 zu § 613a BGB = NZA 1994, 686, 687; LAG Hamm vom 4.4.2000 – 4 Sa 1220/99, ZInsO 2000, 292, 293 = DZWIR 2000, 240, 241.

303 WHSS/*Willemsen*, 4. Auflage, G Rn. 192.

304 BAG vom 28.4.1987 – 3 AZR 75/86, BAGE 55, 228 = NZA 1988, 198.

305 Die Stellvertretung erscheint im Hinblick auf § 165 BGB zweifelhaft, da der Betriebsrat nicht umfassend rechtsfähig, sondern lediglich teilrechtsfähig ist, soweit ihm das BetrVG Aufgaben überträgt; dazu: *Dommermuth-Alhäuser/Heup*, BB 2013, 1461 ff.

306 Das BAG ging vom Vorliegen eines Aufhebungsvertrages aus, weil die Arbeitgeberin „das in der Kündigung enthaltene Angebot zum Abschluß von gleichlautenden Auflösungsverträgen angenommen" habe; so auch *Ernst*, Aufhebungsverträge, S. 142 f.

Der 3. Senat des BAG hielt den konkludent geschlossenen Aufhebungsvertrag[307] wegen Umgehung des § 613a Abs. 4 BGB gem. § 134 BGB sowie wegen Umgehung des § 4 BetrAVG für unwirksam. Verboten seien neben Kündigungen des Betriebsveräußerers oder Erwerbers aus Anlass des Betriebsübergangs auch Aufhebungsverträge, wenn sie vom Betriebsveräußerer oder -erwerber veranlasst werden, um dem bestehenden Kündigungsverbot auszuweichen. Die „Kündigungen“[308] verfolgen kein anderes Ziel, als im Zusammenhang und aus Anlass des Betriebsübergangs den Inhalt sämtlicher Arbeitsverhältnisse zu ändern und soziale Besitzstände insgesamt erlöschen zu lassen. Denn eine Neubegründung der Verträge war bereits zugesagt und das Sanierungskonzept überhaupt nur umsetzbar, wenn die Belegschaft erhalten blieb.[309]

2. *BAG vom 27.9.2012*

Im Urteil vom 27.9.2012 stellte das BAG[310] klar, dass für die vom Arbeitgeber veranlassten Eigenkündigungen vor einem Betriebsübergang die gleichen Grundsätze gelten wie für Aufhebungsverträge. Zum Zeitpunkt des Ausspruchs der Eigenkündigungen wurde den Arbeitnehmern keine Neuanstellung beim Erwerber verbindlich zugesagt. Nachdem die klagende Bundesagentur für Arbeit für den Zeitraum März bis Mai 2007 Insolvenzgeld bezahlt hatte, stellte der beklagte Betriebserwerber knapp zwei Drittel der Belegschaft ein. Nach Ansicht des BAG lag keine Umgehung vor, weil es zum Zeitpunkt des Ausspruchs der Kündigung an einer konkreten Zusage der Weiterbeschäftigung fehlte. Die Eigenkündigungen der Arbeitnehmer seien daher auf ein endgültiges Ausscheiden gerichtet gewesen. Es sei unschädlich, dass der Betriebserwerber kurz nach dem Betriebsübergang einen Großteil der ehemaligen Belegschaft wieder eingestellt habe. Motivation der Eigenkündigung sei die Sicherung der Ansprüche auf Insolvenzgeld und nicht die Beseitigung der Kontinuität des Arbeitsverhältnisses gewesen.[311]

3. *Zusammenfassung der Umgehungsrechtsprechung*

Ausschlaggebend für den Umgehungscharakter des unechten Aufhebungsvertrages ist nicht die Art und Weise der Vertragsauflösung, sondern vielmehr

---

307 Dazu: *Ernst*, Aufhebungsverträge, S. 81 ff.

308 Das BAG nimmt im Urteil keine genaue Unterscheidung zwischen Aufhebungsvereinbarung und Eigenkündigung vor.

309 BAG vom 28.4.1987 – 3 AZR 75/86, BAGE 55, 228, 233 = NZA 1988, 198, 199.

310 BAG vom 27.9.2012 – 8 AZR 826/11, EzA § 613a BGB 2002 Nr. 139 = NZA 2013, 961.

311 *Bross*, Anmerkung zu BAG EWiR § 613 BGB 4/13, 369, 370; *Mues*, ArbRB 2013, 100, 101.

dessen Verknüpfung mit einer anschließenden Wiedereinstellung beim Erwerber.[312] Dies wird als einheitlicher Vorgang angesehen.[313] Der Aufhebungsvertrag führt dann zu keiner endgültigen Vertragsbeendigung. Vielmehr dient er der inhaltlichen Umgestaltung der Arbeitsverhältnisse und bringt die sozialen Besitzstände der Arbeitnehmer zum Erlöschen. In dieser Durchbrechung der Kontinuität des Arbeitsverhältnisses bei gleichzeitigem Erhalt des Arbeitsplatzes sieht das BAG ein zu missbilligendes Motiv des Arbeitgebers. Der Aufhebungsvertrag ist wegen „objektiver Gesetzesumgehung" des § 613a BGB nichtig, wenn die Verschlechterung der Arbeitsbedingungen nicht durch sachliche Gründe gerechtfertigt werden kann.[314] Gleiches gilt auch für Änderungs- und Verzichtsverträge. Hier schränkte die Rechtsprechung schon frühzeitig die Vertragsfreiheit der Arbeitnehmer ein und machte die Wirksamkeit der Vereinbarung vom Vorliegen sachlicher Gründe abhängig.[315]

Letztlich nimmt das BAG eine Motivkontrolle vor, die sich an § 613a Abs. 4 BGB orientiert. Kündigungen sind gem. § 613a Abs. 4 Satz 1 BGB unwirksam, wenn sie „wegen" des Betriebsübergangs erfolgt sind. Der Bestandsschutz des § 613a Abs. 1 Satz 1 BGB darf nicht durch den Ausspruch einer Kündigung unterlaufen werden.[316] Demnach ist die Kündigung unwirksam, wenn sie überwiegend durch den Betriebsinhaberwechsel motiviert ist. Dies ist aber dann nicht der Fall, wenn gem. § 613a Abs. 4 Satz 2 BGB „andere Gründe" vorliegen, die die Kündigung aus sich heraus rechtfertigen.[317] Auch unechte Aufhebungsverträge können trotz ihrer „verwerflichen" Motivation in Anlehnung an § 613a Abs. 4 Satz 2 BGB durch andere sachliche Gründe gerechtfertigt und damit kein unwirksames Umgehungsgeschäft sein.

B. Das Rechtsinstitut der Gesetzesumgehung

Im Folgenden wird untersucht, ob es sich beim Lemgoer Modell um einen Fall der Gesetzesumgehung handelt und ob die von der Rechtsprechung missbilligten subjektiven Motive überhaupt im Rahmen der Umgehungskontrolle Berücksichtigung finden können.

---

312 *Kreitner*, Kündigungsrechtliche Probleme, S. 197.

313 *Kracht*, Kündigungsverbot, S. 155.

314 BAG vom 10.12.1998 – 8 AZR 324/97, BAGE 90, 260, 270 = NZA 1999, 422, 424.

315 Zur Rechtsprechung des BAG bzgl. Änderungsverträge:§ 7 C III 1 a.

316 § 2 D III.

317 § 2 D III 6.

I. Die objektive Gesetzesumgehung als selbständiges Rechtsinstitut

Die arbeitsgerichtliche Rechtsprechung geht seit der Grundsatzentscheidung des Großen Senates vom 12.10.1960 von einem selbständigen Rechtsinstitut der „objektiven Gesetzesumgehung" aus.[318]

1. Umgehungsbegriff des Großen Senats

Eine Gesetzesumgehung liegt nach Ansicht des BAG vor, wenn der Zweck zwingender Rechtsnormen (hier die Bestimmungen des Kündigungsrechts) dadurch vereitelt wird, dass andere rechtliche Gestaltungsmöglichkeiten missbräuchlich verwendet werden. Es kommt nicht auf eine Umgehungsabsicht oder eine bewusste Missachtung des zwingenden Rechtssatzes an. Entscheidend ist die *objektive Funktionswidrigkeit* des Rechtsgeschäftes. Diese tritt zu Tage, wenn keine *sachlichen Gründe* vorliegen, die die Befristung des Arbeitsverhältnisses rechtfertigen.[319] Die wirtschaftlichen oder sozialen Verhältnisse der Parteien bzw. einer Partei müssen es gerechtfertigt erscheinen lassen, dass die Kündigungsschutzvorschriften auf den befristeten Vertrag nicht anwendbar waren.[320] Diese Grundsätze wendet das BAG seither auch auf andere Gestaltungen und einseitige Arbeitgebermaßnahmen an.[321]

2. Objektive Gesetzesumgehung des § 613a BGB

Auch im Falle des § 613a BGB stützt sich das BAG auf die „objektive Gesetzesumgehung" und stellt auf die objektive Funktionswidrigkeit des Aufhebungsvertrags ab.[322] Der Aufhebungsvertrag wird beim Lemgoer Modell missbräuchlich eingesetzt, wenn er zeitgleich mit einem Neuvertrag abgeschlossen bzw. ein

---

318 BAG Großer Senat vom 12.10.1960 – GS 1/59, BAGE 10, 65 = NJW 1961, 798.

319 BAG Großer Senat vom 12.10.1960 – GS 1/59, BAGE 10, 65, 70 ff. = NJW 1961, 798, 798 ff.; kritisch: *Bickel*, JuS 1987, 861, 863 f. m.w.N. in Fn. 19; *ders.*, Anmerkung zu BAG AP § 620 BGB Nr. 8 Bedingung, Bl. 909 ff.; Überblick auch bei *Preis*, Grundfragen der Vertragsgestaltung, S. 164 in Fn. 115.

320 ErfK/*Müller-Glöge*, 15. Auflage, § 14 TzBfG Rn. 2.

321 *Feuerborn*, Sachliche Gründe, S. 52; Überblick bei *Fastrich*, Richterliche Inhaltskontrolle, S. 170; *Preis*, Grundfragen der Vertragsgestaltung, S. 159 ff., der von einer „extensiven Inanspruchnahme des Instituts der Gesetzesumgehung im Arbeitsrecht" spricht: S. 170 – § 613a BGB wird aber nicht als Beispiel erwähnt.

322 BAG vom 10.12.1998 – 8 AZR 324/97, BAGE 90, 260, 270 = NZA 1999, 422, 424; BAG vom 18.8.2005 – 8 AZR 523/04, BAGE 115, 340, 347 = NZA 2006, 145, 147; Moll/*Cohnen*, 3. Auflage, § 54 Rn. 177; BeckOK-BGB/*Fuchs*, Ed. 33, § 613a BGB Rn. 70; MüKo/*Müller-Glöge*, 6. Auflage, § 613a BGB Rn. 200; *Warmbein*, DZWIR 2003, 11.

solcher verbindlich in Aussicht gestellt wird und die damit verbundene Inhaltsänderung nicht durch sachliche Gründe gerechtfertigt ist. Diese objektive Gesetzesumgehung des § 613a BGB dürfe keine Wirksamkeit entfalten.

II. Gesetzesumgehung als Frage der Normanwendung

Nach ganz überwiegender Ansicht handelt es sich bei der Gesetzesumgehung aber um keine eigene Rechtsfigur. Es ist allein eine Frage der Auslegung bzw. der analogen Anwendung der Norm, zu ermitteln, ob sie in Wahrheit einer scheinbar zulässigen Regelung entgegensteht.[323] Die Gesetzesumgehung ist ein Problem der Rechtsanwendung auf spezifische Sachverhalte.[324] Für ein allgemeines Umgehungsverbot als eigenständiges Rechtsinstitut besteht kein Bedürfnis.[325]

Die herrschende Meinung löst die Gesetzesumgehung durch Analogie.[326] Dies ist sinnvoll[327], da die Auslegung gerade dazu dient, den Geltungsbereich einer Norm zu ermitteln. Von einer Umgehung kann methodisch aber erst gesprochen werden, wenn die Auslegung an ihre Grenzen, den möglichen Wortsinn, stößt. Die Frage der Gesetzesumgehung stellt sich, wenn die Auslegung einer Norm ergibt, dass sie den gegenständlichen Sachverhalt nicht erfasst. Eine „Überschneidung" von Auslegung und Gesetzesumgehung ist somit nach zutreffender Ansicht nicht möglich.[328]

---

323 MüKo/*Armbrüster*; 6. Auflage, § 134 BGB Rn. 12; *Benecke*, Gesetzesumgehung, S. 22; *Flume*, BGB-AT II, 4. Auflage, S. 350; *Gramlich/Zerres*, ZIP 1998, 1299, 1303; *Huber*, JurA 1970, 784, 796 ff.; Soergel/*Hefermehl*, 13. Auflage, § 134 BGB Rn. 37; *Schurig*, in: FS Ferid, S. 375, 403; *Sieker*, Umgehungsgeschäfte, S. 8; *Teichmann*, MDR 1972, 1, 4; a.A. *Preis*, Grundfragen der Vertragsgestaltung, S. 163; *Wimmer*, Unternehmenssanierung, S. 66.

324 *Sieker*, Umgehungsgeschäfte, S. 10; *Teichmann*, Gesetzesumgehung, S. 69.

325 MüKo/*Armbrüster*; 6. Auflage, § 134 BGB Rn. 15; *Benecke*, Gesetzesumgehung, S. 209; *Gramlich/Zerres*, ZIP 1998, 1299, 1303; *Sieker*, Umgehungsgeschäfte, S. 9.

326 *Benecke*, Gesetzesumgehung, S. 84, 210; *Huber*, JurA 1970, 784, 797; dazu grundlegend: *Teichmann*, Gesetzesumgehung, S. 78 ff.; a.A. MüKo/*Armbrüster*, 6. Auflage, § 134 BGB Rn. 11 ff.; *Flume*, BGB-AT II, 4. Auflage, S. 350; Soergel/*Hefermehl*, 13. Auflage, § 134 BGB Rn. 37.

327 Beide Auffassungen führen zu sachgerechten Ergebnissen und unterscheiden sich aus dogmatischer Sicht lediglich im gedanklichen Ansatz: *Gramlich/Zerres*, ZIP 1998, 1299, 1305.

328 *Benecke*, Gesetzesumgehung, S. 80 ff., 210 f.; *Gramlich/Zerres*, ZIP 1998, 1299, 1303; Staudinger/*Sack/Seibl*, 2011, § 134 BGB Rn. 146; *Sieker*, Umgehungsgeschäfte, S. 88; *Teichmann*, MDR 1972, 1, 4; *Zerres*, MDR 2004, 1334, 1338.

III. Definition der Gesetzesumgehung

Eine Definition der Gesetzesumgehung findet sich in keiner Rechtsvorschrift. Es wurden jedoch von der Rechtswissenschaft verschiedene Ansätze entwickelt. Vielfach wird vertreten, dass ein Gesetz umgangen wird, wenn das Handeln zwar nicht gegen den Wortlaut verstößt, aber den Sinn des Gesetzes hintergeht.[329] Für die praktische Rechtsanwendung sei daher entscheidend, ob der Zweck eines Verbotsgesetztes durch die gewählte, vom Wortlaut des Gesetzes nicht erfasste rechtliche Gestaltung missbräuchlich vereitelt werde.[330] Dieser Ansicht liegt jedoch die Prämisse zugrunde, dass der Sinn und Zweck einer Norm mittels (teleologischer) Auslegung zu ermitteln ist.[331]

Da Gesetzesauslegung und Gesetzesumgehung aber strikt auseinander gehalten werden müssen[332], kommt es maßgeblich darauf an, ob durch die gewählte Konstruktion gegen das gesetzgeberische Ziel verstoßen wird. Denn „der Sinn dient der Ermittlung des unmittelbaren Geltungsbereichs, das Ziel kann über den Geltungsbereich hinausgehen."[333] Die gesetzgeberische Intention soll vor einer Umgehung geschützt werden, da es sonst zu einer „Aushöhlung der Vorschrift" kommt.[334]

Eine Umgehungsabsicht bzw. ein Umgehungsbewusstsein ist nicht erforderlich.[335] Es würde zu Wertungswidersprüchen führen, wenn nur Parteien, die die Vorschrift kennen und deshalb in Umgehungsabsicht handeln, mit schärferen Sanktionen belegt werden würden.[336] Die umgangene Norm ist unabhängig vom Willen des Handelnden anzuwenden. Die Frage, ob eine Vorschrift auf einen

---

329 *Medicus*, Allgemeiner Teil des BGB, 10. Auflage, Rn. 660.

330 BAG Großer Senat vom 12.10.1960 – GS 1/59, BAGE 10, 65 = NJW 1961, 798; BAG vom 18.3.2009 – 5 AZR 355/08, BAGE 130, 34, 37 = NZA 2009, 663, 664; MüKo/*Armbrüster*, 6. Auflage, § 134 BGB Rn. 17; Staudinger/*Sack/Seibl*, 2011, § 134 BGB Rn. 145; *Sieker*, Umgehungsgeschäfte, S. 9; *Wolf/Neuner*, Allgemeiner Teil des Bürgerlichen Rechts, 9. Auflage, § 40 Rn. 29, § 45 Rn. 26; kritisch: *Benecke*, Gesetzesumgehung, S. 91; *Teichmann*, Gesetzesumgehung, S. 62 f.

331 *Benecke*, Gesetzesumgehung, S. 91.

332 § 6 B II.

333 *Benecke*, Gesetzesumgehung, S. 211.

334 *Gramlich/Zerres*, ZIP 1998, 1299, 1304; *Teichmann*, MDR 1972, 1 ff.

335 MüKo/*Armbrüster*, 6. Auflage, § 134 BGB Rn. 16; Soergel/*Hefermehl*, 13. Auflage, § 134 BGB Rn. 40; *Huber*, JurA 1970, 784, 797; Staudinger/*Sack/Seibl*, 2011, § 134 BGB Rn. 145; MüKo/*Sonnenberger*, 5. Auflage, Band 10, Einleitung Rn. 746; grundlegend: *Teichmann*, Gesetzesumgehung, S. 67 ff.

336 *Teichmann*, Gesetzesumgehung, S. 69 f.

bestimmten Sachverhalt zutrifft, ist nicht Gegenstand der Privatautonomie. Folglich genügt ein objektiver Verstoß.[337] Demnach kann auch nicht allein vom Vorliegen bestimmter Motive der Vertragsparteien auf eine unzulässige Umgehung geschlossen werden. Etwas anderes gilt nur, wenn die umgangene Norm selbst eine Motivzensur zulässt.

IV. Abgrenzung zum Scheingeschäft gem. § 117 BGB

Abzugrenzen ist die Umgehung zunächst von einem Scheingeschäft im Sinne des § 117 Abs. 1 BGB. Danach ist eine Willenserklärung, die einem anderen gegenüber abzugeben ist und mit dessen Einverständnis nur zum Schein abgegeben wird, nichtig. Bei einem Scheingeschäft müssen sich der Erklärende und der Erklärungsempfänger darüber einig sein, dass das objektiv Erklärte nicht gelten soll. Beide wollen ein Rechtsgeschäft nur zum äußeren Schein abschließen.[338] Der Unterschied zwischen Gesetzesumgehung und Scheingeschäft (Simulation) besteht darin, dass beim Umgehungsgeschäft die eingetretene Rechtsfolge wirklich gewollt ist.[339]

Fraglich ist daher, ob der Aufhebungsvertrag im Rahmen des Lemgoer Modells als Scheingeschäft gem. § 117 BGB nichtig ist.[340] Der Aufhebungsvertrag könnte lediglich zum Schein abgeschlossen worden sein, weil er durch die Verknüpfung mit der Wiedereinstellung faktisch einem Änderungs- bzw. Verzichtsvertrag gleichkommt. Den Parteien müsste der Wille fehlen, die Rechtsfolgen herbeizuführen, die sich aus dem Erklärungstatbestand ergeben.[341] Dies wäre im Fall des Lemgoer Modells die Beendigung des Arbeitsverhältnisses. Es kommt für die Abgrenzung maßgeblich darauf an, ob die Beendigungsfunktion des Aufhebungsvertrages von den Parteien auch tatsächlich gewollt war. Zwar bezwecken die Parteien vorrangig eine Änderung der Arbeitsbedingungen bzw. einen Verzicht auf bereits entstandene Ansprüche. Dennoch kann dieses Ziel nur erreicht werden, wenn das Arbeitsverhältnis zwischen dem Arbeitnehmer und dem Veräußerer zunächst formal beendet wird. Nur so geht das Arbeitsverhältnis nicht unverändert nach § 613a Abs. 1 Satz 1 BGB auf den Erwerber über

---

337 Soergel/*Hefermehl*, 13. Auflage, § 134 BGB Rn. 40; *Huber*, JurA 1970, 784, 797.

338 BGH vom 25.10.1961 – V ZR 103/60, BGHZ 36, 84, 87 f. = NJW 1962, 295, 297; MüKo/*Armbrüster*, 6. Auflage, § 117 BGB Rn. 1; Staudinger/*Singer*, 2011, § 117 BGB Rn. 1.

339 *Benecke*, Gesetzesumgehung, S. 37; Staudinger/*Sack/Seibl*, 2011, § 134 BGB Rn. 145; *Sieker*, Umgehungsgeschäfte, S. 103; *Teichmann*, Gesetzesumgehung, S. 8.

340 *Commandeur/Kleinebrink*, NJW 2008, 3467, 3469 halten dies zumindest für möglich.

341 *Sieker*, Umgehungsgeschäfte, S. 103.

und es kann ein neuer Arbeitsvertrag zu anderen Konditionen abgeschlossen werden. Die Beendigung des Arbeitsverhältnisses wird von den Parteien also bewusst herbeigeführt, um sodann mit dem Erwerber neue Arbeitsverträge zu schlechteren Bedingungen abschließen zu können. Die Aufhebungsvereinbarung entspricht somit dem Willen der Parteien, da nur so die beabsichtigte Rechtsfolge eintritt. Der angestrebte Erfolg setzt gerade die Gültigkeit des Aufhebungsvertrages voraus.[342] Folglich handelt es sich nicht um ein Scheingeschäft im Sinne des § 117 BGB.[343] Es kommt eine Gesetzesumgehung in Betracht.

C. Lösung der Umgehungsfälle mittels Analogie

Die herrschende Meinung löst die Umgehungsfälle mittels eines Analogieschlusses.[344]

Unter Analogie versteht man die Fortsetzung der Auslegung jenseits der durch den möglichen Wortsinn der Norm gezogenen Grenzen.[345] Ein Sachverhalt wird von einem Rechtssatz nach dessen Wortlaut nicht erfasst, obwohl dies wegen der Ähnlichkeit mit dem erfassten Sachverhalt geboten gewesen wäre.[346] Der Anwendungsbereich einer Norm wird deshalb auf „wertungsmäßig ähnliche Fallgestaltungen erweitert (sog. „Ausdehnungsfunktion")",[347] indem die Rechtsnorm auf einen von ihr nicht geregelten Sachverhalt entsprechend angewendet wird (Gesetzesanalogie oder Einzelanalogie).[348] Notwendig für die Analogie sind mithin eine unbewusste Regelungslücke und eine vergleichbare Interessenlage.[349] Bei der Lösung der Umgehungsfälle mittels Analogie ist Bezugsobjekt eine bereits vorhandene Norm, die umgangen wird. Dabei ist eine Wertung erforderlich, die ergibt, dass das Ziel der umgangenen Norm durch die

342 Soergel/*Hefermehl*, 13. Auflage, § 117 BGB Rn. 4; BeckOK-BGB/*Wendtland*, Ed. 33, § 117 BGB Rn. 11.

343 Ebenso *Wagner*, Individualarbeitsrechtliche Vereinbarungen, S. 116; a.A. *Ernst*, Aufhebungsverträge, S. 143.

344 Siehe dazu § 6 B II; ebenso durch Analogie gelöst: *Lessing*, Entlassungen, S. 229 ff.; a.A. *Kreitner*, Kündigungsrechtliche Probleme, S. 187; *Lipinski*, Sonderkündigungsschutz, S. 94 f.; *Naber*, Aufhebungsverträge, S. 96 ff. welche die Umgehung durch über den Wortlaut hinausgehende Auslegung lösen.

345 *Larenz*, Methodenlehre, 6. Auflage, S. 366; *Sieker*, Umgehungsgeschäfte, S. 87.

346 *Canaris*, Feststellung von Lücken, S. 19 ff.; *Larenz*, Methodenlehre, 6. Auflage, S. 381; Staudinger/*Looschelders/Olzen*, 2015 § 242 BGB Rn. 346, *Sieker*, Umgehungsgeschäfte, S. 90.

347 *Gramlich/Zerres*, ZIP 1998, 1299, 1304.

348 *Larenz*, Methodenlehre, 6. Auflage, S. 383; *Teichmann*, Gesetzesumgehung, S. 80.

349 *Larenz*, Methodenlehre, 6. Auflage, S. 381.

jeweilige Fallgestaltung verfehlt wurde.[350] Rechtsfolge ist die Gleichstellung der Umgehung mit der umgangenen Norm.[351]

Der Aufhebungsvertrag und die Eigenkündigung sind gerade nicht in § 613a BGB geregelt. Auch die Auslegung hat ergeben, dass sie nicht in den Geltungsbereich der Norm fallen.[352] Dennoch nimmt die Rechtsprechung eine Umgehung der Norm an, wenn gleichzeitig mit der Aufhebungsvereinbarung ein Neuvertrag geschlossen bzw. verbindlich in Aussicht gestellt wird. Dabei greift die Rechtsprechung sowohl auf eine Umgehung des § 613a Abs. 1 Satz 1 BGB[353], § 613a Abs. 1 BGB[354], § 613a Abs. 4 Satz 1 BGB[355], § 613a Abs. 4 i.V.m. Abs. 1 als auch pauschal auf § 613a BGB[356] als umgangene Norm zurück und zitiert zum Teil auch § 134 BGB.[357] Teilweise wird sogar innerhalb einer Entscheidung[358] sowohl von einer Umgehung des § 613a Abs. 1 BGB als auch des Abs. 4 Satz 1 BGB gesprochen.

Das BAG geht offenbar von zwei verschiedenen Begründungsansätzen aus, wann eine unwirksame Umgehung vorliegen soll: Zum einen sind Aufhebungsverträge aus Anlass des Betriebsüberganges unwirksam, wenn sie vom Veräußerer oder Erwerber allein deshalb veranlasst werden, um dem bestehenden Kündigungsverbot auszuweichen.[359] Zum anderen sind solche Aufhebungsverträge

350 *Benecke*, Gesetzesumgehung, S. 164 f.; *Gramlich/Zerres*, ZIP 1998, 1299, 1304.

351 *Benecke*, Gesetzesumgehung, S. 164.

352 Dazu ausführlich § 5.

353 BAG vom 11.7.1995 – 3 AZR 154/95, AP Nr. 56 zu § 1 TVG Tarifverträge Einzelhandel = NZA 1996, 207, 208; BAG vom 11.12.1997 – 8 AZR 654/95, NZA 1999, 262, 263; BAG vom 25.10.2007 – 8 AZR 917/06, AP Nr. 333 zu § 613a BGB = NZA-RR 2008, 367, 370; BAG vom 27.9.2012 – 8 AZR 826/11, EzA § 613a BGB 2002 Nr. 139 = NZA 2013, 961, 964.

354 BAG vom 18.8.2011 – 8 AZR 312/10, BAGE 139, 52, 59 = NZA 2012, 152, 154; BAG vom 25.10.2012 – 8 AZR 575/11, EzA § 613a BGB 2002 Nr. 138 = NZA 2013, 203, 205.

355 BAG vom 28.4.1987 – 3 AZR 75/86, BAGE 55, 228, 233 = NZA 1988, 198, 199; BAG vom 18.8.2005 – 8 AZR 523/04, BAGE 115, 340, 346 = NZA 2006, 145, 147.

356 BAG vom 10.12.1998 – 8 AZR 324/97, BAGE 90, 260, 270 = NZA 1999, 422, 424; BAG vom 23.11.2006 – 8 AZR 349/06, AP Nr. 1 zu § 613a BGB Wiedereinstellung = NZA 2007, 866, 868; BAG vom 21.5.2008 – 8 AZR 481/07, AP Nr. 354 zu § 613a BGB = NZA 2009, 144, 147.

357 BAG vom 18.8.2005 – 8 AZR 523/04, BAGE 115, 340, 346 = NZA 2006, 145, 147; BAG vom 18.8.2011 – 8 AZR 312/10, BAGE 139, 52, 59 = NZA 2012, 152, 154.

358 BAG vom 18.8.2005 – 8 AZR 523/04, BAGE 115, 340 = NZA 2006, 145; BAG vom 25.10.2007 – 8 AZR 917/06, AP Nr. 333 zu § 613a BGB = NZA-RR 2008, 367, 370.

359 BAG vom 28.4.1987 – 3 AZR 75/86, BAGE 55, 228, 233 = NZA 1988, 198, 199; BAG vom 18.8.2005 – 8 AZR 523/04, BAGE 115, 340, 347 = NZA 2006, 145, 147.

unwirksam, die objektiv die Beseitigung der Kontinuität des Arbeitsverhältnisses bei gleichzeitigem Erhalt des Arbeitsplatzes bezwecken und die damit verbundene Verschlechterung der Arbeitsbedingungen sachlich unberechtigt ist.[360] Diese verschiedenen Lösungsansätze könnten die Unsicherheit der Rechtsprechung erklären, welche Norm nun tatsächlich Bezugsobjekt der Gesetzesumgehung mittels Aufhebungsvertrags ist.

Aus diesem Grund soll nun in einem ersten Schritt untersucht werden, welche Norm beim unechten Aufhebungsvertrag umgangen wird (I.). In einem zweiten Schritt wird geprüft, ob die Motivkontrolle des BAG auf eine Gesetzesumgehung gestützt werden kann (II.). Sodann werden die Rechtsfolgen einer analogen Anwendung der umgangenen Norm genauer dargestellt (III.).

I. Anknüpfungspunkt der Gesetzesumgehung

Ausgangspunkt des Analogieschlusses in Umgehungsfällen ist die umgangene Norm selbst, die später analog angewendet wird.[361] Zunächst muss untersucht werden, welche gesetzliche Regelung durch die jeweilige Gestaltung vermieden wird, um über deren Anwendung zu befinden (sog. „Entscheidungsnorm").[362] Hier können die Motive der Vertragsparteien d.h. der Umgehungszweck Aufschluss darüber geben, welche Rechtsfolge des § 613a BGB konkret ausgeschaltet werden soll, um diese anschließend mittels Gleichstellung herbeiführen zu können.

1. Keine Anwendung des § 134 BGB

Die Formulierung, es liege ein „nichtiges Umgehungsgeschäft nach § 134 BGB vor", findet sich in vielen BAG-Urteilen[363] und dient oft als methodischer Begründungsansatz der Gesetzesumgehung. Dabei ist jedoch zu beachten, dass sich die Gesetzesumgehung nicht allein auf Verbotsgesetze bezieht. Auch zwingende Normen können umgangen werden.[364] § 134 BGB umfasst aber lediglich Verbotsgesetze. Ein allgemeines gesetzliches Verbot der Gesetzesumgehung wurde

---

360 BAG vom 10.12.1998 – 8 AZR 324/97, BAGE 90, 260, 270 = NZA 1999, 422, 424; BAG vom 18.8.2005 – 8 AZR 523/04, BAGE 115, 340, 347 = NZA 2006, 145, 147.

361 *Benecke*, Gesetzesumgehung, S. 167.

362 *Sieker*, Umgehungsgeschäfte, S. 59.

363 *Benecke*, Gesetzesumgehung, S. 210, die diese Verbindung zwischen § 134 BGB und Gesetzesumgehung als „Kind der Rechtsprechung" bezeichnet.

364 Soergel/*Hefermehl*, 13. Auflage, § 134 BGB Rn. 37; *Sieker*, Umgehungsgeschäfte, S. 10; *Teichmann*, Gesetzesumgehung, S. 50; dies verkennt wohl *Heinze*, Anmerkung zu LAGE § 613a BGB Nr. 61, S. 11.

bisweilen nicht kodifiziert. Die Norm findet daher lediglich mittelbar Anwendung, wenn das umgangene Gesetz ein Verbotsgesetz gem. § 134 BGB ist.[365] Wie bereits oben untersucht[366], ist nur das Kündigungsverbot nach § 613a Abs. 4 Satz 1 BGB ein gesetzliches Verbot im Sinne des § 134 BGB. Folglich kommt § 134 BGB bei einer Umgehung des § 613a Abs. 1 Satz 1 BGB nicht zur Anwendung.[367]

Doch auch wenn § 613a Abs. 4 Satz 1 BGB die umgangene Norm sein sollte, ist es nicht notwendig, § 134 BGB anzuwenden. Die Nichtigkeit des Aufhebungsvertrages bzw. der Eigenkündigung ergibt sich bei analoger Anwendung des § 613a Abs. 4 Satz 1 BGB unmittelbar („ist unwirksam") aus dem Gesetz. § 134 BGB tritt dann als sog. „Blankettbestimmung" hinter der Sonderregelung des § 613a Abs. 4 Satz 1 BGB zurück.[368]

Somit kann festgehalten werden, dass weder im Falle der Umgehung der zwingenden Norm des § 613a Abs. 1 Satz 1 BGB noch der Umgehung der Verbotsnorm des § 613a Abs. 4 Satz 1 BGB[369] auf die allgemeine Verbotsnorm des § 134 BGB zurückgegriffen werden muss.

2. § 613a BGB als umgangene Norm

§ 613a BGB kann rechtshistorisch eine „Zwecktrias"[370] entnommen werden. Die Norm dient sowohl dem Schutz des bestehenden Arbeitsverhältnisses, als auch der Kontinuität des Betriebsrates. Darüber hinaus regelt § 613a BGB die Haftung zwischen Veräußerer und Erwerber.[371] Wenn das BAG also von einer Umgehung des § 613a BGB spricht, ist nicht ersichtlich, welche Rechtsfolge durch Aufhebungsvereinbarung und Neuvertrag umgangen werden soll. Folglich ist diese Bezeichnung zu ungenau.[372] Die Unwirksamkeit einer unechten Aufhebungsvereinbarung bei Betriebsübergang kann somit nicht pauschal auf eine Umgehung des § 613a BGB gestützt werden.

---

365 *Benecke*, Gesetzesumgehung, S. 210.

366 Dazu § 2 D.

367 A.A. aber BAG vom 19.3.2009 – 8 AZR 722/07, BAGE 130, 90, 95 = NZA 2009, 1091, 1093.

368 Soergel/*Hefermehl*, 13. Auflage, § 134 BGB Rn. 3; so auch MüKo/*Armbrüster*, 6. Auflage, § 134 BGB Rn. 3; *Lessing*, Entlassungen, S. 231; *Sieker*, Umgehungsgeschäfte, S. 11, 38.

369 *Lessing*, Entlassungen, S. 231; *Sieker*, Umgehungsgeschäfte, S. 93.

370 *Moll*, NJW 1993, 2016; dazu § 2 B.

371 *Schmalenberg*, NZA 1989, Beil. 3, 14 f.; WHSS/*Willemsen*, 4. Auflage, G Rn. 19.

372 Ebenso *Naber*, Aufhebungsverträge, S. 98 f.

3. *§ 613a Abs. 4 Satz 1 BGB als umgangene Norm*

Fraglich ist, ob durch das Lemgoer Modell das Kündigungsverbot des § 613a Abs. 4 Satz 1 BGB umgangen wird. Dann könnte sich bereits aus der ratio legis ergeben, dass diese Vorschrift über den gesetzlich geregelten Fall der Arbeitgeberkündigung hinaus auf andere Gestaltungsformen ausgedehnt werden kann, wenn diese dazu dienen, dem Kündigungsverbot auszuweichen (sog. teleologische Extension).[373]

a. Keine spezialgesetzliche Ausprägung des allgemeinen Umgehungsverbotes

§ 613a Abs. 4 Satz 1 ist eine „Komplementärvorschrift" zu § 613a Abs. 1 Satz 1 BGB, die verhindern soll, dass der in Abs. 1 Satz 1 angeordnete Bestandsschutz durch eine Kündigung funktionslos wird.[374]

In diesem Zusammenhang wird oft darauf hingewiesen, dass § 613a Abs. 4 Satz 1 BGB eine spezialgesetzliche Ausprägung des allgemeinen Umgehungsverbotes sei.[375] Diese Aussage ist missverständlich, weil ein allgemeines Umgehungsverbot als selbständiges Rechtsinstitut nach vorzugswürdiger Ansicht abgelehnt wird. Die Gesetzesumgehung ist ein Problem der Rechtsgeltung und durch analoge Anwendung der Norm zu lösen.[376] Dennoch wird in einigen Normen ausdrücklich ein Umgehungsverbot angeordnet. Nach herrschender Meinung haben diese gesetzlichen Umgehungsverbote aber lediglich deklaratorischen Charakter, weil den Umgehungsversuchen bereits durch analoge Anwendung des Gesetzes begegnet werden kann.[377] So beinhalten z.B. auch die AGB-Vorschriften gem. §§ 305 ff. BGB einen Schutz vor Umgehungen. Deren Auslegung, insbesondere der §§ 305 Abs. 1, 307 BGB, hat Vorrang vor der

---

373 *Sieker*, Umgehungsgeschäfte, S. 92 f.; grundlegend zur teleologischen Extension als Mittel zur Lückenfeststellung: *Canaris*, Feststellung von Lücken, S. 89 ff.

374 *Willemsen*, ZIP 1983, 411, 413, dem folgend: BAG vom 26.5.1983 - 2 AZR 477/81, BAGE 43, 13, 21 = NJW 1984, 627, 629; Staudinger/*Annuß*, 2011, § 613a BGB Rn. 372; *Fuhlrott*, FA 2013, 258; *Hillebrecht*, NZA 1989, Beil. 4, 10, 12; APS/*Steffan*, 4. Auflage, § 613a BGB Rn. 171; WHSS/*Willemsen*, 4. Auflage, G Rn. 19; HWK/*ders.*/ *Müller-Bonanni*, 6. Auflage, § 613a BGB Rn. 304.

375 *Willemsen*, ZIP 1983, 411, 413; dem folgend: BAG vom 26.5.1983 - 2 AZR 477/81, BAGE 43, 13, 21 = NJW 1984, 627, 629.

376 Dazu bereits § 6 B II.

377 *Benecke*, Gesetzesumgehung, S. 70; *Gramlich/Zerres*, ZIP 1998, 1299, 1301; dazu bereits § 6 B II.

Anwendung des spezialgesetzlichen Umgehungsverbotes gem. § 306a BGB.[378] Dennoch kommt den gesetzlichen Umgehungsverboten zumindest eine klarstellende Wirkung zu, weil sie die Gesetzessystematik und das besondere Schutzanliegen des Gesetzes verdeutlichen.[379]

Die Unwirksamkeit der Arbeitgeberkündigung wurde schon vor Einfügung des Abs. 4 Satz 1 dem Schutzzweck des § 613a Abs. 1 Satz 1 BGB mittels Auslegung entnommen. In § 613a Abs. 4 Satz 1 BGB wurde lediglich das Ergebnis der Auslegung des Abs. 1 Satz 1 BGB zur Klarstellung gesetzlich normiert. Ein allgemeines Umgehungsverbot des Abs. 1 Satz 1 kann der Norm aber nicht entnommen werden. § 613a Abs. 4 Satz 1 BGB bezieht sich – im Gegensatz zu anderen spezialgesetzlichen Ausprägungen des Umgehungsverbotes, wie z.B. § 306a BGB oder § 312k Satz 2 BGB – nicht auf alle Gestaltungsmöglichkeiten, sondern eben nur auf den bestimmten Umgehungsfall der arbeitgeberseitigen Kündigung. Folglich ist es dogmatisch unrichtig, auf § 613a Abs. 4 Satz 1 BGB als umgangene Norm abzustellen, da ihr insoweit keine eigenständige Bedeutung zukommt.[380] Andere Gestaltungsvarianten, wie z.B. das Lemgoer Modell, umgehen daher nicht automatisch das spezialgesetzliche Kündigungsverbot. Vielmehr muss geprüft werden, gegen welches gesetzgeberische Ziel die Gestaltungsvariante verstößt.

b. Keine Umgehung des Kündigungsverbotes durch Veranlassung

Möglicherweise ergibt sich aus dem sog. Veranlassungsprinzip, dass § 613a Abs. 4 Satz 1 BGB als umgangene Norm analog anzuwenden ist. Die Norm untersagt lediglich die Kündigung des Arbeitgebers anlässlich eines Betriebsübergangs.[381] Dennoch geht das BAG teilweise davon aus, dass eine rechtswidrige Umgehung des Kündigungsverbotes vorliege, wenn der Arbeitgeber den Arbeitnehmer zur eigenen Vertragsbeendigung durch Aufhebungsvereinbarung[382] oder Eigenkündigung[383], veranlasste. Dieses Veranlassungsprinzip ist dem Arbeitsrecht nicht

378 Palandt/*Grüneberg*, 74. Auflage, § 306a BGB Rn. 2; *Gramlich/Zerres*, ZIP 1998, 1299, 1301 zur früheren Regelung in § 7 AGBG.

379 *Benecke*, Gesetzesumgehung, S. 70 ff.; *Sieker*, Umgehungsgeschäfte, S. 37 ff.

380 *Hillebrecht*, NZA 1989, Beil. 4, 10, 11; a.A. *Hanau*, ZIP 1998, 1817, 1821; *Sieker*, Umgehungsgeschäfte, S. 92 f.; *Wank*, SAE 1986, 151, 156.

381 *Lipinski*, Sonderkündigungsschutz, S. 111; *Kreitner*, Kündigungsrechtliche Probleme, S. 190; *Naber*, Aufhebungsverträge, S. 99; *Willemsen*, RdA 1987, 327, 329.

382 BAG vom 28.4.1987 – 3 AZR 75/86, BAGE 55, 228, 233 = NZA 1988, 198, 199; BAG vom 29.11.1988 – 3 AZR 250/87, EzA § 613a BGB Nr. 81 = NZA 1989, 425.

383 BAG vom 29.11.1988 - 3 AZR 250/87, EzA § 613a BGB Nr. 81 = NZA 1989, 425.

unbekannt und wurde in einigen arbeitsrechtlichen Vorschriften gesetzlich normiert. Diese dienen vor allem dazu, die unzulässige Umgehung von Arbeitnehmerschutzvorschriften durch andere Beendigungstatbestände zu verhindern.[384]

aa. Veranlassung im Sinne des § 17 Abs. 1 Satz 2 KSchG

§ 17 KSchG schützt den Arbeitnehmer vor den Folgen einer Massenentlassung.[385] Zu diesem Zweck hat der Arbeitgeber eine geplante Massenentlassung der Bundesagentur für Arbeit anzuzeigen und den Betriebsrat zu beteiligen. Diese Pflichten setzen eine bestimmte Anzahl der in einem Betrieb geplanten Entlassungen gem. § 17 Abs. 1 Satz 1 KSchG voraus. Unter dem Begriff Entlassung versteht man die Kündigungserklärung des Arbeitgebers.[386] Den Entlassungen stehen aber gem. Abs. 1 Satz 2 andere, vom Arbeitgeber veranlasste Beendigungstatbestände gleich.[387] Darunter fallen sowohl die Eigenkündigungen des Arbeitnehmers, als auch der Aufhebungsvertrag, wenn sie vom Arbeitgeber veranlasst worden sind.[388] Durch die Gleichstellung soll die Umgehung des Schutzzwecks der §§ 17 ff. KSchG durch andere Beendigungstatbestände verhindert werden. Der Arbeitgeber darf sich nicht von der gesetzlichen Anzeigepflicht befreien, indem er die Arbeitnehmer dazu drängt, Eigenkündigungen auszusprechen oder Aufhebungsverträge abzuschließen.[389]

bb. Veranlassung im Sinne des § 112a BetrVG

Auch im BetrVG wurde das Veranlassungsprinzip bei der Aufstellung von Sozialplänen gesetzlich normiert. Grundsätzlich ist die Aufstellung eines Sozialplans im Falle einer Betriebsänderung im Sinne des § 111 BetrVG gem. § 112 Abs. 4 BetrVG von der Einigungsstelle erzwingbar. Besteht die geplante Betriebsänderung aber allein in der Entlassung von Arbeitnehmern, ist § 112

---

384 *Naber*, Aufhebungsverträge, S. 45; KR/*Weigand*, 10. Auflage, § 17 KSchG Rn. 39, 43.

385 KR/*Weigand*, 10. Auflage, § 17 KSchG Rn. 7.

386 EuGH vom 27.1.2005 – C-188/03, Slg. 2005, I-885, 919 = NZA 2005, 213, 214 - Junk; BAG vom 23.3.2006 – 2 AZR 343/05, BAGE 117, 281, 284 = NZA 2006, 971, 972; APS/*Moll*, 4. Auflage, § 17 KSchG Rn. 26.

387 § 17 Abs. 1 Satz 2 wurde mit dem Gesetz vom 20.7.1995 zur Anpassung arbeitsrechtlicher Bestimmungen an das EG-Recht vom 20.7.1995 (BGBl. I S. 946) eingefügt, entsprach aber bereits vor der gesetzlichen Normierung der ständigen Rechtsprechung: BAG vom 6.12.1973 – 2 AZR 10/73, BAGE 25, 430 = NJW 1974, 1263.

388 MüKo/*Hergenröder*, 6. Auflage, § 17 KSchG Rn. 23; ErfK/*Kiel*, 15. Auflage, § 17 KSchG Rn. 14; APS/*Moll*, 4. Auflage, § 17 KSchG Rn. 31.

389 KR/*Weigand*, 10. Auflage, § 17 KSchG Rn. 39, 43.

Abs. 4 BetrVG nur anwendbar, wenn die Schwellenwerte in § 112a Abs. 1 BetrVG überschritten werden. Als betriebsbedingte Entlassung gilt nicht nur die Arbeitgeberkündigung, sondern gem. § 112a Abs. 1 Satz 2 BetrVG auch das vom Arbeitgeber aus Gründen der Betriebsänderung veranlasste Ausscheiden durch Aufhebungsverträge oder Eigenkündigungen.[390]

cc. Definition der Veranlassung

Durch die Gleichstellung von Arbeitgeberkündigung und Aufhebungsvertrag bzw. Eigenkündigung wird deutlich, dass es nicht nur auf die Form der Beendigung ankommen kann. Vielmehr sind die Gründe der Beendigung maßgeblich.[391] Eine Veranlassung liegt nach der Rechtsprechung dann vor, wenn der Arbeitgeber anlässlich einer konkret geplante Betriebsänderung auf den Arbeitnehmer einwirkt, um durch die Eigenkündigung oder einen Aufhebungsvertrag die Arbeitgeberkündigung zu vermeiden.[392] Der Arbeitgeber muss dem Arbeitnehmer durch seine Aussagen zu verstehen geben, dass er durch die Eigenkündigung oder den Aufhebungsvertrag einer ansonsten erforderlichen betriebsbedingten Kündigung zuvor kommt.[393] Ein bloßer Hinweis auf eine unsichere Lage des Unternehmens, auf notwendig werdende Betriebsänderungen, oder der Rat, sich nach neuen Stellen umzusehen, genügt hierfür nicht.[394]

Diese von der Rechtsprechung entwickelten Kriterien sind auch maßgeblich, wenn es um Entlassungen im Sinne des § 113 Abs. 3 BetrVG, die Auslegung und Wirksamkeit von Sozialplänen oder um Entlassungen im Sinne des § 123 Abs. 1 InsO geht.[395]

---

390 *Fitting*, 27. Auflage, §§ 112, 112a BetrVG Rn. 100 ff.; ErfK/*Kania*, 15. Auflage, § 112a BetrVG Rn. 16.

391 Richardi/*Annuß*, 14. Auflage, § 112 BetrVG Rn. 107; *Hillebrecht*, NZA 1989 Beil. 4, 10, 11; *Naber*, Aufhebungsverträge, S. 26.

392 BAG vom 19.7.1995 – 10 AZR 885/94, BAGE 80, 286, 292 f. = NZA 1996, 271, 272 f.; APS/*Moll*, 4. Auflage, § 17 KSchG Rn. 33.

393 BAG vom 13.2.2007 – 1 AZR 184/06, BAGE 121, 168, 177 = NZA 2007, 825, 828; *Fitting*, 27. Auflage, §§ 112, 112a BetrVG Rn. 104; APS/*Moll*, 4. Auflage, § 17 KSchG Rn. 33; KR/*Weigand*, 10. Auflage, § 17 KSchG Rn. 39.

394 BAG vom 19.7.1995 – 10 AZR 885/94, BAGE 80, 286, 292 f. = NZA 1996, 271, 273; ErfK/*Kania*, 15. Auflage, §§ 112, 112a BetrVG Rn. 20; APS/*Moll*, 4. Auflage, § 17 KSchG Rn. 33.

395 *Fitting*, 27. Auflage, §§ 112, 112a BetrVG Rn. 104.

dd. Übertragbarkeit des Veranlassungsprinzips auf § 613a BGB

Das Veranlassungsprinzip dient oft als Anknüpfungspunkt der Umgehung spezieller Schutzvorschriften. So auch im Falle des § 613a BGB. Hier argumentiert das BAG, dass durch die Veranlassung des Arbeitgebers eine Umgehung des § 613a Abs. 4 Satz 1 BGB vorliege.[396] Die Form der Beendigung könnte daher auch in diesem Fall keine Rolle spielen[397], sodass durch die Veranlassung des Arbeitgebers faktisch eine nach § 613a Abs. 4 Satz 1 BGB verbotene Arbeitgeberkündigung vorliegt. Da die Gleichstellung aber in § 613a BGB – im Gegensatz zu § 17 Abs. 1 Satz 1 KSchG bzw. § 112a Abs. 1 Satz 2 BetrVG – weder gesetzlich geregelt ist, noch sonstige Anhaltspunkte im Wortlaut[398] enthalten sind, könnte die Veranlassung zumindest für eine Umgehung des Kündigungsverbots sprechen. Dem Arbeitgeber könnte die Vertragsbeendigung des Arbeitnehmers aufgrund seines kausalen Veranlassungsbeitrags zugerechnet werden, sodass sie auf Wertungsebene einer verbotenen Arbeitgeberkündigung im Sinne des § 613a Abs. 4 Satz 1 BGB gleichzustellen ist. Die veranlasste Eigenkündigung bzw. der veranlasste Aufhebungsvertrag wären dann als Umgehungsgeschäfte analog § 613a Abs. 4 Satz 1 BGB unwirksam.

Der Abschluss eines Aufhebungsvertrages anlässlich eines Betriebsübergangs wird regelmäßig vom Arbeitgeber vorgeschlagen, da nur er von der wirtschaftlichen Situation und einem potentiellen Kaufinteressenten vollumfänglich Kenntnis hat.[399] Im Falle des Lemgoer Modells kann die Vertragsbeendigung des Arbeitnehmers aber nicht allein dem Arbeitgeber zugerechnet werden. Denn auch der Betriebsrat nimmt als Interessenvertreter der Arbeitnehmer an der Betriebsversammlung teil. Das Lemgoer Modell wird in Kooperation mit dem Betriebsrat und ggf. der Gewerkschaft geplant, um eine Betriebsstilllegung zu verhindern und die Arbeitsplätze der Belegschaft zu sichern.[400] Selbst wenn man aber eine Veranlassung des Arbeitgebers bejaht, kann nicht automatisch auf eine Umgehung des Kündigungsverbotes geschlossen werden. Dies ist, im Sinne der Veranlassungsrechtsprechung, nur dann der Fall, wenn der Arbeitnehmer zur eigenen Vertragsbeendigung bestimmt wird, um eine ansonsten möglicherweise nach § 613a Abs. 4 Satz 1 BGB unwirksame Kündigung zu vermeiden. Der

396 BAG vom 28.4.1987 – 3 AZR 75/86, BAGE 55, 228, 233 = NZA 1988, 198, 199; BAG vom 18.8.2005 – 8 AZR 523/04, BAGE 115, 340, 347 = NZA 2006, 145, 147.

397 *Hillebrecht*, NZA 1989, Beil. 4, 10, 11.

398 § 5 A I 1.

399 So auch *Lipinski*, Sonderkündigungsschutz, S. 117.

400 Ebenso kritisch: *Pietzko*, ZIP 1990, 1105, 1110.

Arbeitgeber müsste durch sein Veranlassungsverhalten also gerade die Rechtsfolge des Kündigungsverbotes vermeiden wollen.

ee. Veranlassungsgedanke nach der Richtlinie 2001/23/EG

Möglicherweise ergibt sich aus Art. 4 Abs. 2 der Richtlinie 2001/23/EG etwas anderes.[401] Denn auch dort findet sich der oben angesprochene Veranlassungsgedanke wieder.[402] Wird der Arbeitnehmer zur Beendigung des Arbeitsverhältnisses veranlasst, weil der Übergang auf den Erwerber eine wesentliche Änderung der Arbeitsbedingungen zum Nachteil des Arbeitnehmers zur Folge hat, ist davon auszugehen, dass die Beendigung des Arbeitsverhältnisses durch den Arbeitgeber erfolgt ist. Die veranlasste Beendigung wird dann wie eine Arbeitgeberkündigung behandelt. Der Arbeitnehmer wird so gestellt, wie er stünde, wenn der Arbeitgeber selbst gekündigt hätte. Dies ist bedeutsam für die Frage, ob der betroffene Arbeitnehmer eine Abfindung oder ähnliche Vergünstigungen nach innerstaatlichem Recht beanspruchen kann.[403]

Die Veranlassung könnte auch für die Frage der umgangenen Norm relevant sein. Denn wird der Arbeitnehmer durch die schlechteren Bedingungen zur Vertragsbeendigung veranlasst, könnte diese wie eine Arbeitgeberkündigung behandelt werden, sodass § 613a Abs. 4 Satz 1 BGB als Entscheidungsnorm analog anzuwenden ist. Dies ist aber im Falle des Lemgoer Modells abzulehnen. Die Arbeitnehmer beenden ihr Arbeitsverhältnis mit dem Veräußerer nämlich nicht, weil die Arbeitsbedingungen beim Erwerber schlechter sind und sie sich darauf nicht einlassen wollen, sondern um mit dem potentiellen Erwerber ein Arbeitsverhältnis zu schlechteren Bedingungen abzuschließen.

ff. Zwischenergebnis

Weder die Eigenkündigung noch der Aufhebungsvertrag können allein aufgrund der Veranlassung des Arbeitgebers einer verbotenen Arbeitgeberkündigung gleichgestellt werden. Dennoch wird durch den Veranlassungsgedanken deutlich, dass die Rechtsprechung für die Feststellung einer Umgehung wesentlich auf den Umgehungszweck des Arbeitgebers und damit dessen Motiv abstellt. Im Umkehrschluss ergibt sich zudem, dass die vom Arbeitnehmer selbst

---

401 Die Vorschrift hat der deutsche Gesetzgeber nicht ausdrücklich gesetzlich geregelt, kritisch dazu: *Löw*, Betriebsveräußerung, S. 130 f.

402 Dazu bereits § 5 A III 1; *Debong*, Wahrung der Arbeitnehmeransprüche beim Betriebsübergang, S. 67; *Naber*, Aufhebungsverträge, S. 52.

403 *Franzen*, NZA 2008, Beil. 4, 139, 142.

veranlassten Vertragsbeendigungen immer zulässig sind, weil sie nicht mit dem Schutzziel des § 613a BGB konfligieren. Sie sind vielmehr Ausfluss der Vertragsbeendigungsfreiheit des Arbeitnehmers.

c. Zweck der Aufhebungsverträge

§ 613a Abs. 4 Satz 1 BGB könnte auf andere Gestaltungsmöglichkeiten analog anwendbar sein, wenn diese vom Arbeitgeber veranlasst wurden, um dem spezialgesetzlich geregelten Kündigungsverbot auszuweichen. Demnach ist fraglich, ob es dem Arbeitgeber beim Lemgoer Modell gerade darum geht, durch den Abschluss der Aufhebungsverträge den Ausspruch einer möglicherweise nach § 613a Abs. 4 Satz 1 BGB unwirksamen Kündigung und damit die Rechtsfolgen dieses Kündigungsverbots zu vermeiden.

aa. Keine Vermeidung des Beendigungskündigungsverbotes

Der unechte Aufhebungsvertrag könnte anstelle einer Beendigungskündigung veranlasst worden sein. Allerdings bewirkt der unechte Aufhebungsvertrag keine endgültige Vertragsbeendigung. Vielmehr wurde der Gesamtbelegschaft bereits eine Neuanstellung beim Erwerber, wenn auch zu geänderten Bedingungen, zugesagt.[404] Es handelt sich nicht um einen Aufhebungsvertrag im klassischen Sinn (sog. echter Aufhebungsvertrag[405]), sondern um einen Änderungs- bzw. Verzichtsvertrag (sog. unechter Aufhebungsvertrag[406]). Der Bestand der Arbeitsverhältnisse ist mithin nicht gefährdet. Da der Erwerber die gesamte Belegschaft übernimmt, wird ihm auch kein Auswahlrecht eingeräumt. Vielmehr stehen die inhaltliche Umgestaltung der Arbeitsverhältnisse und ggf. der Abbau der sozialen Besitzstände im Vordergrund.

bb. Keine Vermeidung des Änderungskündigungsverbotes

Der unechte Aufhebungsvertrag könnte aber eingesetzt werden, um den Ausspruch einer (ggf. unwirksamen) Änderungskündigung im Sinne des § 2 Abs. 1 KSchG zu vermeiden.[407]

Die Änderungskündigung ist ein zusammengesetztes Rechtsgeschäft. Der Arbeitgeber kündigt das Arbeitsverhältnis und bietet dem Arbeitnehmer

404 *Wagner*, Individualarbeitsrechtliche Vereinbarungen, S. 119.

405 § 3 B II 1.

406 § 3 B II 2.

407 In diese Richtung: *Däubler*, in: FS Richardi, S. 205, 216.

gleichzeitig die Fortsetzung zu geänderten Bedingungen an.[408] Sie ist eine „echte“ Kündigung, sodass vor ihrem Ausspruch sowohl der Betriebsrat angehört, als auch der Sonderkündigungsschutz, sowie Kündigungsfristen beachtet werden müssen.[409] Deshalb unterfällt sie auch dem Kündigungsverbot des § 613a Abs. 4 Satz 1 BGB.[410] In erster Linie zielt die Änderungskündigung darauf ab, das Arbeitsverhältnis zu geänderten Konditionen fortzusetzen und nicht endgültig zu beenden. Sie wird daher als Druckmittel eingesetzt, um den Abschluss eines Änderungsvertrages zu erreichen.[411]

Die Änderungskündigung ist, wie die Beendigungskündigung, eine einseitige empfangsbedürftige Willenserklärung. Der Aufhebungsvertrag kommt hingegen durch zwei übereinstimmende Willenserklärungen zustande. Dennoch ist die Wirkung im Zusammenhang mit Betriebsübergängen vergleichbar. Beide Gestaltungsmöglichkeiten zielen primär darauf ab, die Vertragsbedingungen zu ändern. Folglich könnten durch das Lemgoer Modell Inhaltsveränderungen vorgenommen werden, ohne eine Änderungskündigung auszusprechen, und dadurch zugleich Änderungsschutzklagen der Arbeitnehmer vermieden werden. Denn eine solche Änderungskündigung wäre unwirksam, wenn der Betriebsübergang das tragende Motiv nach § 613a Abs. 4 Satz 1 BGB ist bzw. wenn keine Kündigungsgründe im Sinne des § 1 Abs. 2 Satz 1 KSchG vorliegen. Beim alten Arbeitgeber wird es nämlich regelmäßig an einem Anpassungsbedürfnis der Arbeitsbedingungen fehlen.[412] Auch die Änderungskündigung nach Erwerberkonzept ist oft nur unter erschwerten Voraussetzungen möglich.[413]

Allerdings sind der unechte Aufhebungsvertrag und die Änderungskündigung in ihrer Wirkung nicht vergleichbar. Zwar steht bei beiden Gestaltungen die Inhaltsänderung im Vordergrund. Im Gegensatz zur Änderungskündigung verliert der Arbeitnehmer aber seinen Arbeitsplatz nicht unmittelbar, wenn er das „Änderungsangebot“ durch Aufhebungsvereinbarung und Neuvertrag ablehnt. Lässt sich der Arbeitnehmer beim Lemgoer Modell nicht auf den unechten Aufhebungsvertrag ein, geht das Arbeitsverhältnis trotzdem nach § 613a Abs. 1 Satz 1 BGB auf den Erwerber über, wenn es später zum Betriebsübergang

---

408 Moll/*Boewer*, 3. Auflage, § 46 Rn. 17; MüKo/*Hergenröder*, 6. Auflage, § 2 KSchG Rn. 4; *Junker*, Grundkurs Arbeitsrecht, 13. Auflage, § 6 Rn. 416 ff.; APS/*Preis*, 4. Auflage, Teil 1, E Rn. 9.

409 APS/*Preis*, 4. Auflage, Teil 1, E Rn. 9 f.

410 Hromadka/*Willemsen*, Änderung von Arbeitsbedingungen, S. 175.

411 *Junker*, Grundkurs Arbeitsrecht, 13. Auflage, § 6 Rn. 416.

412 Hromadka/*Willemsen*, Änderung von Arbeitsbedingungen, S. 177 f.

413 Dazu ausführlich § 10 B I 3 b.

kommt. Der Bestand der Arbeitsverhältnisse ist daher zum Zeitpunkt des Vertragsschlusses nicht gefährdet.

cc. Zwischenergebnis: Bestandsschutz nicht gefährdet

Der unechte Aufhebungsvertrag wird nicht eingesetzt, um dem Kündigungsverbot auszuweichen und damit den in § 613a Abs. 4 Satz 1 BGB spezialgesetzlich geregelten Bestandsschutz der Arbeitsverhältnisse zu vereiteln. Verhindert werden soll vielmehr, dass die Arbeitsverhältnisse in ihrer konkreten inhaltlichen Ausgestaltung auf den Erwerber gem. § 613a Abs. 1 Satz 1 BGB übergehen.

d. Vergleich mit Änderungsvereinbarungen bei Betriebsübergängen

Der Inhalt des Arbeitsverhältnisses kann auch durch Änderungs- bzw. Erlassverträge an die Wünsche des Erwerbers angepasst werden.[414] Auch bei der Änderung von Arbeitsbedingungen herrscht Vertragsfreiheit, sodass jeder Arbeitnehmer auf individualrechtliche Ansprüche verzichten kann.[415] Das BAG entnimmt jedoch dem Schutzzweck des § 613a Abs. 1 Satz 1 BGB nicht ausschließlich den Erhalt des Arbeitsplatzes und die Sicherung der Fortdauer des Arbeitsverhältnisses. Die Norm dient zugleich auch dem Inhaltsschutz.[416] § 613a Abs. 1 Satz 1 BGB regelt nicht nur, dass der Erwerber der neue Arbeitgeber wird, sondern legt zugleich fest, dass er in die Rechte und Pflichten aus den im Zeitpunkt des Übergangs bestehenden Arbeitsverhältnissen ohne inhaltliche Veränderung eintritt. Deshalb können auch Änderungs- und Verzichtsverträge, die im Zusammenhang mit Betriebsübergängen abgeschlossen werden, nach der Rechtsprechung des BAG wegen Umgehung des § 613a Abs. 1 Satz 1 BGB unwirksam sein.[417]

Die Vergleichbarkeit von unechten Aufhebungsverträgen mit Änderungsvereinbarungen[418] erkennt auch das BAG, indem es immer wieder klarstellt, dass § 613a BGB einen Schutz vor einer Veränderung des Vertragsinhaltes ohne

---

414 *Mohnke*, BB 2009, 2319, 2320.

415 Moll/*Cohnen*, 3. Auflage, § 54 Rn. 21.

416 BAG vom 7.11.2007 – 5 AZR 1007/06, BAGE 124, 345, 347 = NZA 2008, 530, 531; BAG vom 19.3.2009 – 8 AZR 722/07, BAGE 130, 90, 96 f. = NZA 2009, 1091, 1093; a.A. *Thum*, BB 2013, 1525, der den Inhaltsschutz der Arbeitsbedingungen § 613a Abs. 4 BGB entnimmt.

417 Zu Erlassverträgen: BAG vom 12.5.1992 – 3 AZR 247/91, BAGE 70, 209 = NZA 1992, 1080; BAG vom 19.3.2009 – 8 AZR 722/07, BAGE 130, 90, 96 f. = NZA 2009, 1091, 1093; *Bunte*, NZA 2010, 319, 320; Moll/*Cohnen*, 3. Auflage, § 54 Rn. 21.

418 Zur Rechtsprechungsentwicklung bei Änderungsverträgen: §7 C III 1 a.

sachlichen Grund gewähre.[419] Sowohl im Falle des Lemgoer Modells als auch bei Änderungsvereinbarungen anlässlich eines Betriebsüberganges sind daher sachliche Gründe zu deren Wirksamkeit erforderlich.[420] Wenn also das BAG bei Änderungs- und Verzichtsverträgen eine Umgehung des nach § 613a Abs. 1 Satz 1 BGB gewährleisteten Inhaltsschutzes annimmt[421], muss dies konsequenterweise auch für das Lemgoer Modell gelten. Denn auch in diesem Fall dient der Aufhebungsvertrag dazu, den Inhalt des Arbeitsverhältnisses zu verändern (unechter Aufhebungsvertrag).[422]

4. Zwischenergebnis

a. § 613a Abs. 1 Satz 1 BGB als Entscheidungsnorm

Durch die Verknüpfung von Aufhebungsvereinbarung und Neuvertrag soll nicht das Kündigungsverbot des § 613a Abs. 4 Satz 1 BGB ausgehebelt werden. Das Lemgoer Modell erkennt dem Arbeitnehmer den Bestandsschutz durch die zugesagte Neueinstellung beim Erwerber nicht ab. Betroffen ist lediglich der Inhalt des Arbeitsverhältnisses, der durch Abs. 1 Satz 1 geschützt wird. Durch die unechten Aufhebungsverträge soll der Eintritt des Erwerbers in die Rechte und Pflichten der bestehenden Arbeitsverhältnisse gem. § 613a Abs. 1 Satz 1 BGB vereitelt werden.[423] Aus dieser Norm lässt sich neben dem Bestandsschutz des Arbeitsverhältnisses auch ein einzelvertraglicher Inhaltsschutz ableiten.[424] Bei einer Vertragsänderung bzw. einem Verzicht auf individuelle Ansprüche, der mit dem Lemgoer Modell regelmäßig einhergeht, kann es sich daher nur um eine Umgehung der Generalnorm des § 613a Abs. 1 Satz 1 BGB handeln.[425]

---

419 BAG vom 10.12.1998 - 8 AZR 324/97, BAGE 90, 260, 270 = NZA 1999, 422, 424 f., BAG vom 18.8.2011 - 8 AZR 312/10, BAGE 139, 52, 60 = NZA 2012, 152, 155; BAG vom 25.10.2012 - 8 AZR 575/11, EzA § 613a BGB 2002 Nr. 138 = NZA 2013, 203, 205 f.

420 Zur Rechtsprechungsentwicklung: § 7 C III 1.

421 BAG vom 19.3.2009 - 8 AZR 722/07, BAGE 130, 90, 96 f. = NZA 2009, 1091, 1093.

422 *Meyer*, SAE 2010, 105.

423 *Hillebrecht*, NZA 1989, Beil. 4, 10, 11 f.

424 BAG vom 7.11.2007 - 5 AZR 1007/06, BAGE 124, 345, 347 = NZA 2008, 530, 531; BAG vom 19.3.2009 - 8 AZR 722/07, BAGE 130, 90, 96 = NZA 2009, 1091, 1093.

425 So auch *Benecke*, Gesetzesumgehung, S. 179; BeckOK-BGB/*Fuchs*, Ed. 33, § 613a BGB Rn. 68; *Hillebrecht*, NZA 1989, Beil. 4, 10, 11; *Meyer*, SAE 2009, 110, 111; *Naber*, Aufhebungsverträge, S. 101 ff.; *Wagner*, Individualarbeitsrechtliche Vereinbarungen, S. 120; a.A. *Ende*, NZA 1994, 494, 495; *Fuhlrott*, FA 2013, 258, 259; *Hanau*, ZIP 1998, 1817, 1821; *Lessing*, Entlassungen, S. 227 ff.; *Kreitner*, Kündigungsrechtliche

b. Umgehungszweck zur Feststellung der Entscheidungsnorm

Der Beweggrund des Arbeitgebers zum Abschluss des Aufhebungsvertrages kann zur Feststellung der umgangenen Norm herangezogen werden: Werden die Aufhebungsvereinbarungen veranlasst, um dem Kündigungsverbot auszuweichen, ist § 613a Abs. 4 Satz 1 BGB die umgangene Norm. Bezweckt die Aufhebungsvereinbarung aber die Beseitigung der Kontinuität des Arbeitsverhältnisses bei gleichzeitigem Erhalt des Arbeitsplatzes und zielt dabei auf eine inhaltliche Änderung der Arbeitsbedingungen ab (sog. unechter Aufhebungsvertrag), ist § 613a Abs. 1 Satz 1 BGB die Entscheidungsnorm, über deren analoge Anwendung zu befinden ist.

Im Folgenden ist daher zu untersuchen, ob die vom BAG vorgenommene Motivkontrolle auf eine Umgehung des § 613a Abs. 1 Satz 1 BGB gestützt werden kann (II.) und welche Rechtsfolge sich aus der analogen Anwendung der Entscheidungsnorm ergibt (III.).

II. Berücksichtigung subjektiver Elemente (Motivkontrolle)

Das BAG nimmt unter dem Stichwort der Umgehungskontrolle eine Zensur des Arbeitgebermotivs vor. Die bezweckte Verschlechterung der Arbeitsbedingungen ist nur dann wirksam, wenn sie durch andere sachliche Gründe gerechtfertigt ist und somit nicht überwiegend durch den Betriebsübergang motiviert war.

1. Umgehung und subjektive Elemente

Die Umgehung ist eine Frage der Normanwendung. Die gewählte Gestaltung darf nicht gegen das gesetzgeberische Ziel des § 613a Abs. 1 Satz 1 BGB verstoßen. Der vom Arbeitgeber verfolgte Zweck ist irrelevant, es sei denn, die umgangene Norm lässt selbst eine Motivzensur zu. Lässt sich der umgangenen Norm des § 613a Abs. 1 Satz 1 BGB kein subjektives Element entnehmen, verstoßen inhaltliche Änderungen entweder immer gegen das gesetzgeberische Ziel des § 613a BGB oder sie sind uneingeschränkt zulässig, ohne dass die Gründe, die den Arbeitgeber zum Angebot eines Aufhebungsvertrags bewogen haben, zu berücksichtigen sind.

Demnach ist zunächst zu untersuchen, ob die vom BAG durchgeführte Motivkontrolle aus der umgangenen Norm des § 613a Abs. 1 Satz 1 BGB abgeleitet werden kann.

Probleme, S. 179 ff.; *Sieker*, Umgehungsgeschäfte, S. 92 f.; *Wank* SAE 1986, 151, 156; *Wimmer*, Unternehmenssanierung, S. 66 ff.

2. *Subjektives Element des Kündigungsverbotes gem. § 613a Abs. 4 Satz 1 BGB*

§ 613a BGB ist eine Motivkontrolle nicht unbekannt. § 613a Abs. 4 Satz 1 BGB ermöglicht als eine der wenigen gesetzlichen Normen (wie z.B. § 1 AGG) eine Motivzensur. Durch die Formulierung „wegen des Übergangs" werden die subjektiven Motive, die den Arbeitgeber zum Ausspruch der Kündigung veranlasst haben, mitberücksichtigt.[426]

Eine Kündigung ist nach § 613a Abs. 4 Satz 1 BGB unwirksam, wenn sie „wegen" des Betriebsübergangs erfolgt. Die herrschende Meinung stellt entscheidend auf das subjektive Arbeitgebermotiv ab, da § 613a Abs. 4 BGB mehr als nur eine Ergänzung des Abs. 1 ist. Eine rein objektive Umgehung des Abs. 1 Satz 1 BGB reicht für die Kündigung deshalb nicht.[427] So kann verhindert werden, dass jede Kündigung, die in einem nahen zeitlichen Zusammenhang mit dem Betriebsübergang steht und objektiv geeignet ist, den Bestandsschutz des § 613a Abs. 1 Satz 1 zu umgehen, unwirksam ist.[428]

Der Beweggrund, der den Arbeitgeber zum Ausspruch der Kündigung veranlasst hat, muss wesentlich durch den Betriebsinhaberwechsel bedingt sein. Der Betriebsübergang muss das überwiegende und damit tragende Motiv für die Kündigung unter mehreren ursächlichen Motiven gewesen sein. Liegen neben dem Betriebsübergang andere Gründe gem. § 613a Abs. 4 Satz 2 BGB vor, die die Kündigung aus sich heraus rechtfertigen, war der Betriebsübergang nur der äußere Anlass, nicht aber der tragende Grund für die Kündigung.[429] Allein die Kausalität des Betriebsübergangs im Sinne einer conditio sine qua non reicht nicht aus, um die Unwirksamkeit einer Kündigung zu begründen.[430]

3. *Keine Berücksichtigung subjektiver Elemente bei unechten Aufhebungsverträgen*

Aber nicht nur im Rahmen gesetzlicher Anordnungen nimmt das BAG eine Motivkontrolle vor. Eine solche findet vor allem auch unter dem Stichwort „Gesetzesumgehung" oder „Missbrauchskontrolle" statt. So auch im Fall von unechten

---

426 *Döpner*, Erwerberkonzept, S. 148; *Lipinski*, Sonderkündigungsschutz, S. 47.

427 BAG vom 19.5.1988 – 2 AZR 596/87, BAGE 59, 12, 25 = NZA 1989, 461, 463.

428 *Döpner*, Erwerberkonzept, S. 144.

429 BAG vom 26.5.1983 – 2 AZR 477/81, BAGE 43, 13, 21 = NJW 1984, 627, 629; *Döpner*, Erwerberkonzept, S. 143 f.; *Lipinski*, Sonderkündigungsschutz, S. 45 ff. m.w.N.; MüKo/*Müller-Glöge*, 6. Auflage, § 613a BGB Rn. 188; APS/*Steffan*, 4. Auflage, § 613a BGB Rn. 175; *Willemsen*, ZIP 1983, 411, 412; dazu bereits § 2 D III 6.

430 *Lipinski*, Sonderkündigungsschutz, S. 45; *Willemsen*, ZIP 1983, 411, 412.

Aufhebungsverträgen. Obwohl das BAG von einer objektiven Gesetzesumgehung des § 613a BGB spricht, spielt auch hier der subjektive Beweggrund des Arbeitgebers für den Vertragsschluss die entscheidende Rolle: Wird mit dem Aufhebungsvertrag die Beseitigung der Kontinuität des Arbeitsverhältnisses bei gleichzeitigem Erhalt des Arbeitsplatzes und damit eine Verschlechterung der Arbeitsbedingungen bezweckt, ist der Vertrag wegen Umgehung des § 613a BGB unwirksam, wenn keine sachlichen Rechtfertigungsgründe vorliegen. Der Begriff „bezwecken“[431] macht deutlich, dass es für die Beurteilung der Wirksamkeit der Vereinbarung maßgeblich auf die subjektiven Vorstellungen und Beweggründe des Arbeitgebers bei Vertragsschluss ankommt.[432] Dies verkennt offenbar das BAG, wenn es von einer „objektiv bezweckten Beseitigung der Kontinuität des Arbeitsverhältnisses“[433] spricht.

Der unechte Aufhebungsvertrag wird dazu eingesetzt, die Arbeitsverhältnisse inhaltlich umzugestalten und soziale Besitzstände abzubauen. Diese Motive haben ihren Ursprung ebenfalls im Betriebsübergang: Der unechte Aufhebungsvertrag wird „wegen“ des Betriebsübergangs geschlossen, um diesen zu erleichtern.[434] Liegen aber in Anlehnung an § 613a Abs. 4 Satz 2 BGB noch andere sachliche Gründe vor, die die Vereinbarung aus sich heraus rechtfertigten, könnte der Betriebsübergang nur der äußere Anlass, nicht aber der tragende Grund gewesen sein. Der von der Rechtsprechung für Inhaltsänderungen verlangte sachliche Grund könnte somit mit § 613a Abs. 4 Satz 2 BGB gleichzusetzen sein.[435] Dies hätte zur Folge, dass nicht jede Vereinbarung, die in einem nahen zeitlichen Zusammenhang mit dem Betriebsübergang steht und objektiv geeignet ist, den Bestands- und Inhaltsschutz des Abs. 1 Satz 1 zu umgehen, auch unwirksam ist. Vielmehr könnte es wie bei Kündigungen darauf ankommen, ob die Vereinbarung „wegen“ des Betriebsübergangs vom Arbeitgeber veranlasst wurde. Problematisch ist jedoch, wie sich die Motivkontrolle des § 613a Abs. 4 BGB auf unechte Aufhebungsverträge übertragen lässt.

a. Keine Umgehung des § 613a Abs. 4 Satz 1 BGB

Hanau geht von einer Umgehung des § 613a Abs. 4 Satz 1 BGB aus, um auch bei Aufhebungsverträgen eine Motivkontrolle zu ermöglichen. Es wäre sinnlos das

---

431 Synonym für etwas beabsichtigen, auf etwas hinauswollen/abzielen.

432 So auch: *Naber*, Aufhebungsverträge, S. 75 f.

433 BAG vom 18.5.2005 – 8 AZR 523/04, BAGE 115, 340, 349 = NZA 2006, 145, 148.

434 APS/*Steffan*, 4. Auflage, § 613a BGB Rn. 198; a.A. BAG vom 18.5.2005 – 8 AZR 523/04, BAGE 115, 340, 349 = NZA 2006, 145, 148.

435 Hromadka/*Wank*, Änderung von Arbeitsbedingungen, S. 61; dazu ausführlich § 10 B I.

Merkmal „wegen“ des Betriebsübergangs nur für die Kündigung zu verlangen, bei inhaltsändernden Vereinbarungen aber nicht.[436] Würde man im Falle des Lemgoer Modells eine Umgehung des § 613a Abs. 4 Satz 1 BGB bejahen, könnte im Rahmen der analogen Anwendung auch der subjektive Maßstab dieser Vorschrift Berücksichtigung finden und die Motivkontrolle des BAG legitimieren. Da durch das Lemgoer Modell aber nicht der Bestandsschutz, sondern der Inhaltsschutz des § 613a Abs. 1 Satz 1 BGB gefährdet wird, scheidet § 613a Abs. 4 Satz 1 BGB als umgangene Norm aus.[437]

b. Kein subjektives Element in § 613a Abs. 1 Satz 1 BGB

Möglicherweise lässt sich auch § 613a Abs. 1 Satz 1 BGB ein subjektives Element entnehmen. Die Kündigung war schon vor Einführung des Abs. 4 nach Abs. 1 a.F. unwirksam, weil sich der erweiterte Bestandsschutz sonst in sein Gegenteil verkehrt hätte.[438] Dabei waren solche betrieblichen Rationalisierungsmaßnahmen mit Folgen für einzelne Arbeitsplätze anerkannt, die auch der ursprüngliche Arbeitgeber hätte durchführen können. Nur der Betriebsübergang als solcher sollte kein Kündigungsgrund sein.[439] Allerdings ist Abs. 4 mehr als nur eine Ergänzung des Abs. 1, weil es wesentlich auf den subjektiven Beweggrund der Kündigung ankommt. Eine rein objektive Umgehung des Schutzzwecks des § 613a Abs. 1 BGB reicht nicht aus. Folglich beinhaltet Abs. 4 Satz 1 einen eigenen Regelungsgehalt gerade hinsichtlich des subjektiven Elements,[440] sodass dieses im Umkehrschluss in Abs. 1 Satz 1 fehlt.

c. Zwischenergebnis

Die vom BAG vorgenommene Motivkontrolle lässt sich der umgangenen Norm des § 613a Abs. 1 Satz 1 BGB nicht entnehmen. Es kommt allein darauf an, ob die vertragliche Gestaltung gegen das gesetzgeberische Ziel der umgangenen Norm verstößt. Dies ist jedoch unabhängig davon zu beurteilen, ob der Betriebsinhaberwechsel das tragende Motiv der Verschlechterung der Arbeitsbedingungen war oder ob andere sachliche Gründe vorliegen, die diese Vereinbarung

---

436 *Hanau*, ZIP 1998, 1817, 1821.

437 § 6 C I 3, 4.

438 BAG vom 2.10.1974 – 5 AZR 504/73, BAGE 26, 301, 308 = NJW 1975, 1378; ArbG Wiesbaden vom 22.3.1979 – 4 Ca 33/79, DB 1979, 1607, 1608; *Birk/Deffner*, Anmerkung zu BAG EzA BGB § 613a Nr. 11, S. 61, 62c.

439 BAG vom 2.10.1974 – 5 AZR 504/73, BAGE 26, 301, 308 = NJW 1975, 1378.

440 BAG vom 19.5.1988 – 2 AZR 596/87, BAGE 59, 12, 25 = NZA 1989, 461, 463; *Döpner*, Erwerberkonzept, S. 140, 144.

rechtfertigen. § 613a Abs. 1 Satz 1 BGB müsste generell einer einvernehmlichen Vertragsänderung entgegenstehen, weil es ansonsten zu einer Aushöhlung der Vorschrift kommt. Demnach verstoßen einvernehmliche Vertragsänderungen entweder objektiv – und damit unabhängig vom Motiv des Arbeitgebers – immer gegen die gesetzgeberische Intention des § 613a BGB, oder sie sind auch im Zusammenhang mit Betriebsübergängen uneingeschränkt zulässig. Diese Frage kann jedoch vorerst dahinstehen.[441] Zunächst ist zu untersuchen, ob durch die analoge Anwendung des § 613a Abs. 1 Satz 1 BGB überhaupt die Unwirksamkeit des Aufhebungsvertrages als Umgehungsgeschäft erreicht werden könnte.

III. Rechtsfolge der analogen Anwendung des § 613a Abs. 1 Satz 1 BGB

Durch die analoge Anwendung der Entscheidungsnorm kommt es zu einer „Gleichstellung“ mit den Rechtsfolgen der umgangenen Norm.[442] Rechtsfolge der Umgehung einer Verbotsnorm ist die Nichtigkeit des Umgehungsgeschäftes. Handelt es sich – wie bei § 613a Abs. 1 Satz 1 BGB – um zwingendes Recht, kommt es zur Anwendung der umgangenen, zwingenden Norm.[443] Fraglich ist daher, welche Rechtsfolge sich aus einer analogen Anwendung der Norm ergibt.

§ 613a Abs. 1 Satz 1 BGB ordnet nur den Übergang der Arbeitsverhältnisse an. Wendet man diese Rechtsfolge entsprechend auf das Lemgoer Modell an, gehen die Arbeitsverhältnisse in ihrer konkreten Ausgestaltung auf den Erwerber über. Dieses Ergebnis ist von der Rechtsprechung zwar gewollt, es führt aber nicht zur Unwirksamkeit des Umgehungsgeschäfts. Vielmehr bleibt der Aufhebungsvertrag wirksam bestehen. Wird das Arbeitsverhältnis aber vorher durch den Aufhebungsvertrag wirksam beendet, können die Rechtsfolgen des § 613a Abs. 1 Satz 1 BGB nicht eintreten. Eine analoge Anwendung der Norm ist daher sinnlos. Erst wenn der Aufhebungsvertrag keine Wirksamkeit entfaltet, können die Rechtsfolgen des § 613a Abs. 1 Satz 1 BGB unmittelbar eintreten.[444] Auch das BAG nimmt hier keine Gleichstellung mit den Rechtsfolgen des § 613a Abs. 1 Satz 1 BGB vor. Vielmehr spricht es von einem „nach § 134 BGB nichtigen Umgehungsgeschäft“, obwohl es sich bei § 613a Abs. 1 Satz 1 BGB nicht um ein Verbotsgesetz[445] handelt.

---

441 Dazu ausführlich § 7 C III.

442 *Benecke*, Gesetzesumgehung, S. 164; *Schurig*, in: FS Ferid, S. 375, 406.

443 *Preis*, Grundfragen der Vertragsgestaltung, S. 165.

444 *Benecke*, Gesetzesumgehung, S. 194.

445 § 2 D II.

Die analoge Anwendung der – nach richtigem Verständnis[446] – umgangenen Norm des § 613a Abs. 1 Satz 1 BGB hilft nicht weiter. Es bedarf zunächst einer Nichtigkeitsanordnung des Umgehungsgeschäftes, damit die Rechtsfolge des § 613a Abs. 1 Satz 1 BGB unmittelbar eintreten kann.[447]

IV. Zwischenergebnis: Rechtsfortbildung statt Umgehung

Wie oben dargestellt, handelt es sich bei der Gesetzesumgehung um ein Problem der Rechtsanwendung auf spezifische Sachverhalte, das nach vorzugswürdiger Ansicht durch die analoge Anwendung der umgangenen Norm gelöst wird. Die analoge Anwendung der „Entscheidungsnorm"[448] stößt aber im Falle des Lemgoer Modells an ihre Grenzen.[449] Wendet man § 613a Abs. 1 Satz 1 BGB analog an, bleibt der Aufhebungsvertrag wirksam bestehen. Dennoch ordnet die Rechtsprechung mit Hilfe der „objektiven Gesetzesumgehung" die Unwirksamkeit des Umgehungsgeschäfts an. Das BAG setzt dadurch eine Wertung ohne gesetzliche Grundlage durch. Es handelt sich methodisch nicht um einen Fall der echten Gesetzesumgehung im Sinne einer Normanwendung des § 613a BGB, sondern um eine richterliche Rechtsfortbildung extra legem.[450] Beiden ist gemeinsam, dass eine Lücke im Gesetz besteht, die mit Hilfe der Rechtsprechung geschlossen werden soll. Demnach ist auch die Analogie ein Unterfall der Rechtsfortbildung (sog. gesetzesimmanente Rechtsfortbildung)[451]. Diese ist grundsätzlich vorrangig, weil die Lücke im Gesetz durch die mittelbare Anwendung der Norm selbst gelöst werden kann. Die gesetzesübersteigende Rechtsfortbildung geht weiter und ist subsidiär. Sie orientiert sich nicht mehr allein an der immanenten Teleologie (ratio legis) des Gesetzes, sondern an einem darüber hinaus gehenden Rechtsgedanken (Rechtsfortbildung extra legem).[452]

---

446 § 6 C I.

447 *Benecke*, Gesetzesumgehung, S. 195, 205.

448 *Sieker*, Umgehungsgeschäfte, S. 59.

449 § 6 C III.

450 *Benecke*, Gesetzesumgehung, S. 186, 198; *Bickel*, JuS 1987, 861, 864; *Huber*, JurA 1970, 784, 809 f.; *Kraft*, Anmerkung zu BAG AP Nr. 50 zu § 620 BGB Befristeter Arbeitsvertrag, Bl. 394 R, 395.

451 *Larenz/Canaris*, Methodenlehre, 3. Auflage, S. 202 ff.

452 *Larenz/Canaris*, Methodenlehre, 3. Auflage, S. 232 f.

D. Andere dogmatische Lösungsansätze zur Begründung der Unwirksamkeit des unechten Aufhebungsvertrages

Der Begründungsansatz der „objektiven Gesetzesumgehung“[453] wird in mehreren arbeitsgerichtlichen Entscheidungen herangezogen[454] und geht auf eine Entscheidung des Großen Senats zur Befristungskontrolle zurück. Tatsächlich handelt es sich nur selten um einen Fall der echten Gesetzesumgehung.[455] So auch im Falle des Lemgoer Modells. Die analoge Anwendung des § 613a Abs. 1 Satz 1 BGB stößt an ihre Grenzen. Der Aufhebungsvertrag muss auf andere Weise für nichtig erklärt werden.[456]

Daher soll im Folgenden untersucht werden, wie die vom BAG als „objektive Gesetzesumgehung“ bezeichnete Motivkontrolle im Fall des Lemgoer Modells methodisch eingeordnet werden kann.

I. Rechtsfortbildung des § 613a BGB

In Betracht kommt eine gesetzesübersteigende Rechtsfortbildung der sachnächsten Norm des § 613a BGB. Demnach ist zu untersuchen, ob § 613a BGB ein Rechtsprinzip dahingehend entnommen werden kann, dass die Vertragsfreiheit des Arbeitnehmers hinsichtlich einvernehmlicher Änderung der Arbeitsbedingungen zu beschränken ist, wenn keine sachlichen Gründe für den Verzicht des Arbeitnehmers vorliegen. Möglicherweise steht § 613a BGB nach seiner gesetzgeberischen Intention einer einvernehmlichen Änderung der Arbeitsbedingungen zuungunsten des Arbeitnehmers entgegen.[457]

II. Richterliche Inhalts- und Angemessenheitskontrolle

Einen weiteren Anhaltspunkt für die dogmatische Einordnung der Rechtsprechung liefern zudem die vom BAG verlangten sachlichen Gründe. Diese sind ein typisches Strukturelement der Inhaltskontrolle und könnten auch im Fall der unechten Aufhebungsverträge dazu dienen, einen Fall der gestörten Vertragsparität auszugleichen.[458] Im Zusammenhang mit zwingenden Normen zugunsten einer typischerweise unterlegenen Vertragspartei kann es zu Überschneidungen

---

453 BAG vom 10.12.1998 – 8 AZR 324/97, BAGE 90, 260, 270 = NZA 1999, 422, 424.

454 Überblick bei: *Fastrich*, Richterliche Inhaltskontrolle, S. 170.

455 *Benecke*, Gesetzesumgehung, S. 181, 185; *Schurig*, in: FS Ferid, S. 375, 408.

456 *Benecke*, Gesetzesumgehung, S. 193 ff.

457 § 7 C III.

458 *Feuerborn*, Sachliche Gründe, S. 54; *Sieker*, Umgehungsgeschäfte, S. 25 f.

zwischen einer Inhaltskontrolle und der, den Umgehungsversuchen entgegenwirkenden, Anwendung der zwingenden Norm kommen.[459] Das BAG bezeichnet dies oft als „objektive Gesetzesumgehung". Tatsächlich nimmt es jedoch eine „verkappte Inhaltskontrolle"[460] der Vereinbarung vor und prüft die Angemessenheit der Vertragsklauseln anhand der Wertungen des zwingenden Rechts.[461] So auch im Falle des § 613a BGB[462]: Das BAG grenzt mit Hilfe des sachlichen Grundes unwirksame Umgehungsgeschäfte von zulässigen Vertragsgestaltungen ab. Um Systembrüche und immanente Widersprüche zu vermeiden, sind die Umgehung und die Inhaltskontrolle strikt voneinander zu trennen.[463] Demnach könnte das BAG den unechten Aufhebungsvertrag keiner Umgehungs-, sondern einer Inhalts- und Angemessenheitskontrolle unterziehen.[464]

III. Institutioneller Rechtsmissbrauch

Darüber hinaus könnte das BAG unter der Bezeichnung der „objektiven Gesetzesumgehung" auch eine Missbrauchskontrolle vornehmen, da es von der objektiven Funktionswidrigkeit des Aufhebungsvertrages auf die Umgehung des § 613a BGB schließt. Beim Lemgoer Modell kommt der missbräuchliche Einsatz des Rechtsinstituts „Aufhebungsvertrag" bzw. „Vertragsfreiheit" in Betracht.[465]

IV. Zwischenergebnis

Festzuhalten bleibt, dass es sich bei der Figur der „objektiven Gesetzesumgehung", mit der das BAG die Unwirksamkeit des Aufhebungsvertrages begründet, methodisch um keinen Fall der echten Gesetzesumgehung, sondern um eine Rechtsfortbildung handelt. Daher wird in § 7 genauer untersucht, ob die Motivkontrolle des BAG auf eine Rechtsfortbildung des § 613a BGB extra legem gestützt werden kann. Daneben könnte die Unwirksamkeit des unechten Aufhebungsvertrages aber auch das Ergebnis einer Inhalts- und Angemessenheitskontrolle (§ 8) sein. Die Rechtsfortbildung und die Inhaltskontrolle sind

459 *Sieker*, Umgehungsgeschäfte, S. 25 f.

460 *Fastrich*, Richterliche Inhaltskontrolle, S. 170 f.

461 *Fastrich*, Richterliche Inhaltskontrolle, S. 170 f., S. 283 ff.; *Sieker*, Umgehungsgeschäfte, S. 24.

462 So auch Staudinger/*Annuß*, 2011, § 613a BGB Rn. 34.

463 *Feuerborn*, Sachliche Gründe, S. 54.

464 § 8.

465 § 9.

aufgrund ihrer unterschiedlichen Zulässigkeitsvoraussetzungen strikt voneinander zu trennen.[466] Ferner kommt ein institutioneller Rechtsmissbrauch (§ 9) in Betracht.

E. Ergebnis: Kein unwirksames Umgehungsgeschäft

Die vom BAG durchgeführte Motivkontrolle lässt sich nicht mit einer Umgehung des § 613a Abs. 1 Satz 1 BGB rechtfertigen. Zum einen handelt es sich schon methodisch nicht um einen Fall der Gesetzesumgehung. Die Lösung der Gesetzesumgehung mittels Analogie stößt im Falle des § 613a Abs. 1 Satz 1 BGB an ihre Grenzen. Eine analoge Anwendung der Norm ist nicht möglich. Zum anderen finden die Motive des Arbeitgebers im Rahmen einer analogen Anwendung von § 613a Abs. 1 Satz 1 BGB auch keine Berücksichtigung, selbst wenn es sich um einen Fall der echten Gesetzesumgehung handeln würde. Die Gesetzesumgehung lässt subjektive Elemente außen vor. Die Frage, ob eine Vorschrift auf einen bestimmten Sachverhalt zutrifft, ist kein Gegenstand der Privatautonomie.[467] Diese subjektiven Elemente lassen sich auch nicht aus der Entscheidungsnorm des § 613a Abs. 1 Satz 1 BGB entnehmen. Demnach ist es im Falle des unechten Aufhebungsvertrages methodisch nicht möglich, die vorgenommene Motivzensur mit der Gesetzesumgehung zu legitimieren.

§ 7 Richterliche Rechtsfortbildung des § 613a BGB

Das BAG kontrolliert die Motive des Arbeitgebers mit Hilfe einer gesetzesübersteigenden Rechtsfortbildung der sachnächsten Norm des § 613a BGB.[468] Wird mit dem Aufhebungsvertrag eine Inhaltsänderung bezweckt, könnte sich aus der ratio legis des § 613a BGB ergeben, dass die Vertragsfreiheit des Arbeitnehmers zu beschränken ist, wenn nicht sachliche Gründe den Verzicht auf den Inhaltsschutz des § 613a BGB rechtfertigen.

A. Rechtsfortbildung extra legem

Die Befugnis zur (zulässigen) Rechtsfortbildung ergibt sich aus dem Auftrag des Richters, das Gesetz seinem Sinn und Zweck gemäß anzuwenden.[469] Allerdings

---

466 *Lieb/Westhoff*, DB 1973, 69, 75.

467 § 6 B III.

468 Dazu bereits oben § 6 C IV.

469 BVerfG vom 25.1.2011 - 1 BVR 918/10, BVerfGE 128, 193, 210 = NJW 2011, 836, 838; *Larenz*, Methodenlehre, 6. Auflage, S. 370.

werden die Voraussetzungen und Grenzen der richterlichen Rechtsfortbildung sehr uneinheitlich bestimmt. Insbesondere sind die Anforderungen an eine Rechtsfortbildung extra legem (sog. Rechtsergänzung[470]) schwer zu definieren.[471] So auch im Falle des Lemgoer Modells, zumal die Rechtsprechung selbst von einer Umgehung und nicht von einer Rechtsfortbildung ausgeht. Gleichwohl bestehen gegen Rechtsfortbildungen in Umgehungsfällen keine Bedenken. Vor allem dann nicht, wenn die umgangene Norm grundlegende Rechtsgüter schützt, die durch das Umgehungsgeschäft vereitelt werden.[472]

Die Rechtsfortbildung ist zulässig, wenn das gesetzestreue Verhalten des Richters in direktem Widerspruch zu übergeordneten Rechtsprinzipien steht.[473] Daneben ist eine Abwägung zwischen Rechtssicherheit und Einzelfallgerechtigkeit erforderlich.[474] Diese Interessenabwägung könnte mit Hilfe des sachlichen Rechtfertigungsgrundes erfolgen.

B. Zulässigkeitsvoraussetzungen der Rechtsfortbildung

Die Rechtsfortbildung setzt eine „Lücke“[475] im Gesetz voraus. Eine Lücke liegt vor, „wenn das Gesetz innerhalb der Grenzen seines möglichen Wortsinnes und das Gewohnheitsrecht eine Regelung nicht enthalten, obwohl die Rechtsordnung in ihrer Gesamtheit eine solche fordert“.[476] Erforderlich ist eine positive Begründung, warum eine ergänzungsbedürftige Unvollständigkeit vorliegt.[477] Wie oben bereits durch Auslegung[478] ermittelt, werden Aufhebungsverträge und Eigenkündigungen des Arbeitnehmers und somit das Lemgoer Modell nicht vom Wortsinn des § 613a BGB erfasst. Die Norm ist daher nicht direkt anwendbar. Auch eine analoge Anwendung des § 613a Abs. 1 Satz 1 BGB scheidet aus.[479] Obwohl das Lemgoer Modell dem ursprünglichen Plan des Gesetzes nicht widerspricht, wird der unechte Aufhebungsvertrag von der arbeitsrechtlichen Rechtsprechung

---

470 *Benecke,* Gesetzesumgehung, S. 188.
471 *Sandmann,* Die Haftung von Arbeitnehmern, S. 18 ff., 51 ff.
472 *Benecke,* Gesetzesumgehung, S. 191 f.
473 *Westhoff,* Inhaltskontrolle von Arbeitsverträgen, S. 78.
474 *Benecke,* Gesetzesumgehung, S. 212.
475 Grundlegend: *Canaris,* Feststellung von Lücken, S. 31 ff.; *Larenz,* Methodenlehre, 6. Auflage, S. 366 ff.
476 *Canaris,* Feststellung von Lücken, S. 39.
477 *Benecke,* Gesetzesumgehung, S. 212; *Larenz/Canaris,* Methodenlehre, 3. Auflage, S. 245 ff.
478 § 5 A I.
479 § 6 C III.

als unwirksame Umgehung eingestuft. In diesem Fall kann eine „gesetzesübersteigende" Rechtsfortbildung anhand der Erfordernisse der Gesamtrechtsordnung und der ihr zugrundeliegenden Rechtsprinzipien erfolgen, die sich nicht mehr allein an der immanenten Teleologie des Gesetzes orientiert.[480]

C. Unzulässige Rechtsfortbildung im Fall des Lemgoer Modells

Die Rechtsfortbildung ist im Fall des Lemgoer Modells geboten, wenn sie dazu dient, ein rechtsethisches Prinzip zu verwirklichen, um materielle Gerechtigkeit herzustellen (I.). Dies ist der Fall, wenn die unechte Aufhebungsvereinbarung keine günstigere Regelung im Sinne des Günstigkeitsprinzips enthält (II.) und dem gesetzgeberischen Ziel des § 613a Abs. 1 Satz 1 BGB entnommen werden kann, dass der Arbeitnehmer nur bei Vorliegen sachlicher Gründe auf den Inhaltsschutz der Norm verzichten kann (III.).

I. Rechtsfortbildung mit Rücksicht auf ein rechtsethisches Prinzip

Die Rechtsfortbildung könnte im Falle des Lemgoer Modells geboten sein, um ein über den ursprünglichen Plan des § 613a BGB hinausgehendes, rechtsethisches Prinzip zu verwirklichen. Darunter versteht man „richtungsgebende Maßstäbe rechtlicher Normierungen, die aufgrund ihrer eigenen Überzeugungskraft rechtliche Entscheidungen zu rechtfertigen vermögen."[481] Dazu zählen insbesondere solche Prinzipien, die auch im Grundgesetz verankert sind.[482] Im Gegensatz zu rechtstechnischen Prinzipien beinhalten rechtsethische Prinzipien den Gedanken der materiellen Gerechtigkeit.[483]

Als rechtsethisches Prinzip kommt der Bestandsschutz der Arbeitsbedingungen und Arbeitsverhältnisse in Betracht.[484] Dieses Rechtsprinzip wird durch § 613a BGB (und das KSchG) einfachgesetzlich gesichert und ist in Art. 12 GG verfassungsrechtlich verankert. Art. 12 Abs. 1 GG verleiht dem Arbeitnehmer zwar keinen unmittelbaren Schutz gegen den Verlust seines Arbeitsplatzes aufgrund privater Dispositionen. Gleichwohl obliegt dem Staat eine aus Art. 12 Abs. 1 GG folgende Schutzpflicht, der die geltenden Kündigungsvorschriften

480 *Larenz/Canaris*, Methodenlehre, 3. Auflage, S. 232 ff.; *Larenz*, Methodenlehre, 6. Auflage, S. 413 ff.

481 *Larenz*, Methodenlehre, 6. Auflage, S. 421 ff.; *ders./Canaris*, Methodenlehre, 3. Auflage, S. 240 ff.; *Lessing*, Entlassungen, S. 146.

482 *Larenz*, Methodenlehre, 6. Auflage, S. 421; *Lessing*, Entlassungen, S. 146.

483 *Larenz*, Methodenlehre, 6. Auflage, S. 421.

484 *Benecke*, Gesetzesumgehung, S. 189.

hinreichend Rechnung tragen.[485] § 613a BGB sichert die Ausübung des Berufs auf dem bisherigen Arbeitsplatz nach dem Betriebsinhaberwechsel und gewährt dem Arbeitnehmer das Recht auf eine möglichst ungestörte Berufsausübung im Sinne des Art. 12 GG.[486] Damit räumt die Norm dem Arbeitnehmer sowohl Bestands- als auch Inhaltsschutz des Arbeitsverhältnisses ein.

Beim Lemgoer Modell ist vor allem der gem. § 613a Abs. 1 Satz 1 BGB gewährleistete Inhaltsschutz der Arbeitsverhältnisse betroffen. Obwohl weder die Auslegung des § 613a BGB noch die gesetzesimmanente Rechtsfortbildung zur Unwirksamkeit von unechten Aufhebungsverträgen führt, geht das BAG davon aus, dass dieses Ergebnis dem Rechtsempfinden widerspricht und solche einvernehmlichen Vereinbarungen beseitigt werden müssen, um materielle Gerechtigkeit herzustellen.[487]

II. Keine materielle Gerechtigkeit durch Günstigkeitsvergleich

Bei einseitig zwingenden Bestimmungen – wie auch § 613a Abs. 1 Satz 1 BGB – entfällt die Schutzbedürftigkeit des Arbeitnehmers, wenn die Vereinbarung für ihn günstiger im Sinne des Günstigkeitsprinzips ist.[488] Demnach könnte auch die Rechtsergänzung des § 613a BGB nicht geboten sein, wenn der unechte Aufhebungsvertrag im Rahmen des Lemgoer Modells eine für den Arbeitnehmer günstigere Regelung enthält. In diesem Fall könnte die Vereinbarung von vorneherein dem materiellen Gerechtigkeitsempfinden entsprechen.

1. Das Günstigkeitsprinzip

Im Falle der Normenkonkurrenz im Arbeitsrecht gilt grundsätzlich das Hierarchieprinzip. Dennoch kann die rangniedrigere Rechtsquelle der ranghöheren vorgehen, wenn die Rechtsfolgen für den Arbeitnehmer günstiger sind (sog. Günstigkeitsprinzip).[489] Für das Verhältnis von Tarifvertrag und Arbeitsvertrag wird dies ausdrücklich in § 4 Abs. 3 TVG angeordnet. Im Betriebsverfassungsrecht besteht – auch wenn eine ausdrückliche Regelung fehlt – ebenfalls Einigkeit,

---

485 BVerfG vom 24.4.1991 – 1 BvR 1341/90, BVerfGE 84, 133, 146 f. = NJW 1991, 1667; APS/*Dörner/Vossen*, 4. Auflage, § 1 KSchG Rn. 2.

486 WHSS/*Willemsen*, 4. Auflage, G Rn. 27.

487 *Larenz*, Methodenlehre, 6. Auflage, S. 421; *Sandmann*, Die Haftung von Arbeitnehmern, S. 52.

488 *Wolf*, RdA 1988, 270, 273; § 7 C II 1.

489 *Junker*, Grundkurs Arbeitsrecht, 13. Auflage, § 1 Rn. 85 f.

dass die günstigere Individualabrede der Betriebsvereinbarung vorgeht.[490] Die Frage nach der Günstigkeit stellt sich jedoch auch bei einer vertraglichen Vereinbarung im Vergleich zur gesetzlichen Regelung. Die meisten arbeitsrechtlichen Normen sind nur einseitig zwingend ausgestaltet.[491] So auch § 613a BGB.[492] Obwohl das Günstigkeitsprinzip – anders als z.B. bei § 12 EFZG oder § 13 Abs. 1 Satz 3 BUrlG – nur im Rahmen von § 613a Abs. 1 Satz 2 BGB für kollektivrechtliche Vereinbarungen ausdrücklich Erwähnung findet, ist anerkannt, dass auch von § 613a Abs. 1 Satz 1 BGB als einseitig zwingendem Recht[493] zugunsten des Arbeitnehmers abgewichen werden kann.[494]

Die Günstigkeit einer Regelung ist im Einzelfall schwer zu bestimmen. Im Rahmen eines Sachgruppenvergleichs werden zusammengehörende Regelungsgegenstände miteinander verglichen.[495] Vergleichsmaßstab bildet ein objektiv-individueller Maßstab.[496]

2. *Günstigkeitsvergleich beim Lemgoer Modell*

Das Lemgoer Modell besteht aus zwei Verträgen: dem Aufhebungsvertrag mit dem Veräußerer und dem Neuvertrag mit dem Erwerber. Vergleichbar sind nur solche Gegenstände die auch im bisherigen Arbeitsvertrag geregelt waren.[497] Demnach kommt als Vergleichsmaßstab nur der Neuvertrag mit dem Erwerber und die darin geregelten Arbeitsbedingungen in Betracht.

Legt man einen objektiven Maßstab zugrunde, sind die Arbeitsbedingungen beim Erwerber in der Regel schlechter als die bestehenden Arbeitsbedingungen beim Veräußerer. Fraglich ist aber, ob sich der Verzicht des Arbeitnehmers auf den Inhaltsschutz des § 613a Abs. 1 Satz 1 BGB nicht dennoch als insgesamt wirtschaftlich vorteilhafter erweist. Immerhin droht anderenfalls die Betriebsstilllegung und damit der Verlust des Arbeitsplatzes. Demnach könnte ein

---

490 Richardi/*ders.*, 14. Auflage, § 77 BetrVG Rn. 141 ff. m.w.N.

491 *Junker*, Grundkurs Arbeitsrecht, 13. Auflage, § 1 Rn. 71 f.

492 § 2 D I.

493 BAG vom 29.10.1975 – 5 AZR 444/74, BAGE 27, 291, 298 = NJW 1976, 535, 536; *Kreitner*, Kündigungsrechtliche Probleme, S. 192 in Fn. 86; *Wank*, SAE 1986, 151, 155.

494 *Junker*, Grundkurs Arbeitsrecht, 13. Auflage, § 1 Rn. 72; *Naber*, Aufhebungsverträge, S. 112.

495 BAG vom 23.5.1984 – 4 AZR 129/82, BAGE 46, 50, 58 = NJW 1985, 91, 92; ErfK/*Franzen*, 15. Auflage, § 4 TVG Rn. 38; *Junker*, Grundkurs Arbeitsrecht, 13. Auflage, § 8 Rn. 529; *Schliemann*, NZA 2003, 122, 123.

496 Küttner/*Kreitner*, 21. Auflage, Günstigkeitsprinzip Rn. 8 f.; *Raab*, ZfA 2004, 371, 383 f.

497 *Raab*, ZfA 2004, 371, 386.

Arbeitsplatz zu schlechteren Bedingungen besser sein, als keinen zu haben.[498] Der Arbeitnehmer kann durch Mitwirkung an der Betriebsübernahme einer betriebsbedingten Kündigung entgehen. Sein Arbeitsplatz bleibt ihm (zumindest vorübergehend) erhalten.

a. Keine Günstigkeit durch Wahlfreiheit

Die Günstigkeit könnte sich bereits daraus ergeben, dass der Arbeitnehmer zwischen zwei Möglichkeiten wählen kann.[499] Er kann sich zum einen für den unechten Aufhebungsvertrag entscheiden und die Betriebsübernahme durch seinen Verzicht unterstützen oder das Vertragsangebot ablehnen und auf eine Übernahme und damit einen unveränderten Übergang der Arbeitsverhältnisse gem. § 613a Abs. 1 Satz 1 BGB hoffen. Eine Wahl des Arbeitnehmers ist zwangsläufig erforderlich, weil der unechte Aufhebungsvertrag ohne seine Zustimmung nicht zustande kommt.

Zu beachten ist aber, dass dieses Wahlrecht nach der Zustimmung des Arbeitnehmers zum unechten Aufhebungsvertrag nicht fortbesteht. Hat er der Verschlechterung seiner Arbeitsbedingungen mittels unechten Aufhebungsvertrags einmal zugestimmt, wird dieser Nachteil nicht durch ein Fortbestehen des Wahlrechts kompensiert. Er kann nicht mehr zu seinen ursprünglichen Arbeitsbedingungen zurückkehren.[500] Allein aus der Zustimmung des Arbeitnehmers kann noch nicht auf die Günstigkeit der Vereinbarung geschlossen werden. Würde man für die Beurteilung der Günstigkeit die subjektive Entscheidung des Arbeitnehmers und damit die Ausübung seiner Vertragsfreiheit genügen lassen, so wären abweichende Vereinbarungen von zwingendem Recht per se zulässig: Der Arbeitnehmer hätte sie schließlich nicht abgeschlossen, wenn sie nicht nach seinem subjektiven Empfinden für ihn günstiger wären. Eine solche Subjektivierung des Günstigkeitsprinzips widerspricht jedoch dem zwingenden Arbeitnehmerschutzrecht, wonach abweichende Vereinbarungen nur in Ausnahmefällen zulässig sind, und ist daher abzulehnen.[501]

b. Keine Günstigkeit durch Wiedereinstellungszusage des Erwerbers

Fraglich ist, ob sich aus der zugesagten Wiedereinstellung des Erwerbers die Günstigkeit der Vereinbarung ergeben kann.

---

498 So auch schon *Adomeit*, NJW 1984, 26.

499 *Raab*, ZfA 2004, 371, 389; *Schliemann*, NZA 2003, 122, 124.

500 ErfK/*Franzen*, 15. Auflage, § 4 TVG Rn. 41; *Raab*, ZfA 2004, 371, 390.

501 *Niebler/Schmiedl*, BB 2001, 1631, 1634; *Schliemann*, NZA 2003, 122, 124.

aa. Vergleich mit den betrieblichen Bündnissen für Arbeit

Ein ähnliches Problem stellte sich im Rahmen von betrieblichen Bündnissen für Arbeit. Hier schlossen Arbeitnehmer und Arbeitgeber auf betrieblicher Ebene Bündnisse für Arbeit ab, um das Unternehmen gemeinsam aus der Krise zu führen und die Arbeitsplätze zu retten. Die Arbeitnehmer verzichteten auf einen Teil ihrer tariflichen Vergütung oder verpflichteten sich zur Mehrarbeit. Im Gegenzug verzichtete der Arbeitgeber auf betriebsbedingte Kündigungen und gab den Arbeitnehmern eine Arbeitsplatzgarantie.[502] Eine Abweichung vom Tarifvertrag ist aber nach § 4 Abs. 3 TVG nur zulässig, wenn die Regelung für den Arbeitnehmer günstiger ist. Dabei müssen die Regelung im Tarifvertrag und die abweichende Vereinbarung den gleichen Regelungsgegenstand betreffen.[503] Fraglich war daher, ob zwischen der tarifvertraglichen Regelung und der Beschäftigungsgarantie ein Sachzusammenhang besteht. Dies wurde jedoch vom BAG in der *Burda*-Entscheidung verneint: Die Regelungsgegenstände Arbeitsentgelt oder Arbeitszeit einerseits und Arbeitsplatzgarantie andererseits seien methodisch – wie „Äpfel und Birnen" – nicht miteinander vergleichbar. Sie stünden in keinem sachlichen Zusammenhang.[504]

Schliemann entgegnete, dass das BAG auch die Möglichkeit eines vom Parteiwillen abhängigen, subjektiven Sachzusammenhangs in Betracht ziehen könne. Die Parteien hätten einen subjektiv-inneren Zusammenhang hergestellt und das Synallagma des Tarifvertrages (tarifgerechte Arbeitsleistung bei tarifgerechter Bezahlung ohne Bestandsschutz) und das Synallagma des Bündnisses für Arbeit (übertarifliche Arbeitsleistung bei untertariflicher Bezahlung mit Bestandsschutz für jeden Arbeitnehmer) miteinander verglichen. Denn nicht nur die ausdrücklich normierten Arbeitsbedingungen, sondern auch das Arbeitsplatzrisiko bzw. die Arbeitsplatzsicherheit gehöre zum Synallagma des jeweiligen Vertrages. Dadurch sei der Verzicht des Arbeitnehmers auf seine tariflich geschützten Arbeitsbedingungen dem Verzicht des Arbeitgebers auf eine betriebsbedingte Kündigung gegenüberzustellen.[505]

---

502 *Niebler/Schmiedl*, BB 2001, 1631.

503 BAG vom 23.5.1984 – 4 AZR 129/82, BAGE 46, 50, 58 = NJW 1985, 91, 92; ErfK/*Franzen*, 15. Auflage, § 4 TVG Rn. 38.

504 BAG vom 20.4.1999 – 1 ABR 72/98, BAGE 91, 210, 231 = NZA 1999, 887, 893.

505 *Schliemann*, NZA 2003, 122, 124 ff.; zustimmend: ErfK/*Franzen*, 15. Auflage, § 4 TVG Rn. 38; kritisch: *Raab*, ZfA 2004, 371, 386.

bb. Übertragbarkeit auf das Lemgoer Modell

Möglicherweise lässt sich dieser Ansatz von *Schliemann* auf das Lemgoer Modell übertragen, wenn dem Verzicht des Arbeitnehmers ebenfalls eine Kompensationsleistung des Erwerbers gegenübersteht. Der Erwerber gibt dem Arbeitnehmer einen Anspruch auf Wiedereinstellung.[506] Ohne den Abschluss des unechten Aufhebungsvertrages wäre der Erwerber aber ohnehin gem. § 613a Abs. 1 Satz 1 BGB zur Übernahme der Arbeitnehmer verpflichtet gewesen. Zudem wird das Recht zur betriebsbedingten Kündigung – wie im Fall *Burda* – im Neuvertrag gerade nicht ausgeschlossen. Zwar kann durch die Verschlechterung der Arbeitsbedingungen die Betriebsübernahme ermöglicht und damit eine betriebsbedingte Kündigung wegen der Stilllegung des Betriebs verhindert werden. In diesem Fall wäre aber der Veräußerer und nicht der Erwerber zum Ausspruch der betriebsbedingten Kündigung berechtigt gewesen. Demnach steht dem Verzicht des Arbeitnehmers kein Rechtsverzicht des Erwerbers synallagmatisch gegenüber.

3. *Zwischenergebnis*

Das Lemgoer Modell ist für den Arbeitnehmer somit ungünstiger.

III. *Keine Aushöhlung des § 613a Abs. 1 Satz 1 BGB durch Verzicht des Arbeitnehmers auf den Inhaltsschutz*

Da § 613a BGB den Arbeitnehmer vor einer Fremdbenachteiligung schützen will[507], sind Vereinbarungen zwischen dem Veräußerer und Erwerber[508] zuungunsten des Arbeitnehmers nichtig. Beim Lemgoer Modell ist aber der Arbeitnehmer und damit auch das „Opfer der Umgehung“[509] – im Gegensatz zur reinen Arbeitgeberkündigung – selbst an der Beseitigung der Rechtsfolgen des § 613a Abs. 1 Satz 1 BGB und damit an der Verschlechterung der Arbeitsbedingungen und dem Abbau der sozialen Besitzstände beteiligt. Der unechte Aufhebungsvertrag kommt nur durch zwei übereinstimmende Willenserklärungen zustande. Es ist fraglich, ob § 613a BGB den Arbeitnehmer auch vor einer Selbstbenachteiligung schützen will und er deshalb nur beim Vorliegen sachlicher Gründe

---

506 *Wagner*, Individualarbeitsrechtliche Vereinbarungen, S. 121.

507 *Pietzko*, Tatbestand, S. 38; *ders.*, ZIP 1990, 1105, 1109.

508 BAG vom 29.10.1975 – 5 AZR 444/74, BAGE 27, 291, 298 f. = NJW 1976, 535, 536; *Kraft*, in: 25. Jahre BAG, S. 299, 311; *Meyer*, SAE 2009, 110, 111; WHSS/*Willemsen*, 4. Auflage, G Rn. 190.

509 *Benecke*, Gesetzesumgehung, S. 205.

auf den Inhaltsschutz des § 613a Abs. 1 Satz 1 BGB verzichten kann. In diesem Fall wären sowohl Änderungsvereinbarungen als auch Aufhebungsverträge, die eine Inhaltsänderung des Arbeitsverhältnisses vorbereiten (sog. unechte Aufhebungsverträge), unwirksam, wenn kein sachlicher Rechtfertigungsgrund für die Verschlechterung vorliegt.

1. Rechtsprechungsentwicklung des BAG

Für Änderungs- und Verzichtsvereinbarungen schränkte die Rechtsprechung die Vertragsfreiheit der Arbeitnehmer schon früh ein und machte die Wirksamkeit vom Vorliegen sachlicher Gründe abhängig. Erst später wurde das Sachgrunderfordernis auch auf unechte Aufhebungsverträge übertragen.

a. Rechtsprechung zu Änderungsverträgen

In § 613a BGB findet sich keine explizite Regelung, die einer Abänderung von individualrechtlichen Vereinbarungen bei Betriebsübergängen entgegensteht. Vielmehr regelt § 613a Abs. 1 Satz 1 BGB, dass der Erwerber vollumfänglich in die Arbeitgeberposition eintritt. Demnach müssten einvernehmliche Veränderungen der Arbeitsbedingungen zwischen dem Arbeitnehmer und dem Erwerber in gleichem Umfang möglich sein wie mit dem Veräußerer im bestehenden Arbeitsverhältnis.[510] Dennoch hält das BAG solche Vereinbarungen im Zusammenhang mit Betriebsübergängen teilweise für unzulässig.

aa. BAG vom 18.8.1976

Im Zusammenhang mit § 613a BGB wurde erstmals vom 5. Senat des BAG in seiner Entscheidung vom 18.8.1976 ein sachlicher Grund für eine Lohnverzichtsvereinbarung gefordert. Der Schutzzweck des § 613a Abs. 1 BGB schließe solche Vereinbarungen nicht schlechthin aus. Die Unwirksamkeit einer Vereinbarung zwischen dem Betriebserwerber und dem betroffenen Arbeitnehmer könne dann angenommen werden, wenn dem Arbeitnehmer der Schutz des § 613a BGB – Fortbestand des Arbeitsverhältnisses zu angemessenen Bedingungen – genommen werde. Im Einzelfall könnten jedoch sachliche Gründe für die Wirksamkeit von Verträgen sprechen, in denen Arbeitsbedingungen geändert werden oder teilweise auf rückständige Löhne verzichtet werde.[511]

---

510 *Wagner*, Individualarbeitsrechtliche Vereinbarungen, S. 7.

511 BAG vom 18.8.1976 – 5 AZR 95/75, AP Nr. 4 zu § 613a BGB = NJW 1977, 1168, 1168.

Diese Rechtsprechung wurde vom 3. Senat in den Urteilen vom 17.1.1980[512], 29.10.1985[513] und 12.5.1992[514] bestätigt.

bb. BAG vom 7.11.2007

Im Jahr 2007 hielt der 5. Senat dann allerdings – entgegen der bisherigen Rechtsprechung des BAG[515] – eine Vereinbarung zwischen dem Erwerber und dem Arbeitnehmer, die auf eine zukünftige Änderung der Arbeitsbedingungen gerichtet war, für zulässig. In diesem Fall wollte der Erwerber zwei Monate nach dem Betriebsübergang die Grundvergütung der übernommenen Arbeitnehmer an die der alten Belegschaft anpassen. Das BAG entschied, dass eine nach § 613a Abs. 1 Satz 1 BGB unverändert übergeleitete Regelung der Disposition der Arbeitsvertragsparteien unterliege und durch Vereinbarung mit dem alten oder neuen Inhaber geändert werden könne. Ein sachlicher Grund sei hier nicht erforderlich. Es herrsche die gleiche Vertragsfreiheit, die auch im Veräußerungsbetrieb bestanden habe. In dieser Entscheidung lies das BAG aber ausdrücklich offen, ob dies auch für den Erlass rückständiger Arbeitnehmeransprüche oder für Verträge, die die betriebliche Altersversorgung zu Lasten des Arbeitnehmers verschlechtern, gelte. Diese Vereinbarungen seien nicht mit Vereinbarungen über die zukünftige Vergütung gleichzusetzen.[516] Dieses Urteil wurde von der Praxis sehr begrüßt.[517] Teilweise wurde sogar angenommen, das BAG habe das Erfordernis eines sachlichen Grundes aufgegeben.[518]

cc. BAG vom 19.3.2009

Anders urteilte das BAG allerdings in der Entscheidung vom 19.3.2009. Hier erklärten die Arbeitnehmer vor dem Betriebsübergang den Verzicht auf rückständiges Weihnachts- und Urlaubsgeld. Dieser Verzicht wurde von der Bedingung

---

512 BAG vom 17.1.1980 – 3 AZR 160/79, BAGE 32, 326 = NJW 1980, 1124.

513 BAG vom 29.10.1985 – 3 AZR 485/83, BAGE 50, 62 = BB 1986, 1644.

514 BAG vom 12.5.1992 – 3 AZR 247/91, BAGE 70, 209 = NZA 1992, 1080.

515 *Naber*, Anmerkung zu BAG EzA BGB 2002 § 613a Nr. 79, 5, 8; *Willemsen*, NZA 2008, Beil. 4, 155, 163.

516 BAG vom 7.11.2007 – 5 AZR 1007/06, BAGE 124, 345, 347 f. = NZA 2008, 530, 531; *Bunte*, NZA 2010, 319, 320; *Dzida/Wagner*, NZA 2008, 571 ff.

517 *Bunte*, NZA 2010, 319, 320; *Dzida/Wagner*, NZA 2008, 571, 572; *Meyer*, SAE 2009, 110, 118; *Naber*, Anmerkung zu BAG EzA BGB 2002 § 613a Nr. 79, 5; WHSS/*Willemsen*, 4. Auflage, G Rn. 194; *ders.*, NZA 2008, Beil. 4, 155, 162 f.

518 *Bunte*, NZA 2010, 319, 320; *Dzida/Wagner*, NZA 2008, 571, 574; *Naber*, Anmerkung zu BAG EzA BGB 2002 § 613a Nr. 79, 5, 8.

abhängig gemacht, dass es zu einem Betriebsübergang komme. Das BAG entschied, dass dieser Erlassvertrag für bereits entstandene Ansprüche mit § 613a Abs. 1 BGB nicht vereinbar sei. Ob ein nach dem Betriebsübergang mit dem Erwerber geschlossener Verzichtsvertrag, wie in der Vorentscheidung, ebenfalls unwirksam sein soll, lies es ausdrücklich offen.[519] Unwirksam seien jedenfalls solche Vereinbarungen, deren Grund und Ziel es sei, den Eintritt des Erwerbers in sämtliche bestehende Rechte und Pflichten aus dem Arbeitsverhältnis zu verhindern. Allein der Betriebsübergang solle sich weder auf den Bestand noch auf den Inhalt des Arbeitsverhältnisses nachteilig auswirken.[520] Die Anforderungen an den Sachgrund wurden ebenfalls nicht weiter konkretisiert. Jedenfalls reiche die Begründung, dass es anderenfalls nicht zu einem Betriebsübergang komme, nicht aus, die Vertragsänderung sachlich zu rechtfertigen.[521]

dd. Zusammenfassung

Das BAG unterscheidet bei Inhaltsänderungen derzeit zwischen Vereinbarungen, die vor dem Betriebsübergang, und solchen, die nach dem Betriebsübergang geschlossen werden. Vereinbarungen, die nach dem Betriebsübergang geschlossen werden und sich auf zukünftige Ansprüche beziehen, sind nach der derzeitigen Rechtsprechung zulässig, ohne dass es eines sachlichen Grundes zur Rechtfertigung bedarf. Das BAG geht davon aus, dass nach dem Betriebsübergang die gleiche Vertragsfreiheit bestehe, die auch vorher im Veräußererbetrieb bestanden habe.[522] Dies deckt sich mit der EuGH-Rechtsprechung. Danach soll die Richtlinie sicherstellen, dass der Arbeitnehmer in seiner Rechtsbeziehung zum Erwerber in gleicher Weise geschützt ist, wie in seiner Beziehung zum Veräußerer.[523] Es besteht jedoch die Gefahr, dass das BAG Vereinbarungen, die im zeitlichen Zusammenhang mit dem Arbeitsverhältnis geschlossen werden, kritisch gegenüber steht, zumal die Anpassung in der Entscheidung vom

---

519 BAG vom 19.3.2009 – 8 AZR 722/07, BAGE 130, 90, 98= NZA 2009, 1091, 1094.

520 BAG vom 19.3.2009 – 8 AZR 722/07, BAGE 130, 90, 96 f. = NZA 2009, 1091, 1093 f.

521 BAG vom 19.3.2009 – 8 AZR 722/07, BAGE 130, 90, 98 f. = NZA 2009, 1091, 1094; *Bunte*, NZA 2010, 319, 320.

522 BAG vom 7.11.2007 – 5 AZR 1007/06, BAGE 124, 345 = NZA 2008, 530; WHSS/*Willemsen*, 4. Auflage, G Rn. 194.

523 § 7 C III 4; EuGH vom 10.2.1988 – C-324/86, Slg. 1988, 739, 754 Rn. 16 = EAS Teil C RL 77/187/EWG Art. 1 Nr. 4 – Daddy's Dance Hall; WHSS/*Willemsen*, 4. Auflage, G Rn. 193.

7.11.2007[524] nicht unmittelbar nach dem Betriebsübergang, sondern erst zwei Monate später erfolgte.[525]

Das Postulat eines Sachgrundes wurde bisher nicht aufgegeben. Das BAG scheint dem § 613a Abs. 1 Satz 1 BGB eine Veränderungssperre dahingehend zu entnehmen, dass keine Vereinbarungen geschlossen werden dürfen, die verhindern, dass es zu einem Übergang der Rechte und Pflichten nach § 613a Abs. 1 Satz 1 BGB kommt, mithin „wegen“ des Betriebsübergangs geschlossen werden. Wenn dieser Übergang erst einmal stattgefunden hat, soll der Arbeitnehmer nach derzeitiger Ansicht des BAG seine Vertragsfreiheit wieder vollumfänglich ausüben können.

b. Rechtsprechung zu Aufhebungsvereinbarungen und Neuverträgen

In der Entscheidung zum Lemgoer Modell im Jahr 1987[526] ging das BAG nicht auf das Erfordernis eines sachlichen Grundes ein, obwohl durch die Verknüpfung von Aufhebungsvereinbarung und Neuvertrag materiell auch eine Inhaltsänderung der Arbeitsverhältnisse vorgenommen wurde.[527] Erst später übertrug die Rechtsprechung dieses Erfordernis auch auf Aufhebungsverträge bzw. dreiseitige Verträge anlässlich eines Betriebsübergangs. Erstmals wies das BAG[528] im Jahr 1997 darauf hin, dass Aufhebungsverträge, die auf ein endgültiges Ausscheiden gerichtet sind, auch ohne Vorliegen eines sachlichen Grundes wirksam seien. In der *Dörries Scharmann*-Entscheidung[529] stellte das BAG dann nochmals klar, dass § 613a BGB keinen Schutz vor einvernehmlicher Beendigung des Arbeitsverhältnisses ohne sachlichen Grund, sondern lediglich Schutz vor Veränderung des Vertragsinhaltes ohne sachlichen Grund gewähre.[530] Dieser Grundsatz wurde in den Folgeentscheidungen[531] auch immer wieder bestätigt.

In der Entscheidung vom 18.8.2005 prüfte das BAG erstmals auch die sachliche Rechtfertigung eines Aufhebungsvertrages im Rahmen eines dreiseitigen

524 BAG vom 7.11.2007 – 5 AZR 1007/06, BAGE 124, 345 = NZA 2008, 530.

525 *Bunte*, NZA 2010, 319, 321; *Mohnke*, BB 2009, 2319, 2320.

526 BAG vom 28.4.1987 – 3 AZR 75/86, BAGE 55, 228 = NZA 1988, 198; dazu § 6 A III 1.

527 Kritisch: *Lipinski*, Sonderkündigungsschutz, S. 118.

528 BAG vom 11.12.1997 – 8 AZR 654/95, NZA 1999, 262.

529 BAG vom 10.12.1998 – 8 AZR 324/97, BAGE 90, 260 = NZA 1999, 422.

530 BAG vom 10.12.1998 – 8 AZR 324/97, BAGE 90, 260, 270 = NZA 1999, 422, 424 f.

531 BAG vom 18.8.2005 – 8 AZR 523/04, BAGE 115, 340, 347 = NZA 2006, 145, 147; BAG vom 23.11.2006 – 8 AZR 349/06, AP Nr. 1 zu § 613a BGB Wiedereinstellung = NZA 2007, 866, 868; BAG vom 18.8.2011 – 8 AZR 312/10, BAGE 139, 52, 60 = NZA 2012, 152, 155.

Vertrages. Der Aufhebungsvertrag sei wirksam, weil er in Anlehnung an die *Dörries Scharmann*-Entscheidung auf ein endgültiges Ausscheiden gerichtet sei. Jedenfalls sei er sachlich gerechtfertigt, weil er die sonst drohende Insolvenz vermeide und die Beseitigung sämtlicher Arbeitsplätze verhindere.[532]

In aktuelleren Entscheidungen[533] zu dreiseitigen Verträgen ging das BAG wiederum von der Unwirksamkeit der Vereinbarungen aus, ohne auf eine mögliche Rechtfertigung durch sachliche Gründe einzugehen. Das BAG stützte die Unwirksamkeit der Vereinbarung darauf, dass die Aufhebungsverträge nicht auf ein endgültiges Ausscheiden gerichtet waren, weil jeweils ein Neuvertrag beim Erwerber zumindest verbindlich in Aussicht gestellt worden war. Lediglich in der Entscheidung vom 25.10.2012 wies das BAG darauf hin, dass die Wirksamkeit der Vereinbarung auch nicht aus der Insolvenz folge, weil die Norm des § 613a BGB nicht sanierungsfreundlich auszulegen sei.[534]

c. Begründungsansatz der Rechtsprechung für die Einschränkung der Vertragsfreiheit des Arbeitnehmers

Nach Ansicht des BAG will § 613a BGB ungeachtet der im Einzelfall gewählten Regelungsmodalität einen Sozialabbau der Belegschaft aus Anlass der Betriebsveräußerung verhindern. Dabei könne es keine Rolle spielen, ob der Veräußerer und der Erwerber die Arbeitsbedingungen negativ verändern, oder ob der Veräußerer mit den Arbeitnehmern solche Regelungen treffe. Die Einschränkung der Vertragsfreiheit des Arbeitnehmers sei gerechtfertigt, weil dieser bei einem Betriebsübergang im besonderen Maße auf einen Schutz angewiesen sei und dieser Schutz nur dadurch erreicht werden könne.[535] Demnach stelle eine Vereinbarung zwischen dem Arbeitnehmer und dem Betriebsveräußerer oder dem Betriebserwerber eine unwirksame Umgehung des § 613a Abs. 1 Satz 1 BGB dar, wenn es Grund und Ziel der Vereinbarung sei, zu verhindern, dass

---

532 BAG vom 18.8.2005 – 8 AZR 523/04, BAGE 115, 340, 350 = NZA 2006, 145, 148; so auch *Naber*, Aufhebungsverträge, S. 85.

533 Dazu: § 12 B; BAG vom 25.10.2012 – 8 AZR 575/11, EzA § 613a BGB 2002 Nr. 138 = NZA 2013, 203; BAG vom 18.8.2011 – 8 AZR 312/10, BAGE 139, 52 = NZA 2012, 152.

534 BAG vom 25.10.2012 – 8 AZR 575/11, EzA § 613a BGB 2002 Nr. 138 = NZA 2013, 203, 206.

535 BAG vom 12.5.1992 – 3 AZR 247/91, BAGE 70, 209, 213 f. = NZA 1992, 1080, 1081; a.A. *Krieger/Fischinger*, NJW 2007, 2289, 2291; *Lipinski*, Sonderkündigungsschutz, S. 111; *Pietzko*, ZIP 1990, 1105, 1109; *ders.*, Tatbestand, S. 38; *Willemsen*, RdA 1987, 327, 329.

der künftige Betriebserwerber in sämtliche bestehende Rechte und Pflichten aus dem Arbeitsverhältnis eintrete.[536] Eine Verschlechterung der Arbeitsbedingungen ist somit auch im Einvernehmen des Arbeitnehmers nur bei Vorliegen eines sachlichen Grundes anerkannt.[537]

Auch unechte Aufhebungsverträge zielen auf eine Veränderung des Vertragsinhaltes ab. Sie werden typischerweise vor dem Betriebsübergang geschlossen und verhindern, dass es zu einem Übergang der Rechte und Pflichten gem. § 613a Abs. 1 Satz 1 BGB kommt. Demnach sind solche Vereinbarungen auch nach der neuesten Rechtsprechungsentwicklung zu Änderungsvereinbarungen weiter problematisch.

2. *Status quo: Inhaltsschutz stärker als Bestandsschutz*

Das BAG stellt eine differenzierte Betrachtung an. Während der Arbeitnehmer durch Abschluss eines echten Aufhebungsvertrages ohne weiteres über das Arbeitsverhältnis als Ganzes disponieren kann[538], verlangt es bei der Verschlechterung von Arbeitsbedingungen einen sachlichen Grund. Nach Ansicht des BAG bezweckt § 613a BGB keinen Schutz vor einvernehmlicher Beendigung des Arbeitsverhältnisses ohne sachlichen Grund, sondern einen Schutz vor Veränderung des Vertragsinhaltes ohne sachlichen Grund.[539] Zusammenfassend reicht der Inhaltsschutz des Arbeitsverhältnisses also weiter als der Bestandsschutz. Während die Vertragsbeendigungsfreiheit des Arbeitnehmers anlässlich eines Betriebsübergangs bestehen bleibt, wird seine Vertragsfreiheit im Hinblick auf inhaltliche Änderungen beschränkt.[540]

Diese unterschiedliche Behandlung wird teilweise für systemgerecht gehalten. Es entspreche dem allgemeinen Grundsatz, dass vom zwingenden Recht abweichende Inhalte unzulässig sind, die einvernehmliche Beendigung aber trotz Bestehen eines besonderen Kündigungsschutzes möglich sei.[541] Die Entscheidung

---

536 BAG vom 19.3.2009 – 8 AZR 722/07, BAGE 130, 90, 97 = NZA 2009, 1091, 1094.

537 BAG vom 18.8.1976 – 5 AZR 95/75, AP Nr. 4 zu § 613a BGB = NJW 1977, 1168; BAG vom 12.5.1992 – 3 AZR 247/91, BAGE 70, 209, 215 = NZA 1992, 1080, 1081.

538 § 5 C.

539 BAG vom 10.12.1998 – 8 AZR 324/97, BAGE 90, 260, 270 = NZA 1999, 422, 424 f.

540 Kritisch: *Kreitner*, Kündigungsrechtliche Probleme, S. 192; *Lipinski*, Sonderkündigungsschutz, S. 110; *Meyer*, NZA 2002, 246, 248; *ders.*, SAE 2009, 110, 112; *Naber*, Aufhebungsverträge, S. 83 ff., der die Differenzierung historisch erklärt; *ders.*, Anmerkung zu BAG EzA Nr. 79 § 613a BGB 2002, 5, 9; *Pietzko*, ZIP 1990, 1105, 1109; *Roemheld*, SAE 1977, 298, 299; *Willemsen*, RdA 1987, 327, 329.

541 Uhlenbruck/*Berscheid*, 13. Auflage, § 128 InsO Rn. 23; *Hanau*, ZIP 1999, 324, 325.

über den Bestand des Vertrages sei im Arbeitsverhältnis freier als über dessen Inhalt.[542] Zwar existieren im Arbeitsrecht eine Vielzahl zwingender Normen, die den Vertragsinhalt betreffen[543] und abweichende Vereinbarungen zu Lasten des Arbeitnehmers selbst dann nicht zulassen, wenn sie im beiderseitigen Interesse erfolgen.[544] Dennoch kann eine fehlende Verzichtsbefugnis bezüglich inhaltsschützender Normen nicht pauschal behauptet werden. Denn die Unabdingbarkeit einer Norm führt nicht automatisch zu einer Unverzichtbarkeit.[545] So ist es z.B. trotz des entgegenstehenden Wortlautes des § 12 EFZG möglich, dass der Arbeitnehmer nach Beendigung des Arbeitsverhältnisses auf bereits entstandene und fällige Ansprüche verzichtet.[546]

Die Reichweite und Wirkung der Unabdingbarkeit orientiert sich am Schutzzweck der Norm und ist durch deren Auslegung zu ermitteln.[547] So hat die Auslegung des § 613a BGB ergeben, dass der Arbeitnehmer mittels echten Aufhebungsvertrags auf den Bestandsschutz des § 613a BGB verzichten kann. Der Arbeitnehmer kann aufgrund seiner verfassungsrechtlich geschützten Beendigungsfreiheit über das Arbeitsverhältnis als Ganzes verfügen. § 613a BGB steht dem nicht entgegen. Sachliche Gründe sind für diesen Verzicht nicht erforderlich.[548]

Der Bestandsschutz des § 613a BGB umfasst, wie § 1 KSchG, grundsätzlich das Arbeitsverhältnis als Ganzes und beinhaltet als Minus auch den Inhaltsschutz.[549] Dennoch entnimmt die Rechtsprechung § 613a BGB, dass der Inhalt stärker geschützt werden soll als der Bestand des Arbeitsverhältnisses. Daher ist zu untersuchen, ob einvernehmliche Verschlechterungen der Arbeitsbedingungen und damit der Verzicht des Arbeitnehmers auf den Inhaltsschutz des § 613a BGB einen Wertungswiderspruch zum gesetzgeberischen Ziel darstellen,[550]

542 *Pietzko*, ZIP 1990, 1105, 1109.

543 *Wagner*, Individualarbeitsrechtliche Vereinbarungen, S. 16.

544 *Junker*, Grundkurs, 13. Auflage, § 1 Rn. 71 f.; *Simon*, Unabdingbarkeit und vertraglicher Verzicht, S. 26.

545 *Simon*, Unabdingbarkeit und vertraglicher Verzicht, S. 437 f.

546 Zu § 9 LFZG (entspricht § 12 EFZG): BAG vom 20.8.1980 – 5 AZR 218/78, AP Nr. 11 zu § 6 LohnFG = NJW 1981, 1061, 1062; ErfK/*Reinhard*, 15. Auflage, § 12 EFZG Rn. 5; BeckOK-ArbR/*Ricken*, Ed. 34, § 12 EFZG Rn. 12; *Simon*, Unabdingbarkeit und vertraglicher Verzicht, S. 42.

547 *Simon*, Unabdingbarkeit und vertraglicher Verzicht, S. 31, 110, 437 f.

548 Dazu ausführlich § 5.

549 *Preis*, Grundfragen der Vertragsgestaltung, S. 338.

550 *Benecke*, Gesetzesumgehung, S. 93; *Huber*, JurA 1970, 784, 799.

sodass eine Einschränkung der Vertragsfreiheit des Arbeitnehmers[551] geboten erscheint.

3. *Kein Schutz des Arbeitnehmers vor Selbstbenachteiligung*

Im Folgenden wird untersucht, ob sich aus der ratio legis des § 613a BGB, also dem „rechtfertigenden Grund" der gesetzlichen Regelung ableiten lässt,[552] dass die Norm den Arbeitnehmer auch vor einer Selbstbenachteiligung bzgl. inhaltsändernden Vereinbarungen schützen will.

a. Keine generelle Veränderungssperre

Das BAG entnimmt § 613a Abs. 1 Satz 1 BGB keine generelle Veränderungssperre.[553] Eine einvernehmliche Verschlechterung der Arbeitsbedingungen ist möglich, wenn diese durch einen sachlichen Grund gerechtfertigt ist,[554] sie mithin nicht überwiegend durch den Betriebsübergang motiviert ist. Zudem wird die Verbesserung der Arbeitsbedingungen anlässlich eines Betriebsübergangs vom BAG nicht beanstandet.[555] Die Norm ist einseitig zwingend.

b. Wortlaut des § 613a Abs. 1 Satz 1 BGB

Erstes Indiz für die Zulässigkeit eines Verzichts ist, dass § 613a Abs. 1 Satz 1 BGB im Gegensatz zu anderen zwingenden Normen, wie z.B. § 4 Abs. 4 TVG, § 77 Abs. 4 BetrVG, § 13 Abs. 1 Satz 3 BUrlG, § 12 EFZG und § 613a Abs. 1 Satz 2 BGB, die Unabdingbarkeit nicht ausdrücklich anordnet und den Verzicht auf bestimmte Rechte gerade nicht für unzulässig erklärt.

---

551 Gegen die Einschränkung der Vertragsfreiheit des Arbeitnehmers: *von Hoyningen-Huene/Windbichler*, RdA 1977, 329, 335; *Kraft*, in: 25 Jahre BAG, S. 299, 312 f.; *Kreitner*, Kündigungsrechtliche Probleme, S. 194; *Krieger/Fischinger*, NJW 2007, 2289, 2291; *Lipinski*, Sonderkündigungsschutz, S. 110 f., 116; *Moll*, NJW 1993, 2016, 2022; *Pietzko*, ZIP 1990, 1105, 1107 ff.; *Roemheld*, SAE 1977, 298, 299; *Seiter*, Betriebsinhaberwechsel, S. 98; *Willemsen*, RdA 1987, 327, 330; *ders.*, Anmerkung zu BAG EzA Nr. 67 zu § 613a BGB, Bl. 13; kritisch auch *Seiter*, Anmerkung zu BAG AP Nr. 5 zu § 613a BGB Bl. 221, 222 R.

552 *Larenz/Canaris*, Methodenlehre, 3. Auflage, S. 240 f.

553 BAG vom 29.10.1985 – 3 AZR 485/83, BAGE 50, 62, 72 = BB 1986, 1644, 1646.

554 BAG vom 29.10.1985 – 3 AZR 485/83, BAGE 50, 62, 73 = BB 1986, 1644, 1646; *Annuß*, ZInsO 2001, 49, 57.

555 BAG vom 19.12.2007 – 5 AZR 1008/06, EzA § 306 BGB 2002 Nr. 3 = NZA 2008, 464.

c. Historische Auslegung

§ 613a BGB entstand, weil der Deutsche Gewerkschaftsbund (DGB) ein Mitbestimmungsrecht des Betriebsrates für Betriebsübergänge mit der Begründung verlangte, dass die Betriebe nach der Veräußerung oft alsbald stillgelegt würden. Der Gesetzgeber entschied sich allerdings gegen die Forderung des DGB.[556] Stattdessen wurde die Gestaltungsmöglichkeit des Arbeitgebers durch die Überleitungsnorm des § 613a BGB eingeschränkt, um Missbräuche zu vermeiden. Einvernehmlichen Änderungen der Arbeitsbedingungen zu verhindern, wurde bei Verabschiedung des Betriebsverfassungsgesetzes 1972 nicht beabsichtigt. Die Norm zielte somit rechtshistorisch lediglich auf eine Einschränkung der Vertragsfreiheit des Veräußerers und des Erwerbers ab.[557]

d. Teleologische Auslegung

§ 613a BGB soll den Bestandsschutz des Arbeitsverhältnisses bei Betriebsübergängen dadurch gewährleisten, dass der Betriebserwerber kraft Gesetzes in das Arbeitsverhältnis eintritt und einseitige Beendigungen oder inhaltliche Veränderungen nur noch unter den Voraussetzungen des Kündigungsschutzes vornehmen kann. Der neue Arbeitgeber ist an den Bestand und Inhalt ebenso gebunden, wie es der Veräußerer war.[558] Hauptzweck der Norm ist die Schließung einer Lücke im Kündigungsschutz.[559] Der Bestandsschutz kommt auch in § 613a Abs. 4 Satz 1 BGB zum Ausdruck, der ebenfalls nur im Verhältnis zwischen altem und neuem Arbeitgeber gilt.[560] Auch das BAG ging in seiner ersten Entscheidung zu § 613a BGB im Jahr 1974 – zutreffend – davon aus, dass der vom Gesetzgeber gewollte erweiterte Bestandsschutz nur die Einschränkung der Vertragsfreiheit auf Seiten des Arbeitgebers erfordert.[561] Denn § 613a Abs. 1 Satz 1 BGB soll zwar die Kontinuität des Arbeitsverhältnisses sicherstellen, enthält aber keine Arbeitsplatzgarantie. Die Norm will nach ihrem Sinn und Zweck den Arbeitnehmer nicht vor solchen Arbeitsplatzrisiken schützen, die auch ohne

---

556 BT-Drucks. VI/1786, S. 59.

557 *Pietzko*, ZIP 1990, 1105, 1109; *Wagner*, Individualarbeitsrechtliche Vereinbarungen, S. 11 f.

558 *Willemsen*, RdA 1987, 327, 329.

559 § 2 A.

560 § 2 D III.

561 BAG vom 2.10.1974 – 5 AZR 504/73, BAGE 26, 301, 308 = NJW 1975, 1378; *Pietzko*, ZIP 1990, 1105, 1108.

den Wechsel des Arbeitgebers abstrakt bestanden hätten.[562] Dies kommt mittelbar auch in § 613a Abs. 4 Satz 2 BGB zum Ausdruck, wonach die Kündigung aus anderen Gründen unberührt bleibt.[563] Dem Risiko einer Verschlechterung der Arbeitsbedingungen ist der Arbeitnehmer aber auch unabhängig von Betriebsübergängen ausgesetzt.

aa. Änderungs- und Erlassverträge im laufenden Arbeitsverhältnis

Im bestehenden Arbeitsverhältnis haben die Arbeitsvertragsparteien aufgrund der Vertragsfreiheit gem. § 311 Abs. 1 BGB die Möglichkeit, einvernehmlich Änderungsvereinbarungen abzuschließen und z.B. die Vergütung künftig zu reduzieren.[564] Dabei wird eine Inhaltskontrolle der neuen Klauseln in gleicher Weise wie bei Neuabschluss eines Arbeitsvertrages vorgenommen.[565] Lehnt der Arbeitnehmer eine einvernehmliche Vertragsänderung ab, kann der Arbeitgeber eine Änderungskündigung aussprechen.[566] Der Änderungsvertrag ist auch dann wirksam, wenn der Arbeitgeber die Änderungskündigung angedroht hat. Allerdings kommt eine Anfechtung gem. § 123 Abs. 1 Alt. 2 BGB in Betracht, wenn die Kündigung offensichtlich unbegründet ist.[567] Darüber hinaus kann der Arbeitnehmer auf bereits entstandene Rechte, wie z.B. Entgeltansprüche, verzichten und diesbezüglich mit dem Arbeitgeber einen Erlassvertrag im Sinne des § 397 Abs. 1 BGB abschließen bzw. ein negatives Schuldanerkenntnis gem. § 397 Abs. 2 BGB abgeben.[568]

bb. Änderungs- und Erlassverträge in Zeiten der wirtschaftlichen Krise

Dies gilt auch im Falle einer wirtschaftlichen Krise. Gem. § 80 Abs. 1 InsO geht die Befugnis des Insolvenzschuldners, sein Vermögen zu verwalten und darüber zu verfügen, auf den Insolvenzverwalter über. Der Insolvenzverwalter handelt als

---

562 BAG vom 20.3.2003 – 8 AZR 97/02, BAGE 105, 338, 341 = NZA 2003, 1027, 1028; Staudinger/*Annuß*, 2011, § 613a BGB Rn. 379; *Borngräber*, Arbeitsverhältnis bei Betriebsübergang, S. 70; WHSS/*Willemsen*, 4. Auflage, H Rn. 98.

563 *Willemsen*, ZIP 1983, 411, 413.

564 Moll/*Cohnen*, 3. Auflage, § 54 Rn. 21; MüKo/*Hergenröder*, 6. Auflage, § 2 KSchG Rn. 24; *Roemheld*, SAE 1977, 298.

565 *Däubler*, in: FS Richardi, S. 205, 206, 216 f.; MüHdbArbR/*Wank*, 3. Auflage, § 93 Rn. 15.

566 MüHdbArbR/*Wank*, 3. Auflage, § 93 Rn. 15.

567 *Däubler*, in: FS Richardi, S. 205, 217; zur Anfechtung wegen widerrechtlicher Drohung: § 14 A II 2.

568 Küttner/*Eisemann*, 21. Auflage, Verzicht Rn. 5.

Partei kraft Amtes.[569] Funktionell tritt er in die Arbeitgeberposition und damit in sämtliche Rechte und Pflichten ein, die sich aus der Arbeitgeberstellung des Insolvenzschuldners ergeben.[570] Eine Fortführung des Betriebs ist regelmäßig nur möglich, wenn die Einheit umorganisiert und neu ausgerichtet wird. Eine Änderung der Arbeitsbedingungen kann dann nach den allgemeinen Regelungen durchgeführt werden.[571] So kann der Insolvenzverwalter z.B. im gestaltenden Teil des Insolvenzplans, in Übereinstimmung mit den Arbeitnehmern, die Arbeitsbedingungen für die Zukunft verschlechtern und so etwa Kündigungsfristen verkürzen oder Lohn- und Gehaltskürzungen vornehmen, soweit sie zur individualvertraglichen Disposition des Arbeitnehmers stehen.[572]

cc. Vertragsänderungen beim Anteilserwerb (sog. Share Deal)

Bei einem Anteilserwerb werden die Gesellschaftsanteile weiterveräußert. Der Arbeitgeber – die Gesellschaft – bleibt rechtlich identisch. Ein Wechsel der Rechtspersönlichkeit des Betriebsinhabers findet durch die Veränderung auf Gesellschafterebene nicht statt mit der Folge, dass auch kein Betriebsübergang im Sinne von § 613a Abs. 1 Satz 1 BGB vorliegt. Die Eingliederung in den Unternehmens- oder Konzernbereich vollzieht sich allein auf gesellschaftsrechtlicher Ebene.[573] Allerdings erhalten die Arbeitnehmer zumindest wirtschaftlich betrachtet einen neuen Arbeitgeber, der vor oder nach der Eingliederung ein Interesse daran hat, die Arbeitsbedingungen einvernehmlich zu ändern.[574] Dies ist nach den allgemeinen Regeln möglich.

dd. Zwischenergebnis

Allein durch den Wechsel des Betriebsinhabers ist der Arbeitnehmer nicht schutzwürdiger, als im bestehenden Arbeitsverhältnis, v.a. in Zeiten der wirtschaftlichen Krise. Es leuchtet nicht ein, warum der Arbeitnehmer in diesem Fall seine Vertragsfreiheit voll ausüben kann, bei einem anstehenden Betriebsübergang hingegen nicht. Vielmehr sollten auch im Rahmen von § 613a BGB einvernehmliche Vertragsänderungen zulässig sein.[575] § 613a BGB schützt den

---

569 Uhlenbruck/*ders.*, 13. Auflage, § 80 InsO Rn. 80.

570 Uhlenbruck/*ders.*, 13. Auflage, § 80 InsO Rn. 92.

571 Wimmer/Dauernheim/Wagner/Gietl/*Eisenbeis/Mues*, 6. Auflage, S. 673.

572 MüKo-InsO/*Eidenmüller*, 3. Auflage, § 221 InsO Rn. 99.

573 BAG vom 14.8.2007 – 8 AZR 803/06, AP Nr. 326 zu § 613a BGB = NZA 2007, 1428, 1430; WHSS/*Willemsen*, 4. Auflage, B Rn. 6.

574 Hromadka/*Willemsen*, Änderung von Arbeitsbedingungen, S. 181.

575 Ebenso: *Wagner*, Individualarbeitsrechtliche Vereinbarungen, S. 36.

Arbeitnehmer vor den typischen Gefahren eines Inhaberwechsels (Auswahlrecht des Erwerbers, Verlust des Arbeitsplatzes). Der Arbeitnehmer soll dadurch aber nicht besser gestellt werden, als im bestehenden Arbeitsverhältnis. § 613a BGB ermöglicht ihm lediglich den Übergang seines Arbeitsverhältnisses zu unveränderten Bedingungen, will ihn aber keinesfalls dazu „zwingen".[576]

e. Systematische Auslegung des § 613a BGB

Möglicherweise lässt sich ein anderes Ergebnis aus einem systematischen Vergleich mit § 613a Abs. 1 Satz 2 BGB oder § 2 KSchG entnehmen.

aa. Vergleich mit § 613a Abs. 1 Satz 2 BGB

§ 613a Abs. 1 Satz 2 BGB regelt, dass die Rechte und Pflichten aus einem Tarifvertrag oder einer Betriebsvereinbarung Inhalt des Arbeitsverhältnisses zwischen dem Arbeitnehmer und dem Betriebserwerber werden und nicht vor Ablauf eines Jahres nach dem Zeitpunkt des Übergangs zum Nachteil des Arbeitnehmers geändert werden dürfen. Die Norm enthält somit eine Veränderungssperre für kollektive Bestimmungen. Sowohl einseitige kündigungsrechtliche Maßnahmen des neuen Arbeitgebers als auch einvernehmliche Änderungen zum Nachteil des Arbeitnehmers sind innerhalb eines Jahres nach dem Betriebsübergang unzulässig.[577] Der Rechtsgedanke dieser Regelung ist jedoch nicht auf individualvertragliche Änderungsvereinbarungen übertragbar. § 613a Abs. 1 Satz 2 BGB ist als Ausnahmevorschrift eng auszulegen.[578] Der Wortlaut der Norm ist klar auf kollektivrechtliche Regelungen begrenzt. § 613a Abs. 1 Satz 2 BGB dient der Umsetzung der Richtlinie 2001/23/EG, die ebenfalls in Art. 3 Abs. 3[579] nur ein Veränderungsverbot für kollektivrechtliche Vereinbarungen vorsieht. Es gibt keinerlei Anhaltspunkte, dass der Gesetzgeber bei der Umsetzung der Richtlinie über deren Vorgaben hinausgehen wollte.[580] Auch die Rechtsprechung zieht die Jahresfrist des § 613a Abs. 1 Satz 2 BGB nicht zur Beurteilung der Wirksamkeit von individualvertraglich vereinbarten Verschlechterungen heran.[581] § 613a Abs. 1 Satz 2 BGB kann mithin kein verallgemeinerungsfähiger Rechtsgedanke

576 *Wagner*, Individualarbeitsrechtliche Vereinbarungen, S. 20.

577 Moll/*Cohnen*, 3. Auflage, § 54 Rn. 50; APS/*Steffan*, 4. Auflage, § 613a BGB Rn. 128; WHSS/*Hohenstatt*, 4. Auflage, E Rn. 40.

578 *Larenz*, Methodenlehre, 6. Auflage, S. 355 f.

579 Vormals: Art. 3 Abs. 2 der Richtlinie 77/187/EWG.

580 *Lipinski*, Sonderkündigungsschutz, S. 111 f.

581 *Wagner*, Individualarbeitsrechtliche Vereinbarungen, S. 14 ff.

entnommen werden.[582] Vielmehr ergibt sich im Umkehrschluss, dass § 613a Abs. 1 Satz 1 BGB eine individualvertraglich vereinbarte Änderung zu Lasten des Arbeitnehmers nicht von vorneherein ausschließt.[583]

bb. Vergleich mit § 2 KSchG

§ 613a BGB flankiert den allgemeinen Kündigungsschutz. Dort wird der Arbeitnehmer durch § 2 KSchG vor einseitigen Änderungen des Arbeitgebers geschützt. Dennoch ist es dem Arbeitnehmer möglich, sowohl auf den Bestand- als auch auf den durch § 2 KSchG vermittelten Vertragsinhaltsschutz[584] zu verzichten.

[1] Verzicht auf den Schutz des § 2 KSchG

Spricht der Arbeitgeber im bestehenden Arbeitsverhältnis eine Änderungskündigung aus, hat der Arbeitnehmer unterschiedliche Möglichkeiten, auf diese Änderungskündigung zu reagieren:

Lehnt er das Änderungsangebot ab, wird aus der Änderungskündigung eine Beendigungskündigung, die der Arbeitnehmer sodann gerichtlich überprüfen lassen kann. Auch hier besteht, wie bei der „normalen" Beendigungskündigung, die Möglichkeit, auf den Kündigungsschutz zu verzichten.[585]

Der Arbeitnehmer kann das Änderungsangebot aber auch unter Vorbehalt der sozialen Rechtfertigung der Änderung der Arbeitsbedingungen gem. § 2 S. 1 KSchG akzeptieren und eine sog. Änderungsschutzklage gem. § 4 Satz 2 KSchG erheben. Hier beschränkt sich das Risiko des Arbeitnehmers auf die Fortführung des Arbeitsverhältnisses mit geändertem Inhalt.[586] Gleichwohl kann er nachträglich auf den Vorbehalt verzichten mit der Folge, dass die Änderung von Anfang an wirksam ist.[587]

Darüber hinaus kann der Arbeitnehmer das Vertragsangebot sofort vorbehaltlos akzeptieren. In diesem Fall liegt weder eine Änderungs- noch eine Beendigungskündigung vor, die gerichtlich überprüft werden könnte. Vielmehr

---

582 *Pietzko*, ZIP 1990, 1105, 1110; *Willemsen*, RdA 1987, 327, 330.

583 So auch *Meyer*, SAE 2010, 105, 108; WHSS/*Schnitker*, 4. Auflage, J Rn. 221.

584 BAG vom 11.10.2006 – 5 AZR 721/05, AP Nr. 6 zu § 308 BGB = NZA 2007, 87, 89; APS/*Künzl*, 4. Auflage, § 2 KSchG Rn. 3.

585 § 5 B I.

586 APS/*Künzl*, 4. Auflage, § 2 KSchG Rn. 207.

587 MüKo/*Hergenröder*, 6. Auflage, § 2 KSchG Rn. 64.

kommt ein Änderungsvertrag zustande.[588] Der Arbeitnehmer kann somit durch die vorbehaltlose Annahme des konkreten Vertragsangebotes auf die Erhebung einer Änderungsschutzklage und damit auf den durch § 2 KSchG vermittelnden Schutz vor einseitigen Änderungen des Arbeitsverhältnisses verzichten.

[2] Zwischenergebnis

§ 613a BGB soll den Schutz des KSchG ergänzen, aber nicht erweitern. Kann der Arbeitnehmer daher ohne das Vorliegen sachlicher Gründe auf den Schutz des § 2 KSchG verzichten, müsste dies folgerichtig auch für § 613a BGB gelten, der den Arbeitnehmer ebenfalls vor nachteiligen Veränderungen durch den Arbeitgeber schützt. Demnach sollte ihm auch im Rahmen von § 613a BGB der Inhaltsschutz nicht „aufgedrängt" werden, sodass es ihm möglich sein muss, einem Änderungsangebot zuzustimmen.

f. Reichweite des Inhaltsschutzes

Nach der Rechtsprechung des BAG steht § 613a BGB lediglich solchen Änderungsvereinbarungen entgegen, die vor dem Betriebsübergang geschlossen werden.[589] Dagegen sind Änderungen wirksam, die nach Betriebsübergang vereinbart wurden und sich auf zukünftige Ansprüche beziehen. Begründet wird dies damit, dass § 613a Abs. 1 Satz 1 BGB lediglich eine Überleitungsvorschrift darstelle. Tritt der Erwerber in die Position des Arbeitgebers ein, müsse es ihm anschließend wieder möglich sein, Vertragsänderungen mit den Arbeitnehmern zu vereinbaren. Es herrsche grundsätzlich die gleiche Vertragsfreiheit, wie sie im Veräußererbetrieb bestanden habe. Aus § 613a BGB lassen sich keine weitergehenden Einschränkungen der Privatautonomie ableiten.[590]

Allerdings kann nicht allein das zeitliche Moment einer Vereinbarung für deren Wirksamkeit maßgeblich sein.[591] Zuzugeben ist, dass der Arbeitnehmer nach dem Betriebsübergang etwas besser gestellt ist, weil der Übergang seines Arbeitsverhältnisses bereits vollzogen wurde. Doch auch danach droht ihm beim Erwerber der Verlust seines Arbeitsplatzes, z.B. mittels Änderungskündigung, wenn er einer Veränderung nicht zustimmt. Es macht faktisch keinen

---

588 Moll/*Boewer*, 3. Auflage, § 46 Rn. 59; Küttner/*Eisemann*, 21. Auflage, Änderungskündigung Rn. 30 ff.; Gottwald/*Heinze/Bertram*, 4. Auflage, § 105 Rn. 154 ff.; *Junker*, Grundkurs Arbeitsrecht, 13. Auflage, § 6 Rn. 419.

589 § 7 C III 1 a.

590 BAG vom 7.11.2007 – 5 AZR 1007/06, BAGE 124, 345, 347 = NZA 2008, 530, 531.

591 Kritisch auch schon: *Feudner*, DB 2003, 2334, 2337; *Seiter*, Anmerkung zu BAG AP Nr. 5 zu § 613a BGB, Bl. 221, 222.

Unterschied, wann die Vereinbarung geschlossen wird.[592] Zumal es auch dem Veräußerer möglich ist, eine Änderungskündigung nach Erwerberkonzept[593] vor dem Betriebsübergang auszusprechen, wenn aufgrund betriebswirtschaftlicher Gesichtspunkte vorhersehbar keine Beschäftigungsmöglichkeit beim Erwerber zu den bisherigen Arbeitsbedingungen gegeben ist.[594] Die Kündigung soll hier gerade nicht künstlich auf einen Zeitpunkt nach dem Betriebsübergang hinausgezögert werden.[595] Dies muss konsequenterweise auch für (andere) Änderungsvereinbarungen gelten. Denn nach dem Betriebsübergang ist es dem Erwerber ohnehin möglich, Änderungsvereinbarungen auch ohne sachliche Rechtfertigung abzuschließen, da der Schutz des § 613a Abs. 1 Satz 1 BGB bereits durch die unveränderte Überleitung des Arbeitsverhältnisses eingetreten ist und nicht mehr mit der Vereinbarung konfligieren kann. Demnach kann es auch keinen Unterschied machen, wann die Änderungsvereinbarung abgeschlossen wurde. Vielmehr kann der Arbeitnehmer auch nach der ratio legis des § 613a BGB auf seinen Inhaltsschutz verzichten, unabhängig davon, wann diese Vereinbarung geschlossen wurde und ob sachliche Gründe dafür vorgelegen haben. Etwas anderes könnte sich lediglich aus einer erhöhten Drucksituation bei Abschluss der Vereinbarungen vor dem Betriebsübergang ergeben.[596]

4. *Richtlinienkonforme Auslegung des § 613a BGB*

Die Richtlinie 2001/23/EG[597] schützt die Arbeitnehmer bei einem Inhaberwechsel und wahrt ihre Ansprüche. Sie stellt sicher, dass die Umstrukturierung von Unternehmen innerhalb der Europäischen Union keine negativen Auswirkungen auf die betroffenen Arbeitnehmer hat.[598] Deshalb soll ihnen im Falle eines Arbeitgeberwechsels ermöglicht werden, für den Erwerber unter den gleichen Bedingungen wie beim Veräußerer weiter zu arbeiten.[599] Fraglich ist jedoch, ob

592 WHSS/*Willemsen*, 4. Auflage, G Rn. 195.
593 § 10 B I 3 b und § 10 B I 5 b.
594 BAG vom 20.3.2003 – 8 AZR 97/02, BAGE 105, 338, 342 = NZA 2003, 1027, 1028 f.
595 BAG vom 20.3.2003 – 8 AZR 97/02, BAGE 105, 338, 342 = NZA 2003, 1027, 1028 f.
596 Dazu ausführlich § 8 E IV 5.
597 Damals Richtlinie 77/187/EWG.
598 Memorandum der EU-Kommission zu den erworbenen Ansprüchen der Arbeitnehmer bei Übergang von Unternehmen aus dem Jahr 1997, abgedruckt in DB 1997, 1030, 1030.
599 Memorandum der EU-Kommission zu den erworbenen Ansprüchen der Arbeitnehmer bei Übergang von Unternehmen aus dem Jahr 1997, abgedruckt in DB 1997, 1030, 1032.

die Richtlinie den Inhalt der Arbeitsverhältnisse so stark schützen will, dass auch die Dispositionsfreiheit der Arbeitnehmer zu beschränken ist.

a. Verzichtsverbot

In der Rechtssache *Daddy's Dance Hall*[600] wurde einem dänischen Arbeitnehmer von seinem Arbeitgeber vor dem Betriebsübergang gekündigt. Nach dem Betriebsübergang schloss er aus freien Stücken einen Arbeitsvertrag mit dem Erwerber zu geänderten Bedingungen. Insgesamt wurde er durch den neuen Arbeitsvertrag aber nicht schlechter gestellt als vorher.[601] Der EuGH entschied, dass die Richtlinie 2001/23/EG[602] sicherstellen solle, dass den vom Betriebsübergang betroffenen Arbeitnehmern ihre Ansprüche aus dem Arbeitsvertrag erhalten bleiben. Da es sich bei diesem Schutz um zwingendes Recht handle, der der Verfügung der Arbeitsvertragsparteien entzogen sei, dürfe von diesen zwingenden Bestimmungen nicht zum Nachteil des Arbeitnehmers abgewichen werden.[603] Der Arbeitnehmer könne auf seine Rechte nicht verzichten. Eine Verkürzung dieser Rechte sei selbst mit seiner Zustimmung unzulässig, auch wenn er insgesamt nicht schlechter gestellt sei als vorher.[604] Der EuGH stellte ausdrücklich klar, dass der Übergang des Unternehmens als solcher kein Grund für die Änderung sein könne.[605] Damit soll – wie im Falle der Kündigung – sichergestellt werden, dass die Änderung nicht „wegen" des Betriebsübergangs erfolgt. Allerdings übersieht der EuGH bei dieser Begründung, dass es sich bei Änderungsvereinbarungen nicht, wie bei einer Kündigung, um einseitige Maßnahmen des Arbeitgebers handelt. Vielmehr hat der Arbeitnehmer die Möglichkeit, das Änderungsangebot abzulehnen.[606]

---

600 EuGH vom 10.2.1988 – C-324/86, Slg. 1988, 739 = EAS Teil C RL 77/187/EWG Art. 1 Nr. 4 – Daddy's Dance Hall.

601 *von Alvensleben*, Die Rechte der Arbeitnehmer beim Betriebsübergang, S. 260.

602 Damals Richtlinie 77/187/EWG.

603 EuGH vom 10.2.1988 – C-324/86, Slg. 1988, 739, 754 Rn. 14 = EAS Teil C RL 77/187/EWG Art. 1 Nr. 4 – Daddy's Dance Hall.

604 EuGH vom 10.2.1988 – C-324/86, Slg. 1988, 739, 754 Rn. 15 = EAS Teil C RL 77/187/EWG Art. 1 Nr. 4 – Daddy's Dance Hall.

605 EuGH vom 10.2.1988 – C-324/86, Slg. 1988, 739, 754 f. Rn. 17 = EAS Teil C RL 77/187/EWG Art. 1 Nr. 4 – Daddy's Dance Hall; EuGH vom 6.11.2003 – C-4/01, AP Nr. 35 zu EWG-Richtlinie Nr. 77/187 = NZA 2003, 1325, 1328 – Martin.

606 Staudinger/*Annuß*, 2011, § 613a BGB Rn. 390.

Dennoch wurde diese Rechtsprechung von Teilen der Literatur[607] so verstanden, dass auch Aufhebungsverträge im Zusammenhang mit Betriebsübergängen ausgeschlossen sind, soweit das Arbeitsverhältnis im Anschluss mit dem Erwerber zu schlechteren Bedingungen fortgesetzt wird.[608] Danach würde dem Arbeitnehmer die erforderliche Dispositionsbefugnis fehlen und das Lemgoer Modell wäre europarechtswidrig.

b. Ausnahme vom Verzichtsverbot

Allerdings stellte der EuGH auch klar, dass die Richtlinie einer mit dem neuen Unternehmensinhaber vereinbarten Änderung des Arbeitsverhältnisses nicht entgegenstehe, wenn das anwendbare innerstaatliche Recht eine solche Änderung unabhängig von einem Unternehmensübergang zulasse.[609]

Kann der Arbeitnehmer daher unabhängig vom Betriebsübergang gegenüber dem Veräußerer auf seine Rechte, insbesondere hinsichtlich der Entgeltbedingungen, verzichten, so wird diese Möglichkeit nicht dadurch ausgeschlossen, dass das Unternehmen in der Zwischenzeit übertragen und die Vereinbarung mit dem neuen Unternehmensinhaber geschlossen wurde.[610] Können die Arbeitsbedingungen also unabhängig vom Betriebsübergang einvernehmlich geändert werden, ist der Übergang als solcher nicht der tragende Grund.[611] In den EuGH-Urteilen ging es zwar lediglich um Änderungen, die nach dem Betriebsübergang mit dem Erwerber vereinbart wurden. Das gleiche muss konsequenterweise aber auch für Änderungen gelten, die vor dem Betriebsübergang mit dem Veräußerer geschlossen wurden.[612] Denn auch im bestehenden Arbeitsverhältnis kann der Arbeitnehmer unabhängig von einem Betriebsübergang eine Änderungsvereinbarung mit dem Arbeitgeber schließen und damit auf den Bestand seiner Arbeitsbedingungen verzichten.[613]

---

607 *von Alvensleben*, Die Rechte der Arbeitnehmer bei Betriebsübergang, S. 262 f; *Ende*, NZA 1994, 494, 495.

608 *Naber*, Aufhebungsverträge, S. 53; *ders.*, Anmerkung zu BAG EzA § 613a BGB 2002 Nr. 79, 5, 6.

609 EuGH vom 10.2.1988, C-324/86, Slg. 1988, 739, 755 Rn. 18 = EAS Teil C RL 77/187/EWG Art. 1 Nr. 4 – Daddy´s Dance Hall; EuGH vom 6.11.2003 – C-4/01, AP Nr. 35 zu EWG-Richtlinie Nr. 77/187 = NZA 2003, 1325, 1328 – Martin.

610 EuGH vom 12.11.1992 – C-209/91, AP Nr. 5 zu EWG-Richtlinie Nr. 77/187 Rn. 28 = NZA 1995, 475 – Watson Rask und Christensen.

611 *Naber*, Aufhebungsverträge, S. 54.

612 *Naber*, Aufhebungsverträge, S. 55.

613 § 7 C III 3 d.

c. Zwischenergebnis

Art. 3 Abs. 1 der Richtlinie 2001/23/EG steht weder dem Abschluss eines Aufhebungsvertrages – soweit er auf einem freien Entschluss des Arbeitnehmers beruht[614] – noch einer einvernehmlichen Änderung der Arbeitsbedingungen entgegen. Individualvertraglich vereinbarte Arbeitsbedingungen können auch nach der Richtlinie wie im bestehenden Arbeitsverhältnis einvernehmlich zum Nachteil des Arbeitnehmers abgeändert werden, ohne dass es hierfür eines sachlichen Grundes bedarf. Folglich kann die Beschränkung der Dispositionsfreiheit des Arbeitnehmers auch nicht aus der Richtlinie 2001/23/EG abgeleitet werden.[615] Demnach sind unechte Aufhebungsverträge, die eine Änderung der Arbeitsbedingungen bewirken, europarechtlich nicht zu beanstanden. Die Richtlinie möchte die Stellung des Arbeitnehmers bei Betriebsübergängen nicht verbessern. Sie sollen lediglich „wegen" des Übergangs keine Rechte einbüßen müssen, die ihnen das nationale Recht sonst gewährt.[616]

5. *Verzichtswille des Arbeitnehmers trotz Veranlassung durch den Arbeitgeber*

Fraglich ist, ob der Arbeitnehmer bei Abschluss des unechten Aufhebungsvertrags aufgrund der Veranlassung durch den Arbeitgeber überhaupt den Willen hat, auf seine Rechte aus § 613a BGB zu verzichten. Aufgrund der bereits zugesagten Weiterbeschäftigung beim Erwerber könnte der Arbeitnehmer lediglich seine grundsätzliche Bereitschaft, das Arbeitsverhältnis mit dem Erwerber fortzusetzen, bekunden.[617] Im Gegensatz zur Kündigung ist zum Abschluss eines unechten Aufhebungsvertrages aber die übereinstimmende Willenserklärung des Arbeitnehmers notwendig. Selbst wenn die Initiative zum Vertragsschluss vom Arbeitgeber ausgeht, muss der Arbeitnehmer einer solchen Vereinbarung auch tatsächlich zuzustimmen. Dabei hat er regelmäßig die Möglichkeit, mit dem Betriebsrat oder der Gewerkschaft Rücksprache zu halten. Dem Arbeitnehmer ist der Verzicht auf die Rechte des § 613a BGB bei Abschluss eines unechten Aufhebungsvertrages daher bewusst. Etwaige innere Vorbehalte sind unbeachtlich,

---

614 Dies wird ausführlich unter § 8 E geprüft.

615 BAG vom 7.11.2007 – 5 AZR 1007/06, BAGE 124, 345, 347 = NZA 2008, 530, 531; Uhlenbruck/*Berscheid*, 13. Auflage, § 128 InsO Rn. 22a; *Gaul/Otto*, ZIP 2006, 644, 647; *Meyer*, SAE 2009, 110, 112; *Naber*, Anmerkung zu BAG EzA § 613a BGB 2002 Nr. 79, 5, 7; WHSS/*Willemsen*, 4. Auflage, G Rn. 193; *ders.* NZA 2008, Beil. 4, 155, 162; a.A. *Ende*, NZA 1994, 494, 495 f.

616 *Franzen*, NZA 2008, Beil. 4, 139, 143; *Unfried*, Betriebsübergang, S. 67.

617 *Hillebrecht*, NZA 1989, Beil. 4, 10, 11.

§ 116 Satz 1 BGB. Sollten Fehler bei der Willensbildung aufgetreten sein, ist er durch das Anfechtungsrecht[618] umfassend geschützt.

D. Ergebnis: Unzulässige Rechtsfortbildung

Weder aus § 613a BGB noch aus der Richtlinie 2001/23/EG lässt sich eine Einschränkung der Verzichtsbefugnis des Arbeitnehmers entnehmen.[619] Der Arbeitnehmer soll nach der ratio legis der Norm vor einer Fremdbenachteiligung des Arbeitgebers und nicht vor sich selbst geschützt werden.[620] Dies gilt sowohl für den Bestands- als auch für den Inhaltsschutz des § 613a BGB. Die Norm schützt den Arbeitnehmer vor den typischen Gefahren des Betriebsinhaberwechsels. Umgekehrt soll der Arbeitnehmer durch den Betriebsübergang nicht besser gestellt werden. Demnach bietet § 613a BGB keinen Schutz vor solchen Arbeitsplatzrisiken, die auch ohne den Wechsel des Arbeitgebers abstrakt bestanden hätten. An Vertragsänderungen im Zusammenhang mit einem Betriebsübergang dürfen keine höheren Anforderungen gestellt werden als im laufenden Arbeitsverhältnis.[621] Durch § 613a BGB soll lediglich die Kontinuität, nicht aber die Unabänderbarkeit der Arbeitsbedingungen sichergestellt werden.[622] Folglich muss der Arbeitnehmer bei inhaltlichen Änderungen der Arbeitsbedingungen auch nicht stärker geschützt werden als bei Vertragsbeendigungen.[623] Denn wenn der Arbeitnehmer schon über das „Ob" der Übernahme frei entscheiden kann, muss dies auch für das „Wie", also unter welchen Bedingungen er beim Erwerber künftig weiterarbeiten will, gelten.[624] Mithin steht die ratio legis des § 613a BGB einer einvernehmlichen Änderung der Arbeitsbedingungen nicht entgegen,[625] sodass auch Aufhebungsverträge, die eine Änderung der Arbeitsbedingungen vorbereiten, zulässig sind. Eine Beschränkung der Vertragsfreiheit des Arbeitnehmers kommt lediglich dann in Betracht, wenn die getroffene Vereinbarung

---

618 Zur Anfechtung: § 14 A.

619 So auch *Feudner*, DB 2003, 2334, 2338 f.; *Gaul/Otto*, ZIP 2006, 644, 647; *Krieger/Fischinger*, NJW 2007, 2289, 2291; *Lipinski*, Sonderkündigungsschutz, S. 111; *Pietzko*, ZIP 1990, 1105, 1109; *ders.*, Tatbestand, S. 38; *Willemsen*, RdA 1987, 327, 329.

620 *Pietzko*, Tatbestand, S. 38; *ders.*, ZIP 1990, 1105, 1109.

621 *Wagner*, Individualarbeitsrechtliche Vereinbarungen, S. 12.

622 *Seiter*, Anmerkung zu BAG AP Nr. 5 zu § 613a BGB, Bl. 221, 222; *Willemsen*, RdA 1987, 327, 329 f.; *ders.*, NZA 2008, Beil. 4, 155, 162.

623 *Feudner*, DB 2003, 2334, 2338; *Kreitner*, Kündigungsrechtliche Probleme, S. 192; *Willemsen*, RdA 1987, 327, 329.

624 Uhlenbruck/*Berscheid*, 13. Auflage, § 128 InsO Rn. 22a.

625 *Roemheld*, SAE 1977, 298, 299.

nicht auf einer freien Entscheidung des Arbeitnehmers beruht. In diesem Fall ist der Arbeitnehmer aber durch das allgemeine Zivilrecht, insbesondere durch § 123 Abs. 1 BGB[626] und auch durch die Lehre von den Schutzpflichten[627], ausreichend geschützt.

Der Bestandsschutz der Arbeitsbedingungen als rechtsethisches Prinzip rechtfertigt demnach keinen Eingriff in die grundrechtlich geschützte Entscheidungsfreiheit des Arbeitnehmers. Die Motivkontrolle des BAG kann nicht auf eine Rechtsergänzung des § 613a BGB gestützt werden. Vielmehr sind alle Änderungsvereinbarungen zulässig – unabhängig davon, ob sie in einem zeitlichen und sachlichen Zusammenhang zum Betriebsübergang stehen und überwiegend durch diesen motiviert sind. Die Norm zielt nicht auf eine Einschränkung der Vertragsfreiheit des Arbeitnehmers ab, sodass es unerheblich ist, wenn eine inhaltliche Verschlechterung der Arbeitsbedingungen „wegen" des Betriebsübergangs vereinbart wurde.

§ 8 Inhaltskontrolle des unechten Aufhebungsvertrages

Das BAG macht die einvernehmliche Vertragsänderung vom Vorliegen sachlicher Gründe abhängig. Liegt ein sachlicher Grund vor, der die Änderung der Arbeitsbedingungen aus sich heraus rechtfertigt, ist der unechte Aufhebungsvertrag nicht überwiegend durch den Betriebsübergang motiviert. Somit führt das BAG unter „der Leerformel des sachlichen Grundes" eine Inhaltskontrolle der Aufhebungsvereinbarung durch.[628] Hält die Vereinbarung dieser Inhaltskontrolle stand, liegt das Motiv des Arbeitgebers nicht ausschließlich im bevorstehenden Betriebsinhaberwechsel. Sie ist nicht „wegen" des Betriebsübergangs erfolgt.

Deshalb ist zu untersuchen, auf welche Rechtsgrundlage diese Inhaltskontrolle der Rechtsprechung gestützt werden kann.

A. § 307 Abs. 1 Satz 1 BGB als Rechtsgrundlage

Die Aufhebungsverträge werden bei Betriebsübergängen regelmäßig vom Arbeitgeber vorbereitet und der gesamten Belegschaft vorgelegt.[629] Die einzelnen Bedingungen werden bei diesem massenhaften Abschluss nicht von den

626 § 14 A II.

627 § 8 E.

628 *Preis*, Grundfragen der Vertragsgestaltung, S. 307.

629 Zum Problem der Veranlassung: § 5 A I 1 c, § 6 C I 3 b und § 7 C III 5.

Parteien im Einzelnen ausgehandelt, § 305 Abs. 1 Satz 3 BGB.[630] Eine allgemeine Geschäftsbedingung im Sinne des § 305 Abs. 1 BGB liegt mithin vor. Da die Klauselverbote nach §§ 308, 309 BGB nicht einschlägig sind, kommt lediglich die Generalklausel des § 307 Abs. 1 Satz 1 BGB als Kontrollmaßstab in Betracht.[631] Allerdings ist eine Angemessenheitskontrolle nur für solche Bestimmungen möglich, die von Rechtsvorschriften abweichen oder diese ergänzen, § 307 Abs. 3 Satz 1 BGB. Rein deklaratorische und sog. preisbestimmende und leistungsbeschreibende Klauseln sind von der Inhaltskontrolle ausgenommen. Abreden über den unmittelbaren Gegenstand der Hauptleistung unterliegen in der Regel keiner Inhaltskontrolle, weil das Äquivalenzverhältnis von Leistung und Gegenleistung den Kernbereich der privatautonomen Vertragsgestaltung ausmacht.[632] Dies gilt auch für Aufhebungsverträge.[633] Daher sind sowohl die Beendigungsvereinbarung als solche, die Vereinbarung einer Abfindung sowie der beidseitige Verzicht auf künftige Ansprüche kontrollfrei.[634] Die Transparenzkontrolle nach § 307 Abs. 1 Satz 2 bleibt davon aber unberührt, § 307 Abs. 3 Satz 2 BGB. Zudem können vertragliche Nebenabreden einer Inhaltskontrolle

---

630 *Naber*, Aufhebungsverträge, S. 131; *Preis*, NZA 2003 Sonderbeilage zu Heft 16, S. 19, 31, der explizit dreiseitige Verträge nennt; *Wimmer*, Unternehmenssanierung, S. 23; allgemein zum Aushandeln bei Aufhebungsverträgen: *Becker*, Die unzulässige Einflussnahme des Arbeitgebers, S. 304 ff.; *Franz*, Aufhebungsvertrag, S. 148 ff.

631 Graf von Westphalen/*Thüsing*, 35. Ergänzungslieferung, Teil „Klauselwerke", Arbeitsverträge Rn. 62.

632 BGH vom 15.1.1987 – III ZR 153/85, BGHR BGB § 138 Abs. 1 Schuldanerkenntnis 1 = NJW 1987, 2014, 2015; BGH vom 9.5.2001 – IV ZR 121/00, BGHZ 147, 354, 360 = NJW 2001, 2014, 2016; BAG vom 27.11.2003 – 2 AZR 135/03, BAGE 109, 22, 39 = NZA 2004, 597, 604; *Becker*, Die unzulässige Einflussnahme des Arbeitgebers, S. 314 m.w.N.; *Franz*, Aufhebungsvertrag, S. 179; *Junker*, Grundkurs Arbeitsrecht, 13. Auflage, § 6 Rn. 429; ErfK/*Preis*, 15. Auflage, §§ 305-310 BGB Rn. 34; *Stoffels*, ZfA 2009, 861, 867; MüKo/*Wurmnest*, 6. Auflage, § 307 BGB Rn. 12.

633 BAG vom 27.11.2003 – 2 AZR 135/03, BAGE 109, 22, 39 = NZA 2004, 597, 604; BAG vom 8.5.2008 – 6 AZR 517/07, AP Nr. 40 zu § 620 BGB Aufhebungsvertrag = NZA 2008, 1148, 1149; Staudinger/*Coester*, 2013, § 307 BGB Rn. 284; ErfK/*Preis*, 15. Auflage, §§ 305-310 BGB Rn. 38; *ders.*, NZA 2003 Sonderbeilage zu Heft 16, S. 19, 31; *Stoffels*, ZfA 2009, 861, 868.

634 *Franz*, Aufhebungsvertrag, S. 181; BeckOK-ArbR/*Hesse*, Ed. 34, § 620 BGB Rn. 81; *Junker*, BB 2007, 1274, 1279; *Lingemann/Groneberg*, NJW 2010, 3496, 3497; *Naber*, Aufhebungsverträge, S. 132; *ders.*, Anmerkung zu BAG EzA § 613a BGB 2002 Nr. 40, 14, 25; *Preis*, NZA 2003 Sonderbeilage zu Heft 16, S. 19, 31.

unterzogen werden.[635] Da die von der Rechtsprechung entwickelten Kriterien des „endgültigen Ausscheidens" und der „sachlichen Gründe" die Wirksamkeit des Aufhebungsvertrages insgesamt betreffen, kann § 307 Abs. 1 Satz 1 BGB nicht als Rechtsgrundlage der Inhaltskontrolle herangezogen werden.[636]

B. § 613a Abs. 1 Satz 2 BGB analog als Rechtsgrundlage

§ 613a Abs. 1 Satz 2 BGB regelt, dass kollektive Regelungen auch mit Zustimmung des Arbeitnehmers anlässlich eines Betriebsübergangs nicht verschlechtert werden dürfen. Demnach könnten auch individualrechtliche arbeitnehmernachteilige Vereinbarungen in Analogie zu § 613a Abs. 1 Satz 2 BGB unwirksam und nur im Ausnahmefall entsprechend der Regelungen in § 613a Abs. 1 Satz 3 und 4 BGB zulässig sein, z.B. wenn sachliche Gründe vorliegen.[637]

I. Keine planwidrige Regelungslücke

Eine Analogie setzt eine planwidrige Regelungslücke voraus. Schon vor Einfügung des Abs. 1 Satz 2 im Jahre 1980[638] hielt das BAG Änderungsvereinbarungen für unwirksam.[639] Dem Gesetzgeber war das Problem der vom Arbeitgeber veranlassten nachteiligen individualrechtlichen Vereinbarungen daher bekannt. Dennoch wurde nur die Veränderungssperre für kollektive Regelungen gesetzlich normiert. Der Gesetzgeber ging dabei offenbar davon aus, dass die Arbeitnehmer bei nachteiligen Änderungen durch § 2 KSchG einen ausreichenden Schutz erfahren.[640] Darüber hinaus dient die Norm der Umsetzung der Richtlinie 2001/23/EG, die ebenfalls in Art. 3 Abs. 3[641] nur ein Veränderungsverbot für kollektivrechtliche Vereinbarungen vorsieht. Es gibt keinerlei Anhaltspunkte, dass der Gesetzgeber bei der Umsetzung der Richtlinie über deren Vorgaben hinausgehen wollte.[642]

---

635 *Bauer/Krieger/Arnold*, Arbeitsrechtliche Aufhebungsverträge, 9. Auflage, S. 76 f.; *Becker*, Die unzulässige Einflussnahme des Arbeitgebers, S. 315 f.; Staudinger/*Coester*, 2013, § 307 BGB Rn. 282; *Franz*, Aufhebungsvertrag, S. 181; *Junker*, BB 2007, 1274, 1279; MüKo/*Wurmnest*, 6. Auflage, § 307 BGB Rn. 20.

636 *Naber*, Aufhebungsverträge, S. 132.

637 *Wagner*, Individualarbeitsrechtliche Vereinbarungen, S. 33.

638 Zur Entstehungsgeschichte des § 613a BGB: § 2 A.

639 BAG vom 18.8.1976 – 5 AZR 95/75, AP Nr. 4 zu § 613a BGB = NJW 1977, 1168; ebenso *Lipinski*, Sonderkündigungsschutz, S. 111.

640 *Wagner*, Individualarbeitsrechtliche Vereinbarungen, S. 34.

641 Vormals: Art. 3 Abs. 2 der Richtlinie 77/187/EWG.

642 *Lipinski*, Sonderkündigungsschutz, S. 111 f.

II. *Keine vergleichbare Situation*

Der Rechtsverlust des Arbeitnehmers durch den Verzicht auf die individuellen Rechte ist auch nicht mit dem Abbau kollektiver Rechte vergleichbar. Diese sind bei Betriebsübergängen schutzbedürftiger, weil die Verhandlungsmacht von Gewerkschaft oder Betriebsrat durch die Überleitung in den individuellen Arbeitsvertrag wegfällt. Bei individualrechtlichen Vereinbarungen ist und verbleibt die Regelungskompetenz beim Arbeitnehmer selbst.[643]

III. *Zwischenergebnis*

Somit sind individualvertragliche Verschlechterungen der Arbeitsbedingungen zwischen dem Arbeitnehmer und dem Arbeitgeber, die innerhalb eines Jahres nach dem Betriebsübergang vereinbart wurden, nicht analog § 613a Abs. 1 Satz 2 BGB unwirksam.[644] Der Gesetzgeber hat bewusst nur angeordnet, dass kollektive Regelungen auch mit Zustimmung des Arbeitnehmers anlässlich eines Betriebsübergangs nicht verschlechtert werden dürfen. Ein anderes Ergebnis ließe sich auch nicht mit der Rechtsprechung des BAG vereinbaren, das die Jahresfrist gerade nicht heranzieht.[645]

C. § 2 KSchG analog als Rechtsgrundlage

Durch den unechten Aufhebungsvertrag wird dem Arbeitnehmer vom Arbeitgeber eine Änderung der Arbeitsbedingungen vorgeschlagen. Entweder stimmt er dem Vertragsangebot zu oder die Betriebsübernahme droht zu scheitern. Muss der Betrieb dann stillgelegt werden, verliert der Arbeitnehmer seinen Arbeitsplatz. Demnach könnte sich der Arbeitnehmer genau in der Lage befinden, die durch § 2 KSchG vermieden werden sollte. Die Norm nimmt dem Arbeitnehmer das Risiko des Arbeitsplatzverlustes ab, wenn er sich weigert, das Änderungsvertragsangebot zu akzeptieren. Da der Arbeitnehmer das Änderungsangebot des Arbeitgebers nicht gem. § 2 KSchG gerichtlich überprüfen lassen kann, schlägt *Pietzko* eine analoge Anwendung der Norm vor.[646]

---

643 *Wagner*, Individualarbeitsrechtliche Vereinbarungen, S. 36.

644 So auch: Staudinger/*Annuß*, 2011, § 613a BGB Rn. 198; *Schiefer*, NJW 1998, 1817, 1820; APS/*Steffan*, 4. Auflage, § 613a BGB Rn. 128; *Wagner*, Individualarbeitsrechtliche Vereinbarungen, S. 32 ff.

645 So auch *Wagner*, Individualarbeitsrechtliche Vereinbarungen, S. 14 f.

646 *Pietzko*, ZIP 1990, 1105, 1114.

Dies ist jedoch abzulehnen.[647] *Pietzko* geht zu Unrecht davon aus, dass den Arbeitnehmern während der Übernahmeverhandlungen der Schutz des § 2 KSchG nicht zusteht. Denn auch hier kann der Arbeitnehmer das Vertragsangebot ablehnen und den bisherigen Arbeitgeber auf den Ausspruch einer Änderungskündigung, ggf. nach Erwerberkonzept, verweisen. Es fehlt bereits an einer Schutzlücke.[648]

Überdies ist die Situation der Änderungskündigung nicht mit dem Lemgoer Modell vergleichbar. Dem Arbeitnehmer wird nicht unmittelbar mit einer Kündigung gedroht. Sollte der Erwerber die Übernahme scheitern lassen, steht eine Betriebsstilllegung und damit auch der Verlust des Arbeitsplatzes zwar im Raum. Deren Eintritt ist aber keinesfalls gewiss. Bei der Änderungskündigung hingegen muss sich der Arbeitnehmer zwischen der einseitig vorgeschlagenen Änderung und der Kündigung entscheiden. Dieses „Alles-oder-nichts-Prinzip" besteht beim Lemgoer Modell aber nicht, sodass das Änderungsangebot auch nicht gerichtlich überprüft werden muss. Dass der Gesetzgeber die Norm auch für solche Änderungsangebote gelten lassen wollte, die nicht unmittelbar in Verbindung mit einer Kündigung angeboten werden, lässt sich den Gesetzesmaterialien nicht entnehmen. § 2 KSchG soll den Arbeitnehmer vor einseitigen Maßnahmen schützen und kann damit nicht zur Kontrolle einvernehmlicher Regelungen herangezogen werden.[649]

Auch das Vorgehen der Rechtsprechung spricht gegen eine Analogie. Denn das BAG wendet die Frist des § 4 Satz 1, 2 i.V.m. § 2 KSchG auf Änderungsvereinbarungen nicht entsprechend an. Demnach wäre eine Überprüfung der Änderungsverträge unbegrenzt zulässig, wohingegen solche Änderungen, die unter dem unmittelbaren Druck einer Kündigung stehen, lediglich drei Wochen gerichtlich überprüft werden könnten.[650]

Überdies gilt § 2 KSchG nur für Arbeitsverhältnisse, auf die das KSchG persönlich und sachlich anwendbar ist, sodass das Lemgoer Modell in Kleinbetrieben ohne weiteres zulässig sein müsste. Diese unterschiedliche Behandlung ist aber nicht mit dem Schutzzweck des § 613a BGB vereinbar, der alle Arbeitsverhältnisse schützen soll.[651]

---

647 Ablehnend auch: *Moll*, NJW 1993, 2016, 2022; *Naber*, Aufhebungsverträge, S. 131; *Wagner*, Individualarbeitsrechtliche Vereinbarungen, S. 109.

648 So auch *Wagner*, Individualarbeitsrechtliche Vereinbarungen, S. 109.

649 *Lipinski*, Sonderkündigungsschutz, S. 113.

650 *Wagner*, Individualarbeitsrechtliche Vereinbarungen, S. 24.

651 § 2 D III 3.

D. § 138 BGB als Rechtsgrundlage

Ein Rechtsgeschäft ist nach § 138 Abs. 1 BGB nichtig, wenn es wegen seines Inhalts gegen die guten Sitten verstößt. Die Norm dient damit ebenfalls der Inhaltskontrolle vertraglicher Vereinbarungen. Dabei kann sich die Nichtigkeit sowohl aus dem Inhalt selbst (sog. Inhaltssittenwidrigkeit), als auch aus den hinzutretenden Begleitumständen, die den Gesamtcharakter des Rechtsgeschäfts prägen (Zweck, Beweggrund), erfolgen (sog. Umstandssittenwidrigkeit).[652] Das Rechtsgeschäft verstößt gegen die guten Sitten, wenn es den Anforderungen an ein rechtsethisches Minimum nicht gerecht wird.[653] Es muss gegen das Anstandsgefühl aller billig und gerecht Denkenden verstoßen.[654] Dies ist insbesondere beim sog. Wuchertatbestand gem. § 138 Abs. 2 BGB der Fall. Hier müssen Leistung und Gegenleistung eines Austauschgeschäfts in einem auffälligen Missverhältnis zueinander stehen, weil der Wucherer die Zwangslage, Unerfahrenheit, einen Mangel an Urteilsvermögen oder eine erhebliche Willensschwäche des Bewucherten ausnutzt.[655]

Im Falle des Lemgoer Modells fehlt es bereits an einem auffälligen Missverhältnis zwischen Leistung und Gegenleistung. Allein aus der Nachteiligkeit der Vereinbarung, insbesondere eines Verzichts des Arbeitnehmers, kann noch nicht auf die Sittenwidrigkeit geschlossen werden.[656] Teilweise wird ein Missverhältnis bejaht, wenn die Vereinbarung der Sanierung des Betriebs dienen soll, das Gesamtkonzept aber von vorneherein chancenlos ist.[657] In diesem Fall soll aber das Verhalten der Parteien und nicht die Regelung im unechten Aufhebungsvertrag als sittenwidrig beurteilt werden, sodass § 826 BGB einschlägig wäre.[658] Erschöpft sich das sittenwidrige Verhalten, wie hier, in einer arglistigen Täuschung, wird § 138 BGB zudem durch § 123 Abs. 1 Alt. 1 BGB verdrängt.[659] Der Arbeitnehmer ist durch § 123 BGB bzw. § 826 BGB ausreichend geschützt, sodass § 138 BGB nicht herangezogen werden muss.[660]

---

652 Staudinger/*Sack/Fischinger*, 2011, § 138 BGB Rn. 4 ff.

653 *Ernst*, Aufhebungsverträge, S. 156; *Feuerborn*, Sachliche Gründe, S. 68; *Wolf/Neuner*, 10. Auflage, § 46 Rn. 12.

654 MüKo/*Armbrüster*, 6. Auflage, § 138 BGB Rn. 14; Soergel/*Hefermehl*, 13. Auflage, § 138 BGB Rn. 4; Staudinger/*Sack/Fischinger*, 2011, § 138 BGB Rn. 14.

655 Staudinger/*Sack/Fischinger*, 2011, § 138 BGB Rn. 229.

656 *Wagner*, Individualarbeitsrechtliche Vereinbarungen, S. 50.

657 *Willemsen*, RdA 1987, 327, 331 f.

658 *Wolf/Neuner*, 10. Auflage, § 46 Rn. 3.

659 *Wolf/Neuner*, 10. Auflage, § 46 Rn. 5.

660 *Wagner*, Individualarbeitsrechtliche Vereinbarungen, S. 49.

E. Inhaltskontrolle aufgrund der Lehre von den Schutzpflichten

Obwohl die Vertragsfreiheit des Arbeitnehmers im Falle des Lemgoer Modells nicht durch zwingende Normen eingeschränkt werden kann, steht den Parteien kein unbegrenzter Regelungsspielraum zu.[661] In Betracht kommt eine richterliche Inhaltskontrolle der Vertragsvereinbarung mittels zivilrechtlicher Generalklauseln. Bei der Auslegung der Tatbestandsmerkmale der Generalklauseln finden die Grundrechte mittelbar Anwendung im Privatrecht. Sie enthalten neben den klassischen Abwehrrechten auch Schutzpflichten des Staates gegenüber dem Bürger. Der Staat muss sicherstellen, dass die zivilrechtlichen und damit auch die arbeitsrechtlichen Vorschriften der objektiven Werteordnung[662] der Grundrechte entsprechen.[663]

I. Rechtsprechung des Bundesverfassungsgerichts

Die Schutzpflicht des Staates gilt auch im Hinblick auf die Privatautonomie. Diese garantiert die freie Selbstbestimmung des Einzelnen zur Regelung seiner Rechtsbeziehungen[664] und beinhaltet daher die Möglichkeit, nachteilige Verträge abzuschließen, sofern dies dem rechtsgeschäftlichen autonomen Willen des Einzelnen entspricht.[665] Hat aber ein Vertragspartner eine so starke Verhandlungsmacht, dass er die vertragliche Regelung faktisch einseitig setzen kann, bedeutet dies für den anderen Vertragspartner eine Fremdbestimmung.[666] In diesem Fall muss der Staat nach der Rechtsprechung des BVerfG schützend eingreifen, um die Fremdbestimmung des einen Vertragsteils zu beseitigen. Die Rechtsprechung ist verpflichtet, eine Inhaltskontrolle solcher Verträge durchzuführen, die eine Partei ungewöhnlich stark belasten und die auf einem ungleichen Kräfteverhältnis der Vertragsparteien beruhen. Dieser Schutz vor Fremdbestimmung muss notfalls über die grundrechtskonforme, extensive Anwendung von Generalklauseln

---

661 *Boemke*, NZA 1993, 532, 533.

662 Zur objektiven Werteortung: „Lüth-Urteil" des BVerfG vom 15.1.1958 – 1 BvR 400/51, BVerfGE 7, 198 = NJW 1958, 257.

663 Maunz/Dürig/*Di Fabio*, 72. Ergänzungslieferung, Art. 2 GG Rn. 109; *Germelmann*, NZA 1997, 236, 237; *Heinrich*, Formale Freiheit und materiale Gerechtigkeit, S. 118 f., 123; MüKo/*Müller-Glöge*, 6. Auflage, § 611 BGB Rn. 278 ff.

664 Maunz/Dürig/*Di Fabio*, 72. Ergänzungslieferung, Art. 2 GG Rn. 106 f.; *Flume*, BGB-AT II, 4. Auflage, S. 15; *Junker*, NZA 1997, 1305, 1306; dazu schon § 3 A I.

665 *Becker*, Die unzulässige Einflussnahme des Arbeitgebers, S. 70.

666 BVerfG vom 7.2.1990 – 1 BvR 26/84, BVerfGE 81, 242, 255 = NJW 1990, 1469, 1470; BVerfG vom 19.10.1993 – 1 BvR 567/89, 1 BvR 1044/89, BVerfGE 89, 214, 232 = NJW 1994, 36, 38; *Preis*, Grundfragen der Vertragsgestaltung, S. 41.

(namentlich §§ 138, 242 BGB[667]) erfolgen.[668] Die Privatautonomie erschöpft sich somit nicht in der Anerkennung der Parteivereinbarung, sondern umfasst auch den Schutz der Teilnehmer am Rechtsverkehr als Ausdruck ihrer „allgemeinen Ordnungsfunktion." Diese Ordnungsfunktion ist tangiert, wenn dem „Vertragsmechanismus die notwendige generelle Richtigkeitsgewähr fehlt."[669]

Das BAG darf sich somit auch im Falle des Lemgoer Modells nicht mit der Feststellung „Vertrag ist Vertrag"[670] begnügen. Vielmehr muss es schützend eingreifen, wenn der Inhalt des Vertrages für den Arbeitnehmer „ungewöhnlich belastend" und der Interessenausgleich „offensichtlich unangemessen" ist. Dies ist der Fall, wenn der unechte Aufhebungsvertrag aufgrund einer typisierbaren Fallgestaltung die Folge einer „strukturell ungleichen Verhandlungsstärke" ist.[671] In diesem Fall wird die Korrektur des Vertrages durch die in Art. 2 Abs. 1 GG verfassungsrechtlich gewährleistete Privatautonomie und das Sozialstaatsprinzip gem. Artt. 20 Abs. 1, 28 Abs. 1 GG ermöglicht.[672] Gleichwohl ist zu beachten, dass jeder staatliche Eingriff in die Vertragsfreiheit auch die Gefahr einer Degradierung des Bürgers zum Objekt staatlicher Fremdbestimmung beinhaltet.[673]

II. Inhaltskontrolle des BAG im Fall des Lemgoer Modells

Das BAG nimmt unter dem Stichwort „Umgehung" eine „verkappte Inhaltskontrolle"[674] des unechten Aufhebungsvertrages vor. Mit dem Erfordernis eines

---

667 BVerfG vom 19.10.1993 – 1 BvR 567/89, 1 BvR 1044/89, BVerfGE 89, 214, 233 = NJW 1994, 36, 39; a.A. aber *Adomeit*, NJW 1994, 2467, der durch die Bürgschaftsentscheidung eine neue Generalklausel begründet sah.

668 BVerfG vom 7.2.1990 – 1 BvR 26/84, BVerfGE 81, 242, 254 f. = NJW 1990, 1469, 1470; Maunz/Dürig/*Di Fabio*, 72. Ergänzungslieferung, Art. 2 GG Rn. 111; *Feuerborn*, Sachliche Gründe, S. 61; kritisch: *Adomeit*, NJW 1994, 2467 ff.; *Zöllner*, AcP 196 (1996) 1, 2 ff.; Übersicht der kritischen Stimmen zur Rechtsprechung des BVerfG bei: *Becker*, Die unzulässige Einflussnahme des Arbeitgebers, S. 79 f.

669 *Fastrich*, Richterliche Inhaltskontrolle, S. 56.

670 BVerfG vom 19.10.1993 – 1 BvR 567/89, 1 BvR 1044/89, BVerfGE 89, 214, 234 = NJW 1994, 36, 39.

671 BVerfG vom 5.8.1994 – 1 BvR 1402/89, NJW 1994, 2749, 2750 = BB 1994, 2296, 2298; *Becker*, Die unzulässige Einflussnahme des Arbeitgebers, S. 87 f.; *Franz*, Aufhebungsvertrag, S. 84 f.; *Heinrich*, Formale Gleichheit und materiale Gerechtigkeit, S. 123.

672 BVerfG vom 19.10.1993 – 1 BvR 567/89, 1 BvR 1044/89, BVerfGE 89, 214, 232 = NJW 1994, 36, 38; *Heinrich*, Formale Freiheit und materiale Gerechtigkeit, S. 123.

673 *Simon*, Unabdingbarkeit und vertraglicher Verzicht, S. 227.

674 Dazu schon § 6 D II; ebenso: *Naber*, Aufhebungsverträge, S. 134.

sachlichen Grundes soll die Durchsetzung des Arbeitgeberinteresses zum Schutz der Arbeitnehmer begrenzt werden, um ein – vermeintliches – Ungleichgewicht zu beseitigen. Dem Arbeitnehmer fehle typischerweise die erforderliche rechtsgeschäftliche Entscheidungsfreiheit, weil er häufig vor die Aussicht gestellt wird, die Verschlechterung der Arbeitsbedingungen hinzunehmen oder den Arbeitsplatz zu verlieren.[675] Liegen aber sachliche Gründe vor, ist der Interessenausgleich nicht offensichtlich unangemessen und die Vereinbarung für den Arbeitnehmer nicht ungewöhnlich belastend. In diesem Fall muss das Gericht nicht eingreifen, auch wenn ein tatsächliches Ungleichgewicht zwischen den Vertragsparteien besteht. Der sachliche Grund dient mithin als Anknüpfungspunkt für eine Interessenabwägung des Gerichts.[676]

III. Rechtsgrundlage für die vom BVerfG geforderte Inhaltskontrolle

Es ist zu untersuchen, auf welcher Rechtsgrundlage die Arbeitsgerichte nach der Rechtsprechung des BVerfG korrigierend eingreifen dürfen, falls die Vertragsparität im Falle des Lemgoer Modells gestört sein sollte. Denn „jedes juristische Ergebnis muss in irgendeiner Weise von einer gesetzlichen Vorschrift getragen werden“.[677]

1. § 138 BGB

Die vom BVerfG geforderte Inhaltskontrolle könnte dogmatisch in § 138 BGB zu verorten sein. Demnach wäre der unechte Aufhebungsvertrag sittenwidrig, wenn er auf einer ungleichen Verhandlungsmacht zu Lasten des Arbeitnehmers beruht und die Verschlechterung der Arbeitsbedingungen nicht durch sachliche Gründe gerechtfertigt werden kann.

In einigen Fällen kann die ungleiche Verhandlungsstärke über die Sittenwidrigkeitskontrolle des § 138 BGB kompensiert werden, da hier an die Unterlegenheit einer Vertragspartei im Einzelfall angeknüpft wird.[678] Dies ist jedoch nur unter engen Voraussetzungen möglich. Die bloße Störung der Vertragsparität genügt nicht.[679] § 138 BGB greift nur bei besonders schwerer Störung der Vertragsparität

675 BAG vom 18.8.2005 – 8 AZR 523/04, BAGE 115, 340, 347 f. = NZA 2006, 145, 147; BAG vom 12.5.1992 – 3 AZR 247/91, BAGE 70, 209, 214 = NZA 1992, 1080, 1081.

676 Zur Befristungskontrolle: *Feuerborn*, Sachliche Gründe, S. 54; *Preis*, Grundfragen der Vertragsgestaltung, S. 163 ff.

677 *von Hoyningen-Huene*, Billigkeit, S. 155; zustimmend: *Zöllner*, RdA 1989, 152, 156.

678 *Fastrich*, RdA 1997, 65, 70 f.; *Feuerborn*, Sachliche Gründe, S. 62.

679 *Heinrich*, Formale Gleichheit und materiale Gerechtigkeit, S. 125.

im Einzelfall ein und ermöglicht lediglich eine Evidenzkontrolle.[680] Daran hat sich auch durch die Rechtsprechung des BVerfG nichts geändert.[681] Zuzugeben ist zwar, dass § 138 BGB einen konkreten Maßstab vorgibt und dadurch mehr Rechtssicherheit geschaffen werden kann.[682] Dennoch werden der Privatautonomie durch die Sittenwidrigkeitskontrolle nur äußere Grenzen gesetzt. Nach der Rechtsprechung des BVerfG dürfen die Gerichte korrigierend eingreifen, wenn der Interessenausgleich „offensichtlich unangemessenen" ist und auf einer typisierbaren Fallgestaltung einer „strukturell ungleichen Verhandlungsstärke" beruht.[683] Das BVerfG verlangt eine typischerweise gegebene „strukturelle" und keine „individuelle" Unterlegenheit des Vertragspartners. Dadurch räumt es den jeweiligen Fachgerichten eine Kontrollbefugnis ein, die über den engen Maßstab der Sittenwidrigkeit hinausgeht. Es kommt nicht auf die Unterlegenheit einer Vertragspartei im Einzelfall und damit die individuelle Freiheit an. Vielmehr ist erforderlich, dass die Richtigkeitsgewähr und damit die Ordnungsfunktion der Privatautonomie[684] in einem bestimmten Bereich generell versagt. Mithin macht die „Unangemessenheit" einer Vereinbarung diese nach der Rechtsprechung des BVerfG nicht gleichzeitig gem. § 138 BGB sittenwidrig.[685]

2. *Inhaltskontrolle im engeren Sinn gem. § 242 BGB*

Da die Unwirksamkeit des unechten Aufhebungsvertrages weder aus § 613a BGB noch aus §§ 134, 138 BGB (sog. Inhaltskontrolle im weiteren Sinn) folgt, könnte sich die richterliche Kompetenz zur Inhaltskontrolle aus § 242 BGB[686] bzw. aus dem in § 242 BGB verkörperten Prinzip von Treu und Glauben[687] oder aus § 315 BGB[688] ergeben. Sie wird teilweise als Inhaltskontrolle im engeren Sinn[689],

---

680 Zur Unterlegenheit im Einzelfall: § 8 D.

681 *Feuerborn*, Sachliche Gründe, S. 68.

682 *Wagner*, Individualarbeitsrechtliche Vereinbarungen, S. 85.

683 BVerfG vom 5.8.1994 – 1 BvR 1402/89, NJW 1994, 2749, 2750 = BB 1994, 2296, 2298.

684 Zur Ordnungsfunktion der Privatautonomie: § 8 E I.

685 *Fastrich*, RdA 1997, 65, 68, 70 ff.; zustimmend: *Simon*, Unabdingbarkeit und vertraglicher Verzicht, S. 238 f.; a.A. aber z.B. *Zwanziger*, DB 1994, 982, 983: „§ 138 Abs. 1 BGB ist einer verfassungskonformen Auslegung im Sinne der Rechtsprechung des BVerfG zugänglich"; KDZ/*ders.* 9. Auflage, § 613a BGB Rn. 277a.

686 Z.B. *von Hoyningen-Huene*, Billigkeit, S. 159 ff.; *Preis*, Grundfragen der Vertragsgestaltung, S. 249 f.; *Wolf*, RdA 1988, 270, 271; *Zöllner*, RdA 1989, 152, 158.

687 *Fastrich*, Richterliche Inhaltskontrolle, S. 71.

688 *Wagner*, Individualarbeitsrechtliche Vereinbarungen, S. 61 f.

689 *Ernst*, Aufhebungsverträge, S. 189; *Fastrich*, Richterliche Inhaltskontrolle, S. 6.

als Angemessenheitskontrolle[690] oder auch als Billigkeitskontrolle[691] bezeichnet und befasst sich mit der Frage, ob die Vertragsfreiheit durch immanente Grenzen nochmals eingeschränkt werden kann.[692] In Rechtsprechung und Literatur ist diese Vertragskontrolle umstritten.[693]

Mehrheitlich wird sie jedenfalls seit der Rechtsprechung des BVerfG[694] als geeignetes dogmatisches Mittel zur richterlichen Korrektur der gestörten Vertragsparität angesehen,[695] zumal die vom BVerfG aufgestellten Kriterien den Voraussetzungen entsprechen, die eine Inhaltskontrolle i.e.S. zu rechtfertigen vermögen.[696] Da § 315 BGB einen wirksamen Vertrag voraussetzt, die Vereinbarung aber gerade auf ihre Wirksamkeit überprüft werden soll[697], kommt (nur) § 242 BGB als gesetzliche Grundlage für die Inhaltskontrolle in Betracht.[698] Der Grundsatz von Treu und Glauben gebietet eine Abwägung der Interessen der Vertragsparteien, bei der auch die Grundrechte mittelbar Berücksichtigung finden müssen.[699]

Auch das BAG nimmt im Falle des Lemgoer Modells eine Inhaltskontrolle i.e.S. vor: Das Gericht prüft nämlich nicht die Unterlegenheit des Arbeitnehmers

---

690 *Preis*, Grundfragen der Vertragsgestaltung, S. 180.

691 *Pietzko*, Tatbestand, S. 181; *von Hoyningen-Huene*, Billigkeit, S.129; *Seiter*, Anmerkung zu BAG AP Nr. 5 zu § 613a BGB Bl. 221, 222 R.

692 *Ernst*, Aufhebungsverträge, S. 189; *Zöllner* RdA 1989, 152, 153 in Fn. 1.

693 *Ernst*, Aufhebungsverträge, S. 189; *Wagner*, Individualarbeitsrechtliche Vereinbarungen, S. 62 f. m.w.N.; a.A. aber *Preis*, Grundfragen der Vertragsgestaltung, S. 237; kritisch zur Inhaltskontrolle i.e.S. zunächst *Zöllner*, AcP 176 (1976) 221, 243 ff.; anders *ders.* RdA 1989, 152, 156, 158.

694 BVerfG vom 7.2.1990 – 1 BvR 26/84, BVerfGE 81, 242 = NJW 1990, 1469; BVerfG vom 19.10.1993 – 1 BvR 567/89, 1 BvR 1044/89, BVerfGE 89, 214 = NJW 1994, 36; dazu § 8 E I.

695 BAG vom 9.9.2003 - 9 AZR 574/02, BAGE 107, 256, 259 = NZA 2004, 484, 485; BAG vom 25.5.2005 – 5 AZR 572/04, BAGE 115, 19, 31 f. = NZA 2005, 1111, 1116; *Fastrich*, RdA 1997, 65, 80; *Feuerborn*, Sachliche Gründe, S. 62 m.w.N. in Fn. 97; a.A. *Wagner*, Individualarbeitsrechtliche Vereinbarungen, S. 63 f., 82 ff., 93, der eine abschließende Regelung in § 138 BGB annimmt; *Zwanziger*, DB 1994, 982, 983; KDZ/*ders*., 9. Auflage, § 613a BGB Rn. 277a.

696 *Feuerborn*, Sachliche Gründe, S. 62; § 8 E I, III 1.

697 Ausführlich: *Wolf*, RdA 1988, 270, 271.

698 BAG vom 25.5.2005 – 5 AZR 572/04, BAGE 115, 19, 31 f. = NZA 2005, 1111, 1116; *Naber*, Aufhebungsverträge, S. 132 f.; MüKo/*Roth/Schubert*, 6. Auflage, § 242 BGB Rn. 467.

699 Maunz/Dürig/*Di Fabio*, 72. Ergänzungslieferung, Art. 2 GG Rn. 109; MüKo/*Roth/Schubert*, 6. Auflage, § 242 BGB Rn. 49, 56.

im Einzelfall, sondern stellt auf die Gesamtsituation beim Betriebsübergang ab. Der „Erhalt von Arbeitsplätzen" reicht als sachlicher Grund aus[700], um die Vereinbarung in der Betriebsübergangssituation nicht unangemessen erscheinen zu lassen. Somit wendet auch das BAG nicht den strengen Maßstab der Sittenwidrigkeit an, sondern zieht den objektiv generalisierenden Maßstab einer Angemessenheitskontrolle gem. § 242 BGB heran.[701] Es kommt maßgeblich darauf an, ob die Regelung des unechten Aufhebungsvertrages typischerweise gerechtfertigt ist, und nicht auf den speziellen Einzelfall.

IV. Keine strukturelle Unterlegenheit des Arbeitnehmers bei Abschluss eines unechten Aufhebungsvertrages

Die Regelung des unechten Aufhebungsvertrages müsste aufgrund der strukturellen Ungleichgewichtslage für den Arbeitnehmer unangemessen und belastend sein. Der Vertragsmechanismus des unechten Aufhebungsvertrages müsste versagen. Es ist daher zu untersuchen, ob beim Lemgoer Modell eine Ungleichgewichtslage zulasten des Arbeitnehmers besteht.[702]

1. Begriff der strukturellen Unterlegenheit

Flume geht zu Recht davon aus, dass die Privatautonomie Selbstbestimmung verlangt. Sie kann als Rechtsprinzip nur verwirklicht werden, wenn auch tatsächlich Macht zur Selbstbestimmung besteht. Es sei das ewige Dilemma der Privatautonomie, dass diese immer wieder durch ungleiche Machtverteilung in Frage gestellt werde.[703] Wann aber eine solche ungleiche Verhandlungsstärke zwischen den Vertragsparteien nach der Rechtsprechung des BVerfG vorliegen soll, ist ungeklärt und lässt sich auch der Verfassung nicht unmittelbar entnehmen.[704] Aus diesem Grund wurde der Begriff der gestörten Vertragsparität vielfach kritisiert.[705] Eine Ungleichgewichtslage sei weder feststellbar noch justiziabel,[706] da nie ein völliges

---

700 Dazu ausführlich § 8 E V 2 a.

701 *Feuerborn*, Sachliche Gründe, S. 67.

702 Gegen die strukturelle Unterlegenheit als Voraussetzung der Inhaltskontrolle i.e.S.: *Zöllner*, AcP 196 (1996), 1, 30 f.

703 *Flume*, BGB-AT II, 4. Auflage, S. 10; ablehnend: *Zöllner*, AcP 196 (1996), 1, 35 f.

704 BVerfG vom 23.11.2006 – 1 BvR 1909/06, AP Nr. 22 zu § 307 BGB = NZA 2007, 85, 87; *Germelmann*, NZA 1997, 236, 237; ausführlich: *Zöllner*, AcP 196 (1996), 1, 15 ff., 24.

705 Z.B. *Adomeit*, NJW 1994, 2467, 2468; *Bengelsdorf*, BB 1995, 978, 981; *Germelmann*, NZA 1997, 236, 240; *Zöllner*, AcP 196 (1996), 1 ff.; Überblick auch bei *Becker*, Die unzulässige Einflussnahme des Arbeitgebers, S. 79 ff.

706 So *Preis*, Grundfragen der Vertragsgestaltung, S. 288.

Gleichgewicht zwischen den Vertragspartnern bestehe.[707] Allgemeine Floskeln wie „existentielle Abhängigkeit" und „wirtschaftliche und intellektuelle Abhängigkeit" seien zur Begründung einer Ungleichgewichtslage nicht ausreichend. Es fehle an hinreichend konkreten Kriterien zur Durchführung der Inhaltskontrolle.[708]

Den Kritikern ist zuzugeben, dass der Begriff der strukturellen Unterlegenheit sehr unbestimmt ist. Zudem ist unklar, wie sich dieses Ungleichgewicht auf den Vertragsinhalt auswirkt.[709] Dennoch soll im Folgenden untersucht werden, ob beim Lemgoer Modell ein Machtgefälle zwischen Arbeitgeber und Arbeitnehmer besteht, das eine richterliche Inhaltskontrolle ermöglichen könnte.

a. Keine generell gestörte Vertragsparität zwischen Arbeitgeber und Arbeitnehmer

Ausgangspunkt der Feststellung einer Schutzbedürftigkeit des Arbeitnehmers ist das Verhältnis zwischen dem Arbeitgeber und dem Arbeitnehmer.[710] Hier wird teilweise vertreten, dass der Arbeitnehmer aufgrund der „strukturbedingten Rollenverteilung" stets unterlegen sei.[711] Das Verhältnis zwischen Arbeitgeber und Arbeitnehmer sei durch die existenzielle Abhängigkeit des Arbeitnehmers gekennzeichnet, da der einzelne Arbeitnehmer auf seinen Arbeitsplatz typischerweise stärker angewiesen sei als der Arbeitgeber auf den einzelnen Arbeitnehmer. Deshalb bestünde die strukturelle Unterlegenheit des Arbeitnehmers nicht nur bei Begründung, sondern auch im bestehenden Arbeitsverhältnis.[712] Er benötige das regelmäßige Einkommen, um seinen Lebensunterhalt zu sichern. Der Arbeitnehmer sei sozial schwächer und deshalb besonders schutzbedürftig.[713]

Regelmäßig mag zwar eine wirtschaftliche und möglicherweise auch eine intellektuelle oder soziale Unterlegenheit des Arbeitnehmers vorliegen.[714] Diese

---

707 *Fastrich*, RdA 1997, 65, 67; *Wagner*, Individualarbeitsrechtliche Vereinbarungen, S. 86.

708 *Preis*, Grundfragen der Vertragsgestaltung, S. 286 ff.; zustimmend: *Bengelsdorf*, BB 1995, 978, 981.

709 *Feuerborn*, Sachliche Gründe, S. 64.

710 *Thies*, Schutz des Arbeitnehmers, S. 10.

711 *Franz*, Aufhebungsvertrag, S. 85.

712 BVerfG vom 23.11.2006 – 1 BvR 1909/06, AP Nr. 22 zu § 307 BGB = NZA 2007, 85, 87; kritisch: *Bengelsdorf*, BB 1995, 978, 982; Übersicht auch bei *Becker*, Die unzulässige Einflussnahme des Arbeitgebers, S. 113 f.

713 *Becker*, Die unzulässige Einflussnahme des Arbeitgebers, S. 114; *Fastrich*, Richterliche Inhaltskontrolle, S. 187.

714 Kritisch: *Zöllner*, AcP 176 (1976), 221, 237 ff.

kann aber keinesfalls pauschal unterstellt werden.[715] Nicht jede Willenserklärung des Arbeitnehmers zum Abschluss eines Vertrages basiert auf einer ungleichen Verhandlungsstärke. Eine statusorientierte Betrachtungsweise ist demnach abzulehnen.[716] Die richterliche Inhaltskontrolle kann nicht mit dem pauschalen Verweis auf das generelle Machtungleichgewicht und das allgemeine Schutzbedürfnis des Arbeitnehmers legitimiert werden.[717] Anderenfalls würde man unterstellen, dass die zahlreichen Arbeitnehmerschutzvorschriften nicht dazu beitragen würden, lediglich einseitig vorteilhaften Verträgen entgegenzuwirken und das Verhandlungsungleichgewicht zu reduzieren.[718]

b. Verhandlungssituation maßgeblich

Gleichwohl muss das jeweilige Fachgericht korrigierend eingreifen können, damit die verfassungsrechtlich geschützte Privatautonomie funktionsfähig bleibt und der Arbeitnehmer autonom entscheiden kann. Nur wenn die Vertragsparteien die gleiche Chance haben, ihre Interessen zu verfolgen, kann der Vertrag sein Ziel – den Interessenausgleich nach freiem Willen der Parteien – erreichen und Richtigkeitsgewähr für sich in Anspruch nehmen.[719] Dabei reicht jedoch nicht jede Störung des Verhandlungsgleichgewichtes aus.[720] Denn nicht jedes Machtungleichgewicht führt automatisch zu einer unangemessenen Regelung.[721] Die Rechtsprechung des BVerfG soll nicht als „subsumtionsfähiges Korrekturinstrument" dienen.[722] Sie besagt vielmehr, dass die Gerichte sich nicht blind mit dem Satz „pacta sunt servanda" begnügen sollen.[723] Gleichwohl soll die Inhaltskontrolle nicht umfassend ermöglicht werden, sondern ist auf sog. „gefährliche Verträge" beschränkt.[724] Es muss sich um eine typisierbare Fallgestaltung handeln, die eine strukturelle Unterlegenheit des einen Vertragsteils und damit

---

715 *Thüsing*, RdA 2005, 257, 261 nennt beispielhaft Piloten, IT-Spezialisten, Profifußballer und Rechtsanwälte in Topkanzleien; ebenso: *Hanau*, Deregulierung, S. 22.

716 *Franz*, Aufhebungsvertrag, S. 89.

717 *Germelmann*, NZA 1997, 236, 238.

718 *Wagner*, Individualarbeitsrechtliche Vereinbarungen, S. 95 f.

719 Zutreffend: *Bengelsdorf*, BB 1995, 978, 981.

720 BVerfG vom 19.10.1993 – 1 BvR 567/89, 1 BvR 1044/89, BVerfGE 89, 214, 232 = NJW 1994, 36, 38.

721 *Fastrich*, RdA 1997, 65, 67; *Franz*, Aufhebungsvertrag, S. 89; *Zöllner*, AcP 176 (1976), 221, 236.

722 *Franz*, Aufhebungsvertrag, S. 84.

723 *Lorenz*, JZ 1997, 277, 281.

724 *Fastrich*, RdA 1997, 65, 78.

ein spezifisches Schutzbedürfnis erkennen lässt.[725] Maßgeblich ist daher die Verhandlungssituation, in der der jeweilige Vertrag geschlossen wurde.[726] Es kommt darauf an, ob und inwieweit die Vertragspartner über den Abschluss und den Inhalt des Vertrages tatsächlich frei entscheiden konnten.[727]

aa. Verhandlungssituation bei Beendigung des Arbeitsverhältnisses

Bei echten Aufhebungsverträgen geht das BAG – auch bei Betriebsübergängen – zutreffend nicht von einer gestörten Vertragsparität aus. Der Arbeitnehmer kann dem Ansinnen des Arbeitgebers ein schlichtes „Nein" entgegensetzen, sodass ihm die zur Durchsetzung seiner berechtigten Interessen erforderliche Verhandlungsmacht nicht abgesprochen werden kann. Der Arbeitnehmer hat die Möglichkeit, sowohl das „Ob" als auch das „Wie" und das „Wann" von seinem vollen Konsens abhängig zu machen. Eine strukturell ungleiche Verhandlungsstärke als Voraussetzung der vom BVerfG geforderten Inhaltskontrolle liegt daher nicht vor. Bei Abschluss eines Aufhebungsvertrages besteht somit keine grundrechtliche Schutzpflicht.[728]

bb. Verhandlungssituation im bestehenden Arbeitsverhältnis

Möglicherweise ist die Vertragssituation beim unechten Aufhebungsvertrag für den Arbeitnehmer schon deshalb belastender, weil er faktisch zu keiner Beendigung des Arbeitsverhältnisses führt. Im bestehenden Arbeitsverhältnis will der Arbeitnehmer seinen Arbeitsplatz behalten. Er könnte sich daher lediglich aufgrund seiner „Abhängigkeit" vom Arbeitgeber dessen Änderungswünschen beugen.[729] Dem Arbeitnehmer könnte der Verzicht auf den Bestandsschutz

---

725 BVerfG vom 19.10.1993 – 1 BvR 567/89, 1 BvR 1044/89, BVerfGE 89, 214, 232 = NJW 1994, 36, 38; BAG vom 9.9.2003 – 9 AZR 574/02, BAGE 107, 256, 259 = NZA 2004, 484, 485; so auch *Bengelsdorf*, BB 1995, 978, 982; *Franz*, Aufhebungsvertrag, S. 88 f.

726 *Becker*, Die unzulässige Einflussnahme des Arbeitgebers, S. 87; *Bengelsdorf*, BB 1995, 978, 981; *Franz*, Aufhebungsvertrag, S. 89.

727 *Lorenz*, JZ 1997, 277, 281.

728 BAG vom 14.2.1996 – 2 AZR 234/95, EzA § 611 BGB Aufhebungsvertrag Nr. 21 = NZA 1996, 811, 812; ebenso: *Bengelsdorf*, BB 1995, 978, 982 f.; *Boemke*, NZA 1993, 532, 537; *Feuerborn*, Sachliche Gründe, S. 171; *Franz*, Aufhebungsvertrag, S. 101 f.; *Junker*, NZA 1997, 1305, 1311; *Lingemann/Groneberg*, NJW 2010, 3496, 3497; *Lorenz*, JZ 1997, 277, 281; a.A. *Zwanziger*, DB 1994, 982, 983; KDZ/*Däubler*, 9. Auflage, Anhang zu § 623 BGB Rn. 43 nimmt eine strukturelle Unterlegenheit an, wenn der Arbeitnehmer mit einer Kündigung rechnen muss.

729 In diese Richtung: KR/*Treber*, 10. Auflage, § 613a BGB Rn. 201.

leichter fallen, weil er dadurch zu erkennen gibt, dass er an einem Fortbestand des Arbeitsverhältnisses als Ganzes kein Interesse mehr hat. Ist er am Bestand nicht mehr interessiert, muss auch der Inhalt nicht mehr geschützt werden. Dies kommt auch dadurch zum Ausdruck, dass einige inhaltsschützende zwingende Normen nach Beendigung des Arbeitsverhältnisses wieder zur Disposition des Arbeitnehmer stehen (vgl. § 12 EFZG[730]). Der Verzicht kann aber nicht allein deshalb unwirksam sein, weil er im bestehenden Arbeitsverhältnis vereinbart wurde. Vielmehr kommt es auf die konkrete Situation an, in der der Verzichtsvertrag geschlossen wurde.

Demnach wird im Folgenden untersucht, woraus sich die „Gefährlichkeit" des unechten Aufhebungsvertrages und die daraus resultierende strukturelle Unterlegenheit des Arbeitnehmers ergeben könnte.

2. *Keine Fremdbestimmung durch Veranlassung des Arbeitgebers*

Da die Initiative zum Abschluss eines Aufhebungsvertrages vom Arbeitgeber ausgeht, könnte die Annahme des arbeitgeberseitigen Vertragsangebotes durch den Arbeitnehmer fremdbestimmt und damit unfrei sein.[731] Mit der Zustimmung zum Lemgoer Modell könnte der Arbeitnehmer lediglich seine grundsätzliche Bereitschaft bekunden, beim Erwerber weiterarbeiten zu wollen, sodass seiner Willenserklärung nicht der Verzicht auf den erweiterten Bestandsschutz des § 613a BGB entnommen werden kann.[732] Folglich könnte es bereits am übereinstimmenden Willen zwischen Arbeitgeber und Arbeitnehmer fehlen, dem letztlich die entscheidende Indizfunktion für die Angemessenheit des Vertrages zukommt.[733]

Die Veranlassung durch den Arbeitgeber ist indes bei Aufhebungs- und Änderungsvereinbarungen regelmäßig der Fall. So auch beim Lemgoer Modell, weil nur hier der Arbeitgeber Kenntnis von der wirtschaftlichen Situation und den Bedingungen des potentiellen Erwerbers hat.[734] Allein aufgrund der

730 Zu § 9 LFZG (entspricht § 12 EFZG): BAG vom 20.8.1980 – 5 AZR 218/78, AP Nr. 11 zu § 6 LohnFG = NJW 1981, 1061, 1062; ErfK/*Reinhard*, 15. Auflage, § 12 EFZG Rn. 5; BeckOK-ArbR/*Ricken*, Ed. 34, § 12 EFZG Rn. 12; *Simon*, Unabdingbarkeit und vertraglicher Verzicht, S. 42.

731 *Becker*, Die unzulässige Einflussnahme des Arbeitgebers, S. 133; *Ende*, NZA 1994, 494, 495; KR/*Treber*, 10. Auflage, § 613a BGB Rn. 202; in diese Richtung auch: *Wolf*, RdA 1988, 270, 273.

732 *Hillebrecht*, NZA 1989 Beil. 4, 10, 11.

733 *Thüsing*, RdA 2005, 257, 259.

734 *Lipinski*, Sonderkündigungsschutz, S. 117.

Tatsache, dass der Arbeitgeber den ersten Anstoß zum Abschluss einer solchen Vereinbarung gibt, kann nicht unterstellt werden, dass der Arbeitnehmer nicht mehr in der Lage ist, seine Interessen durchzusetzen.[735] Zudem sind Verzichtserklärungen des Arbeitnehmers nach dem Betriebsübergang[736] auch dann zulässig, wenn sie auf Veranlassung des Arbeitgebers erfolgen. Das zeitliche Moment der Vereinbarung kann keine entscheidende Rolle spielen.[737] Somit liegt allein aufgrund der Veranlassung des Arbeitgebers keine unfreie Entscheidung des Arbeitnehmers vor. Es kommt auf die Gesamtumstände während der Vertragsverhandlungen an.

3. *Keine existentielle Angewiesenheit auf den Neuvertrag*

Die wirtschaftliche Stärke des Arbeitgebers vermag für sich genommen noch keine Imparität zu begründen. Ein Machtungleichgewicht besteht aber, wenn eine Vertragspartei auf den Vertragsschluss derart angewiesen ist, dass sie jede Vertragsbedingung akzeptiert.[738] Diese existentielle Angewiesenheit des Arbeitnehmers auf den Vertrag wird bei Abschluss eines Arbeitsvertrages überwiegend angenommen.[739] Auch die Befristungskontrollrechtsprechung des Großen Senats[740] basiert auf diesem Gedanken. Vor Abschluss des Arbeitsvertrages befinden sich die Arbeitnehmer in einer schwächeren Position und stimmen aufgrund ihrer Angewiesenheit auf den Arbeitsvertrag eher einer Befristung zu.[741]

Bei echten Aufhebungsverträgen kann hingegen nicht von einer solchen Angewiesenheit ausgegangen werden. Durch den Aufhebungsvertrag beseitigt der Arbeitnehmer den Arbeitsvertrag mit dem Veräußerer und damit die Grundlage seiner Existenz selbst.[742] Auch auf den neuen Arbeitsvertrag beim Erwerber ist er nicht existentiell angewiesen. Denn nimmt der Arbeitnehmer das Angebot auf Abschluss eines unechten Aufhebungsvertrages nicht an, bleibt sein

---

735 *Bengelsdorf*, BB 1995, 978, 981.

736 BAG vom 7.11.2007 – 5 AZR 1007/06, BAGE 124, 345 = NZA 2008, 530.

737 *Weimar/Alfes*, NZA 1993, 155, 160.

738 *Thüsing*, RdA 2005, 257, 260.

739 BVerfG vom 23.11.2006 – 1 BvR 1909/06, AP Nr. 22 zu § 307 BGB = NZA 2007, 85, 87; *Becker*, Die unzulässige Einflussnahme des Arbeitgebers, S. 94; *Fastrich*, Richterliche Inhaltskontrolle, S. 186 f.; *Wolf*, RdA 1988, 270, 272.

740 BAG Großer Senat vom 12.10.1960 – GS 1/59, BAGE 10, 65 = NJW 1961, 798; dazu schon § 6 B I 1; APS/*Backhaus*, 4. Auflage, § 14 TzBfG Rn. 1; ErfK/*Müller-Glöge*, 15. Auflage, § 14 TzBfG Rn. 1 f.

741 *Seiter*, Anmerkung zu BAG AP Nr. 5 zu § 613a BGB Bl. 221, 222.

742 *Naber*, Aufhebungsverträge, S. 141.

Arbeitsverhältnis mit dem Veräußerer bestehen und geht im Fall eines späteren Betriebsübergangs unverändert gem. § 613a Abs. 1 Satz 1 BGB auf den Erwerber über. Diese Ausgangssituation ist nicht mit der Stellung des Arbeitnehmers vor Abschluss eines normalen Arbeitsvertrages vergleichbar. Will der Erwerber später die (abgelehnte) Vertragsänderung durchsetzen, besteht die Möglichkeit einer Änderungskündigung, die der vollen gerichtlichen Überprüfung unterliegt.[743] Der Arbeitnehmer wird zudem durch § 613a Abs. 4 Satz 1 BGB vor Kündigungen, die „wegen" des Betriebsübergangs erfolgen, geschützt. Der Arbeitsvertrag als Existenzgrundlage ist mithin nicht gefährdet.

4. *Keine intellektuelle Disparität beim Lemgoer Modell*

Möglicherweise besteht aber ein Informationsgefälle zwischen den Parteien, weil der Arbeitgeber über ein überlegenes Sonderwissen verfügt und dem Arbeitnehmer die rechtlichen Auswirkungen erst nach dem Vertragsschluss klar werden.[744] Allerdings hat der Arbeitgeber gewisse Hinweispflichten zu beachten, die den Arbeitnehmer bei falscher Aufklärung zur Anfechtung gem. § 123 Abs. 1 Alt. 1 BGB berechtigen.[745] Gleichwohl könnte der Arbeitgeber beim Lemgoer Modell einen Verhandlungsvorteil haben, weil lediglich der Veräußerer und der Erwerber genau wissen, ob und in welchem Umfang die Änderung der Arbeitsbedingungen und der Abbau der sozialen Besitzstände für die Übernahme notwendig sind.[746] Doch auch unabhängig von Betriebsübergängen vermag der Arbeitnehmer kaum zu überblicken, ob eine Verschlechterung der Arbeitsbedingungen wirtschaftlich notwendig ist. Im Falle einer Änderungskündigung gem. § 2 KSchG muss der Arbeitnehmer auch selbst entscheiden, ob er das Änderungsangebot ggf. unter Vorbehalt annimmt.[747] Lässt er sich vorbehaltlos darauf ein, kann der Änderungsvertrag später nicht aufgrund einer möglichen Unterlegenheit gerichtlich angegriffen werden. Darüber hinaus darf der Arbeitgeber auch in Kleinbetrieben sein überlegenes Wissen ausnutzen, um eine Änderung der Arbeitsbedingungen zu erreichen.[748]

Weiter ist zu beachten, dass der Arbeitnehmer bei der Entscheidung, sich auf den unechten Aufhebungsvertrag einzulassen, nicht auf sich allein gestellt

---

743 *Seiter*, Anmerkung zu BAG AP Nr. 5 zu § 613a BGB, Bl. 221, 222; *ders.*, Betriebsinhaberwechsel, S. 99.

744 *Becker*, Die unzulässige Einflussnahme des Arbeitgebers, S. 145.

745 Zu den Hinweispflichten: § 3 A IV; zur Anfechtung: § 14 A II 1.

746 *Wagner*, Individualarbeitsrechtliche Vereinbarungen, S. 110.

747 § 7 III 3 e bb.

748 *Wagner*, Individualarbeitsrechtliche Vereinbarungen, S. 112 f.

ist. Er kann sich nämlich mit dem Betriebsrat, der Gewerkschaft oder der Bundesagentur für Arbeit austauschen.[749] Das Lemgoer Modell ist ein kooperatives Sanierungskonzept.[750] Im Ausgangsfall des BAG zum Lemgoer Modell[751] riet der Gewerkschaftsvertreter der IG-Metall der Belegschaft sogar zur Mitwirkung mittels Eigenkündigung.[752] Der Arbeitnehmer ist durch die Rücksprachemöglichkeit mit den Arbeitnehmervertretern einem möglichen Einfluss des Arbeitgebers nicht gänzlich ausgesetzt. Er ist in der Lage, die Alternativen und Rechtsfolgen des Vertragsschlusses zu überblicken und zu beurteilen. Schon aus diesem Grund kann nicht von einer intellektuell unterlegenen Stellung des Arbeitnehmers gesprochen werden.[753]

5. *Ausnutzen einer Drucksituation*

Die Ausnutzung einer Drucksituation bei Vertragsschluss ist als typisierte Fallgestaltung einer strukturellen Unterlegenheit anerkannt.[754] So auch im Falle des unechten Aufhebungsvertrages. Das BAG argumentiert mit der Drucksituation, weil die Arbeitnehmer häufig vor die Aussicht gestellt würden, die Verschlechterung der Arbeitsbedingungen hinzunehmen oder den Arbeitsplatz bei sonst drohender Betriebsstilllegung zu verlieren.[755] Die Arbeitgeberseite übe mit der Begründung, dass die Arbeitsplätze nur durch Verzicht auf den Schutz des § 613a BGB zu sichern seien, sozialen Druck auf die Arbeitnehmer aus.[756] Eine autonome Entscheidung des Arbeitnehmers, an seinem bisherigen Arbeitsplatz auf keinen Fall weiter arbeiten zu wollen, sei dann aber nicht möglich. Der Arbeitnehmer wolle seinen Arbeitsplatz behalten und beuge sich nur dem Druck.[757] Demnach sei er in der Insolvenzsituation strukturell unterlegen und

749 *Kracht*, Kündigungsverbot, S. 154; *Kreitner*, Kündigungsrechtliche Probleme, S. 196; *Lipinski*, Sonderkündigungsschutz, S. 117; *Pietzko*, ZIP 1990, 1105, 1110; allgemein dazu auch *Däubler*, Das Arbeitsrecht 2, Rn. 1233.

750 *Pietzko*, ZIP 1990, 1105, 1110.

751 BAG vom 28.4.1987 – 3 AZR 75/86, BAGE 55, 228 = NZA 1988, 198; dazu § 6 A III 1.

752 *Willemsen*, Anmerkung zu BAG EzA Nr. 67 zu § 613a BGB, 9, 10.

753 So auch *Becker*, Die unzulässige Einflussnahme des Arbeitgebers, S. 156 ff.

754 *Germelmann*, NZA 1997, 236, 238.

755 BAG vom 18.8.2005 – 8 AZR 523/04, BAGE 115, 340, 347 f. = NZA 2006, 145, 147; BAG vom 12.5.1992 – 3 AZR 247/91, BAGE 70, 209, 214 = NZA 1992, 1080, 1081.

756 *Ende*, NZA 1994, 494, 495.

757 BAG vom 18.8.2005 – 8 AZR 523/04, BAGE 115, 340, 348 = NZA 2006, 145, 147; BAG vom 25.10.2012 – 8 AZR 575/11, EzA § 613a BGB 2002 Nr. 138 = NZA 2013, 203, 206; BAG vom 12.5.1992 – 3 AZR 247/91, BAGE 70, 209, 214 = NZA 1992, 1080,

der Verzicht auf Rechte aus einem Betriebsübergang ungewöhnlich belastend.[758] Der Arbeitnehmer müsse vor solchen Zugeständnissen geschützt werden, wenn kein sachlicher Grund bestehe.[759] Denn diese Konfliktsituation beeinträchtige den Arbeitnehmer mehr, als bei Aufhebungsverträgen, die auf ein endgültiges Ausscheiden gerichtet sind. Daher sei es auch gerechtfertigt, dass der Inhaltsschutz des § 613a BGB weiter gehe, als der Bestandsschutz.[760]

a. Definition der Drucksituation

Eine Drucksituation kann erst angenommen werden, wenn sich der Arbeitnehmer in einer solchen Zwangslage befindet, dass er der jeweiligen Vereinbarung nicht aufgrund eines eigenen freien Willensentschlusses zustimmt, sondern weil er davon ausgeht, keine andere Wahl zu haben. In diesem Fall liegt keine autonome Entscheidung des Arbeitnehmers vor. Dieser innere Vorgang kann aber nur anhand objektiv feststellbarer Umstände bestimmt werden.[761]

b. Geringerer Druck durch rechtlich gesicherte Fortsetzung

Eine Drucksituation des Arbeitnehmers kann bereits daraus resultieren, dass die Fortsetzung des Arbeitsverhältnisses zum Zeitpunkt der Vertragsbeendigung lediglich in Aussicht gestellt, aber noch nicht verbindlich vereinbart wurde.[762] Demnach ist es widersprüchlich, dass das BAG genau diese Unverbindlichkeit als Wirksamkeitskriterium der Aufhebungsvereinbarung heranzieht. Der Aufhebungsvertrag im Rahmen des Lemgoer Modells ist nach Ansicht der Rechtsprechung gerade deshalb unzulässig, weil die Wiedereinstellung mit dem Erwerber – im Gegensatz zum BQG-Modell[763] – fest vereinbart wurde. Die Einstellungszusage des Erwerbers ist ausreichend gesichert, der Arbeitnehmer hat einen einklagbaren Anspruch auf die Neueinstellung.[764] Durch die gesicherte Fortsetzung des Arbeitsverhältnisses ist der Druck, der auf dem Arbeitnehmer bei Abschluss

---

1081 zu Erlassverträgen; APS/*Steffan*, 4. Auflage, § 613a BGB Rn. 198; KR/*Treber*, 10. Auflage, § 613a BGB Rn. 201; *Wimmer*, Unternehmenssanierung, S. 76.

758 KDZ/*Zwanziger*, 9. Auflage, § 613a BGB Rn. 277a.

759 *Kracht*, Kündigungsverbot, S. 152.

760 So ohne nähere Begründung KR/*Treber*, 10. Auflage, § 613a BGB Rn. 201; dazu auch § 7 C III 2.

761 *Simon*, Unabdingbarkeit und vertraglicher Verzicht, S. 169.

762 *Simon*, Unabdingbarkeit und vertraglicher Verzicht, S. 283.

763 § 12 A.

764 *Wagner*, Individualarbeitsrechtliche Vereinbarungen, S. 121; a.A. *Kreitner*, Kündigungsrechtliche Probleme, S. 196.

des unechten Aufhebungsvertrages lastet, aber wesentlich geringer und vermag deshalb gerade keine Inhaltskontrolle zu rechtfertigen.

c. Keine Drucksituation durch Betriebsinhaberwechsel

Möglicherweise könnte sich aus der spezifischen Betriebsübergangssituation ein erhöhter Druck für den Arbeitnehmer bei Abschluss unechter Aufhebungsverträge ergeben.

aa. Bevorstehender Betriebsübergang

Das BAG unterscheidet zwischen Änderungsvereinbarungen, die vor, und solchen, die nach dem Betriebsübergang geschlossen werden. Wirksam sind lediglich solche Verträge, die nach Betriebsübergang zustande gekommen sind und sich auf zukünftige Ansprüche beziehen, da das Arbeitsverhältnis dann in seiner konkreten Ausgestaltung bereits auf den Erwerber übergegangen ist.[765] Demnach ist fraglich, ob der Arbeitnehmer bei allen Vereinbarungen, die vor dem Betriebsübergang geschlossen werden – mithin auch beim unechten Aufhebungsvertrag –, unter einem größeren Druck steht. Erst wenn der Übergang des Arbeitsverhältnisses bereits vollzogen wurde, könnte sich der Arbeitnehmer wieder in einer günstigeren Verhandlungsposition befinden.

Eine Einschränkung der Vertragsfreiheit des Arbeitnehmers aufgrund des bevorstehenden Betriebsinhaberwechsels ist jedoch abzulehnen. Denn auch nach dem Betriebsübergang droht dem Arbeitnehmer beim Erwerber der Verlust seines Arbeitsplatzes, z.B. mittels Änderungskündigung, wenn er einer Änderung der Arbeitsbedingungen nicht zustimmt. Eine solche Änderungskündigung könnte zudem bereits vor dem Betriebsübergang vom Veräußerer nach einem konkreten Konzept des Erwerbers[766] ausgesprochen werden. Die Drucksituation kann sich daher nicht allein aus dem bevorstehenden Wechsel des Arbeitgebers anlässlich des Betriebsübergangs ergeben. Der wirtschaftliche Druck des Arbeitsplatzverlustes besteht vor und nach dem Betriebsübergang gleichermaßen, sodass es faktisch keinen Unterschied macht, wann die Vereinbarung geschlossen wird.[767]

bb. Schutz des § 613a BGB bei Betriebsübergängen

Weiter ist zu untersuchen, ob für den Arbeitnehmer durch den Schutz des § 613a BGB überhaupt eine Zwangslage entstehen kann. Der Arbeitnehmer

---

765 § 7 C III 1 a dd.

766 Zur Änderungskündigung nach Erwerberkonzept: § 10 B I 3 b.

767 *Meyer*, SAE 2009, 110, 116; WHSS/*Willemsen*, 4. Auflage, G Rn. 195.

wird aufgrund der fest zugesagten Wiedereinstellung und der damit verbundenen Planungssicherheit möglicherweise eher gewillt sein, dem unechten Aufhebungsvertrag und damit der Verschlechterung der Arbeitsbedingungen zuzustimmen. Nichts desto trotz kann er das Vertragsangebot aber auch ablehnen und auf eine Betriebsübernahme des potentiellen Erwerbers und den damit verbundenen unveränderten Übergang seines Arbeitsverhältnisses gem. § 613a Abs. 1 Satz 1 BGB hoffen. Der Arbeitnehmer muss zudem keine Kündigung „wegen" des Betriebsinhaberwechsels fürchten.[768] Eine solche wäre nach § 613a Abs. 4 Satz 1 BGB unwirksam. Demnach bleibt dem Arbeitnehmer sein Arbeitsverhältnis jedenfalls zunächst erhalten, unabhängig davon, wie er sich entscheidet. Der Arbeitgeber kann das Risiko des Arbeitsplatzverlustes durch den Schutz des § 613a BGB gerade nicht als Druckmittel[769] einsetzen. Ein Machtungleichgewicht in der spezifischen Situation des Betriebsübergangs ist daher abzulehnen.[770]

cc. Kein Anspruch auf Betriebsübergang

Darüber hinaus ist zu berücksichtigen, dass sich die Drucksituation auch nicht allein daraus ergeben kann, dass der Erwerber die Reduzierung der Personalkosten zur Voraussetzung der Betriebsübernahme macht. Die Vorstellung, dass der Erwerber den Betrieb ausschließlich im Arbeitnehmerinteresse saniert, ist realitätsfremd, da auch bei ihm die Gewinnerzielungsabsicht im Vordergrund steht. Der potentielle Erwerber ist daher in seiner Entscheidung frei, ob und wenn ja, zu welchen Bedingungen er den insolventen Betrieb übernehmen möchte. § 613a BGB gibt dem Arbeitnehmer keinen Anspruch auf einen Betriebsübergang.[771]

dd. Zwischenergebnis

Die Drucksituation resultiert beim Lemgoer Modell nicht aus dem Betriebsinhaberwechsel an sich, sondern aus der drohenden betriebsbedingten Kündigung als Folge der wirtschaftlichen Schwierigkeiten des Betriebs.[772] Die Situation beim

---

768 So auch *Kraft*, in: 25. Jahre BAG, S. 299, 313 und *Seiter*, Betriebsinhaberwechsel, S. 99 bereits vor Einfügung des Kündigungsverbotes in § 613a Abs. 4 BGB; *Moll*, NJW 1993, 2016, 2022; *Willemsen*, RdA 1987, 327, 330; a.A. *Kracht*, Kündigungsverbot, S. 152; *Schwerdtner*, in: FS G. Müller, S. 557, 584.

769 Zur Anfechtung wegen widerrechtlicher Drohung: § 14 A II 2.

770 Ebenso *Kraft*, in: 25. Jahre BAG, S. 299, 313; *Naber*, Aufhebungsverträge, 138 ff.; *Wagner*, Individualarbeitsrechtliche Vereinbarungen, S. 110.

771 *Wagner*, Individualarbeitsrechtliche Vereinbarungen, S. 26 f.

772 *Naber*, Aufhebungsverträge, S. 139.

Lemgoer Modell ist insoweit mit der Veräußerung von Gesellschaftsanteilen oder dem Abbau von Arbeitsplätzen unabhängig von Betriebsübergängen vergleichbar.[773] Auch hier ist die zukünftige wirtschaftliche Entwicklung des Unternehmens ungewiss. Dennoch kann der Arbeitgeber seinen in Not geratenen Betrieb ohne weiteres umstrukturieren und den Arbeitnehmern den Verlust der Arbeitsplätze androhen.[774] Allein die Tatsache, dass die Verschlechterung der Arbeitsbedingungen im Rahmen eines Betriebsübergangs erfolgt, kann keine Unterlegenheit des Arbeitnehmers begründen.[775] Es ist umgekehrt: Die Drucksituation ist in Sanierungsfällen, in denen der Tatbestand des Betriebsübergangs nicht erfüllt ist, größer, da der Arbeitnehmer nicht durch § 613a BGB geschützt wird.[776]

d. Kollektiver Druck durch drohende Betriebsstilllegung

Gleichwohl ist zuzugeben, dass der Arbeitnehmer aufgrund der wirtschaftlichen Schwierigkeiten des Betriebes auch beim Lemgoer Modell regelmäßig unter Druck steht, zumal der potentielle Erwerber die Übernahme oft von der Zustimmung aller bzw. nahezu aller Arbeitnehmer abhängig macht. Stimmt der Arbeitnehmer dem unechten Aufhebungsvertrag nicht zu, droht die Betriebsübernahme zu scheitern. Findet sich dann kein anderer potentieller Kaufinteressent muss der Betrieb stillgelegt werden mit der Folge, dass alle Arbeitsplätze verloren gehen. Die Arbeitnehmer werden demnach dazu veranlasst, ihre individuellen Rechtspositionen aufzugeben, um die Betriebsübernahme zu ermöglichen und damit Vorteile für die gesamte Belegschaft zu erzielen.[777] Der Betriebsübergang und damit auch der Erhalt aller Arbeitsplätze steht und fällt mit der Zustimmung des einzelnen Arbeitnehmers. Dadurch könnte, ähnlich wie in den Fällen der betrieblichen Bündnisse für Arbeit, kollektiver Druck auf die Belegschaft ausgeübt werden, sodass der Arbeitnehmer möglicherweise nicht mehr in der Lage ist, eine freie Entscheidung zu treffen.

aa. Entscheidung „Geld oder Leben"

Bei den betrieblichen Bündnissen für Arbeit versuchen Arbeitgeber und Arbeitnehmer gemeinsam ein in wirtschaftliche Not geratenes Unternehmen aus der

---

773 *Moll*, NJW 1993, 2016, 2022.

774 *Wagner*, Individualarbeitsrechtliche Vereinbarungen, S. 22.

775 *Lipinski*, Sonderkündigungsschutz, S. 112; *Moll*, NJW 1993, 2016, 2022; *Naber*, Aufhebungsverträge, S. 139; *Willemsen*, RdA 1987, 327, 330.

776 *Naber*, Aufhebungsverträge, S. 143; *Willemsen*, RdA 1987, 327, 330.

777 *Kracht*, Kündigungsverbot, S. 156.

Krise zu führen.[778] Aus diesem Grund verzichten die Arbeitnehmer auf einen Teil ihres tariflichen Lohnes oder verpflichten sich zur übertariflichen Mehrarbeit. Im Gegenzug erhalten sie vom Arbeitgeber eine Arbeitsplatzgarantie. Auch hier wurde die Frage aufgeworfen, ob der Arbeitnehmer überhaupt frei entscheiden kann,[779] wenn der Arbeitgeber damit droht, die Produktion einzustellen.[780] Dies sei mit einer Entscheidung „Geld oder Leben" vergleichbar. Doch muss der Arbeitnehmer wirklich vor sich selbst geschützt werden, wenn er sich gegen das Geld und für das Leben, also gegen die tarifvertragliche bzw. beim Lemgoer Modell gegen die durch § 613a BGB gesicherte arbeitsvertragliche Entgelthöhe und für den Arbeitsplatz entscheidet?[781]

bb. Kein unzulässiger Druck durch Hinweis auf betriebsbedingte Kündigung

Grundsätzlich ist der Hinweis des Arbeitgebers auf eine betriebsbedingte Kündigung bei Stilllegung des Betriebs geeignet, den Arbeitnehmer in eine Zwangslage zu versetzen. Daher könnte der unechte Aufhebungsvertrag auch einer strengeren Kontrolle unterliegen.[782] Gleichwohl sind einvernehmliche Vertragsänderungen unter dem Druck einer Kündigung dem Arbeitsrecht nicht unbekannt.

[1] Betriebsbedingte Kündigung als zulässiges Druckmittel im Rahmen der Änderungskündigung

§ 2 KSchG ermöglicht dem Arbeitgeber, die inhaltlichen Festsetzungen des Arbeitsvertrags durch Androhung einer Beendigungskündigung zu verändern.[783] Obwohl der Arbeitnehmer unter dem unmittelbaren Druck einer drohenden Kündigung steht, ist anerkannt, dass er das Änderungsangebot vorbehaltlos akzeptieren kann. Der Arbeitnehmer verzichtet dadurch gleichzeitig auf den Schutz des § 2 KSchG.[784] Es kommt ein wirksamer Änderungsvertrag zustande, der selbst dann keiner nachträglichen Inhaltskontrolle unterzogen werden kann, wenn die Vereinbarung für den Arbeitnehmer nachteilig ist.[785] Denn hat es der

---

778 Dazu bereits § 7 C II 2 b aa.

779 BAG vom 20.4.1999 – 1 ABR 72/98, BAGE 91, 210, 232 = NZA 1999, 887, 893.

780 *Thüsing*, RdA 2005, 257, 270.

781 *Reuter*, in: FS Wiedemann, S. 449, 487 f.

782 *Zöllner*, AcP 176 (1976), 221, 243.

783 BeckOK-ArbR/*Rolfs*, Ed. 34, § 2 KSchG Rn. 2.

784 Dazu bereits § 7 C III 3 e bb.

785 *Hadding/Häuser*, SAE 1978, 54, 56; *Zöllner*, AcP 176 (1976), 221, 244; a.A. *Wolf*, RdA 1988, 270, 275.

Arbeitnehmer unterlassen, das Änderungsangebot gerichtlich überprüfen zu lassen, kann er später keine richterliche Kontrolle der Änderungsvereinbarung erzwingen, auch wenn die Annahme des Vertragsangebots unter dem Druck der sonst drohenden Kündigung stand. Die Regelung des § 2 KSchG dient gerade dazu, Rechtssicherheit zu schaffen[786] und bietet dem Arbeitnehmer ausreichend Schutz.

Darüber hinaus kann der Arbeitgeber in Kleinbetrieben, in denen das KSchG keine Anwendung findet, seinen Änderungswünschen ohne weiteres durch das Inaussichtstellen einer Kündigung Nachdruck verleihen.[787]

[2] Übertragbarkeit auf unechte Aufhebungsverträge

Diese Wertung lässt sich auch auf Aufhebungsverträge, die eine inhaltliche Änderung der Arbeitsverhältnisse vorbereiten, übertragen. Denn könnte der Arbeitgeber das Vertragsänderungsangebot mit einer unmittelbar drohenden Kündigung verbinden, ohne dass dies eine nachträgliche Inhaltskontrolle rechtfertigt, müsste dies erst recht auch beim Lemgoer Modell gelten.[788] Bei Ablehnung des Änderungsangebotes in Form des unechten Aufhebungsvertrages droht dem Arbeitnehmer lediglich mittelbar der Verlust des Arbeitsplatzes. Eine Kündigung, die „wegen" des Betriebsübergangs erfolgt, wäre gem. § 613a Abs. 4 Satz 1 BGB unwirksam. Sieht der potentielle Erwerber von der Betriebsübernahme ab, steht eine Stilllegung und damit eine zulässige betriebsbedingte Kündigung lediglich im Raum. Der Ausspruch der Kündigung wird nicht, wie bei der Änderungskündigung, unmittelbar mit dem Änderungsangebot verknüpft. Demnach ist die Situation beim Lemgoer Modell für den Arbeitnehmer wesentlich weniger belastend. „Geld oder Leben" stehen sich nicht unmittelbar gegenüber. Der Arbeitnehmer steht nicht vor der Wahl „Alles-oder-nichts".

[3] Zwischenergebnis

Der Vergleich mit § 2 KSchG macht deutlich, dass der Gesetzgeber auch solche Änderungsverträge als wirksam anerkennt, die unter dem unmittelbaren Druck einer drohenden Kündigung zustande kommen. Lässt § 2 KSchG einen Verzicht des Arbeitnehmers durch vorbehaltlose Annahme zu, muss dies erst recht für das weniger belastende Lemgoer Modell gelten. Denn auch hier hatten die Arbeitnehmer die Möglichkeit, das Angebot abzulehnen und den Arbeitgeber

786 *Zöllner*, AcP 176 (1976), 221, 244.

787 *Wagner*, Individualarbeitsrechtliche Vereinbarungen, S. 112.

788 *Pietzko*, Tatbestand, S. 182.

gegebenenfalls auf eine Änderungskündigung zu verweisen. Der Arbeitnehmer ist mithin nicht aufgrund der nur mittelbar drohenden betriebsbedingten Kündigung vor sich selbst zu schützen.

cc. Drucksituation durch Drohung i.S.d. § 123 Abs. 1 Alt. 2 BGB

Nichtsdestotrotz ist die Entscheidung des Arbeitnehmers von einem gewissen Konflikt geprägt. Dennoch kann nicht bei jedem Hinweis des Arbeitgebers auf eine mögliche Betriebsstilllegung automatisch auf eine unfreie Entscheidung des Arbeitnehmers geschlossen werden. Vielmehr ist danach abzugrenzen, ob der Arbeitgeber gleichzeitig den Tatbestand einer Drohung im Sinne des § 123 Abs. 1 Alt. 2 BGB erfüllt.[789] Weist der Arbeitgeber aber lediglich auf wahrscheinliche und nachweisbare wirtschaftliche Folgen der Insolvenz hin, die außerhalb seiner Kontrolle liegen,[790] handelt es sich um eine bloße Warnung,[791] zumal der Arbeitgeber verpflichtet ist, die Arbeitnehmer wahrheitsgemäß über die aktuelle wirtschaftliche Situation des Unternehmens zu informieren.[792] Diese Aufklärungspflicht beinhaltet auch den Hinweis auf mögliche Risiken, unter anderem darauf, dass im Falle einer scheiternden Übernahme durch den potentiellen Erwerber mit einer Stilllegung und damit mit einem Verlust sämtlicher Arbeitsplätze zu rechnen ist. Dabei sind auch die vom potentiellen Erwerber aufgestellten Bedingungen zu nennen, die dieser zur Voraussetzung einer Betriebsübernahme gemacht hat. In diesem Fall liegt auch keine, dem Arbeitgeber zurechenbare Veranlassung vor.[793]

Die Drohung setzt tatbestandlich voraus, dass der erklärende Arbeitgeber auf das künftige Übel, die Betriebsstilllegung, Einfluss hat. Wurde die Betriebsübernahme mit dem Erwerber bereits fest vereinbart, ist die Stilllegung des Betriebes nicht mehr die unausweichliche Konsequenz. Versucht der Veräußerer dann trotz der sicheren Übernahme die Arbeitnehmer durch den Hinweis auf eine Betriebsstilllegung zur Zustimmung zum Lemgoer Modell zu bestimmen, ist der Tatbestand der Drohung erfüllt.[794] Daneben kommt auch eine arglistige Täuschung im Sinne des § 123 Abs. 1 Alt. 1 BGB in Betracht.[795] Nur in diesem

---

789 In diese Richtung zutreffend: *Thüsing*, RdA 2005, 257, 270 mit Blick auf das US-amerikanische Kollektivarbeitsrecht.

790 *Thüsing*, RdA 2005, 257, 270.

791 Staudinger/*Singer*, 2011, § 123 BGB Rn. 67.

792 Zu den Hinweispflichten: § 3 A IV 2.

793 Zur Definition der Veranlassung: § 6 C I 3 b cc.

794 *Wimmer*, Unternehmenssanierung, S. 85.

795 § 14 A II 1.

Fall wäre ein Schutzbedürfnis des Arbeitnehmers zu bejahen. Denn dem Arbeitnehmer wird die Zustimmung abverlangt, um Arbeitsplätze zu erhalten, obwohl diese durch die fest vereinbarte Übernahme überhaupt nicht in Gefahr sind. Sein Arbeitsverhältnis wäre dann gem. § 613a Abs. 1 Satz 1 BGB unverändert auf den Erwerber übergegangen. Allein diese Drucksituation, die auf einem informationellen Übergewicht des Arbeitgebers beruht, kann zu einem erheblichen Verhandlungsungleichgewicht führen, sodass von einer unfreien Entscheidung ausgegangen werden kann. Der Arbeitnehmer ist aber ausreichend durch das Anfechtungsrecht[796] geschützt. Somit bedarf es keiner Inhaltskontrolle der Vereinbarung.

Steht die Betriebsübernahme lediglich im Raum, ist die Stilllegung oft die unausweichliche Konsequenz, wenn der potentielle Erwerber von der Übernahme absieht. In diesem Fall kann der Hinweis des Arbeitgebers nur als bloße Vorhersage der wirtschaftlichen Folgen verstanden werden, die keine erheblich ungleiche Verhandlungsposition zu begründen vermag.

dd. Europarechtskonformität

Für den Fall, dass Art. 3 und Art. 4 der Richtlinie auch im Insolvenzverfahren anwendbar sind, kann der jeweilige Mitgliedstaat gem. Art. 5 Abs. 2 lit. b) Richtlinie 2001/23/EG[797] vorsehen, dass Arbeitgeber und Arbeitnehmervertreter die Arbeitsbedingungen ändern können, wenn diese Änderung den Fortbestand des Unternehmens sichert und dem Erhalt von Arbeitsplätzen dient. Obwohl sich z.B. der Wirtschafts- und Sozialausschuss kritisch zu dieser Regelung äußerte, weil die Arbeitnehmer vor die Wahl gestellt werden könnten, eine Gehaltskürzung hinzunehmen oder sich mit der Schließung abzufinden[798], wurde sie beschlossen. Auch wenn es hier um die Zulässigkeit kollektivrechtlicher Änderungsvereinbarungen[799] geht, wird deutlich, dass der europäische Gesetzgeber die damit für den Arbeitnehmer entstandene „Drucksituation" im Falle der Insolvenz billigt und von einer echten Wahlfreiheit ausgeht.

---

796 Dazu ausführlich § 14 A.

797 Vormals: Art. 4a Abs. 2 lit. b) der Richtlinie 77/187/EWG in der Fassung der Richtlinie 98/50/EG.

798 Stellungnahme des Wirtschafts- und Sozialausschuss ABl. EG 1995 Nr. C 133, S. 13, 15.

799 Dazu ausführlich § 10 B II 1 b.

6. *Zwischenergebnis: Keine strukturelle Unterlegenheit des Arbeitnehmers*

Der Arbeitnehmer ist weder existentiell auf den neuen Arbeitsvertrag beim Erwerber angewiesen, noch ist er dem Arbeitgeber intellektuell unterlegen. Eine mögliche Drucksituation resultiert beim Lemgoer Modell nicht aus dem Betriebsinhaberwechsel an sich, sondern aus den wirtschaftlichen Schwierigkeiten des Betriebes. Allein der durch eine mögliche betriebsbedingte Kündigung erzeugte Druck, vermag aber noch keine korrekturbedürftige Fremdbestimmung beim Arbeitnehmer zu erzeugen. Denn auch Änderungsverträge, die im Rahmen der Änderungskündigung unter dem unmittelbaren Druck einer Kündigung zustande gekommen sind, sind einer nachträglichen Inhaltskontrolle nicht zugänglich. Demnach kann das überlegene Wissen des Arbeitgebers hinsichtlich des Änderungsbedürfnisses und die nur mittelbar drohende Kündigung auch keine nachträgliche Inhaltskontrolle begründen. Auch wenn der Erfolg der Betriebsübernahme und damit auch der Erhalt sämtlicher Arbeitsplätze von der Zustimmung des einzelnen Arbeitnehmers abhängt, hindert ihn die Wahl zwischen Verzicht auf arbeitsvertragliche Ansprüche und dem eigenen Arbeitsplatz nicht an einer selbstbestimmten Entscheidung.[800] Die Zustimmung des Arbeitnehmers erfolgt in der Regel ohnehin nur, wenn gute Gründe dafür sprechen.[801] Auch das BAG erkennt im Rahmen der betrieblichen Bündnisse für Arbeit an, dass es sich bei der Entscheidung für den Verzicht auf tarifliche Ansprüche um eine „in dieser Situation möglicherweise vernünftige Reaktion auf die vorangegangene unternehmerische Entscheidung und die danach für den Arbeitnehmer verbleibende Alternative“ handelt.[802] Dies muss auch für unechte Aufhebungsverträge gelten, zumal sich der Verlust des Arbeitsplatzes und damit der Verlust des „Lebens“ gegen „Geld“ nicht immer alternativ gegenüberstehen, wenn der Arbeitnehmer dem Vertragsangebot nicht zustimmt. Auch wenn der potentielle Erwerber abspringt, lässt sich gegebenenfalls ein anderer Käufer finden, sodass die Stilllegung und damit auch die betriebsbedingte Kündigung verhindert werden kann. Die Entscheidungsfreiheit wird somit trotz der wirtschaftlichen Schwierigkeiten des Betriebes gewahrt, zumal der Arbeitnehmer in anderen, von Betriebsübergängen unabhängigen Situationen im Hinblick auf inhaltsändernde

---

800 So auch *Hanau*, Deregulierung, S. 24: „In der Tat wirkt eine Rechtsordnung verrückt, die Arbeitnehmer daran hindern will, durch Verzicht auf tarifliche Leistungen ihre Arbeitsplätze zu sichern.“

801 *von Maydell*, SAE 1987, 219; Hromadka/*Wank*, Änderung von Arbeitsbedingungen, S. 62.

802 BAG vom 20.4.1999 – 1 ABR 72/98, BAGE 91, 210, 232 = NZA 1999, 887, 893.

Vereinbarungen auch nicht vor sich selbst geschützt werden muss.[803] Eine Störung des Verhandlungsgleichgewichts liegt erst vor, wenn der Arbeitgeber mit dem Verlust von Arbeitsplätzen droht, obwohl diese gar nicht in Gefahr sind. Diese Situation ist aber nicht nur auf den speziellen Fall des Betriebsübergangs beschränkt.[804] Dies spricht dafür, die Imparität mit den Mitteln des allgemeinen Zivilrechts auszugleichen. Der Arbeitnehmer ist, genauso wie im bestehenden Arbeitsverhältnis, durch §§ 123, 138 BGB ausreichend geschützt.

Somit lässt sich die unterschiedliche Bewertung der Rechtsprechung von Bestands- und Inhaltsschutz auch nicht aufgrund der strukturellen Unterlegenheit des Arbeitnehmers begründen. Ihm kann die Vertragsfreiheit hinsichtlich inhaltlicher Änderungen nicht abgesprochen werden. Der Arbeitnehmer kann auch dann einer Verschlechterung der Arbeitsbedingungen zustimmen, wenn diese „wegen" des Betriebsübergangs erfolgt.

V. Interessenabwägung durch sachlichen Grund

Das BAG nimmt eine Interessenabwägung vor, um die bei Vertragsschluss (vermeintlich) gestörte Vertragsparität auszugleichen.[805] Fehlen sachliche Rechtfertigungsgründe, könnte die Vereinbarung für den Arbeitnehmer „ungewöhnlich belastend" und als Interessenausgleich „offensichtlich unangemessen" sein,[806] weil sie überwiegend durch den Betriebsübergang motiviert war.

1. Entwicklung des Rechtsbegriffs

Das Lemgoer-Modell ist zulässig, wenn sachliche Gründe die Änderung des Vertragsinhaltes rechtfertigen. Das Erfordernis eines sachlichen Grundes ist Ansatzpunkt für eine eigenständige Interessenabwägung[807] und geht ebenfalls auf die Grundsatzentscheidung des Großen Senates[808] zur Befristungskontrolle zurück.[809] Eine Befristung von Arbeitsverhältnissen war nach der Rechtsprechung wegen objektiver Gesetzesumgehung nichtig, wenn „ein verständiger sachlich gerechtfertigter Grund" fehlte.[810]

803 *Willemsen*, RdA 1987, 327, 330.
804 *Wagner*, Individualarbeitsrechtliche Vereinbarungen, S. 120.
805 *Fastrich*, Richterliche Inhaltskontrolle, S. 170 ff.; *Sieker*, Umgehungsgeschäfte, S. 25 f.
806 BVerfG vom 5.8.1994 – 1 BvR 1402/89, NJW 1994, 2749, 2750 = BB 1994, 2296, 2298.
807 *Feuerborn*, Sachliche Gründe, S. 41; *Schwerdtner*, in: FS G. Müller, S. 557, 584.
808 BAG Großer Senat vom 12.10.1960 – GS 1/59; NJW 1961, 798; dazu § 6 B I 1.
809 So auch schon *Seiter*, Anmerkung zu BAG AP Nr. 5 zu § 613a BGB Bl. 222.
810 § 6 B I 1; *Bickel*, Anmerkung zu BAG AP § 620 BGB Nr. 8 Bedingung, Bl. 909.

Seither wird der sachliche Grund auch als Instrument der Inhaltskontrolle[811] im Zusammenhang mit § 613a BGB angewendet. Das Erfordernis eines sachlichen Grundes wurde zunächst nur bei Änderungsvereinbarungen, später dann auch bei unechten Aufhebungsverträgen, die ebenfalls eine Änderung der Arbeitsbedingungen bezwecken, verlangt.[812] Nach Ansicht des BAG soll § 613a BGB keinen Schutz vor einvernehmlicher Beendigung des Arbeitsverhältnisses ohne sachlichen Grund, sondern lediglich einen Schutz vor Veränderung des Vertragsinhaltes ohne sachlichen Grund bewirken.[813] Der Arbeitnehmer soll vor einer zu weitgehenden Durchsetzung der Arbeitgeberinteressen geschützt werden. Die jeweilige Vertragsgestaltung kann nur durch einen sachlichen Grund gerechtfertigt werden, wenn die Arbeitnehmerinteressen ausreichend Berücksichtigung finden.[814]

2. *Anforderungen an den sachlichen Grund*

Die Konkretisierung dieses normativen Rechtsbegriffs[815] hängt stark von der Wertung des Rechtsanwenders ab und steht daher in einem Spannungsverhältnis zum Gebot der Rechtssicherheit.[816] Aus diesem Grund hat das Sachgrunderfordernis der Rechtsprechung auch vielfach Kritik erfahren.[817]

a. Überblick

Bislang fehlen konkrete Anforderungen an das Vorliegen eines sachlichen Grundes.[818] Der Rechtsprechung fehlt eine klare Linie.

In einer älteren Entscheidung des 5. Senats war die Änderungsvereinbarung sachlich gerechtfertigt, weil sich der Betrieb in einer schwierigen Lage befand.[819] Dies sieht der 8. Senat aktuell jedoch anders: Die Insolvenz sei kein sachlicher

---

811 *Feuerborn*, Sachliche Gründe, S. 51.

812 WHSS/*Willemsen*, 4. Auflage, G 192; zur Rechtsprechungsentwicklung: § 7 C III 1.

813 BAG vom 10.12.1998 – 8 AZR 324/97, BAGE 90, 260, 270 = NZA 1999, 422, 424 f.

814 *Feuerborn*, Sachliche Gründe, S. 35, 41.

815 Dazu ausführlich auch *Naber*, Aufhebungsverträge, S. 60 ff.

816 *Feuerborn*, Sachliche Gründe, S. 16.

817 *Feudner*, DB 2003, 2334, 2339; *Gaul/Otto*, ZIP 2006, 644, 647; *Kraft*, in: 25 Jahre BAG, S. 299, 312 f.; *Schwerdtner*, in: FS G. Müller, S. 557, 584; *Seiter*, Anmerkung zu BAG AP Nr. 5 zu § 613a BGB, Bl. 221, 222; *Willemsen*, RdA 1987, 327, 328 ff.; WHSS/*ders.*, 4. Auflage, G Rn. 194.

818 *Bunte*, NZA 2010, 319, 320.

819 BAG vom 18.8.1976 – 5 AZR 95/75, AP Nr. 4 zu § 613a BGB = NJW 1977, 1168, 1168.

Grund, da § 613a BGB nicht bezwecke, Sanierungen im Falle von Betriebsübernahmen zu ermöglichen oder zu erleichtern.[820]

Der 3. Senat lies es 1977 als sachlichen Grund genügen, dass die Vertragsänderung die Übernahmebereitschaft des potentiellen Erwerbers erhöhte.[821] Später stellte er jedoch klar, dass der nicht weiter substantiierte Hinweis des Erwerbers, ohne den Verzicht würde es nicht zum Erwerb kommen, nicht ausreiche. Vielmehr hätte der Erwerber darlegen müssen, inwiefern ihn eine unveränderte Weiterführung der Leistung und die daraus resultierende Belastung vor erhebliche Schwierigkeiten gestellt hätte.[822] Das BAG stellte in diesem Fall erstmals auf die wirtschaftliche Belastbarkeit des Erwerbers und nicht auf die Situation vor dem Betriebsübergang ab.[823] Der 8. Senat betonte hingegen, dass der Betriebsübergang als solcher kein sachlicher Grund sei. § 613a BGB könne nicht mit der Begründung, andernfalls komme es nicht zum Betriebsübergang, als dispositives Gesetzesrecht verstanden werden.[824]

Demnach ist der dauerhafte Erhalt von Arbeitsplätzen der einzig anerkannte sachliche Grund. Dieser wurde vom 3. Senat im Zusammenhang mit Änderungsvereinbarungen aufgestellt und bestätigt.[825] Auch der 8. Senat hielt einen unechten Aufhebungsvertrag jedenfalls für sachlich gerechtfertigt, wenn er der Vermeidung einer sonst drohenden Insolvenz und der damit verbundenen Beseitigung sämtlicher Arbeitsplätze diente.[826] Allerdings bleibt fraglich, wie viele Arbeitsplätze gerettet werden müssen, um dieser Anforderung gerecht zu werden.[827] Dazu hat das BAG bislang keine Stellung bezogen. Vielmehr widerspricht es sich selbst, wenn es den Erhalt von Arbeitsplätzen einerseits ausreichen lässt, dann aber in anderen Entscheidungen betont, dass die Insolvenz kein sachlicher

820 BAG vom 25.10.2012 – 8 AZR 575/11, EzA § 613a BGB 2002 Nr. 138 = NZA 2013, 203, 206.

821 BAG vom 26.1.1977 – 5 AZR 302/75, AP Nr. 5 zu § 613a BGB = NJW 1977, 1470, 1471.

822 BAG vom 29.10.1985 – 3 AZR 485/83, BAGE 50, 62, 75 = BB 1986, 1644, 1646; Moll/*Cohnen*, 3. Auflage, § 54 Rn. 22.

823 Kritisch: *Willemsen*, RdA 1987, 327, 328 f.

824 BAG vom 19.3.2009 – 8 AZR 722/07, BAGE 130, 90, 98 f. = NZA 2009, 1091, 1094; *Bunte*, NZA 2010, 319, 320.

825 BAG vom 17.1.1980 – 3 AZR 160/79, BAGE 32, 326, 337 f. = NJW 1980, 1124, 1126; BAG vom 29.10.1985 – 3 AZR 485/83, BAGE 50, 62, 73 = BB 1986, 1644, 1646; *Bunte*, NZA 2010, 319, 320; *Naber*, Anmerkung zu BAG EzA § 613a BGB 2002 Nr. 40, 14, 20.

826 BAG vom 18.8.2005 – 8 AZR 523/04, BAGE 115, 340, 350 = NZA 2006, 145, 148.

827 Zutreffend: *Naber*, Aufhebungsverträge, S. 82.

Rechtfertigungsgrund sein könne, da § 613a BGB nicht bezwecke, Sanierungen im Falle von Betriebsübernahmen zu ermöglichen oder zu erleichtern. Die Insolvenz führt ohne die Betriebsübernahme durch einen potentiellen Erwerber aber regelmäßig zur Stilllegung und damit zum Verlust der schützenswerten Arbeitsplätzen.

In aktuelleren Entscheidungen verzichtet das BAG teilweise gänzlich auf die Prüfung eines sachlichen Grundes.[828]

b. Kritik

Zusammenfassend ist die vom BAG durchgeführte Inhaltskontrolle ungeeignet, um Einzelfallgerechtigkeit herzustellen. Das Erfordernis eines sachlichen Grundes ist mit erheblicher Rechtsunsicherheit verbunden.[829] Es wird von der Rechtsprechung uneinheitlich als Kontrollmaßstab der Vereinbarung herangezogen. Derzeit ist nicht klar, ob und wann der sachliche Grund überhaupt zur Rechtfertigung von unechten Aufhebungsverträgen und Änderungsvereinbarungen herangezogen wird, und welche konkreten Anforderungen an den Rechtfertigungsgrund zu stellen sind. Dieses erhebliche Prognose- und Prozessrisiko[830] geht auch zulasten des Arbeitnehmers. Denn auch für ihn lässt sich nur schwer prognostizieren, ob er mit seiner Klage Erfolg haben wird. Dieser Verlust an Rechtssicherheit trifft damit auch denjenigen, der eigentlich geschützt werden sollte.[831]

Zudem verkehrt sich der vom BAG beabsichtigte Schutz der Arbeitsplätze in sein Gegenteil: Da die Klageerhebung nicht – wie bei einer Kündigungsschutzklage – fristgebunden ist, könnten die Arbeitnehmer zunächst einer Änderung zustimmen und Monate später den unveränderten Übergang ihrer Arbeitsverhältnisse zu den beim Veräußerer geltenden Bedingungen anstreben. Dies hält viele potentielle Kaufinteressenten davon ab, den Betrieb zu übernehmen.[832] Die Arbeitnehmer verlieren dann mangels potentieller Übernahmekandidaten ihre Arbeitsplätze, statt sie im Sinne von § 613a BGB zu erhalten.

Dem kann auch nicht entgegengehalten werden, dass die Arbeitsplätze des insolventen Betriebes bei Versagung des Sanierungsmodells nicht restlos verloren

---

828 BAG vom 25.10.2007 – 8 AZR 917/06, AP Nr. 333 zu § 613a BGB = BB 2008, 1175; BAG vom 18.8.2011 – 8 AZR 312/10, BAGE 139, 52 = NZA 2012, 152.

829 So auch *Feudner*, DB 2003, 2334, 2338; *Lipinski*, Sonderkündigungsschutz, S. 114; *Pietzko*, ZIP 1990, 1105, 1114; *Schwerdtner*, in: FS G. Müller, S. 557, 584.

830 Moll/*Cohnen*, 3. Auflage, § 54 Rn. 24; *Meyer*, SAE 2010, 105.

831 So auch *Wagner*, Individualarbeitsrechtliche Vereinbarungen, S. 84.

832 *Willemsen*, RdA 1987, 327, 328.

gehen würden, weil durch den Wegfall an anderer Stelle neue Arbeitsplätze geschaffen würden. Zutreffend ist zwar, dass die Kunden des insolventen Betriebes gezwungen sind, ihre Geschäfte nun mit anderen Firmen abzuwickeln, sodass es auf Grund der Mehrnachfrage zu Neueinstellungen kommen kann.[833] Dennoch können nach einer Insolvenz nicht alle ehemaligen Mitarbeiter wieder ohne weiteres und innerhalb kürzester Zeit in den Arbeitsmarkt integriert werden, wie z.B. auch die Zahlen der *Schlecker-Insolvenz* belegen. Von den 23.400 Arbeitnehmern, die sich arbeitslos gemeldet haben, fanden ein Jahr später lediglich 9.800 Mitarbeiter eine neue Beschäftigung.[834] Somit sind lediglich vier von zehn ehemaligen Schleckermitarbeitern und damit nicht einmal die Hälfte wieder in den Arbeitsmarkt integriert.[835]

VI. Ergebnis: Unzulässige Inhaltskontrolle

Die vom BAG durchgeführte Inhaltskontrolle mittels eines sachlichen Grundes ist abzulehnen.[836] Die Änderung von Arbeitsbedingungen ist – entgegen der Rechtsprechung – in gleichem Umfang wie beim alten Arbeitgeber möglich. Grenzen ergeben sich für kollektivrechtliche Vereinbarungen aus § 613a Abs. 1 Satz 2 BGB. Für individualvertragliche Regelungen sind die Kontrollinstrumente heranzuziehen, die auch außerhalb eines Betriebsübergangs gelten. Eine Drucksituation kann auch in anderen zivilrechtlichen Konstellationen außerhalb von Betriebsübergängen auftreten.[837] Vor allem im Zusammenhang mit unechten Aufhebungsvereinbarungen und Änderungsverträgen resultiert sie nicht aus dem Betriebsübergang als solchem, sondern aus den wirtschaftlichen Schwierigkeiten des Betriebs. Dies spricht dafür, eine Drucksituation auch im Rahmen von § 613a BGB mit den allgemeinen Mitteln des Zivilrechts zu lösen. Dieses

833 *Wimmer*, Unternehmenssanierung, S. 77.

834 Daneben machten sich 115 selbständig und 2500 meldeten sich aus anderen Gründen beim Jobcenter ab.

835 *Jahel Mielke*, Gewinner und Verlierer: Ein Jahr nach der Schlecker-Insolvenz vom 23.01.2013, abgerufen am 13.12.2014: http://www.tagesspiegel.de/wirtschaft/gewinner-und-verlierer-ein-jahr-nach-der-schlecker-insolvenz-/7671716.html.

836 So z.B. auch *Annuß*, ZInsO 2001, 49, 57; *Fuhlrott/Salamon*, BB 2012, 1793, 1796; *Gaul/Otto*, ZIP 2006, 644, 647; *Kraft*, in: 25. Jahre BAG, S. 299, 313; *von Maydell*, SAE 1987, 219; KPB/*Moll*, 2014, § 128 InsO Rn. 58 f.; *Naber*, Aufhebungsverträge, S. 126 f.; *Schwerdtner*, in: FS G. Müller, S. 557, 584; a.A. aber *Lessing*, Entlassungen, S. 229 ff.

837 *Naber*, Anmerkung zu BAG EzA § 613a BGB 2002 Nr. 40, 14, 24; *Wagner*, Individualarbeitsrechtliche Vereinbarungen, S. 120.

Ergebnis steht im Einklang mit der Richtlinie 2001/23/EG, die einer Vertragsänderung bei Betriebsübergängen nicht entgegensteht, wenn sie nach nationalem Recht zulässig ist. Demnach kann die Vertragsfreiheit im Zusammenhang mit unechten Aufhebungsverträgen und Änderungsvereinbarungen nur durch das Anfechtungsrecht und die sonstigen allgemeinen Grundsätze des Schuldrechts, insbesondere der AGB-Kontrolle und der Sittenwidrigkeit, begrenzt werden.[838] Vor allem durch die Anfechtung bei widerrechtlicher Drohung gem. § 123 Abs. 1 Alt. 2 BGB wird dem Schutz der freien Selbstbestimmung[839] ausreichend Rechnung getragen.[840] Eine darüberhinausgehende Einschränkung der Vertragsfreiheit des Arbeitnehmers im Rahmen von § 613a BGB ist nicht geboten.

§ 9 Institutioneller Rechtsmissbrauch

Fraglich ist, ob sich die Unwirksamkeit des Lemgoer Modells unter Missbrauchsgesichtspunkten ergibt.

Unter dem institutionellen Rechtsmissbrauch versteht man den sinnwidrigen Fehlgebrauch von Rechtsstellungen, Normen oder Rechtsinstitutionen.[841] Rechtsinstitute des Zivilrechts sind unter anderem auch die Vertragsfreiheit und der Vertrag.[842] Die Norm bzw. das Rechtsinstitut wird objektiv funktionswidrig genutzt, wenn sie im Widerspruch zu dem vom Gesetzgeber vorgesehen Sinn und Zweck der Regelung steht. Die Rechtsfolgen, die sich daraus ergeben, müssen zurücktreten, weil sie zu einem untragbaren Ergebnis führen würden. Folglich kommt es beim institutionellen Rechtsmissbrauch auf den Sinn und Zweck der Rechtsnorm bzw. des Rechtsinstitutes an und nicht, wie beim individuellen Rechtsmissbrauch, auf das treuwidrige Verhalten einer Person.[843]

A. Umgehung und Rechtsmissbrauch

Das BAG unterscheidet im Falle des Lemgoer Modells nicht klar zwischen Umgehung und Rechtsmissbrauch. Vielmehr schließt es von der objektiven

---

838 *Lipinski*, Sonderkündigungsschutz, S. 113; *Meyer*, SAE 2009, 110, 112; *ders.*, SAE 2010, 105; *Moll*, NJW 1993, 2016, 2022; WHSS/*Willemsen*, 4. Auflage, G Rn. 196.

839 MüKo/*Armbrüster*, 6. Auflage, § 123 BGB Rn. 94.

840 So auch: *Fuhlrott/Salamon*, BB 2012, 1793, 1796.

841 *Benecke*, Gesetzesumgehung, S. 47 f.; Soergel/*Teichmann*, 12. Auflage, § 242 BGB Rn. 14.

842 *Habersack*, Vertragsfreiheit, S. 36.

843 Staudinger/*Looschelders/Olzen*, 2015, § 242 BGB Rn. 217.

Funktionswidrigkeit des Aufhebungsvertrages auf die Umgehung des § 613a BGB (sog. objektive Gesetzesumgehung)[844].

Richtigerweise unterscheiden sich Missbrauch und Umgehung aber im Ansatzpunkt: Der Aufhebungsvertrag wird als Gestaltungsmöglichkeit dazu eingesetzt, die Rechtsfolgen des § 613a BGB zu vermeiden und damit die Umgehung zu ermöglichen. Die missbrauchte und die umgangene Norm sind nicht identisch. Für die Umgehung kommt es auf die Reichweite des § 613a BGB an. Der institutionelle Rechtsmissbrauch stellt hingegen auf die Funktion des eingesetzten Mittels (Aufhebungsvertrag, Vertragsfreiheit) und darauf, welche Gestaltungen dadurch ermöglicht werden, ab.[845]

B. Kein Missbrauch des Aufhebungsvertrages

Zunächst kommt ein zweckwidriger Einsatz des Aufhebungsvertrages durch dessen Verknüpfung mit dem Neuvertrag beim Erwerber in Betracht.[846] Die damit bezweckte Vertragsänderung müsste über die, dem Aufhebungsvertrag von der Rechtsordnung zugeschriebene Funktion, hinausgehen.[847] Der Aufhebungsvertrag selbst ist gesetzlich nicht geregelt, sondern wird in § 623 BGB und § 112a Abs. 1 Satz 2 BetrVG vorausgesetzt. Weder diesen Normen noch § 613a BGB lässt sich entnehmen, dass Aufhebungsverträge durch die Verknüpfung mit dem Neuvertrag nicht auch zu einer Änderung der Arbeitsbedingungen eingesetzt werden dürfen.[848] Folglich wird der Aufhebungsvertrag hier auch nicht funktionswidrig eingesetzt.

C. Kein Missbrauch der Vertragsfreiheit

Möglicherweise könnte der Arbeitgeber auch die Vertragsfreiheit zur Durchsetzung seiner Interessen missbräuchlich in Anspruch genommen haben. Die Vertragsfreiheit baut darauf auf, dass jede Partei eigenverantwortlich ihre Interessen wahrnehmen kann, ohne dabei die Interessen des Vertragspartners bei der Vertragsgestaltung angemessen berücksichtigen zu müssen.[849] Jede Vertragspartei kann deshalb auch einen für sie nachteiligen Vertrag abschließen. Dennoch wird die inhaltliche Gestaltungsfreiheit von Rechtsgeschäften teilweise als

844 § 6 B I.

845 *Sieker*, Umgehungsgeschäfte, S. 17.

846 So WHSS/*Willemsen*, 4. Auflage, H Rn. 123; *ders.*, NZA 2013, 242, 244.

847 *Habersack*, Vertragsfreiheit, S. 37.

848 Dazu ausführlich § 7 C und D.

849 *Fastrich*, Richterliche Inhaltskontrolle, S. 47.

Rechtsinstitut des Privatrechts verstanden, das ebenso wie z.B. ein bestimmter Vertragstyp missbraucht werden kann.[850] Die Inanspruchnahme der Vertragsfreiheit könnte demnach durch ihre Funktion begrenzt werden mit der Folge, dass einem funktionswidrigen Gebrauch die rechtliche Anerkennung zu versagen ist. Ein solcher Missbrauch der Vertragsfreiheit ist jedoch abzulehnen.[851] Die Privatautonomie ist eine Freiheit, aus der sich keine bestimmten Zwecke ableiten lassen.[852] Insbesondere kann ihr nicht der Zweck beigemessen werden, die Umgehung zwingender Rechtsnormen durch vertragliche Gestaltung zu verhindern. Dadurch würde sich lediglich die Frage nach der Bewältigung der Umgehungsproblematik neu stellen.[853]

Da die Privatautonomie nicht zweckgebunden ist, kann sie auch nicht zweckwidrig bzw. funktionswidrig eingesetzt werden.

§ 10 Zwischenergebnis und Lösungsansatz

A. Zusammenfassung der bisherigen Ergebnisse

I. Echte Aufhebungsverträge zulässig

Der Arbeitnehmer kann im Zusammenhang mit einem Betriebsübergang sein Arbeitsverhältnis mittels echten Aufhebungsvertrags beenden. § 613a BGB steht dem nicht entgegen. Dem Arbeitnehmer wird der Bestandsschutz der Norm nicht aufgedrängt.

II. Änderungsverträge zulässig

§ 613a BGB steht auch einer einvernehmlichen Änderung der Arbeitsbedingungen im Zusammenhang mit Betriebsübergängen nicht entgegen. Die Vertragsfreiheit der Arbeitnehmer wird durch § 613a BGB nicht beschränkt. Sachliche Rechtfertigungsgründe sind nicht erforderlich. Die Vereinbarung ist auch dann zulässig, wenn sie „wegen" des Betriebsübergangs erfolgt, die Änderung also wesentlich durch den Betriebsinhaberwechsel bedingt ist. Die vom BAG vorgenommene Motivkontrolle findet keine Anhaltspunkte im Gesetz. Der Inhalt der Arbeitsverhältnisse wird durch § 613a BGB nicht stärker geschützt, als der Bestand. Der Arbeitnehmer kann auf den Inhaltsschutz – genau wie auf den

---

850 *Mader*, Rechtsmißbrauch, S. 147 f.

851 *Flume*, BGB-AT II, 4. Auflage, S. 670 f.

852 *Mader*, Rechtsmißbrauch, S. 148; Soergel/*Teichmann*, 12. Auflage, § 242 BGB Rn. 17.

853 *Sieker*, Umgehungsgeschäfte, S. 14.

Bestandsschutz – verzichten und einer Verschlechterung der Arbeitsbedingungen zustimmen. § 613a BGB bezweckt lediglich einen Schutz vor Fremd-, nicht aber vor Selbstbenachteiligung.[854] Eine strukturelle Unterlegenheit und ein daraus resultierendes Bedürfnis, den Arbeitnehmer vor sich selbst zu schützen, sind abzulehnen.

III. Unechte Aufhebungsverträge zulässig

Einerseits ist der Abschluss eines echten Aufhebungsvertrages nach der Rechtsprechung uneingeschränkt zulässig, andererseits sind auch Änderungsvereinbarungen im Zusammenhang mit Betriebsübergängen rechtlich unbedenklich. Demnach spricht nichts dagegen beides zusammen in einem sog. unechten Aufhebungsvertrag zu kombinieren.[855] Sachliche Gründe sind auch hier nicht erforderlich.

Der unechte Aufhebungsvertrag ist weder ein Scheingeschäft, noch liegt eine unzulässige Umgehung des § 613a Abs. 1 Satz 1 BGB vor. Auch wird der Aufhebungsvertrag bzw. die Vertragsfreiheit nicht rechtsmissbräuchlich eingesetzt. Die ratio legis des § 613a BGB steht weder einem Verzicht des Arbeitnehmers auf den Bestandsschutz noch einem Verzicht auf den Inhaltsschutz entgegen. Zudem liegt kein Fall der gestörten Vertragsparität vor, der eine richterliche Inhaltskontrolle i.e.S. der Vereinbarung gem. § 242 BGB zu rechtfertigen vermag. Der Arbeitnehmer ist trotz der angespannten wirtschaftlichen Lage des Betriebs in der Lage, eine freie Entscheidung zu treffen. Er wird durch die §§ 123, 138 BGB ausreichend geschützt.

Dennoch sollte der Arbeitnehmer bereits in der Wiedereinstellungszusage bzw. in einer davor durchgeführten Betriebsversammlung genau darüber aufgeklärt werden, zu welchen Bedingungen er später beim Erwerber weiterarbeiten wird. Nur so kann der Arbeitnehmer den Umfang seines Verzichts überblicken. Je umfangreicher der Arbeitnehmer informiert wird, umso weniger besteht die Gefahr, dass die Rechtsprechung nachträglich ein Verhandlungsungleichgewicht annimmt.

1. Rechtsfolge: Arbeitsverhältnis wirksam beendet

Die Arbeitsverhältnisse werden durch die Aufhebungsverträge wirksam beendet. Der Betrieb geht durch Rechtsgeschäft „arbeitnehmerfrei" auf den Erwerber über.

---

854 So auch *Pietzko*, Tatbestand, S. 38.

855 *Wagner*, Individualarbeitsrechtliche Vereinbarungen, S. 120.

2. *Kein Verlust der sozialen Besitzstände durch Unterbrechung*

Problematisch ist jedoch, dass das Arbeitsverhältnis beim Lemgoer Modell formal unterbrochen wird. Dies hat zur Folge, dass die Betriebszugehörigkeit zum bisherigen Arbeitgeber nicht angerechnet wird, sodass diese z.B. bei der Berechnung der Kündigungsfrist keine Berücksichtigung findet. Das KSchG wäre dann erst anwendbar, wenn der Arbeitnehmer sechs Monate beim Erwerber arbeitet, § 1 Abs. 1 KSchG. Um dies zu vermeiden, kann eine Anrechnungsklausel in die neuen Arbeitsverträge aufgenommen werden.[856]

a. Enger zeitlicher und sachlicher Zusammenhang zwischen altem und neuem Arbeitsverhältnis

Fehlt eine Anrechnungsklausel, wird das Arbeitsverhältnis durch den unechten Aufhebungsvertrag unterbrochen. Dies ist aber nach ständiger Rechtsprechung des BAG nicht der Fall, wenn auf das beendete Arbeitsverhältnis zeitlich unmittelbar ein neues Arbeitsverhältnis folgt[857] oder zwischen dem alten und dem neuen Arbeitsverhältnis ein enger sachlicher Zusammenhang besteht.[858] Je länger die zeitliche Unterbrechung dauert, desto gewichtiger müssen die für einen sachlichen Zusammenhang sprechenden Umstände sein.[859] Dabei ist vor allem auf die Gründe der Unterbrechung und die Art der Weiterbeschäftigung abzustellen. Zudem ist von Bedeutung, „von welcher Partei und aus welchem Anlass das Arbeitsverhältnis zuvor beendet worden ist und ob die weitere Beschäftigung des Arbeitnehmers seiner früheren Stellung entspricht".[860]

Ein solcher zeitlicher und sachlicher Zusammenhang wurde vom BAG im Rahmen eines Betriebsübergangs bejaht. Wird der Arbeitnehmer unmittelbar nach Beendigung des Arbeitsverhältnisses mit dem Veräußerer vom Erwerber neu eingestellt, liegt keine rechtlich relevante Unterbrechung des Arbeitsverhältnisses vor. Allein aufgrund der nahtlosen Fortsetzung des Arbeitsverhältnisses am bisherigen Arbeitsplatz des Arbeitnehmers ist ein hinreichend enger, innerer

856 *Lipinski*, Sonderkündigungsschutz, S. 116 in Fn. 614.

857 BAG vom 23.9.1976 – 2 AZR 309/75, BAGE 28, 176, 181 = NJW 1977, 1311.

858 BAG vom 7.7.2011 – 2 AZR 12/10, BAGE 138, 321, 325 = NZA 2012, 148, 150; MüKo/*Hergenröder*, 6. Auflage, § 1 KSchG Rn. 33.

859 BAG vom 20.8.1998 – 2 AZR 76/98, AP Nr. 9 zu § 1 KSchG 1969 Wartezeit = NZA 1999, 481; BAG vom 22.5.2003 - 2 AZR 426/02, AP Nr.18 zu § 1 KSchG 1969 Wartezeit = NZA 2004, 399.

860 BAG vom 18.8.2011 – 8 AZR 312/10, BAGE 139, 52, 61 = NZA 2012, 152, 155.

Zusammenhang zwischen den beiden – rechtlich getrennten – Arbeitsverhältnissen gegeben.[861]

Dem steht auch der Wechsel des Betriebsinhabers und damit des Arbeitgebers nicht entgegen.[862] Selbst wenn man eine rechtliche Unterbrechung von einer „logischen Sekunde“ annimmt, hat der Arbeitnehmer dennoch im selben Betrieb gearbeitet. Ein anderes Verständnis würde auf die lediglich formale Unterbrechung eines Arbeitsverhältnisses ohne materielle Bedeutung abstellen und wäre mit dem Schutzzweck des § 613a Abs. 1 BGB nicht vereinbar.[863]

b. Sachlicher Zusammenhang auch bei Zwischenschaltung einer BQG

Fraglich ist, ob ein solcher Zusammenhang auch angenommen werden kann, wenn eine Beschäftigungsgesellschaft[864] zwischengeschaltet worden ist. Dies hat das BAG bejaht, wenn zeitgleich mit einem tatsächlich nie betriebenen, eintägigen Arbeitsverhältnis mit der BQG auch die Entscheidung über das neue Arbeitsverhältnis des Arbeitnehmers am alten Arbeitsplatz getroffen wurde. Das Arbeitsverhältnis mit der BQG habe dann nur auf dem Papier bestanden. Zudem berücksichtigte das Gericht, dass beide Vertragsverhältnisse vom Insolvenzverwalter vermittelt wurden.[865]

3. *Vereinbarung einer sachgrundlosen Befristung mit dem Erwerber*

Infolge der Unterbrechung des Arbeitsverhältnisses ist die Vereinbarung einer sachgrundlosen Befristung mit dem Erwerber zulässig. Der unechte Aufhebungsvertrag beendet das Arbeitsverhältnis vor Vollzug des Betriebsübergangs, sodass es nicht gem. § 613a Abs. 1 Satz 1 BGB auf den Erwerber übergeht. Die Identität des Arbeitgebers wird nicht gewahrt. Das Anschlussverbot gem. § 14 Abs. 2 Satz 2 TzBfG steht einer späteren sachgrundlosen Befristung des Arbeitsverhältnisses mit dem Erwerber nicht entgegen.[866]

---

861 Zur Berechnung der Kündigungsfrist gem. § 622 BGB: BAG vom 18.9.2003 – 2 AZR 330/02, AP Nr. 62 zu § 622 BGB = NZA 2004, 319, 320; a.A. aber *Hillebrecht*, NZA 1989 Beil. 4, 10.

862 BAG vom 18.9.2003 – 2 AZR 330/02, AP Nr. 62 zu § 622 BGB = NZA 2004, 319, 320.

863 BAG vom 19.5.2005 – 3 AZR 649/03, BAGE 114, 349, 355 = NZA-RR 2006, 373, 376.

864 Zum BQG-Modell ausführlich § 12 A.

865 BAG vom 18.8.2011 – 8 AZR 312/10, BAGE 139, 52, 61 = NZA 2012, 152, 155.

866 BAG vom 18.8.2005 – 8 AZR 523/04, BAGE 115, 340, 346 = NZA 2006, 145, 147; ErfK/*Müller-Glöge*, 15. Auflage, § 14 TzBfG Rn. 93a.

4. *Zwischenergebnis*

Der unechte Aufhebungsvertrag wirkt faktisch wie ein Änderungsvertrag. Die Beschäftigungsdauer wird dem Arbeitnehmer auch ohne entsprechende Klausel angerechnet, weil ein enger zeitlicher und sachlicher Zusammenhang zwischen den Arbeitsverhältnissen besteht. Demnach ist die Beschäftigungsdauer sowohl bei § 1 Abs. 1 KSchG als auch im Rahmen von § 622 BGB zu berücksichtigen. Gleichwohl ist durch die Unterbrechung des Arbeitsverhältnisses aber die Vereinbarung einer sachgrundlosen Befristung mit dem Erwerber möglich.

Festzuhalten bleibt, dass die Praxis nicht auf den unechten Aufhebungsvertrag als Gestaltungsmittel zur Änderung der Arbeitsbedingungen zurückgreifen müsste, wenn das BAG einvernehmliche Änderungsvereinbarungen bei Betriebsübergängen und damit einen Verzicht auf den Inhaltsschutz des § 613a BGB auch ohne Vorliegen sachlicher Gründe zuließe.

B. Lösungsansatz

Obwohl die Vertragsfreiheit des Arbeitnehmers nach richtiger Ansicht nicht eingeschränkt werden kann, führt das BAG gleichwohl eine Motivkontrolle der unechten Aufhebungs- und Änderungsvereinbarungen durch. Letztere sind nach Ansicht des BAG nur gerechtfertigt, wenn sachliche Gründe vorliegen, die Änderung mithin nicht „wegen" des Betriebsübergangs vereinbart wurde. Eine klare Linie der Rechtsprechung fehlt bislang, der sachliche Rechtfertigungsgrund wird sehr uneinheitlich geprüft. Diese Rechtsunsicherheit könnte aufgelöst werden, wenn das BAG § 613a Abs. 4 Satz 2 BGB als „Obergrenze" der sachlichen Rechtfertigung heranzöge. Denn wenn eine Änderungskündigung nach § 613a Abs. 4 BGB zulässig wäre, muss dies – a maiore ad minus[867] –gleichermaßen für die Änderungsvereinbarung gelten (I.).

Ferner wird vorgeschlagen, § 613a BGB im Falle der Insolvenz nicht nur bei Kündigungen durch §§ 125 – 128 InsO sanierungsfördernd auszulegen, sondern auch im Hinblick auf Änderungsvereinbarungen (II.).

Des Weiteren wird beleuchtet, wann die Regelung des unechten Aufhebungsvertrags für den Arbeitnehmer günstiger sein könnte (III.).

867 *Rüthers/Fischer/Birk*, Rechtstheorie, 7. Auflage, S. 525 f.

I. Anpassung der sachlichen Gründe an § 613a Abs. 4 Satz 2 BGB

Bislang wurden von der Rechtsprechung keine konkreten Anforderungen an den Sachgrund entwickelt.[868] Es besteht für alle unechten Aufhebungsverträge bzw. Änderungsvereinbarungen die Gefahr, dass sie für unwirksam erklärt werden, wenn sie im zeitlichen Zusammenhang mit einem Betriebsübergang abgeschlossen werden.[869]

Die Änderungsvereinbarung ist im Verhältnis zur einseitigen Änderungskündigung milderes Mittel, da durch die vertragliche Änderung der Bestand des Arbeitsverhältnisses nicht unmittelbar gefährdet ist. Dennoch werden von der Rechtsprechung an einvernehmliche Änderungsvereinbarungen im Zusammenhang mit Betriebsübergängen teilweise höhere Anforderungen gestellt. Das BAG hält die einvernehmlichen Vereinbarungen in einigen Entscheidungen für unwirksam, ohne überhaupt sachliche Rechtfertigungsgründe in Erwägung zu ziehen. Da das BAG oft von einer Umgehung des § 613a Abs. 4 Satz 1 BGB ausgeht, stellt es höhere Anforderungen an die Umgehung des § 613a Abs. 4 Satz 1 BGB als an die Verbotsnorm selbst und bejaht das Vorliegen einer Umgehung zu früh.[870]

Diese widersprüchliche Beurteilung leuchtet indes nicht ein. Denn während für Kündigungen ein „gesteigerter sachlicher Grund" nach § 1 Abs. 2 KSchG[871] verlangt wird, müssten für Änderungsvereinbarungen nach der Rechtsprechung des BAG zur objektiven Gesetzesumgehung eigentlich „einfache" sachliche Gründe für deren Wirksamkeit ausreichen. Liegt der Änderungsvereinbarung ein dringendes betriebliches Erfordernis im Sinne des § 1 Abs. 2 Satz 1 KSchG zu Grunde, das auch eine wesentlich schwerwiegendere Änderungskündigung bei Betriebsübergang zu rechtfertigen vermag, muss dies a maiore ad minus auch für Vereinbarungen gelten, die ebenfalls auf eine Inhaltsänderung abzielen.

Ähnlich argumentierte das BAG im Jahr 2006: Es lehnte eine Umgehung des Kündigungsverbotes gem. § 613a Abs. 4 Satz 1 BGB mit der Begründung ab, dass es bei einer Übernahme durch die Beklagte betriebsbedingte Gründe gegeben

868 Kritisch auch: *Bunte*, NZA 2010, 319, 320.

869 So aber ausdrücklich BAG vom 25.10.2007 – 8 AZR 917/06, AP Nr. 333 zu § 613a BGB = BB 2008, 1175 Orientierungssatz 3.

870 Zutreffend: *Naber*, Aufhebungsverträge, S. 114.

871 *Feuerborn*, Sachliche Gründe, S. 155; *Preis*, Grundfragen der Vertragsgestaltung, S. 309.

hätte, die eine Kündigung – gegebenenfalls auch nach Erwerberkonzept der Beklagten – hätten rechtfertigen können.[872]

Im Folgenden wird dargestellt, wann eine betriebsbedingte Kündigung bei einem Betriebsübergang gem. § 1 Abs. 2 Satz 1 KSchG sozial gerechtfertigt ist und nicht gegen § 613a Abs. 4 Satz 1 BGB verstößt, um diese Wertungen anschließend auf unechte Aufhebungsverträge und Änderungsvereinbarungen übertragen zu können. Als „Obergrenze" sollte die Rechtsprechung jedenfalls solche Gründe als „sachliche Gründe" anerkennen, die auch eine wesentlich schwerwiegendere (Änderungs-) Kündigung gem. § 613a Abs. 4 Satz 2 BGB zu rechtfertigen vermögen.[873]

1. Wirksamkeit einer betriebsbedingten Beendigungskündigung

Eine Kündigung ist nicht „wegen" des Betriebsübergangs erfolgt, wenn ein anderer Grund im Sinne von § 613a Abs. 4 Satz 2 BGB vorliegt. Ein solcher ergibt sich regelmäßig aus § 1 Abs. 2 Satz 1 KSchG.[874] Insbesondere wenn ein dringendes betriebliches Erfordernis vorliegt, kann die Kündigung unabhängig vom Betriebsübergang sozial gerechtfertigt sein und ist damit nicht nach § 613a Abs. 4 Satz 1 BGB unwirksam.[875] Ist das KSchG auf den gekündigten Arbeitnehmer nicht anwendbar, genügt jeder nachvollziehbare, nicht willkürlich erscheinende, sachliche Grund als anderer Grund im Sinne des § 613a Abs. 4 Satz 2 BGB.[876]

a. Sanierungskündigung des Veräußerers im Zusammenhang mit einem Betriebsübergang

Trifft der Veräußerer eine eigene unternehmerische Entscheidung, die auf inner- oder außerbetrieblichen Umständen beruht und zum Wegfall der Beschäftigungsmöglichkeit führt, war der Betriebsübergang lediglich der äußere Anlass für die Kündigung. Eine klassische Sanierungskündigung ist daher auch im Zusammenhang mit einem Betriebsübergang möglich.[877]

---

872 BAG vom 23.11.2006 – 8 AZR 349/06, AP Nr. 1 zu § 613a BGB Wiedereinstellung = NZA 2007, 866, 868.

873 In diese Richtung auch schon: *Hanau*, ZIP 1998, 1817, 1822; *Lessing*, Entlassungen, S. 238; APS/*Steffan*, 4. Auflage, § 613a BGB Rn. 198; im Rahmen der Richtlinie 2001/23/EG: *Heerma*, Betriebsinhaberwechsel, S. 135; ablehnend: *Gaul/Otto*, ZIP 2006, 644, 648.

874 ErfK/*Preis*, 15. Auflage, § 613a BGB Rn. 156.

875 *Döpner*, Erwerberkonzept, S. 197.

876 ErfK/*Preis*, 15. Auflage, § 613a BGB Rn. 156.

877 Staudinger/*Annuß*, 2011, § 613a BGB Rn. 378.

Die freie Unternehmerentscheidung ist im Kündigungsschutzprozess nur eingeschränkt überprüfbar und soll auch durch § 613a BGB nicht beschränkt werden. Die Norm will den Arbeitnehmer nicht vor betrieblichen Risiken schützen, die sich unabhängig von einem Betriebsübergang ergeben können, und räumt dem Arbeitnehmer insbesondere auch keine Arbeitsplatzgarantie ein.[878] Die unternehmerische Entscheidung ist nicht willkürlich, wenn das zugrundeliegende unternehmerische Konzept dazu dient, den Betrieb verkaufsfähig zu machen.[879] Dies gilt auch, wenn der potentielle Erwerber den Anstoß zur Durchführung von Rationalisierungsmaßnahmen nach einem vom Veräußerer geplanten Konzept gibt und dadurch die Betriebsveräußerung ermöglicht werden kann, weil der Erwerber damit droht, den Betrieb anderenfalls nicht zu übernehmen. Der Veräußerer kann sich die beabsichtigten betrieblichen Änderungen des Kaufinteressenten jederzeit zu Eigen machen. Folglich realisiert sich bei den Rationalisierungsmaßnahmen lediglich die Gefahr des Arbeitsplatzverlustes, die auch bei Fortführung des Betriebs eintreten kann.[880] Etwas anderes gilt aber, wenn die Kündigung allein und ohne ein bestimmtes Konzept auf dem Druck des (potentiellen) Erwerbers beruht, bestimmte, namentlich benannte Arbeitnehmer nicht übernehmen zu wollen. Das freie Auswahlrecht des Erwerbers sollte durch § 613a BGB gerade verhindert werden.[881]

Der Arbeitgeber muss das Änderungsbedürfnis substantiiert darlegen und das Konzept zur Verwirklichung seiner unternehmerischen Entscheidung im Prozess offenlegen.[882]

b. Kündigung des Erwerbers nach dem Betriebsübergang

Auch der Erwerber kann nach dem Betriebsübergang eine betriebsbedingte Kündigung im Sinne von § 1 Abs. 2 Satz 1 KSchG aussprechen. Sind die

---

878 Staudinger/*Annuß*, 2011, § 613a BGB Rn. 379; *Borngräber*, Arbeitsverhältnis bei Betriebsübergang, S. 70; WHSS/*Willemsen*, 4. Auflage, H Rn. 98.

879 BAG vom 20.9.2006 – 6 AZR 249/05, EzA § 613a BGB 2002 Nr. 62 = NZA 2007, 387, 389; Staudinger/*Annuß*, 2011, § 613a BGB Rn. 379; *Döpner*, Erwerberkonzept, S. 200; KPB/*Moll*, 2014, § 128 InsO Rn. 25; *Schiefer*, NJW 1998, 1817, 1823; WHSS/*Willemsen*, 4. Auflage, H Rn. 98.

880 *Borngräber*, Arbeitsverhältnis bei Betriebsübergang, S. 69 f.; *Döpner*, Erwerberkonzept, S. 201 f.; *Willemsen*, ZIP 1983, 411, 416.

881 *Borngräber*, Arbeitsverhältnis bei Betriebsübergang, S. 70; *Lipinski*, Sonderkündigungsschutz, S. 55 ff.; WHSS/*Willemsen*, 4. Auflage, H Rn. 93; *ders.* ZIP 1983, 411, 415.

882 APS/*Kiel*, 4. Auflage, § 1 KSchG Rn. 483, 505.

Arbeitsverhältnisse auf ihn übergegangen, unterliegt er den gleichen Beschränkungen wie jeder andere Arbeitgeber. § 613a Abs. 4 BGB steht dem nicht entgegen.[883]

2. Betriebsbedingte Änderungskündigung

Für eine betriebsbedingte Änderungskündigung gelten die gleichen Grundsätze wie für eine Beendigungskündigung.[884] Sie ist gem. §§ 2, 1 Abs. 2 Satz 1 KSchG sozial gerechtfertigt, wenn das Beschäftigungsbedürfnis für den betreffenden Arbeitnehmer zu den bisherigen Vertragsbedingungen aufgrund einer unternehmerischen Entscheidung entfallen ist und der Arbeitgeber nur solche Änderungen angeboten hat, die der Arbeitnehmer billigerweise hinnehmen muss.[885]

Besonderheiten gelten, wenn das Entgelt durch die Änderungskündigung generell reduziert werden soll.[886] Beschließt der Unternehmer, die Personalkosten zu reduzieren, greift er in das arbeitsvertraglich vereinbarte Verhältnis von Leistung und Gegenleistung ein. Einmal geschlossene Verträge sind einzuhalten. Ein Geldmangel allein kann den Schuldner nicht entlasten. Dennoch kann die Unrentabilität des Betriebs einer Weiterbeschäftigung des Arbeitnehmers zu unveränderten Bedingungen entgegenstehen und ein dringendes betriebliches Erfordernis darstellen. Nach dem Grundsatz der Verhältnismäßigkeit ist danach zu fragen, ob der Arbeitsplatz wegfiele, wenn der Arbeitgeber das Entgelt nicht reduzierte. Kommt es aufgrund der hohen Personalkosten zu einer wirtschaftlichen Existenzgefährdung des Betriebs und kann durch die Änderung der Arbeitsbedingungen die Stilllegung des Betriebes bzw. eine deutliche Reduzierung der Belegschaft verhindert werden, ist die Änderungskündigung sozial gerechtfertigt. Regelmäßig bedarf es eines umfassenden Sanierungsplans, der alle gegenüber der beabsichtigten Änderungskündigung milderen Mittel ausschöpft.[887] Allein die Eröffnung des Insolvenzverfahrens ist kein hinreichender

---

883 WHSS/*Willemsen*, 4. Auflage, H Rn. 101.

884 APS/*Künzl*, 4. Auflage, § 2 Rn. 247.

885 BAG vom 23.6.2005 – 2 AZR 642/04, BAGE 115, 149, 156 = NZA 2006, 92, 94; BAG vom 24.5.2012 – 2 AZR 163/11, AP Nr. 157 zu § 2 KSchG 1969 = NZA-RR 2013, 74, 75 *Hromadka*, RdA 1992, 234, 252; ErfK/*Oetker*, 15. Auflage, § 2 KSchG Rn. 47; BeckOK-ArbR/*Rolfs*, Ed. 34, § 2 KSchG Rn. 78.

886 Der Maßstab einer solchen Änderung ist umstritten; zum Meinungsstand: APS/*Künzl*, 4. Auflage, § 2 KSchG Rn. 257a.

887 St. Rspr.: BAG vom 23.6.2005 – 2 AZR 642/04, BAGE 115, 149, 160 f. = NZA 2006, 92, 96; BAG vom 26.6.2008 – 2 AZR 139/07, AP Nr. 138 zu § 2 KSchG 1969 = NZA 2008, 1182, 1183; BAG vom 10.9.2009 – 2 AZR 822/07, BAGE 132, 78, 85 = NZA 2010,

Grund zur Entgeltreduzierung. Vom Arbeitgeber bzw. Insolvenzverwalter ist in diesem Zusammenhang zu verlangen, dass er die Finanzlage des Betriebs, den Anteil der Personalkosten, die Auswirkung der erstrebten Kostensenkungen für den Betrieb und für die Arbeitnehmer darstellt und darlegt, warum andere Maßnahmen nicht in Betracht kommen.[888] Aus dem Sanierungskonzept muss hervorgehen, dass die darin enthaltenen Sanierungs- und Umstrukturierungsmaßnahmen zur Abwendung einer finanziellen Existenzgefährdung des Betriebes geeignet und erforderlich sind.[889] Der pauschale Hinweis des Arbeitgebers, dass die Alternative zur Entgeltsenkung nur die Betriebsschließung, die Einstellung der Produktion, die Fremdvergabe oder die Verlagerung ins Ausland sei, genügt den hohen Anforderungen des BAG nicht.[890] Die Änderungskündigung zur Entgeltabsenkung ist auf „Extremfälle" beschränkt.[891]

3. *Kündigung nach Erwerberkonzept*

a. Beendigungskündigung

In der Rechtsprechung und Literatur ist neben der klassischen Sanierungskündigung auch eine Kündigung nach Erwerberkonzept anerkannt. Hier veranlasst der Erwerber den Veräußerer zum Ausspruch betriebsbedingter Kündigungen, die auf den unternehmerischen Vorstellungen des Erwerbers beruhen und nach dem Betriebsübergang umgesetzt werden.[892] Diese Kündigung verstößt nicht gegen § 613a Abs. 4 Satz 1 BGB, weil ihr Grund nicht in der später erfolgenden

---

333, 336; Küttner/*Eisemann*, 21. Auflage, Änderungskündigung Rn. 24; *Fuhlrott*, BB 2013, 2042, 2044; *Hromadka*, RdA 1992, 234, 255; ErfK/*Oetker*, 15. Auflage, § 2 KSchG Rn. 60 ff.

888 BAG vom 26.6.2008 – 2 AZR 139/07, AP Nr. 138 zu § 2 KSchG 1969 = NZA 2008, 1182, 1183; ErfK/*Oetker*, 15. Auflage, § 2 KSchG Rn. 62; BeckOK-ArbR/*Plössner*, Ed. 34, § 113 InsO Rn. 24.

889 BAG vom 26.6.2008 – 2 AZR 139/07, AP Nr. 138 zu § 2 KSchG 1969 = NZA 2008, 1182, 1183.

890 *Hromadka*, DB 2002, 1322, 1326; kritisch dazu *Preis*, NZA 1995, 241, 249: Es könne dem Arbeitgeber nur angeraten werden, möglichst Beendigungskündigungen auszusprechen und zur Senkung der Lohnkosten nicht auf das mildere Mittel der Änderungskündigung zurückzugreifen. Das hier etwas im System nicht stimme, sei offenkundig.

891 So MüHdbArbR/*Ricken*, 3. Auflage, § 202 Rn. 2; ein solcher „Extremfall" lag der Entscheidung des BAG vom 26.6.2008 – 2 AZR 139/07, AP Nr. 138 zu § 2 KSchG 1969 = NZA 2008, 1182 zugrunde.

892 *Döpner*, Erwerberkonzept, S. 205; Jaeger/*Giesen*, 1. Auflage, vor § 113 InsO Rn. 129; *Schmädicke*, NZA 2014, 515; WHSS/*Willemsen*, 4. Auflage, H Rn. 107.

Betriebsübernahme, sondern in der Sanierung des Betriebes liegt. Der Schutzzweck des § 613a BGB will lediglich verhindern, dass der Erwerber bei Übernahme der Belegschaft eine Auslese trifft und sich von besonders schutzbedürftigen älteren, schwerbehinderten, unkündbaren oder sonst sozial schwächeren Arbeitnehmern trennt. Der Erwerber soll aber nicht zur künstlichen Verlängerung des Arbeitsverhältnisses verpflichtet werden, wenn aufgrund betriebswirtschaftlicher Gesichtspunkte vorhersehbar keine Beschäftigungsmöglichkeit beim Erwerber gegeben ist.[893]

Dabei ist es jedenfalls in der Insolvenz unerheblich, ob die Kündigung selbsttragend ist oder der Veräußerer das Konzept bei Fortführung des Betriebs nicht selbst hätte durchführen können.[894] Die Forderung des Erwerbers, die Belegschaft zu verkleinern, reicht für sich genommen aber nicht aus. Vielmehr muss das Konzept des Erwerbers bei Ausspruch der Kündigung schon greifbare Formen angenommen haben.[895] Dies kann beispielsweise in Form eines rechtsverbindlichen Sanierungsplans oder eines Vorvertrages zwischen Erwerber und Veräußerer umgesetzt werden, aus dem der Betriebsübergang und die Zahl der zu übernehmenden Arbeitnehmer hervorgeht.[896] Zudem kann das Erwerberkonzept z.B. als Anlage Bestandteil des Kaufvertrags werden.[897]

b. Änderungskündigung

Diese Grundsätze gelten auch für die Änderungskündigung nach Erwerberkonzept.[898] Der Veräußerer muss darlegen, dass nach dem Konzept des Erwerbers das Beschäftigungsbedürfnis des Arbeitnehmers zu den bisherigen Bedingungen nach dem geplanten Betriebsübergang entfallen ist.[899] Dies kann mittels

---

893 BAG vom 20.3.2003 – 8 AZR 97/02, BAGE 105, 338, 342 = NZA 2003, 1027, 1028 f.

894 BAG vom 20.3.2003 – 8 AZR 97/02, BAGE 105, 338, 343 = NZA 2003, 1027, 1029; BAG vom 20.9.2006 – 6 AZR 249/05, AP Nr. 316 zu § 613a BGB = NZA 2007, 387, 389; *Fuhlrott*, BB 2013, 2042, 2043.

895 BAG vom 20.3.2003 – 8 AZR 97/02, BAGE 105, 338, 342 = NZA 2003, 1027, 1029; BAG vom 20.9.2006 – 6 AZR 249/05, AP Nr. 316 zu § 613a BGB = NZA 2007, 387, 389; *Lipinski*, Sonderkündigungsschutz, S. 60 f.; MüKo/*Müller-Glöge*, 6. Auflage, § 613a BGB Rn. 193.

896 *Fuhlrott*, BB 2013, 2042, 2044; *Lipinski*, Sonderkündigungsschutz, S. 61; KPB/*Moll*, 2014, § 128 InsO Rn. 26; ErfK/*Preis*, 15. Auflage, § 613a BGB Rn. 171; APS/*Steffan*, 4. Auflage, § 613a BGB Rn. 191; *Willemsen*, ZIP 1983, 411, 416.

897 *Schmädicke*, NZA 2014, 515, 516 f.

898 LAG Niedersachsen vom 9.12.2009 – 17 Sa 850/09, LAGE § 125 InsO Nr. 12 = EzA-SD 2010, Nr. 4, 10.

899 *Fuhlrott*, BB 2013, 2042, 2044.

eines rechtsverbindlichen Sanierungsplans oder eines Vorvertrages zwischen Erwerber und Veräußerer erfolgen. Der Weiterbeschäftigung beim Erwerber zu unveränderten Bedingungen muss ein dringendes betriebliches Erfordernis entgegenstehen. Auch hier gelten die erhöhten Anforderungen der Rechtsprechung an eine Änderungskündigung zur Entgeltabsenkung.[900] Folglich ist eine betriebsbedingte Änderungskündigung nach Erwerberkonzept dann sozial gerechtfertigt, wenn der Erwerber die Unrentabilität der Betriebsübernahme aufgrund der hohen Personalkosten darlegt. Daraus muss hervorgehen, dass er anderenfalls von der Übernahme des Betriebs absieht und die Betriebsstilllegung bzw. eine deutliche Reduzierung der Belegschaft droht.[901] Allein die Forderung, die Personalkosten zu reduzieren, reicht nicht aus.

4. Übertragung der Grundsätze auf Änderungsvereinbarungen

Betriebsbedingte Beendigungs- und Änderungskündigungen verstoßen nicht gegen § 613a Abs. 4 Satz 1 BGB, unabhängig davon, ob sie auf einem Konzept des Veräußerers oder des Erwerbers beruhen. Dies muss erst Recht für Änderungsvereinbarungen bzw. unechte Aufhebungsverträge gelten.

a. Anforderungen an den sachlichen Grund

Ein Änderungsvertrag ist demnach jedenfalls zulässig, wenn eine unternehmerische Entscheidung zum Wegfall des Beschäftigungsbedürfnisses zu den bisherigen Bedingungen führt. Die unternehmerische Entscheidung des Veräußerers ist nicht willkürlich, wenn die Senkung der Personalkosten dazu dient, den Betrieb verkaufsfähig zu machen oder die Entscheidung auf Anregung oder Drängen eines Kaufinteressenten beruht, der die Übernahme bei fehlenden Rationalisierungsmaßnahmen ablehnt.[902] Denn auch hier realisiert sich – wie bei der Sanierungskündigung des Veräußerers[903] – lediglich die Gefahr des Arbeitsplatzverlustes, die unabhängig von einem Betriebsübergang eintreten kann. Macht sich der Veräußerer die Vorstellungen des potentiellen Erwerbers zu eigen, erfolgt die Unternehmerentscheidung nicht willkürlich. Daneben kann die

900 Dazu schon § 10 B I 2.

901 BAG vom 10.9.2009 – 2 AZR 822/07, BAGE 132, 78, 85 = NZA 2010, 333, 336; *Fuhlrott*, BB 2013, 2042, 2044.

902 *Willemsen*, ZIP 1983, 411, 416; a.A. aber BAG vom 19.3.2009 – 8 AZR 722/07, BAGE 130, 90, 98 f. = NZA 2009, 1091, 1094: Es stellt keinen sachlichen Grund dar, „wenn der potenzielle Betriebserwerber zum Ausdruck bringt, ohne vorherige Vertragsänderungen oder Erlassverträge werde er den Betrieb nicht übernehmen".

903 Dazu schon § 10 B I 1 a.

unternehmerische Entscheidung nach einem Konzept des Erwerbers durchgeführt werden, wenn es bereits greifbare Formen angenommen hat.

Diese unternehmerische Entscheidung muss einer Weiterbeschäftigung des Arbeitnehmers zu unveränderten Bedingungen entgegenstehen. Wird durch den unechten Aufhebungsvertrag bzw. die Änderungsvereinbarung das Entgelt reduziert, muss es zur Rechtfertigung ebenfalls ausreichen, wenn durch die Änderungsvereinbarung die Stilllegung des Betriebs oder die Reduzierung der Belegschaft verhindert und damit Arbeitsplätze erhalten werden können. In diese Richtung argumentierte auch das BAG im Jahr 2005. Es befand einen dreiseitigen Vertrag für sachlich gerechtfertigt, weil er jedenfalls der Vermeidung der sonst drohenden Insolvenz und der damit verbundenen Beseitigung sämtlicher Arbeitsplätze diente.[904] Als Indiz für die Gefährdung der Arbeitsplätze kann die Zustimmung des Betriebsrates bzw. von 90% der betroffenen Arbeitnehmer zur Entgeltabsenkung mittels unechten Aufhebungs- bzw. Änderungsvertrag herangezogen werden.[905]

b. Europarechtliche Vorgaben

Der „Erhalt von Arbeitsplätzen" ist als Anliegen auch der Betriebsübergangsrichtlinie nicht unbekannt. Gem. Art. 5 Abs. 2 lit. b) der Richtlinie 2001/23/EG kann der jeweilige Mitgliedstaat vorsehen, dass der Erwerber bzw. der Veräußerer auf der einen Seite und die Arbeitnehmervertreter auf der anderen Seite die Arbeitsbedingungen ändern können, wenn diese Änderung den Fortbestand des Unternehmens sichert und dem Erhalt von Arbeitsplätzen dient. Auch hier wird typischerweise zugleich ein wirtschaftlicher, technischer oder organisatorischer Grund vorliegen, sodass sich die Zulässigkeit der Änderungsvereinbarung bereits aus Art. 4 Abs. 1 Satz 2 der Richtlinie 2001/23/EG ergibt. Denn wenn eine einseitige Kündigung zulässig ist, muss dies erst Recht für vertragliche Änderungen gelten.[906]

5. Zwischenergebnis

a. § 613a Abs. 4 Satz 2 BGB als Obergrenze der sachlichen Rechtfertigung

Unechte Aufhebungsverträge und Änderungsvereinbarungen sind sachlich gerechtfertigt, wenn sie „betrieblich bedingt" sind. Der gesteigerte sachliche Grund des dringenden betrieblichen Erfordernisses gem. § 1 Abs. 2 Satz 1 KSchG dient mithin als Obergrenze der sachlichen Rechtfertigung. Ein sachlicher Grund liegt

904 BAG vom 18.8.2005 – 8 AZR 523/04, BAGE 115, 340, 350 = NZA 2006, 145, 148.

905 So *Hromadka*, DB 2002, 1322, 1326 zur Entgeltreduzierung mittels betriebsbedingter Änderungskündigung.

906 *Heerma*, Betriebsinhaberwechsel, S. 135.

immer dann vor, wenn stattdessen auch eine betriebsbedingte Änderungskündigung, ggf. nach Erwerberkonzept, wirksam ausgesprochen werden könnte. An eine einvernehmliche Änderung der Arbeitsbedingungen dürfen keine höheren Anforderungen als an einseitige Eingriffe mittels einer Änderungskündigung gestellt werden. Dadurch kann – entgegen der bisherigen BAG-Rechtsprechung – sichergestellt werden, dass nicht jede Vereinbarung, die in einem zeitlichen Zusammenhang mit dem Betriebsübergang steht, unwirksam ist. Der Arbeitnehmer soll durch § 613a BGB nicht vor solchen Gefahren geschützt werden, die sich auch unabhängig von einem Betriebsübergang realisieren können. Und gerade Arbeitnehmer insolventer Betriebe müssen ohne bevorstehenden Betriebsinhaberwechsel mit einer Verschlechterung der Arbeitsbedingungen durch den Insolvenzverwalter rechnen.[907]

Demnach müssen individualvertragliche Änderungsvereinbarungen im Zusammenhang mit Betriebsübergängen jedenfalls dann gerechtfertigt sein, wenn der Betrieb des Veräußerers ansonsten stillgelegt werden muss und/oder dadurch die Reduzierung eines erheblichen Teils der Belegschaft verhindert werden kann. In Sanierungsfällen ist der Betrieb häufig nicht mehr aus sich heraus sanierungsfähig, sodass als Alternative zur Stilllegung oft nur die Umstrukturierung durch die finanziellen und organisatorischen Möglichkeiten des Erwerbers besteht.[908] Liegen diese Voraussetzungen vor, ist die Änderungsvereinbarung nicht „wegen" des Betriebsübergangs erfolgt, sondern „wegen" der Sanierung des Betriebes. Der Betriebsübergang dient dann gerade dazu, die Sanierung des Betriebes zu ermöglichen. Denn durch die einvernehmlichen Änderungsvereinbarungen kann eine Stilllegung und damit der Verlust sämtlicher Arbeitsplätze verhindert werden, wenn der Erwerber die Personalkostenreduzierung zur Voraussetzung der Übernahme macht.

Daneben sollte auch die Frist des § 4 Satz 1, 2 i.V.m. § 2 KSchG auf Änderungsvereinbarungen entsprechend angewendet werden, um zu verhindern, dass diese – im Gegensatz zur Änderungskündigung – zeitlich unbegrenzt gerichtlich überprüft werden können.

b. Zeitpunkt des Änderungsvertragsschlusses ist unerheblich

Durch den Vergleich mit der Kündigung nach Erwerberkonzept wird zudem deutlich, dass es – entgegen der bisherigen Rechtsprechung des BAG[909] – auf den

907 § 7 C III 3 d.

908 BAG vom 20.3.2003 – 8 AZR 97/02, BAGE 105, 338, 342 f. = NZA 2003, 1027, 1028 f.

909 Zusammenfassung bei § 7 C III 1 dd.

Zeitpunkt der Änderungsvereinbarung nicht ankommen kann.[910] Auch vor dem Betriebsübergang kann bereits eine Änderungskündigung nach dem Konzept des Erwerbers ausgesprochen werden, wenn aufgrund betriebswirtschaftlicher Gesichtspunkte vorhersehbar keine Beschäftigungsmöglichkeit beim Erwerber zu den bisherigen Arbeitsbedingungen gegeben ist.[911] Dies muss konsequenterweise auch für Änderungsvereinbarungen gelten. Denn nach dem Betriebsübergang ist es dem Erwerber ohnehin möglich, Änderungsvereinbarungen ohne sachliche Rechtfertigung abzuschließen. Der Schutz des § 613a Abs. 1 Satz 1 BGB erfüllt sich bereits durch die unveränderte Überleitung des Arbeitsverhältnisses und kann demnach nicht mehr mit der Vereinbarung konfligieren. Steht die Betriebsübernahme durch einen konkreten Erwerber bereits fest und werden die Änderungen anhand eines verbindlichen Sanierungsplans bzw. Vorvertrages umgesetzt, kann ein künstliches Hinauszögern der Änderung von § 613a BGB nicht gewollt sein. Demnach spielt es auch keine Rolle, dass der unechte Aufhebungsvertrag vor dem Betriebsübergang abgeschlossen wird.

II. Sanierungsfördernde Auslegung des § 613a BGB in der Insolvenz im Hinblick auf das Lemgoer Modell

Fraglich ist, ob im Falle einer Insolvenz eine sanierungsfreundliche Auslegung[912] des § 613a BGB sinnvoll erscheint. Denn beim Lemgoer Modell könnten die kontraproduktiven Wirkungen des § 613a BGB in der Insolvenz verhindert werden[913], wenn sich die Rechtsfortbildung des BAG mehr an den Zielbestimmungen der Richtlinie 2001/23/EG orientieren würde.

1. Europarechtliche Vorgaben

Die Anwendung der Betriebsübergangsrichtlinie kann in der Insolvenz dazu führen, dass sich der Schutzzweck in sein Gegenteil verkehrt. Sanierungen können erschwert und der Bestand von Arbeitsplätzen gefährdet werden.[914] Zur

910 Dazu bereits § 7 C III 3 f.

911 BAG vom 20.3.2003 – 8 AZR 97/02, BAGE 105, 338, 342 = NZA 2003, 1027, 1028 f.

912 So auch LAG Hamm vom 4.4.2000 – 4 Sa 1220/99, ZInsO 2000, 292, 294 = DZWIR 2000, 240, 243; *Hanau*, ZIP 1998, 1817, 1819; a.A. aber BAG vom 25.10.2012 – 8 AZR 575/11, EzA § 613a BGB 2002 Nr. 138 = NZA 2013, 203, 206; dazu: Staudinger/*Annuß*, 2011, § 613a BGB Rn. 342; *ders.*, ZInsO 2001, 49.

913 *Hanau*, ZIP 1998, 1817, 1819.

914 EuGH vom 7.2.1985 – C-135/83, Slg. 1985, 469, 484 f. = ZIP 1985, 824, 826 – Abels.

Deregulierung sieht Art. 5 der Richtlinie 2001/23/EG eine modifizierte Geltung im Falle der Insolvenz des Veräußerers vor.[915]

Art. 5 der Richtlinie 2001/23/EG macht deutlich, dass bei einem Betriebsübergang nicht nur auf die Arbeitnehmerinteressen (Erhalt des Arbeitsplatzes unter gleichbleibenden Bedingungen) abgestellt werden kann. Vielmehr müssen im Falle einer Insolvenz auch die Umstände, die eine Umstrukturierung notwendig machen, mitberücksichtigt werden. Es stehen sich nicht nur der Arbeitnehmerschutz und das Gewinnerzielungsinteresse des Arbeitgebers gegenüber. Auch die Interessen anderer Beteiligter sind im Falle der Insolvenz miteinzubeziehen.[916] Die Insolvenz dient in erster Linie der Gläubigerbefriedigung.[917]

a. Art. 5 Abs. 1 Richtlinie 2001/23/EG

Art. 5 Abs. 1 der Richtlinie 2001/23/EG regelt, dass die Mitgliedstaaten Art. 3 und Art. 4 nicht bei Übergängen anwenden können, in denen der Veräußerer unter Aufsicht einer zuständigen öffentlichen Stelle ein Konkursverfahren oder ein entsprechendes Verfahren mit dem Ziel der Auflösung des Vermögens des Veräußerers eröffnet hat. Von dieser Regelung hat der deutsche Gesetzgeber keinen Gebrauch gemacht und geht damit über das Schutzniveau der Richtlinie hinaus.[918]

b. Art. 5 Abs. 2 lit. b) Richtlinie 2001/23/EG

Für den Fall, dass Art. 3 und Art. 4 der Richtlinie auch im Insolvenzverfahren anwendbar sind, kann der jeweilige Mitgliedstaat vorsehen, dass der Erwerber bzw. der Veräußerer auf der einen Seite und die Arbeitnehmervertreter auf der anderen Seite die Arbeitsbedingungen ändern können, wenn diese Änderung den Fortbestand des Unternehmens sichert und dem Erhalt von Arbeitsplätzen dient.

Neben der Änderung der Arbeitsbedingungen durch Kollektivvertrag gem. Art. 5 Abs. 2 lit. b) der Richtlinie 2001/23/EG kommt auch eine individualrechtliche Änderung der Arbeitsbedingungen in Betracht, auch wenn diese nicht explizit geregelt wurde.[919] Die Richtlinie steht einer solchen Vereinbarung nicht entgegen.[920]

915 *Heerma*, Betriebsinhaberwechsel, S. 125.

916 *Unfried*, Betriebsübergang, S. 66.

917 ErfK/*Müller-Glöge*, 15. Auflage, Einführung InsO Rn. 2.

918 § 2 C und § 2 E II.

919 *Heerma*, Betriebsinhaberwechsel, S. 134.

920 § 7 C III 4.

2. *Umsetzung der Richtlinie ins deutsche Recht*

a. Kündigungen

§ 613a BGB findet auch im Falle der Insolvenz des Veräußerers Anwendung.[921] Die Bundesrepublik Deutschland hat jedoch durch die insolvenzrechtliche Sonderregelung des § 125 InsO von der Ausnahme in Art. 5 Abs. 2 lit. b) der Richtlinie 2001/23/EG Gebrauch gemacht.[922] Die individuellen Arbeitsbedingungen können durch eine kollektive Vereinbarung in Form eines Interessenausgleichs mittelbar geändert werden.[923] Die Wirkung des Interessenausgleichs ist mit dem Regelungszweck des Art. 5 Abs. 2 lit. b) der Richtlinie 2001/23/EG vergleichbar.[924]

aa. Kündigung in der Insolvenz

§ 108 Abs. 1 Satz 1 InsO regelt, dass die Dienstverhältnisse des Schuldners und damit auch die Arbeitsverhältnisse mit Wirkung für die Insolvenzmasse fortbestehen.[925] Die Arbeitsverhältnisse können aber nach Maßgabe von § 113 InsO gekündigt werden.

bb. Modifikation gem. §§ 125-128 InsO

Der Kündigungsschutz wird in der Insolvenz durch §§ 125-127 InsO modifiziert, wenn zwischen dem Arbeitgeber und dem Betriebsrat ein Interessenausgleich mit Namensliste zustande kommt.[926] Dies gilt gem. § 128 Abs. 1 InsO auch für Betriebsübergänge.

Gem. § 125 Abs. 1 Satz 1 Nr. 1 InsO wird zugunsten des Insolvenzverwalters vermutet, dass ein dringendes betriebliches Erfordernis einer Weiterbeschäftigung in diesem Betrieb entgegensteht. Dadurch wird die Beweislastregel des § 1 Abs. 2 Satz 4 KSchG hinsichtlich der betriebsbedingten Kündigung umgekehrt: Der Arbeitnehmer muss beweisen, dass sein Arbeitsplatz trotz der Betriebsänderung noch vorhanden ist bzw. eine Weiterbeschäftigungsmöglichkeit besteht.[927]

---

921 Zur Anwendbarkeit des § 613a BGB in der Insolvenz: § 2 E II.

922 Bericht der Kommission über die Richtlinie 2001/23/EG vom 18.6.2007, KOM(2007), 334 endgültig, S. 23:„Yes: the insolvency administrator can give notice of dismissals in view oft the transfer."

923 *Heerma*, Betriebsinhaberwechsel, S. 186.

924 *Heerma*, Betriebsinhaberwechsel, S. 187.

925 Uhlenbruck/*Berscheid*, 13. Auflage, § 108 InsO Rn. 46.

926 MüKo-InsO/*Caspers*, 3. Auflage, § 125 InsO Rn. 1.

927 Uhlenbruck/*Berscheid*, 13. Auflage, § 125 InsO Rn. 32a, 34; MüKo-InsO/*Caspers*, 3. Auflage, § 125 InsO Rn. 85 f.

Darüber hinaus erstreckt sich die Vermutung des § 125 Abs. 1 Satz 1 Nr. 1 InsO gem. § 128 Abs. 2 InsO auch darauf, dass die Kündigung der Arbeitsverhältnisse nicht „wegen“ eines Betriebsübergangs erfolgt ist, wenn der Betrieb in der Insolvenz seinen Inhaber wechselt.[928]

Diese gesetzliche Vermutung kann vom Arbeitnehmer durch den vollen Beweis des Gegenteils widerlegt werden, § 292 ZPO. Dazu reicht es nicht, dass der Arbeitnehmer die Vermutung in Zweifel zieht. Der gesetzlich vermutete Umstand muss durch den substantiierten Tatsachenvortrag des Arbeitnehmers ausgeschlossen sein.[929]

cc. Richtlinienkonformität

§§ 125, 128 InsO stehen im Einklang mit dem Schutzzweck der Richtlinie, den Fortbestand des Unternehmens zu sichern und die Arbeitsplätze zu erhalten.[930] Obwohl sich der Gesetzgeber für die Anwendung des § 613a BGB in der Insolvenz entschieden hat, wird diese durch § 128 InsO modifiziert, um den Erwerber- und Sanierungsinteressen besser Rechnung zu tragen.[931] § 128 InsO dient als „vermittelnde Lösung“ dazu, die praktischen Schwierigkeiten der Anwendung des § 613a BGB in der Insolvenz zu verringern bzw. zu überwinden.[932] Übertragende Sanierungen werden durch die Abmilderung der schädlichen Wirkung des § 613a BGB gefördert.

b. Unechte Aufhebungsverträge und Änderungsvereinbarungen

Individualvertragliche Änderungsvereinbarungen und unechte Aufhebungsverträge sind nach der Rechtsprechung des BAG nur zulässig, wenn sie durch sachliche Gründe gerechtfertigt sind. Der einzig anerkannte sachliche Grund ist der in Art. 5 Abs. 2 lit. b) der Richtlinie 2001/23/EG erwähnte „Erhalt von Arbeitsplätzen“.[933] Wie oben gezeigt, liegt damit gleichzeitig auch ein anderer Grund im Sinne des § 613a Abs. 4 Satz 2 BGB bzw. Art. 4 Abs. 1 Satz 2 der

---

928 Sog. doppelte Vermutung, § 15 KSchG bleibt davon unberührt; statt aller: ErfK/*Gallner*, 15. Auflage, § 125 InsO Rn. 7.

929 BAG vom 5.11.2009 – 2 AZR 676/08, AP Nr. 183 zu § 1 KSchG 1969 Betriebsbedingte Kündigung = NZA 2010, 457, 458; Uhlenbruck/*Berscheid*, 13. Auflage, § 125 InsO Rn. 34; *Döpner*, Erwerberkonzept, S. 246 f.; APS/*Dörner/Künzl*, 4. Auflage, § 125 InsO Rn. 22a; ErfK/*Gallner*, 15. Auflage, § 125 InsO Rn. 8.

930 KPB/*Moll*, 2014, § 128 InsO Rn. 4.

931 KPB/*Moll*, 2014, § 128 InsO Rn. 3.

932 MüKo-InsO/*Caspers*, 3. Auflage, § 128 InsO Rn. 1.

933 § 8 E V 2 a.

Richtlinie 2001/23/EG vor.[934] An Änderungsvereinbarungen dürfen keine höheren Anforderungen gestellt werden, als an betriebsbedingte Kündigungen.

Die Darlegungs- und Beweislast für das Vorliegen sachlicher Gründe liegt beim beklagten Arbeitgeber, da dieser sich auf diesen Rechtfertigungsgrund beruft.[935] Wird durch die Änderungsvereinbarung ein unternehmerisches Konzept des Veräußerers umgesetzt, kann dieser das Änderungsbedürfnis mit Hilfe eines Sanierungsplans darlegen, aus dem auch die Finanzlage des Betriebes hervorgeht. Handelt es sich hingegen um Rationalisierungsmaßnahmen nach dem Konzept des Erwerbers, muss dieses Konzept bereits greifbare Formen angenommen haben. Dies kann wiederum durch einen rechtsverbindlichen Sanierungsplan oder einen Vorvertrag dargelegt werden, aus dem sich auch die Unrentabilität der Betriebsübernahme aufgrund der hohen Personalkosten ergibt.

c. *Modifikation bei unechten Aufhebungsverträgen und Änderungsvereinbarungen in der Insolvenz*

Fraglich ist, ob im Zusammenhang mit Änderungsvereinbarungen den Erwerber- und Sanierungsinteressen besser Rechnung getragen werden sollte.

Der Arbeitgeber trägt für das Vorliegen eines sachlichen Rechtfertigungsgrundes nach den allgemeinen Beweislastverteilungsregeln die Darlegungs- und Beweislast. Eine Beweiserleichterung in Anlehnung an §§ 125, 128 InsO findet im Rahmen von unechten Aufhebungsverträgen bzw. Änderungsverträgen nicht statt.

aa. §§ 125 Abs. 1 Nr. 1, 128 Abs. 2 InsO analog

§§ 125 Abs. 1 Satz 1 Nr. 1, 128 Abs. 2 InsO könnten auf unechte Aufhebungsverträge analog angewendet werden, wenn ein Interessenausgleich mit Namensliste abgeschlossen wurde. Ein Interessenausgleich ist die Einigung zwischen Unternehmer und Betriebsrat über die geplante Betriebsänderung.[936] Der Interessenausgleich setzt zwangsläufig eine Betriebsänderung im Sinne des § 111 BetrVG voraus. Der Betriebsübergang als solcher stellt keine Betriebsänderung dar. Die Mitbestimmungsrechte werden aber nicht ausgeschlossen, wenn es anlässlich des Betriebsübergangs zu einer Betriebsänderung kommt.[937] Der unechte

---

934 Dazu oben § 10 B I 4 b.

935 Allgemein zu den Beweislastregeln: MüKo-ZPO/*Prütting*, 4. Auflage, § 286 ZPO Rn. 110 ff.

936 Richardi/*Annuß*, 14. Auflage, § 112 BetrVG Rn. 13; dazu auch § 12 A VI 1.

937 Statt vieler: ErfK/*Kania*, 15. Auflage, § 111 BetrVG Rn. 12.

Aufhebungsvertrag beendet, trotz der zugesagten Wiedereinstellung, zunächst das Arbeitsverhältnis mit dem Veräußerer, sodass ein Personalabbau gem. § 111 Satz 3 Nr. 1 BetrVG vorliegt. Denn Aufhebungsverträge gelten als Entlassungen, wenn sie aus betrieblichen Gründen vom Arbeitgeber veranlasst worden sind. Dies hat der Gesetzgeber in § 112a Abs. 1 Satz 2 BetrVG ausdrücklich klargestellt.[938] Folglich kann im Rahmen des Lemgoer Modells gem. § 112 Abs. 1 BetrVG ein Interessenausgleich zwischen dem Arbeitgeber und dem Betriebsrat vereinbart werden. Auch wenn mit allen Mitarbeitern die Arbeitsverhältnisse beendet werden sollen und sich das Problem der Sozialauswahl nicht stellt, ist die Namensliste nicht entbehrlich.[939]

Demnach wird analog §§ 125 Abs. 1 Nr. 1, 128 Abs. 2 InsO vermutet, dass der unechte Aufhebungsvertrag nicht „wegen" des Betriebsübergangs geschlossen wurde. Die Interessenlage ist insoweit vergleichbar. An unechte Aufhebungsverträge dürfen keine höheren Anforderungen als an Kündigungen gestellt werden.

bb. Erst-recht Schluss bei Änderungsvereinbarungen

Fraglich ist jedoch, ob die Vermutung des § 125 Abs. 1 Nr. 1 InsO auch für Änderungsvereinbarungen herangezogen werden kann. Hier wird gerade kein Personalabbau bezweckt. Mithin liegt auch keine Betriebsänderung vor, für die ein Interessenausgleich erforderlich wäre.

Gleichwohl muss diese Vermutung a maiore ad minus[940] auch für einvernehmliche Änderungsvereinbarungen gelten, wenn die schwerwiegendere Kündigungserklärung in der Insolvenz erleichtert wird, um Sanierungen zu fördern und Rationalisierungsmaßnahmen zu ermöglichen. Sonst wäre es in der Insolvenz leichter, einseitig eine (Änderungs-) Kündigung auszusprechen als die Vertragsbedingungen einvernehmlich zu ändern. Es bestünde die Gefahr, dass der Veräußerer bzw. Erwerber sein Sanierungskonzept dementsprechend umstellt, sodass letztlich ein Personalabbau droht, der durch § 613a BGB verhindert werden sollte.

Jedenfalls muss die Vermutung des §§ 125 Abs. 1 Nr. 1, 128 Abs. 2 InsO aber gelten, wenn die Verschlechterung der Arbeitsbedingungen in einer Betriebsvereinbarung geregelt ist. Denn es leuchtet nicht ein, bei Kündigungen von der Ausnahme des Art. 5 Abs. 2 lit. b) der Richtlinie 2001/23/EG Gebrauch zu machen,

---

938 *Sieg/Maschmann*, Unternehmensumstrukturierung, 2. Auflage, S. 220.

939 Uhlenbruck/*Berscheid*, 13. Auflage, § 125 InsO Rn. 24.

940 Auch „argumentum a fortiori" genannt; Sonderfall der Analogie: *Adrian*, Methodenlehre, S. 922.

bei einvernehmlichen Änderungsverträgen, die dann ebenfalls mittelbar auf einer kollektiven Vereinbarung beruhen, hingegen nicht.

cc. Ergebnis: Widerlegliche Vermutung der sachlichen Rechtfertigung in der Insolvenz

Folglich dürfen an die Darlegungs- und Beweislast des sachlichen Rechtfertigungsgrundes keine höheren Anforderungen gestellt werden als bei Kündigungen. In Anlehnung an § 125 Abs. 1 Satz 1 Nr. 1 InsO und § 128 Abs. 2 InsO muss in der Insolvenz erst recht vermutet werden, dass ein sachlicher Grund für die Änderung der Arbeitsbedingungen bestand und die Vereinbarung nicht „wegen" des Betriebsübergangs erfolgt ist. Denn wenn der Betrieb in der Insolvenz übergeht, wird die Änderung der Arbeitsbedingungen in der Regel „wegen" der wirtschaftlichen Schwierigkeiten vorgenommen und nicht allein „wegen" des Betriebsinhaberwechsels. Dieser findet vielmehr nur statt, um das in wirtschaftliche Not geratene Unternehmen zu sanieren. Diese Vermutung kann der Arbeitnehmer aber widerlegen.[941] Durch diese eingeschränkte gerichtliche Überprüfung könnte – wie bei Kündigungen – eine zügige Durchführung von Rationalisierungsmaßnahmen gewährleistet werden.[942]

Diese vermittelnde Lösung trägt dazu bei, dass der im Hinblick auf Art. 5 der Richtlinie 2001/23/EG geforderte Erhalt von Arbeitsplätzen stärker berücksichtigt wird.[943] Übertragende Sanierungen werden dadurch gefördert und nicht erschwert oder verhindert und stehen im Einklang mit dem Schutzzweck der Richtlinie. Zudem kann so verhindert werden, dass der Arbeitgeber einseitige Änderungen der Arbeitsbedingungen mittels Änderungskündigung leichter durchsetzen kann, statt diese im beidseitigen Einvernehmen zu ändern.

III. Günstigkeit durch Beschäftigungszusagen des Erwerbers

Der Abschluss eines unechten Aufhebungsvertrages ist für den Arbeitnehmer günstiger, wenn seinem Verzicht eine kompensatorische Gegenleistung des Erwerbers synallagmatisch gegenübersteht (sog. synallagmatischer

941 Zur betriebsbedingten Kündigung bei fehlender Stilllegungsabsicht: BAG vom 29.9.2005 – 8 AZR 647/04, AP Nr. 139 zu § 1 KSchG 1969 Betriebsbedingte Kündigung = NZA 2006, 720, 723.

942 Zum Normzweck des § 125 InsO: KPB/*Moll*, 2014, § 125 InsO Rn. 7.

943 So auch schon *Hanau*, ZIP 1998, 1817, 1819.

Günstigkeitsvergleich[944]). Verzichtet der Erwerber für einen bestimmten Zeitraum auf betriebsbedingte Kündigungen und erteilt den Arbeitnehmern, die sich auf die Verschlechterung der Arbeitsbedingungen einlassen, eine Bestandsschutzzusage in Form einer individuellen Unkündbarkeit oder Vereinbarung einer verlängerten Kündigungsfrist, ist das Günstigkeitsprinzip gewahrt. In diesem Fall kann ein subjektiver Sachzusammenhang zwischen dem Synallagma des bisherigen Arbeitsvertrages (gleichbleibende Arbeitsbedingungen) mit dem Synallagma des neuen Arbeitsvertrages mit dem Erwerber (schlechtere Arbeitsbedingungen mit Bestandsschutz für den jeweiligen Arbeitnehmer) hergestellt und miteinander verglichen werde. Voraussetzung ist, dass die Existenz des Arbeitsplatzes ernstlich und aktuell bedroht ist.[945] Da von der Insolvenz des Betriebes alle Arbeitnehmer betroffen sind, kann die Günstigkeit aus der Sicht eines verständigen Arbeitnehmers unter Berücksichtigung der Gesamtumstände beurteilt werden. Der Wert der Beschäftigungszusage hängt demnach nicht von der sozialen Stärke des jeweiligen Arbeitnehmers gem. § 1 Abs. 3 KSchG ab.[946]

Eine Beschäftigungsgarantie des Erwerbers schafft nicht nur Planungssicherheit, sondern einen Vorteil im Sinne des Günstigkeitsprinzips.

IV. Zusammenfassung der Lösungsansätze

Eine Änderung der Arbeitsbedingungen sollte jedenfalls sachlich gerechtfertigt sein, wenn eine betriebsbedingte Beendigungs- bzw. Änderungskündigung sozial gerechtfertigt wäre. Dabei spielt es keine Rolle, auf wessen Konzept die Rationalisierungsmaßnahmen beruhen. Die unternehmerische Entscheidung, die einer Weiterbeschäftigung zu gleichbleibenden Bedingungen entgegensteht, kann durch verbindlichen Sanierungsplan oder Vorvertrag zwischen dem Veräußerer und dem potentiellen Erwerber nachgewiesen werden. Sie ist jedenfalls zulässig, wenn die unternehmerische Entscheidung einer Weiterbeschäftigung zu unveränderten Bedingungen entgegensteht und durch die Reduzierung der Personalkosten eine Stilllegung und/oder die Reduzierung eines wesentlichen Teils der Belegschaft verhindert werden kann, mithin Arbeitsplätze erhalten werden.

Im Falle einer Insolvenz wird zugunsten des Arbeitgebers – widerleglich – vermutet, dass der unechten Aufhebungsvertrag bzw. der Änderungsvertrag sachlich gerechtfertigt ist und nicht „wegen“ des Betriebsübergangs erfolgt.

944 Dazu § 7 C II 2 b; a.A. aber BAG vom 20.4.1999 – 1 ABR 72/98, BAGE 91, 210, 231 = NZA 1999, 887, 893.

945 *Schliemann*, NZA 2003, 122, 126.

946 Kritisch dazu: ErfK/*Franzen*, 15. Auflage, § 4 TVG Rn. 39.

§ 11 Exkurs zum Lemgoer Modell

Beim Lemgoer Modell geht es primär um die Änderung individualvertraglich vereinbarter Arbeitsbedingungen und den Abbau der sozialen Besitzstände der Arbeitnehmer. Daneben können die unechten Aufhebungsverträge aber auch dazu eingesetzt werden, die Bindung an frühere kollektivrechtliche Teile des Arbeitsverhältnisses zu beseitigen. Hier kommt eine Umgehung des § 613a Abs. 1 Satz 2 BGB in Betracht (A.). Sodann wird kurz auf die Vorschriften der betrieblichen Altersversorgung eingegangen, die beim Lemgoer Modell einschlägig sein könnten (B.). Zudem wird eine modifizierte Form des Lemgoer Modells auf seine Wirksamkeit untersucht (C.).

A. Umgehung des § 613a Abs. 1 Satz 2 BGB

Bezwecken die Vertragsparteien durch die kurze Unterbrechung des Arbeitsverhältnisses mit Hilfe des unechten Aufhebungsvertrages die Bindung an frühere kollektivrechtliche Teile des Arbeitsverhältnisses zu beseitigen, könnte dadurch § 613a Abs. 1 Satz 2 BGB umgangen werden.[947] Vor Ablauf der einjährigen Änderungssperre gem. § 613a Abs. 1 Satz 2 BGB sind einvernehmliche Dispositionen über die ehemals tarifvertraglich bzw. durch Betriebsvereinbarung geregelten und mit dem Betriebsübergang in den Individualvertrag transformierten Rechte unzulässig.[948] Die gesetzlich angeordnete Weitergeltung beschränkt sich aber nur auf die Arbeitsverhältnisse, die zum Zeitpunkt des Betriebsübergangs bestanden haben.[949] Da das Arbeitsverhältnis beim Lemgoer Modell vor dem Betriebsübergang durch den unechten Aufhebungsvertrag beendet wurde, verstößt die so herbeigeführte Änderung vor Ablauf des Änderungsverbotes nicht gegen den Wortlaut des § 613a Abs. 1 Satz 2 BGB. Gleichwohl kommt es durch die Vermeidung der Rechtsfolgen zu einem Verstoß gegen das gesetzgeberische Ziel. Über den Umweg des unechten Aufhebungsvertrags wird das Arbeitsverhältnis bis zum Betriebsübergang unterbrochen. So kann eine Änderung vor Ablauf der Jahresfrist erreicht werden. Die Vorschrift wird durch die kurze Unterbrechung mit Hilfe des unechten Aufhebungsvertrags ausgehöhlt. Folglich handelt es sich um ein unwirksames Umgehungsgeschäft.[950] Der unechte Aufhebungsvertrag ist

947 *Wagner*, Individualarbeitsrechtliche Vereinbarungen, S. 122.

948 *Naber*, Aufhebungsverträge, S. 125.

949 Staudinger/*Annuß*, 2011, § 613a BGB Rn. 212.

950 Staudinger/*Annuß*, 2011, § 613a BGB Rn. 391; für die Unwirksamkeit des Aufhebungsvertrages auch: LAG Bremen vom 30.3.2006 – 3 Sa 204/05, LAGE § 613a

gem. § 613a Abs. 1 Satz 2 BGB analog unwirksam[951], wenn nicht ein Fall des § 613a Abs. 1 Satz 3, 4 BGB vorliegt.

B. Besonderheiten der betrieblichen Altersversorgung

Da durch die Aufhebungsverträge bzw. Änderungsverträge regelmäßig die betriebliche Altersversorgung der Arbeitnehmer betroffen ist, sind die Vorschriften der §§ 3, 4 BetrAVG zu beachten, welche die Abfindung und Übertragung von unverfallbaren Anwartschaften regeln.[952]

I. § 4 BetrAVG

Die betriebliche Altersversorgung geht gem. § 613a Abs. 1 Satz 1 BGB auf den Erwerber über. Er tritt in die Pflichten aus bestehenden[953] Arbeitsverhältnissen ein. Der Betriebserwerber haftet für die Erfüllung der bereits entstandenen und weiter anwachsenden Anwartschaften, während der Veräußerer gem. § 613a Abs. 2 Satz 1 BGB für die Betriebsrentenansprüche haftet, die innerhalb eines Jahres nach dem Betriebsübergang fällig werden.[954] Soll aber durch eine abweichende Vereinbarung im Außenverhältnis der Veräußerer zum Schuldner der übergegangenen Versorgungspflichten gemacht werden, oder der Erwerber zum Schuldner nicht übergegangener Pflichten, so verstößt die Vereinbarung gegen das Übertragungsverbot gem. § 4 Abs. 1 BetrAVG, es sei denn, es liegt ein Ausnahmefall gem. § 4 Abs. 2 BetrAVG vor.[955]

II. § 3 BetrAVG

§ 3 Abs. 1 BetrAVG verbietet die Abfindung unverfallbarer Anwartschaften und laufender Leistungen bei Beendigung des Arbeitsverhältnisses. Der entschädigungslose Erlass wurde nach der Rechtsprechung des BAG der Abfindung

---

BGB 2002 Nr. 9 = NZA-RR 2006, 458, 460; KR/*Pfeiffer*, 9. Auflage, § 613a BGB Rn. 162.

951 A.A. aber *Wagner*, Individualarbeitsrechtliche Vereinbarungen, S. 122, der lediglich die Vereinbarung im neuen Arbeitsvertrag für unwirksam hält.

952 *Naber*, Aufhebungsverträge, S. 126.

953 Auch ruhende Arbeitsverhältnisse: *Rolfs*, NZA 2008, Beil. 4, 164; dazu auch: MüKo/*Müller-Glöge*, 6. Auflage, § 613a BGB Rn. 83.

954 Schaub/*Vogelsang*, 15. Auflage, § 85 Rn. 185.

955 *Rolfs*, NZA 2008, Beil.4, 164, 165, 172.

gleichgestellt.[956] Demnach ist ein entschädigungsloser Erlass unverfallbarer Anwartschaften bei Abschluss eines unechten Aufhebungsvertrages gem. § 17 Abs. 3 Satz 3 BetrAVG, § 134 BGB nichtig, weil das Arbeitsverhältnis durch den Aufhebungsvertrag zunächst formal beendet wird.

Fraglich ist allerdings, ob ein Erlassvertrag auch im Zusammenhang mit einem Betriebsübergang nichtig sein kann. Voraussetzung ist, dass das Arbeitsverhältnis beendet wurde. Teilweise wird auf die Beendigung des Arbeitsverhältnisses mit dem Veräußerer abgestellt mit der Folge, dass § 3 BetrAVG auch bei Betriebsübergängen Anwendung findet.[957] Dies ist aber abzulehnen, weil gem. § 613a Abs. 1 Satz 1 BGB das Arbeitsverhältnis auf den Erwerber übergeleitet und damit nicht beendet wird.[958]

C. Modifiziertes Lemgoer Modell

I. Beschreibung des Sanierungsmodells

Beim sog. modifizierten Lemgoer Modell widersprechen die Arbeitnehmer dem Betriebsübergang. Erst danach beenden sie ihr Arbeitsverhältnis mit dem Veräußerer mittels Aufhebungsvertrags oder Eigenkündigung und schließen einen neuen Arbeitsvertrag mit dem Erwerber zu ungünstigeren Arbeitsbedingungen ab.[959] Erklärt die Rechtsprechung den Aufhebungsvertrag wegen unzulässiger Umgehung des § 613a BGB für nichtig, kommt es nicht mehr zum Übergang der Arbeitsverhältnisse nach § 613a Abs. 1 Satz 1 BGB, weil der Aufhebungsvertrag zeitlich nach dem Betriebsübergang erfolgt. Daher könnte bereits die Ausübung des Widerspruchsrechts wegen Umgehung des § 613a BGB unwirksam sein, wenn mit dem Erwerber im Anschluss daran ein neuer Arbeitsvertrag abgeschlossen wird.[960]

---

956 BAG vom 22.9.1987 - 3 AZR 194/86, BAGE 56, 148, 154 = NZA 1988, 470 f.; BAG vom 14.8.1990 - 3 AZR 301/89, BAGE 65, 341, 343 f. = NZA 1991, 174.

957 LAG vom 2.4.1991 - 6 Sa 1184/90, LAGE § 613a BGB Nr. 22 = DB 1991, 1079; ErfK/*Preis*, 15. Auflage, § 613a BGB Rn. 83 a.E.; offengelassen: BAG vom 12.5.1992 - 3 AZR 247/91, BAGE 70, 209, 212 = NZA 1992, 1080.

958 Ausführlich: *Wagner*, Individualarbeitsrechtliche Vereinbarungen, S. 46 f.

959 Uhlenbruck/*Berscheid*, 13. Auflage, § 128 InsO Rn. 22; *Ende*, NZA 1994, 494, 495.

960 *Ende*, NZA 1994, 494, 495; KR/*Pfeiffer*, 9. Auflage, § 613a BGB Rn. 200; ErfK/*Preis*, 15. Auflage, § 613a BGB Rn. 158; a.A. MüKo/*Müller-Glöge*, 6. Auflage, § 613a BGB Rn. 203; KR/*Treber*, 10. Auflage, § 613a BGB Rn. 200.

II. Rechtliche Bewertung

Da die Rechtsfolgen des Widerspruchs in diesem Fall gewollt sind, scheidet ein Scheingeschäft gem. § 117 Abs. 1 BGB aus. Es liegt auch kein Umgehungsgeschäft vor. Den Parteien geht es bei dieser Konstruktion darum, die Arbeitsbedingungen zu verschlechtern, sodass die Rechtsfolgen des § 613a Abs. 1 Satz 1 BGB vermieden werden. Die analoge Anwendung dieser Norm hilft nicht weiter, um die Nichtigkeit des Umgehungsgeschäfts zu erreichen.[961] Ebenso wenig kann die Unwirksamkeit durch die Rechtsfortbildung des § 613a BGB oder eine richterliche Inhaltskontrolle erreicht werden.[962]

Möglicherweise liegt aber ein institutioneller Rechtsmissbrauch des Widerspruchsrechts vor. Die Voraussetzungen und Grenzen werden wesentlich durch das betreffende Rechtsinstitut bestimmt.[963] Die Ausübung des Widerspruchsrechts wird nicht von den Motiven des Arbeitnehmers oder sachlichen Gründen abhängig gemacht.[964] Der Widerspruch kann aber treuwidrig sein, wenn ein unlauterer Zweck verfolgt wird oder der Arbeitnehmer in Schädigungsabsicht (§ 226 BGB) handelt.[965] Ein unlauteres Ziel liegt nicht bereits darin, dass der Arbeitnehmer den Arbeitgeberwechsel als solchen nicht endgültig verhindern will, sondern den Abschluss eines neuen Arbeitsvertrages zu für ihn günstigeren Arbeitsbedingungen mit dem Erwerber in Erwägung zieht.[966] Dies muss erst recht für den Abschluss von ungünstigeren Arbeitsbedingungen gelten, zumal § 613a Abs. 1 Satz 1 BGB einer einvernehmlichen Verschlechterung nicht entgegensteht.[967] Folglich ist auch das modifizierte Lemgoer Modell rechtlich unbedenklich.

---

961 § 6 C III.

962 Zur unzulässigen Rechtsfortbildung: § 7; zur unzulässigen Inhaltskontrolle § 8.

963 BAG vom 30.9.2004 – 8 AZR 462/03, BAGE 112, 124, 138 = NZA 2005, 43, 47 f.; Palandt/*Grüneberg*, 74. Auflage, § 242 BGB Rn. 40; BeckOK-BGB/*Sutschet*, Ed. 33, § 242 BGB Rn. 51.

964 BAG vom 30.9.2004 – 8 AZR 462/03, BAGE 112, 124, 133 = NZA 2005, 43, 46; Staudinger/*Annuß*, 2011, § 613a BGB Rn. 296; KR/*Treber*, 10. Auflage, § 613a BGB Rn. 111.

965 BAG vom 30.9.2004 – 8 AZR 462/03, BAGE 112, 124, 138 = NZA 2005, 43, 48; BAG vom 19.2.2009 – 8 AZR 176/08, BAGE 129, 343, 349 f. = NZA 2009, 1095, 1097; kritisch dazu *Rieble*, NZA 2005, 1, 2 ff.

966 BAG vom 19.2.2009 – 8 AZR 176/08, BAGE 129, 343, 350 = NZA 2009, 1095, 1097; ErfK/*Preis*, 15. Auflage, § 613a BGB Rn. 110.

967 Dazu ausführlich § 7 C III.

Vierter Teil: Der dreiseitige Vertrag

§ 12 Der dreiseitige Vertrag im Rahmen des BQG-Modells

Im folgenden Kapitel wird der dreiseitige Vertrag im Rahmen des BQG-Modells untersucht. Hierzu wird zunächst das BQG-Modell beschrieben (A.) und die dazu ergangene Rechtsprechung dargestellt (B.). Sodann werden die Wirksamkeitskriterien der Rechtsprechung an den dreiseitigen Vertrag genauer analysiert (C.). Im nächsten Schritt werden diese Kriterien dogmatisch untersucht (D.). Zudem wird das Vorliegen eines Fortsetzungsanspruchs der Arbeitnehmer in der BQG (E.) sowie ein möglicher AGG-Verstoß bei Neueinstellung des Erwerbers dargestellt (F.). Die Ergebnisse der Untersuchung werden unter G. zusammengefasst.

A. Das BQG-Modell

Nachdem sowohl bloße Änderungsverträge als auch das Lemgoer Modell von der Rechtsprechung als unwirksames Umgehungsgeschäft eingestuft wurden, entwickelte die Praxis das BQG-Modell als möglichen Ausweg. Mit Hilfe der Zwischenschaltung einer sog. Beschäftigungs- und Qualifizierungsgesellschaft (BQG) sollte der Aufhebungsvereinbarung zur Wirksamkeit verholfen werden, da diese dadurch auf ein endgültiges Ausscheiden aus dem Betrieb gerichtet ist. Dieses Modell ist mittlerweile gängige Sanierungspraxis,[968] um Personalabbau zu ermöglichen und die Rechtsfolgen des § 613a BGB zu vermeiden.[969]

I. Die Beschäftigungs- und Qualifizierungsgesellschaft

Eine Beschäftigungs- und Qualifizierungsgesellschaft (BQG), auch Transfergesellschaft oder Auffanggesellschaft genannt, ist eine betriebsorganisatorisch eigenständige Einheit, die vorrangig der Vermeidung der Arbeitslosigkeit und der Schaffung einer Zukunftsperspektive für Arbeitnehmer durch Qualifizierungsmaßnahmen dient.[970] Es kann zwischen einer internen oder einer externen BQG gewählt werden. Bei der Gründung einer internen Beschäftigungsgesellschaft verbleibt diese als eigener Betrieb oder hinreichend separate Betriebsabteilung

968 *Naber*, Aufhebungsverträge, S. 12; *Pils*, NZA 2013, 125.

969 Jaeger/*Giesen*, 1. Auflage, Vor § 113 InsO Rn. 140.

970 *Bauer/Göpfert/Haußmann/Krieger*, Umstrukturierung, 2. Auflage, S. 306; *Bissels/Jordan*, NZI 2009, 865 f.

organisatorisch im restrukturierten Unternehmen.[971] In der Praxis wird überwiegend eine externe Beschäftigungsgesellschaft eingesetzt. Die externe BQG ist ein vom Arbeitgeber verschiedener Rechtsträger, der gegründet wird oder bereits besteht.[972] Die BQG ist regelmäßig eine juristische Person in Form einer GmbH.[973]

II. Beschreibung des Sanierungsmodells

Beim sog. BQG-Modell werden die Arbeitnehmer mit ihrer Zustimmung und (meist) auf Anraten der Arbeitnehmervertreter vor dem Verkauf des Betriebs an den potentiellen Erwerber in eine Beschäftigungs- und Qualifizierungsgesellschaft übergeleitet. Dies geschieht in der Regel mittels dreiseitigen Vertrags zwischen Arbeitnehmer, Insolvenzverwalter bzw. Arbeitgeber und der BQG. Dieser dreiseitige Vertrag besteht aus einem Aufhebungsvertrag zwischen dem Arbeitnehmer und dem Arbeitgeber sowie der Vereinbarung eines – nach § 14 Abs. 2 Satz 1 TzBfG zulässig – befristeten Arbeitsverhältnisses[974] zwischen dem Arbeitnehmer und der Transfergesellschaft. Daneben wird regelmäßig ein Dienstleistungs- und Kooperationsvertrag zwischen dem alten Arbeitgeber und der BQG abgeschlossen, indem die Qualifizierungs-, Vermittlungs- und Fortbildungsdienste der BQG und die Vergütungs- und Finanzierungspflichten des Veräußerers bzw. des Insolvenzverwalters geregelt sind.[975]

In der Transfergesellschaft werden die Arbeitnehmer in strukturelle Kurzarbeit (Kurzarbeit Null) überführt und für eine Anschlussbeschäftigung qualifiziert und fortgebildet. Der arbeitnehmerfreie Betrieb wird sodann an den Erwerber weiterveräußert, der sich aus der Transfergesellschaft seine „Arbeitnehmerwunschmannschaft" zusammenstellen kann. Ein Teil der Belegschaft arbeitet daher nach dem Übergang an den bisherigen Arbeitsplätzen weiter. In der Regel aber zu schlechteren Konditionen.[976]

---

971 *Sieg/Maschmann*, Unternehmensumstrukturierung, 2. Auflage, S. 262.

972 *Krieger/Fischinger*, NJW 2007, 2289; *Wimmer*, Unternehmenssanierung, S. 18.

973 *Bauer/Göpfert/Haußmann/Krieger*, Umstrukturierung, 2. Auflage, S. 306; *Bissels/Jordan*, NZI 2009, 865, 866; *Lembke*, BB 2004, 773, 774.

974 Auch bei Nichttätigkeit aufgrund Kurzarbeit Null liegt ein Arbeitsverhältnis vor: BAG vom 24.1.2013 – 2 AZR 453/11, AP Nr. 242 zu § 626 BGB = NZA 2013, 959, 960; Jaeger/*Giesen*, 1. Auflage, Vor § 113 InsO Rn. 141; a.A. *Krieger/Fischinger*, NJW 2007, 2289 in Fn. 4.

975 *Lembke*, BB 2004, 773, 776; *Wimmer*, Unternehmenssanierung, S. 38 ff.

976 *Annuß*, ZInsO 2001, 49, 58; *ders./Lembke*, Arbeitsrechtliche Umstrukturierung, 2. Auflage, S. 122 ff.; *Fuhlrott/Chwalisz*, FA 2011, 38 f.; *Fuhlrott/Salamon*, BB 2012,

III. Vorliegen eines Betriebsübergangs

1. Zwischen Veräußerer und BQG

Der Wechsel der Arbeitnehmer in die Transfergesellschaft ist kein Betriebsübergang im Sinne des § 613a BGB, weil die BQG weder materielle noch immaterielle Betriebsmittel vom Veräußerer übernimmt.[977] Dies gilt auch in betriebsmittelarmen Betrieben, weil der Betriebszweck der BQG (Qualifizierung und Wiedereingliederung der Arbeitnehmer in den Arbeitsmarkt) nicht mit dem des Veräußererbetriebs identisch ist. Es fehlt am identitätswahrenden Übergang einer wirtschaftlichen Einheit.[978]

2. Zwischen BQG und Erwerber

Auch im Verhältnis BQG und Erwerber findet kein Betriebsübergang statt, da die BQG über keine materiellen oder immateriellen Betriebsmittel verfügt[979] und der Betriebszweck nicht identisch ist.[980]

3. Zwischen Veräußerer und Erwerber

Zwischen Erwerber und Veräußerer ist in betriebsmittelgeprägten Betrieben der Tatbestand des § 613a Abs. 1 Satz 1 BGB durch die Übernahme der Betriebsmittel auch ohne Übernahme des Personals erfüllt. In betriebsmittelarmen und dienstleistungsorientierten Branchen, in denen es wesentlich auf die menschliche Arbeitskraft ankommt, kann durch die Zwischenschaltung der BQG bereits der Tatbestand des § 613a Abs. 1 Satz 1 BGB vermieden werden.[981]

Die im Zusammenhang mit dieser Arbeit behandelten BAG-Urteile befassen sich jedoch lediglich mit der Umgehung der Rechtsfolgen des § 613a BGB, da

---

1793, 1795; *Gaul/Otto*, ZIP 2006, 644, 646; Jaeger/*Giesen*, 1. Auflage, Vor § 113 InsO Rn. 141; *Krieger/Fischinger*, NJW 2007, 2289, 2289 f.; *Lembke*, BB 2004, 773, 774 ff.; *Pils*, NZA 2013, 125, 126; *Raif/Ginal*, GWR 2013, 1; *Thum*, BB 2013, 1525; *Wimmer*, Unternehmenssanierung, S. 16 ff.

977 *Bauer/Göpfert/Haußmann/Krieger*, Umstrukturierung, 2. Auflage, S. 308; *Gaul/Otto*, ZIP 2006, 644, 645; Jaeger/*Giesen*, 1. Auflage, Vor § 113 InsO Rn. 142; *Hinrichs/Kleinschmidt*, ZInsO 2012, 949, 950; *Krieger/Fischinger*, NJW 2007, 2289; *Sieg/Maschmann*, Unternehmensumstrukturierung, 2. Auflage, S. 270; KDZ/*Zwanziger*, 9. Auflage, § 613a BGB Rn. 277.

978 *Lindemann*, ZInsO 2012, 605, 607.

979 Jaeger/*Giesen*, 1. Auflage, Vor § 113 InsO Rn. 142.

980 *Lindemann*, ZInsO 2012, 605, 607.

981 Dazu bereits § 6 A II; zu den Tatbestandsmerkmalen des Betriebsübergangs: ErfK/*Preis*, 15. Auflage, § 613a BGB Rn. 5 ff.

der Betriebsübergang zwischen Veräußerer und Erwerber jeweils von der Vorinstanz festgestellt wurde.[982]

IV. Vorteile des Sanierungsmodells

Dieses Sanierungsmodell bietet den Beteiligten einige Vorteile. Zum einen wird durch das Ausscheiden der Arbeitnehmer die Insolvenzmasse entlastet. Zum anderen wird das mit dem Ausspruch von betriebsbedingten Kündigungen verbundene Prozessrisiko ausgeschaltet und eine weitere Belastung der Masse vermieden. Eine Sozialauswahl muss bei Abschluss eines Aufhebungsvertrages grundsätzlich[983] nicht durchgeführt werden. Die Arbeitnehmer entgehen einer betriebsbedingten Kündigung und der damit verbundenen Arbeitslosigkeit und erhalten die Chance auf einen Arbeitsplatz.[984] Sie beziehen in der Beschäftigungsgesellschaft sog. Transferkurzarbeitergeld nach § 111 SBG III und schieben so den Bezugszeitraum für ihren Anspruch auf Arbeitslosengeld hinaus.[985] Der Erwerber kann sich aus der Transfergesellschaft seine „Wunscharbeitnehmer" aussuchen und zu seinen Bedingungen einstellen.

V. Finanzierung (Transferzuschuss)

Die Beschäftigungsgesellschaft wird hauptsächlich durch das Transferkurzarbeitergeld gemäß § 111 SGB III finanziert, das regelmäßig durch den Arbeitgeber

---

982 Vgl. dazu die jeweiligen LAG-Urteile, die sich ausführlich mit dieser Frage auseinandersetzen: LAG Bremen vom 26.8.2004 – 3 Sa 80/04 verb. mit 1 Sa 81/04, 1 Sa 81/04, 3 Sa 80/04, LAGE § 613a BGB 2002 Nr. 6 = ZIP 2004, 2452, 2453 (Vorinstanz zu: BAG vom 18.8.2005 – 8 AZR 523/04, BAGE 115, 340 = NZA 2006, 145); LAG Brandenburg vom 2.2.2006 – 9 Sa 328/05, Rn. 35 ff. zitiert nach juris (Vorinstanz zu BAG vom 23.11.2006 – 8 AZR 349/06, AP Nr. 1 zu § 613a BGB Wiedereinstellung = NZA 2007, 866); LAG Niedersachsen vom 18.2.2010 – 7 Sa 780/09 Rn. 45 ff. zitiert nach juris (Vorinstanz zu BAG vom 18.8.2011 – 8 AZR 312/10, BAGE 139, 52 = NZA 2012, 152); LAG Köln vom 25.2.2011 – 3 Sa 670/10 Rn. 38 ff. zitiert nach juris (Vorinstanz zu: BAG vom 25.10.2012 – 8 AZR 575/11, EzA § 613a BGB 2002 Nr. 138 = NZA 2013, 203).

983 Dazu aber § 12 D II 3 b.

984 *Annuß/Lembke*, Arbeitsrechtliche Umstrukturierung, 2. Auflage, S. 123 f.; *Fuhlrott/Chwalisz*, FA 2011, 38, 39; *Krieger/Fischinger*, NJW 2007, 2289, 2290; *Lembke*, BB 2004, 773; *Lindemann*, ZInsO 2012, 605, 606 f.; *Thum*, BB 2013, 1525.

985 *Krieger/Fischinger*, NJW 2007, 2289, 2290; *Lindemann*, ZInsO 2012, 605, 607; *Wimmer*, Unternehmenssanierung, S. 20.

auf ca. 75 – 80% des letzten Nettogehalts aufgestockt wird.[986] Diese Leistung wird im Sozialplan festgeschrieben.[987] Das Transferkurzarbeitergeld wird von der Bundesagentur für Arbeit für maximal 12 Monate gewährt.[988]

VI. Mitbestimmungsrechte des Betriebsrates

Bei der Umsetzung des BQG-Modells können Mitbestimmungsrechte des Betriebsrates entstehen. In Unternehmen mit in der Regel mehr als zwanzig wahlberechtigten Arbeitnehmern hat der Unternehmer den Betriebsrat gem. § 111 Abs. 1 Satz 1 BetrVG über geplante Betriebsänderungen, die wesentliche Nachteile für die Belegschaft zur Folge haben können, zu unterrichten und die geplante Betriebsänderung mit dem Betriebsrat zu beraten. Zwar ist der Übergang des Betriebes als Ganzes keine Betriebsänderung im Sinne des §§ 111 ff. BetrVG. Allerdings kann es dabei zu Maßnahmen kommen, die eine Betriebsänderung darstellen.[989] Der Personalabbau mittels betriebsbedingter Arbeitgeberkündigungen oder durch den Arbeitgeber veranlassten Aufhebungsverträgen (vgl. § 112a Abs. 1 Satz 2 BetrVG) können eine Betriebseinschränkung gem. § 111 Satz 3 Nr. 1 BetrVG sein. Dabei sind die Zahlen- und Prozentangaben des § 17 Abs. 1 KSchG heranzuziehen.[990] In größeren Betrieben müssen mindestens 5% der Belegschaft betroffen sein.[991] Sind diese Voraussetzungen erfüllt, muss ein Interessenausgleich und Sozialplan verhandelt werden. Bei Eröffnung des Insolvenzverfahrens sind zusätzlich die Sonderregelungen der §§ 121 ff. InsO zu beachten.[992]

---

986 *Bissels/Jordan*, NZI 2009, 865, 867 f.

987 *Bauer/Göpfert/Haußmann/Krieger*, Umstrukturierung, 2. Auflage, S. 310; Küttner/*Kania*, 21. Auflage, Beschäftigungsgesellschaft Rn. 4

988 Jaeger/*Giesen*, 1. Auflage, Vor § 113 InsO Rn. 141; zu den Voraussetzungen des Transferkurzarbeitergelds: *Bissels/Jordan*, NZI 2009, 865, 866 f.

989 *Fitting*, 27. Auflage, § 111 BetrVG Rn. 50 ff.

990 Richardi/*Annuß*, 14. Auflage, § 111 BetrVG Rn. 73; *Fitting*, 27. Auflage, § 111 BetrVG Rn. 74, 78; *Junker*, Grundkurs Arbeitsrecht, 13. Auflage, § 10 Rn. 782; *Krieger/Fischinger*, NJW 2007, 2289, 2293; *Lembke*, BB 2004, 773, 774.

991 St. Rspr. vgl. nur BAG vom 28.3.2006 – 1 ABR 5/05, BAGE 117, 296, 300 = NZA 2006, 932, 933; *Fitting*, 27. Auflage, § 111 BetrVG Rn. 74; *Junker*, Grundkurs Arbeitsrecht, 13. Auflage, § 10 Rn. 782; *Lembke*, BB 2004, 773, 774.

992 *Annuß/Lembke*, Arbeitsrechtliche Umstrukturierung, 2. Auflage, S. 128; *Fitting*, 27. Auflage, §§ 112, 112a BetrVG Rn. 67 ff., 287 ff.; ErfK/*Kania*, 15. Auflage, § 112a BetrVG Rn. 10 f., 43 f.; *Wimmer*, Unternehmenssanierung, S. 96, 99.

1. Interessenausgleich

Im Interessenausgleich einigen sich der Unternehmer bzw. Insolvenzverwalter und der Betriebsrat über die geplante Betriebsänderung, sodass wirtschaftliche Nachteile für den Arbeitnehmer verhindert werden können und ein Ausgleich der Interessen hergestellt werden kann.[993] Inhaltlich werden Regelungen darüber getroffen, ob, wann und in welcher Form die geplante Betriebsänderung durchgeführt werden soll.[994] Der Interessenausgleich enthält demnach Einzelheiten über die Errichtung bzw. Beauftragung einer BQG,[995] den Wechsel der Arbeitnehmer mittels eines dreiseitigen Vertrages, die Finanzierung der BQG sowie die Aufstockung des Transferkurzarbeitergelds. Daneben ist es auch möglich, die Mitarbeiter, die gekündigt werden sollen, im Interessenausgleich namentlich zu bezeichnen, sog. Interessenausgleich mit Namensliste.[996] Der Interessenausgleich ist eine Kollektivvereinbarung besonderer Art und keine Betriebsvereinbarung.[997]

2. Sozialplan

Ein Sozialplan ist gem. § 112 Abs. 1 Satz 2 BetrVG eine Einigung zwischen Unternehmer und Betriebsrat über den Ausgleich oder die Milderung der wirtschaftlichen Nachteile, die den Arbeitnehmern infolge der geplanten Betriebsänderung entstehen. Dabei geht es in erster Linie um die finanziellen Ansprüche der Arbeitnehmer, die von der Betriebsänderung betroffen sind.[998] Im sog. Transfersozialplan werden statt der Abfindung Qualifizierungs- bzw. Transfermaßnahmen (Transferkurzarbeitergeld) zum Ausgleich wirtschaftlicher Nachteile vereinbart. Zudem wird die finanzielle Ausstattung der Transfergesellschaft geregelt.[999]

---

993 Richardi/*Annuß*, 14. Auflage, § 112 BetrVG Rn. 13 ff.; *Junker*, Grundkurs Arbeitsrecht, 13. Auflage, § 10 Rn. 786; *Wimmer*, Unternehmenssanierung, S. 96.

994 Richardi/*Annuß*, 14. Auflage, § 112 BetrVG Rn. 18; ErfK/*Kania*, 15. Auflage, § 111 BetrVG Rn. 1.

995 *Annuß/Lembke*, Arbeitsrechtliche Umstrukturierung, 2. Auflage, S. 129; WHSS/*Schweibert*, 4. Auflage, C Rn. 252a.

996 *Wimmer*, Unternehmenssanierung, S. 96 f.

997 hM: BAG vom 20.4.1994 – 10 AZR 186/93, BAGE 76, 255, 261 = NZA 1995, 89, 90; Richardi/*Annuß*, 14. Auflage, § 112 BetrVG Rn. 35 ff.; BeckOK-ArbR/*Besgen*, Ed. 34, § 112 BetrVG Rn. 9; ErfK/*Kania*, 15. Auflage, § 112a BetrVG Rn. 9.

998 *Junker*, Grundkurs Arbeitsrecht, 13. Auflage, § 10 Rn. 787.

999 *Lembke*, BB 2004, 773, 775; *Wimmer*, Unternehmenssanierung, S. 100 f.

Hierauf haben die Arbeitnehmer einen durchsetzbaren Anspruch, da der Sozialplan eine Betriebsvereinbarung ist, §§ 112 Abs. 1 Satz 3, 77 Abs. 4 Satz 1 BetrVG.[1000]

B. Rechtsprechung des BAG zum BQG-Modell

Im Folgenden sollen die wichtigsten BAG-Entscheidungen zu diesem Sanierungsmodell dargestellt werden.

I. BAG vom 10.12.1998 (Dörries-Scharmann)

In der Grundsatzentscheidung[1001] aus dem Jahre 1998 urteilte das BAG erstmals über die Zulässigkeit dieses Sanierungsmodells, das für die Dörries-Scharmann AG unter Beteiligung des Wirtschafts- und Arbeitsministeriums, des Landesarbeitsamts Nordrhein-Westfalen, der IG-Metall, des Gesamtbetriebsrats und des Betriebsrats des betroffenen Werks entwickelt worden war.

Den Arbeitnehmern des notleidenden Betriebs wurde auf einer Betriebsversammlung am 4.6.1996 angeboten, in eine BQG zu wechseln. Ferner wurden sie darauf hingewiesen, dass die Beklagte beabsichtige, den Betrieb fortzuführen und einen Teil der Belegschaft bereits zum 1.7.1996 einzustellen. Daraufhin unterzeichneten 96 % der Arbeitnehmer einen dreiseitigen Vertrag und wurden ab dem 7.6.1996 von der BQG vergütet. Die Beklagte wurde ab dem 1.7.1996 mit den Betriebsmitteln der Dörries-Scharmann AG tätig. In der Folgezeit stellte sie ca. 50 % der Belegschaft aus der BQG ein. Dem Kläger wurde kein Einstellungsangebot unterbreitet. Er war der Meinung, dass der Aufhebungsvertrag wegen Umgehung der Rechtsfolgen nach § 613a BGB gem. § 134 BGB nichtig sei. Dies lehnte das BAG jedoch ab. Der Aufhebungsvertrag sei auf ein endgültiges Ausscheiden aus dem Betrieb gerichtet gewesen und daher wirksam. Der Kläger habe mit der Beklagten weder ein Arbeitsverhältnis fest vereinbart, noch sei ihm ein solches verbindlich in Aussicht gestellt worden. Vielmehr begründete er ein Arbeitsverhältnis mit der BQG in dem Wissen, dass die Fortführung des Betriebs durch die Beklagte angestrebt wurde. Die Einstellung aller oder nahezu aller Arbeitnehmer sei nicht versprochen worden. Die ehemaligen Beschäftigten hatten lediglich die mehr oder weniger begründete Erwartung, in ein

---

1000 Richardi/Annuß, 14. Auflage, § 112 BetrVG Rn. 171; ErfK/Kania, 15. Auflage, § 112a BetrVG Rn. 13.

1001 BAG vom 10.12.1998 – 8 AZR 324/97, BAGE 90, 260 = NZA 1999, 422; Fuhlrott, NZA 2012, 549, 550.

Arbeitsverhältnis mit der Beklagten zu treten. Damit käme der Vertragsschluss einem Risikogeschäft gleich.[1002]

II. BAG vom 18.8.2005

Mit Urteil vom 18.8.2005 bestätigte das BAG[1003] die Dörries-Scharmann Entscheidung. Auch hier wurden die Arbeitnehmer eines Hotelbetriebs vor die Wahl gestellt, ihr Arbeitsverhältnis im Falle der unvermeidlichen Insolvenz zu verlieren oder in eine BQG zu wechseln. Die 34 Arbeitnehmer unterzeichneten nach entsprechender Unterrichtung den dreiseitigen Vertrag und wurden am Stichtag des Betriebsübergangs in die BQG übergeleitet. Zum Zeitpunkt des Vertragsschlusses am 13.8.2003 stand bereits fest, dass die Beklagte den Betrieb fortführen wird. Ausweislich der Anlage zum dreiseitigen Vertrag[1004] sollten 16 Mitarbeiter sicher sowie gegebenenfalls fünf weitere Mitarbeiter beim Erwerber wiedereingestellt werden. Konkrete Einstellungszusagen wurden nicht gemacht. Der Erwerber machte zur Bedingung, dass alle Arbeitnehmer zuvor in eine BQG überführt werden. Von dort sollten dann die benötigten Arbeitnehmer zur Beklagten überwechseln. Der Erwerber stellte noch am Tag der Betriebsübernahme 22 der ursprünglich 34 Arbeitnehmer aus der BQG befristet ein.

Das BAG hielt den Aufhebungsvertrag für wirksam, da zum Zeitpunkt des Vertragsschlusses weder ein Arbeitsvertrag mit dem Erwerber begründet noch verbindlich in Aussicht gestellt oder versprochen worden war. Für den jeweils betroffenen Arbeitnehmer sei klar, dass er aus dem bestehenden Arbeitsverhältnis mit dem Veräußerer ausscheide. Er besaß nicht mehr als die Hoffnung, mit dem Erwerber einen neuen Vertrag abschließen zu können. Der Aufhebungsvertrag sei daher auf ein endgültiges Ausscheiden gerichtet gewesen. Zum Zeitpunkt des Aufhebungsvertragsschlusses habe nicht festgestanden, ob und welche Arbeitnehmer vom Betriebserwerber eingestellt werden. Zudem sei der Aufhebungsvertrag sachlich gerechtfertigt, weil er der Vermeidung der sonst drohenden Insolvenz und der damit verbundenen Beseitigung sämtlicher Arbeitsplätze diene.[1005] Es verbiete sich, allein aus der zum Zeitpunkt des Vertragsschlusses bereits feststehenden Fortführung des Betriebs den Schluss zu ziehen, damit

---

1002 BAG vom 10.12.1998 – 8 AZR 324/97, BAGE 90, 260, 270 = NZA 1999, 422, 424.

1003 BAG vom 18.8.2005 – 8 AZR 523/04, BAGE 115, 340 = NZA 2006, 145.

1004 Dies ergibt sich lediglich aus dem Tatbestand der Vorinstanz: LAG Bremen vom 26.8.2004 – 3 Sa 80/04 verb. mit 1 Sa 81/04, 1 Sa 81/04, 3 Sa 80/04, LAGE § 613a BGB 2002 Nr. 6 = BB 2005, 665, 667.

1005 BAG vom 18.8.2005 – 8 AZR 523/04, BAGE 115, 340, 349 f. = NZA 2006, 145, 148.

habe ebenfalls festgestanden, welche Arbeitnehmer von der Beklagten eingestellt werden sollten. Ausweislich der Anlage zum dreiseitigen Vertrag habe am 13.8.2003 lediglich festgestanden, dass ca. 16 Arbeitnehmer und gegebenenfalls weitere fünf Arbeitnehmer aus der Belegschaft bei der Beklagten beschäftigt werden würden. Außerdem seien in der Betriebsversammlung keine konkreten Einstellungszusagen abgegeben worden. Die Weiterbeschäftigung der Kläger habe daher noch nicht festgestanden.[1006]

Aus der Urteilsbegründung geht nicht klar hervor, woraus sich die Wirksamkeit des Aufhebungsvertrages ergibt. Entweder liegt keine unzulässige Umgehung vor, weil der Aufhebungsvertrag auf ein endgültiges Ausscheiden gerichtet ist, oder er bezweckt zwar die Unterbrechung der Kontinuität des Arbeitsverhältnisses bei gleichzeitigem Erhalt des Arbeitsplatzes, die Inhaltsänderung ist aber sachlich gerechtfertigt.[1007] Im Ergebnis wollte das BAG wohl auf eine „sowohl als auch" Begründung hinaus: Das endgültige Ausscheiden wurde bejaht, jedenfalls war der Aufhebungsvertrag aber sachlich gerechtfertigt.

Neben dem „endgültigen Ausscheiden aus dem Betrieb" brachte das BAG auch erstmals das Vorliegen einer „Schein-BQG" und die „Umgehung der Sozialauswahl" als Abgrenzungskriterien ins Spiel. In der Entscheidung setzte es sich aber mangels ausreichender Anhaltspunkte nicht weiter damit auseinander.[1008]

III. BAG vom 23.11.2006

Der Insolvenzverwalter eines Holz- und Kunststoffbetriebs teilte der Belegschaft auf einer Betriebsversammlung am 26.1.2004 mit, dass kein Erwerber gefunden wurde. Um eine betriebsbedingte Kündigung zu vermeiden, bot er den Arbeitnehmern einen Aufhebungsvertrag und einen befristeten Arbeitsvertrag in einer Transfergesellschaft an. Der Betrieb wurde am 28.1.2004 stillgelegt, am 1.2.2004 wurde das Insolvenzverfahren eröffnet. Da der Kläger von einer Betriebsstilllegung ausging, unterschrieb er Anfang Februar 2004 den dreiseitigen Vertrag und wurde zum 9.2.2004 in die Beschäftigungsgesellschaft überführt. Lediglich die für die Ausproduktion vorgesehenen 50 Arbeitnehmer waren weiterhin beim Veräußerer beschäftigt. Am 9.2.2004 führte der Insolvenzverwalter erneut Gespräche mit der Beklagten, die sodann den Holz- und Kunststoffbetrieb ab dem 16.2.2004 fortführte. Von den insgesamt 130 Arbeitnehmern stellte sie 54, darunter vier aus der Transfergesellschaft, zu schlechteren Konditionen ein. Der

1006 BAG vom 18.8.2005 – 8 AZR 523/04, BAGE 115, 340, 351 = NZA 2006, 145, 149.
1007 Kritisch auch: *Naber*, Anmerkung zu BAG EzA § 613a BGB 2002 Nr. 40, S. 14, 21.
1008 BAG vom 18.8.2005 – 8 AZR 523/04, BAGE 115, 340, 351 = NZA 2006, 145, 148.

Kläger erhielt kein Angebot. Er begehrte Weiterbeschäftigung bzw. Wiedereinstellung und berief sich darauf, dass der Insolvenzverwalter bereits bei Vertragsschluss von der Übernahme durch die Beklagte gewusst habe.

Die Klage wurde vom BAG[1009] abgewiesen. Das Arbeitsverhältnis sei nicht gem. § 613a Abs. 1 Satz 1 BGB auf die Beklagte übergegangen, weil das Arbeitsverhältnis durch den Aufhebungsvertrag wirksam beendet worden sei. Der Kläger habe den Wegfall der Geschäftsgrundlage gem. § 313 BGB nicht substantiiert vorgetragen. Zudem konnte der beweisbelastete Kläger nicht darlegen, dass die Betriebsübernahme zum Zeitpunkt des Vertragsschlusses bereits feststand. Demnach war die Willenserklärung des Arbeitnehmers zum Abschluss eines Aufhebungsvertrags auch nicht wegen arglistiger Täuschung im Hinblick auf die Betriebsstilllegung gem. § 123 Abs. 1 Alt. 1 BGB anfechtbar. Darüber hinaus bestätigte das BAG seine bisherige Umgehungsrechtsprechung: Der Aufhebungsvertrag sei nicht wegen Umgehung des § 613a BGB nichtig, weil er auf ein endgültiges Ausscheiden gerichtet gewesen sei. Die Norm schütze nicht vor einer einvernehmlichen Beendigung ohne sachlichen Grund, sondern gewähre nur Schutz vor Veränderungen des Vertragsinhalts ohne sachlichen Grund. Es komme vor allem darauf an, dass der Arbeitnehmer freiwillig einen Aufhebungsvertrag schließe, die BQG zwischengeschaltet sei und der Arbeitnehmer keine sichere Aussicht darauf habe, bei dem Erwerber eingestellt zu werden. Eine Umgehung komme allenfalls dann in Betracht, wenn die Übernahme in eine BQG nur zum Schein erfolgt sei oder offensichtlich bezweckt werde, die Sozialauswahl zu umgehen. Diesbezüglich habe der Kläger nichts vorgetragen.

IV. BAG vom 18.8.2011 (Lotterie-Urteil)

Über das Vermögen der Arbeitgeberin wurde das Insolvenzverfahren eröffnet. Um das Unternehmen zu retten, wurde der Belegschaft der Abschluss eines dreiseitigen Vertrages angeboten, der sechs verschiedene Austrittsdaten bei der Insolvenzschuldnerin und damit korrespondierende Eintrittsdaten bei der BQG vorsah. Der Kläger unterzeichnete am 24.3.2006 zu diesem Zweck sechs verschiedene Vertragsformulare, von denen nur eines von der Insolvenzschuldnerin und der BQG gegengezeichnet werden sollte. Noch vor Gegenzeichnung legte der Insolvenzverwalter den Arbeitnehmern jeweils auf sie ausgefertigte Arbeitsverträge mit der Beklagten in befristeter und unbefristeter Form vor. Der Insolvenzverwalter wies dabei darauf hin, dass keine Sicherheit und kein

1009 BAG vom 23.11.2006 – 8 AZR 349/06, AP Nr. 1 zu § 613a BGB Wiedereinstellung = NZA 2007, 866.

Anspruch darauf bestehe, dass das „Angebot" der Arbeitnehmer auf Abschluss der vorbereiteten Arbeitsverträge angenommen werde. Der Kläger unterschrieb am 8.5.2006 beide Vertragsexemplare. Einen Tag später übernahm die Beklagte das gesamte Anlage- und Betriebsvermögen der Insolvenzschuldnerin. Der dreiseitige Vertrag wurde erst am 29.5.2006 gegengezeichnet. Er sah ein Ausscheiden des Klägers zum 31.5.2006 beim Veräußerer und eine Verweildauer in der BQG von sieben Monate vor.

Auf einer Betriebsversammlung am 1.6.2006 wurde die Belegschaft darüber informiert, dass die Beklagte 352 der 452 Arbeitnehmer zum 1.6.2006 übernehmen werde. Davon sollten 193 Arbeitnehmer befristet und 159 unbefristet eingestellt werden. Sodann wurde auf der Grundlage eines Stellenplans der Beklagten am 1.6.2006 im Losverfahren bestimmt, wer eingestellt wird und ob dies befristet oder unbefristet geschehen sollte. Der Kläger erhielt am 1.6.2006 einen unbefristeten Vertrag mit Eintrittsdatum 2.6.2006. Die Verweildauer des Klägers in der BQG betrug somit lediglich 24 Stunden.

Das BAG[1010] befand den dreiseitigen Vertrag – wie die Vorinstanzen – wegen Umgehung des § 613a BGB für unwirksam. In Anlehnung an die Rechtsprechung aus den Jahren 2005, 2006 liege eine Umgehung vor, wenn der Aufhebungsvertrag die Beseitigung der Kontinuität bei gleichzeitigem Erhalt des Arbeitsplatzes bezwecke. § 613a BGB schütze den Arbeitnehmer zwar nicht vor einer einvernehmlichen Beendigung ohne sachlichen Grund, jedoch vor einer Änderung des Vertragsinhalts ohne sachlichen Grund. Der Aufhebungsvertrag sei nicht auf ein endgültiges Ausscheiden aus dem Betrieb gerichtet gewesen, da zum Zeitpunkt des Vertragsschlusses, also mit Gegenzeichnung des Insolvenzverwalters und der BQG, bereits festgestanden habe, dass die Beklagte den überwiegenden Teil der Belegschaft übernehmen werde. Zum diesem Zeitpunkt bestand eine Chance von 77,88 % bei der Beklagten eingestellt zu werden. Daher sei dem Kläger ein neues Arbeitsverhältnis mit der Beklagten verbindlich in Aussicht gestellt worden, weil diese sich bereits an den Losentscheid gebunden hatte. Es musste nur noch die Bedingung „Losglück" eintreten, damit die Beklagte ihrerseits das Vertragsangebot des Klägers gegenzeichnen musste. Demnach lag für den Arbeitnehmer auch kein Risikogeschäft vor.

Zudem sei die Übernahme des Arbeitnehmers in die BQG nur zum Schein erfolgt. Der Kläger habe niemals dort gearbeitet. Rechtlich habe das Arbeitsverhältnis nur 24 Stunden gedauert, wobei an diesem Tag die „Betriebsversammlung" abgehalten worden sei.

1010 BAG vom 18.8.2011 – 8 AZR 312/10, BAGE 139, 52 = NZA 2012, 152.

V. BAG vom 25.10.2012

Bereits vor der Betriebsübernahme des insolventen Veräußererbetriebs verpflichtete sich die Beklagte in einem mit der IG Metall abgeschlossenen Sanierungstarifvertrag dazu, von insgesamt 1.600 Arbeitnehmern 1.132 unbefristet und 400 befristet zu übernehmen. Der Kaufvertrag wurde unter die „Closing-Bedingung" gestellt, dass nahezu alle Arbeitsverhältnisse beendet werden. Aus diesem Grund wurde den Arbeitnehmern auf einer Betriebsversammlung ein vorformulierter dreiseitiger Vertrag vorgelegt. Gleichzeitig wurden den Arbeitnehmern vier vorformulierte Verträge mit der Beklagten ausgehändigt. Diese sahen die Vereinbarung eines befristeten und drei unterschiedlich befristete Arbeitsverhältnisse mit Beginn zum 1.6.2008 um 00:30 Uhr vor, aus denen die Beklagte das für sie passende Vertragsangebot auswählen konnte. Die Beklagte übernahm, wie vereinbart, die rund 1.500 Arbeitnehmer. Sie nahm das Angebot des Klägers zum Abschluss eines auf zwanzig Monate befristeten Arbeitsverhältnisses an. Der Kläger begehrte Feststellung, dass das Arbeitsverhältnis der Parteien nicht durch die Befristung aufgelöst wurde.

Nach Ansicht des BAG[1011] sei die vereinbarte sachgrundlose Befristung gem. § 14 Abs. 2 Satz 2 TzBfG unzulässig, weil das Arbeitsverhältnis durch den Aufhebungsvertrag im Rahmen des dreiseitigen Vertrages nicht wirksam beendet wurde. Der Aufhebungsvertrag sei wegen Umgehung des § 613a gem. § 134 BGB nichtig. Er bezwecke die Beseitigung der Kontinuität des Arbeitsverhältnisses bei gleichzeitigem Erhalt des Arbeitsplatzes, weil zugleich ein neues Arbeitsverhältnis vereinbart oder zumindest verbindlich in Aussicht gestellt worden sei. Zwar wurde die Übernahme des Arbeitnehmers vom Erwerber nicht ausdrücklich ausgesprochen. Aus Sicht des Klägers sei aber klar gewesen, dass die Beklagte eines der vier Angebote annehme und es zum Abschluss eines unbefristeten bzw. eines befristeten Arbeitsverhältnisses komme. Anders könne die Vorgehensweise der Beklagten nicht verstanden werden. Die Beklagte habe sich tarifvertraglich zur Übernahme der überwiegenden Anzahl der Arbeitnehmer verpflichtet und den Arbeitnehmern vier unterschiedliche Vertragsformulare vorgelegt. Dies erwecke beim Kläger zwangsläufig den Eindruck, dass er zu denjenigen Arbeitnehmern gehöre, die übernommen werden sollen und es nur noch im Ermessen der Beklagten stehe, zu welchen Bedingungen – hinsichtlich der Dauer – die Einstellung erfolge. Der Sachverhalt habe Ähnlichkeit mit der Lotterie-Entscheidung. Dem „Losglück" entspreche im Streitfall die Entscheidung der Beklagten über

---

1011 BAG vom 25.10.2012 – 8 AZR 575/11, EzA § 613a BGB 2002 Nr. 138 = NZA 2013, 203.

die Dauer des in Aussicht gestellten neuen Arbeitsverhältnisses. Etwas anderes ergebe sich auch nicht daraus, dass der Betriebsübergang auf die Beklagte aus der Insolvenz heraus erfolgte. Der Aufhebungsvertrag sei nicht auf ein endgültiges Ausscheiden aus dem Betrieb gerichtet. Auf die Umgehung der Sozialauswahl oder eine Schein-BQG ging das BAG in dieser Entscheidung nicht ein.

C. Wirksamkeitskriterien der Rechtsprechung

I. Aufhebungsvertrag als Risikogeschäft

Nach der Rechtsprechung des BAG ist ein Aufhebungsvertrag wirksam, wenn er auf ein endgültiges Ausscheiden aus dem Betrieb gerichtet ist. Daher darf zum Zeitpunkt des Vertragsschlusses die Neueinstellung beim Erwerber weder vereinbart noch verbindlich in Aussicht gestellt worden sein. Vielmehr muss die Aufhebungsvereinbarung ein Risikogeschäft für den Arbeitnehmer sein. Ist die Weiterbeschäftigung beim Erwerber von Anfang an vereinbart oder verbindlich in Aussicht gestellt, wird die Beseitigung der Kontinuität des Arbeitsverhältnisses bezweckt. Die Aufhebungsvereinbarung im Rahmen des dreiseitigen Vertrages ist dann nach der Rechtsprechung wegen Umgehung des § 613a BGB unwirksam, weil die Norm einen Schutz vor Veränderungen des Vertragsinhalts ohne sachlichen Grund gewähre.

Das Erfordernis des endgültigen Ausscheidens aus dem Betrieb findet seinen Ursprung in der RAG-Rechtsprechung zu § 69 BRG. Diese Norm fand zur Sicherung der Amtsstellung streikender Betriebsräte nur Anwendung, wenn die Kündigung auf ein endgültiges Ausscheiden gerichtet war.[1012] Erstmals verwendete das BAG diese Formel im Zusammenhang mit Aufhebungsvereinbarungen in der Entscheidung vom 11.12.1997.[1013] Im Jahr 1998 präzisierte das BAG[1014] dieses Erfordernis und stellte klar, dass die Aufhebungsvereinbarung für den Arbeitnehmer ein Risikogeschäft sein müsse.

1. Kein Risikogeschäft bei fester Einstellungszusage

Unproblematisch liegt kein Risikogeschäft vor, wenn die Neueinstellung beim Erwerber bei Abschluss des Aufhebungsvertrages schon fest vereinbart wurde. Da die Arbeitnehmer beim Lemgoer Modell einen einklagbaren Anspruch auf

---

1012 Ausführlich: *Naber*, Aufhebungsverträge, S. 74 f.

1013 BAG vom 11.12.1997 – 8 AZR 654/95, NZA 1999, 262.

1014 BAG vom 10.12.1998 – 8 AZR 324/97, BAGE 90, 260, 270 = NZA 1999, 422, 424.

die Neueinstellung[1015] beim Erwerber haben, nimmt die Rechtsprechung ein unwirksames Umgehungsgeschäft an.[1016]

Beim BQG-Modell hingegen wird die Wiedereinstellung nicht fest vereinbart. Durch die Aushändigung der Arbeitsvertragsentwürfe und die Unterschrift der Arbeitnehmer kommt (noch) kein wirksamer Vertrag zustande. Die Entwürfe enthalten kein Angebot des Erwerbers auf Abschluss eines neuen Arbeitsvertrages gem. § 145 BGB. Dem Erwerber fehlt der Rechtsbindungswille, sodass es sich lediglich um ein invitatio ad offerendum[1017] handelt. Die Arbeitnehmer wurden durch die Aushändigung der Vertragsexemplare lediglich zur Abgabe eines eigenen Angebotes aufgefordert.[1018]

2. *Kein Risikogeschäft durch verbindliches In-Aussicht-stellen der Neueinstellung*

Mehr Schwierigkeiten bereitet die Frage, wann der Erwerber dem Arbeitnehmer die Einstellung verbindlich in Aussicht gestellt hat.

a. Verbindlichkeit durch schutzwürdiges Vertrauen des Arbeitnehmers

Das BAG stellt bei der Beurteilung des Risikogeschäfts auf die Vorstellungen und die Motivation des klagenden Arbeitnehmers ab. Seine Erwartungen müssen sich aufgrund der Umstände des Einzelfalls zu einer sicheren Zusage verdichtet haben.[1019] Folglich nimmt das BAG eine unzulässige Umgehung des § 613a BGB an, wenn der Arbeitnehmer auf die Neueinstellung beim Erwerber schutzwürdig vertrauen durfte, und stellt dabei die Bindung des Erwerbers durch Schaffung eines Vertrauenstatbestandes einer vertraglichen Bindung gleich.

aa. Haftung aus culpa in contrahendo

Ein solcher Vertrauensschutz ist dem Zivilrecht nicht unbekannt. Bricht eine Vertragspartei Vertragsverhandlungen sachgrundlos ab, kann sie dem anderen Teil zum Ersatz des negativen Interesses gem. § 311 Abs. 2 i.V.m. § 241 Abs. 2 BGB

1015 *Wagner*, Individualarbeitsrechtliche Vereinbarungen, S. 121; a.A. *Kreitner*, Kündigungsrechtliche Probleme, S. 196.

1016 Dazu ausführlich § 6 A, insbesondere § 6 A III 3.

1017 Ebenso: *Thum*, BB 2013, 1525, 1526.

1018 Staudinger/*Bork*, 2010, § 145 BGB Rn. 3; Palandt/*Ellenberger*, 74. Auflage, § 145 Rn. 2.

1019 *Naber*, Aufhebungsverträge, S. 77 f.

verpflichtet sein.[1020] Das BAG nimmt eine Haftung aus culpa in contrahendo an, wenn der Arbeitgeber bei den Vertragsverhandlungen den Anschein erweckt, der Vertrag werde sicher zustande kommen, sodass der Arbeitnehmer sein bisheriges Arbeitsverhältnis ohne großes Risiko kündigen könne.[1021] Nur wenn die Kündigung beim Altarbeitgeber ein Risiko für den Arbeitnehmer war, weil der Wunscharbeitgeber keinen Vertrauenstatbestand bzgl. der Einstellung geschaffen hat, entstehen keine Schadensersatzansprüche des Arbeitnehmers.

bb. Übertragung auf Aufhebungsverträge

Auch im Zusammenhang mit dreiseitigen Verträgen argumentiert das BAG mit dem Risikogeschäft. Erweckt der Erwerber beim Arbeitnehmer in zurechenbarer Weise den Eindruck, dass der Neuvertrag mit Sicherheit zustande komme[1022], der Arbeitnehmer sich der Weiterbeschäftigung also gewiss sein durfte[1023], stellt die Aufhebungsvereinbarung kein Risiko dar und ist nicht auf ein endgültiges Ausscheiden aus dem Betrieb gerichtet. Da lediglich die Unterbrechung der Kontinuität des Arbeitsverhältnisses bei gleichzeitigem Erhalt des Arbeitsplatzes bezweckt werde, nimmt das BAG eine Umgehung des § 613a BGB an. Der dreiseitige Vertrag ist unwirksam.

Das BAG greift somit zur Begründung eines Risikogeschäfts auf die Grundsätze der Vertrauenshaftung zurück, ohne dies ausdrücklich zu benennen. Die Beurteilung des Aufhebungsvertrages als Umgehungsgeschäft steht und fällt nach der Rechtsprechung daher mit der Frage, ob der Arbeitnehmer auf die Einstellung beim Erwerber vertrauen durfte. Die mehr oder weniger begründete Erwartung reicht nicht aus. Das Vertrauen des Arbeitnehmers in die Neuanstellung ist erst schutzwürdig, wenn der Neuvertrag sicher in Aussicht gestellt wird,[1024] der Erwerber also zu verstehen gibt, dass er sich für den Vertragsschluss

---

1020 MüKo/*Emmerich*, 6. Auflage, § 311 BGB Rn. 174 f.; Moll/*Melms*, 3. Auflage, § 9 Rn. 91.

1021 BAG vom 7.6.1963 – 1 AZR 276/62, BAGE 14, 206, 209 = NJW 1963, 1843, 1844; Staudinger/*Feldmann/Löwisch*, 2012, § 311 BGB Rn. 135; ErfK/*Preis*, 15. Auflage, § 611 BGB Rn. 262.

1022 Staudinger/*Feldmann/Löwisch*, 2012, § 311 BGB Rn. 134; BeckOK-BGB/*Gehrlein/Sutschet*, Ed. 33, § 311 BGB Rn. 58; Palandt/*Grüneberg*, 74. Auflage, § 311 BGB Rn. 31.

1023 So ausdrücklich: BAG vom 25.10.2012 – 8 AZR 575/11, EzA § 613a BGB 2002 Nr. 138 = NZA 2013, 203, 206.

1024 BGH vom 10.7.1970 – V ZR 159/67, LM Nr. 34 zu § 276 (Fa) BGB = NJW 1970, 1840, 1840 f.; BAG vom 23.11.2006 – 8 AZR 349/06, AP Nr. 1 zu § 613a BGB

mit dem Arbeitnehmer entschieden hat. Disponiert der Arbeitnehmer aufgrund dieser Erwartung über sein Arbeitsverhältnis beim Veräußerer, kann er keine bewusste Entscheidung gegen die Fortsetzung des Arbeitsverhältnisses gem. § 613a BGB getroffen haben.[1025] Der Aufhebungsvertrag ist wegen Umgehung des § 613a BGB unwirksam.

b. Roter Faden der Rechtsprechung

Fraglich ist, ab wann der Erwerber nach der Rechtsprechung beim Arbeitnehmer die zurechenbare Erwartung erweckt, dass es sicher zum Abschluss des neuen Arbeitsvertrages kommen werde, dem Arbeitnehmer die Weiterbeschäftigung also klar sein durfte und, wann lediglich eine unverbindliche Chance[1026] auf eine Neueinstellung besteht. Um dies feststellen zu können, ist die Rechtsprechung im Hinblick auf das Risikogeschäft genauer zu analysieren.

aa. 23.11.2006

Das BAG betont immer wieder, dass eine mehr oder weniger begründete Erwartung, eine bloße Hoffnung auf eine Neueinstellung, nicht zur Unwirksamkeit des Aufhebungsvertrages führt. Demzufolge ist der Aufhebungsvertrag auf ein endgültiges Ausscheiden aus dem Betrieb gerichtet, wenn die Betriebsfortführung, wie in der Entscheidung vom 23.11.2006[1027], zum Zeitpunkt des Vertragsschlusses weder feststand noch geplant war. Vielmehr stand zu diesem Zeitpunkt eine Betriebsstilllegung im Raum, da ein potentieller Erwerber nicht gefunden wurde. Die Vertragsverhandlungen mit dem späteren Betriebserwerber wurden erst nach Abschluss des Aufhebungsvertrages wieder aufgenommen, sodass die Arbeitnehmer zu diesem Zeitpunkt von einem endgültigen Ausscheiden aus dem Betrieb ausgehen mussten.

bb. 10.12.1998

In dem der BAG-Entscheidung aus dem Jahr 1998[1028] zugrunde liegenden Sachverhalt, stand die Fortführung des Betriebs durch die Beklagte noch nicht fest.

Wiedereinstellung = NZA 2007, 866, 868; BeckOK-BGB/*Gehrlein/Sutschet*, Ed. 33, § 311 BGB Rn. 58; Palandt/*Grüneberg*, 74. Auflage, § 311 BGB Rn. 31.

1025 *Willemsen*, NZA 2013, 242, 245; WHSS/*ders.*, 4. Auflage, H Rn. 123.

1026 *Raif/Ginal*, GWR 2013, 1, 2; *Thum*, BB 2013, 1525, 1526.

1027 BAG vom 23.11.2006 – 8 AZR 349/06, AP Nr. 1 zu § 613a BGB Wiedereinstellung = NZA 2007, 866.

1028 BAG vom 10.12.1998 – 8 AZR 324/97, BAGE 90, 260 = NZA 1999, 422.

Sie war lediglich geplant. Die Arbeitnehmer wechselten zuerst in die BQG und wurden erst nach der Betriebsübernahme von der Beklagten aus der BQG übernommen. Die Einstellung durch die Beklagte war daher zum Zeitpunkt des Vertragsschlusses mit einer hohen Unsicherheit verbunden. Dementsprechend handelte es sich um ein Risikogeschäft, weil die Arbeitnehmer die Neueinstellung nicht erwarten konnten. Der bloße Hinweis vor Vertragsschluss, dass ein Teil der Belegschaft eingestellt werden solle, reichte nach Ansicht des BAG nicht aus, um einen Vertrauenstatbestand zu schaffen.

cc. 18.8.2005

Aber auch wenn die Betriebsübernahme und die Neueinstellung zum Zeitpunkt des Aufhebungsvertragsschluss bereits feststanden, weil das BQG-Modell Bedingung für den Kaufvertrag war, kann der Aufhebungsvertrag auf ein endgültiges Ausscheiden aus dem Betrieb gerichtet sein. In der Entscheidung im Jahr 2005[1029] war bereits bei Vertragsschluss klar, dass mehr als die Hälfte der Arbeitnehmer aus der BQG beim Erwerber eingestellt werden. Weitere Zusagen wurden der Belegschaft nicht gemacht. Obwohl auch hier eine überwiegende Einstellungswahrscheinlichkeit von knapp 65%, und damit im Vergleich zur Entscheidung aus dem Jahr 1998[1030] wesentlich weniger Risiko für den Arbeitnehmer bestand, durften die Arbeitnehmer nicht auf die Einstellung beim Erwerber vertrauen. Ein Risikogeschäft lag mithin vor.

dd. 18.8.2011 und 25.10.2012

Den Entscheidungen aus den Jahren 2011[1031] und 2012[1032] lag ein anderer Sachverhalt zu Grunde. Die übertragende Sanierung war von Anfang an beabsichtigt.[1033] Der Erwerber kommunizierte jeweils vor Vertragsschluss gegenüber der Belegschaft, einen Großteil (2011: 78% und 2012: 94%) übernehmen zu wollen. Diese – im Vergleich zu 2005[1034] und 2011[1035] nur um 12% höhere – Wahrscheinlichkeit

---

1029 BAG vom 18.8.2005 – 8 AZR 523/04, BAGE 115, 340 = NZA 2006, 145.

1030 BAG vom 10.12.1998 – 8 AZR 324/97, BAGE 90, 260 = NZA 1999, 422.

1031 BAG vom 18.8.2011 – 8 AZR 312/10, BAGE 139, 52 = NZA 2012, 152.

1032 BAG vom 25.10.2012 – 8 AZR 575/11, EzA § 613a BGB 2002 Nr. 138 = NZA 2013, 203.

1033 Vorinstanz zu BAG vom 18.8.2011 – 8 AZR 312/10, BAGE 139, 52 = NZA 2012, 152: LAG Niedersachsen vom 18.2.2010 – 7 Sa 779/09, LAGE § 613a BGB 2002 Nr. 29 = BB 2010, 2181, 2183.

1034 BAG vom 18.8.2005 – 8 AZR 523/04, BAGE 115, 340 = NZA 2006, 145.

1035 BAG vom 18.8.2011 – 8 AZR 312/10, BAGE 139, 52 = NZA 2012, 152.

reicht für sich genommen aber nicht aus, um ein schutzwürdiges Vertrauen der Arbeitnehmer zu begründen. Der entscheidende Unterschied lag darin, dass den Arbeitnehmern mehrere individuell auf sie zugeschnittene Vertragsexemplare in befristeter und unbefristeter Form vorgelegt wurden. Diese waren zwar vom Erwerber noch nicht unterschrieben, und stellten damit eine bloße invitatio ad offerendum[1036] dar. Dennoch signalisierte der potentielle Erwerber jedem einzelnen Arbeitnehmer seine grundsätzliche Einstellungsbereitschaft. Der Vertragsentwurf kam einer schriftlichen Absichtserklärung gleich, zumal darin bereits die essentialia negotii des Vertrages[1037] einseitig durch den Erwerber geregelt wurden. Der Erwerber hatte dem Arbeitnehmer „sein" abzugebendes Angebot bereits vorgegeben und der Vertragsschluss hing nur noch von der Gegenzeichnung eines der Exemplare ab. Dadurch wurde aus Sicht des Arbeitnehmers zwangsläufig der Eindruck erweckt, dass das „ob" der Einstellung bereits feststand und nur das „wie" hinsichtlich der Dauer des Arbeitsverhältnisses, also ob befristet oder unbefristet noch offen sei und vom Losglück bzw. der Entscheidung des Erwerbers abhänge.

Dieses schutzwürdige Vertrauen bestand umso mehr, als der Erwerber sich – wie im Jahr 2012[1038] – bereits durch einen Sanierungstarifvertrag zur Übernahme einer gewissen Zahl der Arbeitnehmer verpflichtet hatte. Hier stand zum Zeitpunkt des Aufhebungsvertragsschlusses schon konkret fest, dass knapp 94% der Belegschaft neueingestellt werde. Die Neueinstellung erfolgte mit an Sicherheit grenzender Wahrscheinlichkeit.

Die Arbeitnehmer hatten demnach in beiden Entscheidungen mehr als nur die vage Hoffnung auf Neueinstellung. Sie durften durch die Vorlage der individuellen Vertragsentwürfe und in dem Wissen, dass der überwiegende Teil der Belegschaft im Rahmen der übertragenden Sanierung wieder eingestellt wird, darauf vertrauen, dass sie zu den Auserwählten gehörten. Dabei sieht das BAG das Vertrauen offenbar nicht als weniger schutzwürdig an, wenn die Arbeitnehmer darauf hingewiesen wurden, dass sie keine Sicherheit und keinen Anspruch

---

1036 Dazu bereits oben § 12 C I 1.

1037 Im Fall BAG vom 25.10.2012 – 8 AZR 575/11, EzA § 613a BGB 2002 Nr. 138 = NZA 2013, 203 enthielten die Verträge u.a. konkrete Vereinbarungen über die Art der in Aussicht gestellten Tätigkeit, das Arbeitsentgelt, die Arbeitszeit, den Urlaub und über die Beendigung des Arbeitsverhältnisses sowie über die Anrechnung der bisherigen Betriebszugehörigkeit auf das Arbeitsverhältnis mit dem Erwerber.

1038 BAG vom 25.10.2012 – 8 AZR 575/11, EzA § 613a BGB 2002 Nr. 138 = NZA 2013, 203.

auf eine Neuanstellung beim Erwerber haben[1039] bzw. dass der dreiseitige Vertrag für sie ein Risikogeschäft darstelle.[1040]

Entgegen der geäußerten Kritik legt das BAG in den neueren Entscheidungen keinen strengeren Maßstab[1041] an, sondern führt die bisherige Rechtsprechung konsequent fort und trägt den jeweiligen Umständen des Einzelfalls Rechnung. Das Vertrauen der Arbeitnehmer war 2011 und 2012 durch die Aushändigung der individuellen Neuvertragsformulare schutzwürdiger als in den Jahren zuvor.

c. Zusammenfassung der Voraussetzungen

Die Neueinstellung ist verbindlich in Aussicht gestellt, wenn bereits eine individuelle Zusage erfolgt ist bzw. sich diese aus den konkreten Umständen des Einzelfalls ableiten lässt. Selbst wenn der Arbeitnehmer keinen Anspruch auf Neueinstellung beim Erwerber hat, reicht das schutzwürdige Vertrauen des Arbeitnehmers auf Einstellung aus, um ein Risikogeschäft zu verneinen. Dies ist der Fall, wenn der Arbeitnehmer das Verhalten des Erwerbers objektiv nur so verstehen durfte, dass er ihn nach dem Betriebsübergang weiterbeschäftigen werde. Bei der Beurteilung des Erklärungswerts des Erwerberverhaltens stellt das BAG derzeit auf zwei Gesichtspunkte ab.

aa. Hohe Einstellungswahrscheinlichkeit

Zum einen muss der bereits feststehende Erwerber konkret zugesichert haben, den überwiegenden Teil der Belegschaft zu übernehmen. Für den Arbeitnehmer muss die Einstellung überwiegend wahrscheinlich sein, also mehr als 50% betragen. Unerheblich ist dabei, ob der Erwerber die Übernahme nur wie im Fall 2011[1042] zugesichert oder ob er sich sogar, wie 2012[1043], tarifvertraglich dazu verpflichtet hat. Wichtig ist lediglich, dass den Arbeitnehmern diese Übernahmebereitschaft bei Vertragsschluss bekannt war. Zudem wird das Vertrauen in die Neuanstellung umso schutzwürdiger sein, je höher die Einstellungsquote des Erwerbers ist.

1039 BAG vom 18.8.2011 – 8 AZR 312/10, BAGE 139, 52 = NZA 2012, 152.

1040 BAG vom 25.10.2012 – 8 AZR 575/11, EzA § 613a BGB 2002 Nr. 138 = NZA 2013, 203.

1041 So aber z.B.: *Hinrichs/Kleinschmidt*, ZInsO 2012, 949; *Pils*, NZA 2013, 125, 128, 129.

1042 BAG vom 18.8.2011 – 8 AZR 312/10, BAGE 139, 52 = NZA 2012, 152.

1043 BAG vom 25.10.2012 – 8 AZR 575/11, EzA § 613a BGB 2002 Nr. 138 = NZA 2013, 203.

bb. Individuelle „Zusage“

Bloße unverbindliche Erklärungen gegenüber der Gesamtbelegschaft, dass und wie viele Arbeitnehmer übernommen werden sollen, reichen für sich genommen nicht aus. Dies zeigen auch die aktuelleren Entscheidungen des BAG, in denen es nicht allein auf die überwiegende Einstellungswahrscheinlichkeit ankam. Das BAG stellt zusätzlich darauf ab, ob der Erwerber den Arbeitnehmern im Einzelfall konkrete, wenn auch durch Los- oder Ermessensentscheid aufschiebend bedingte Zusagen gemacht hat. Als solche gilt die Vorlage der Arbeitsvertragsexemplare, die bereits individuell auf die einzelnen Arbeitnehmer zugeschnitten sind und die essentialia negotii enthalten. Dadurch wird dem jeweiligen Arbeitnehmer signalisiert, dass lediglich die Dauer des Arbeitsverhältnisses, d.h. befristet oder unbefristet, vom Zufall bzw. dem Ermessen des Erwerbers abhängt, nicht aber „ob“ die Einstellung überhaupt erfolgt. Dies durfte dem Arbeitnehmer durch dieses Vorgehen nach der Rechtsprechung vielmehr klar sein.

Durch die Austeilung der individuellen Vertragsexemplare hat der Erwerber nicht nur eine unverbindliche Erklärung gegenüber dem Betriebskollektiv abgegeben. Dieses Verhalten durfte der Arbeitnehmer vielmehr als individuelle Einstellungszusage verstehen. Warum sonst sollte sich der Erwerber aus Sicht des Arbeitnehmers die Mühe machen, bereits im Vorfeld für alle Arbeitnehmer mehrere Ausfertigungen vorzubereiten? Vor allem, weil bereits zugesagt wurde, den überwiegenden Teil der Belegschaft einzustellen.

cc. Zwischenergebnis

Folglich muss nach der Rechtsprechung des BAG der Arbeitnehmer keinen Anspruch auf Abschluss eines Neuvertrages beim Erwerber haben, damit ein endgültiges Ausscheiden aus dem Betrieb abgelehnt wird. Es reicht aus, wenn der Erwerber die Einstellung verbindlich in Aussicht gestellt hat. Verbindlich bedeutet nicht rechtsverbindlich, sondern ein hohes Maß an Wahrscheinlichkeit. Die überdurchschnittlich hohe Wahrscheinlichkeit reicht für sich genommen aber nicht aus. Vielmehr muss beim Arbeitnehmer die Erwartung hervorgerufen werden, zu den Auserwählten zu gehören.[1044] Ein solcher objektiver Vertrauenstatbestand kann durch die Vorlage individueller Vertragsexemplare geschaffen werden. Liegen diese Voraussetzungen kumulativ vor, ist nach dem BAG davon auszugehen, dass der Arbeitnehmer den Aufhebungsvertrag nur schließt, weil er von einer Weiterbeschäftigung beim Erwerber ausgeht. Das Vorgehen des Erwerbers erweckt beim Arbeitnehmer in zurechenbarer Weise den Eindruck,

1044 Zutreffend: *Lindemann*, ZInsO 2012, 605, 610.

dass es zum sicheren Vertragsabschuss kommt. Dieses Vertrauen in den Neuvertragsabschluss ist schutzwürdig, da der Arbeitnehmer aus diesem Grund einen Aufhebungsvertrag abschließt und über sein Arbeitsverhältnis disponiert hat. Der Aufhebungsvertrag ist dann kein Risikogeschäft und ist deshalb nach der Rechtsprechung unwirksam.

3. *Kritische Würdigung*

a. Maßgeblicher Zeitpunkt für die Beurteilung des Risikogeschäfts

Der maßgebliche Zeitpunkt für die Beurteilung des Risikogeschäfts ist nach Ansicht des BAG der Tag, an dem der dreiseitige Vertrag geschlossen wurde. Der Vertrag kommt durch die übereinstimmenden Willenserklärungen der Parteien zustande. Die Abgabe der Willenserklärungen kann jedoch, wie z.B. im Fall von 2011,[1045] zeitlich voneinander abweichen. Obwohl das BAG maßgeblich auf die Erwartungshaltung des Arbeitnehmers abstellt, beurteilt es das Vorliegen eines Risikogeschäfts zum Zeitpunkt des Aufhebungsvertragsschlusses (29.5.2006) und nicht zum Zeitpunkt der Abgabe der Willenserklärung des Arbeitnehmers (8.5.2006). Dem Arbeitnehmer lagen aber zu dem Zeitpunkt, als er sich seinen Willen zum endgültigen Ausscheiden bildete, die Vertragsexemplare des Erwerbers noch nicht vor.[1046]

Da es letztlich auf das schutzwürdige Vertrauen des Arbeitnehmers ankommt, könnte auf den Zeitpunkt der Abgabe der Willenserklärung des Arbeitnehmers abzustellen sein, weil er sich zu diesem Zeitpunkt seinen Willen bildet und eine entsprechende Erwartungshaltung einnimmt.[1047] Andererseits beabsichtigt das BAG eine Kontrolle der Arbeitgebermotive. Daher sind auch die Vorstellungen des Veräußerers bzgl. des endgültigen Ausscheidens für die Wirksamkeit des Aufhebungsvertrages maßgeblich. Aus diesem Grund ist mit dem BAG auf den Zeitpunkt des Aufhebungsvertragsschlusses abzustellen, da erst in diesem Zeitpunkt endgültig über das Arbeitsverhältnis disponiert wurde.

b. Perspektive für die Beurteilung des Risikogeschäfts

Auch wenn das BAG im Jahr 2011[1048] hauptsächlich mit der objektiven Einstellungschance von 352 zu 452 argumentierte, kann man daraus entgegen vieler

---

1045 BAG vom 18.8.2011 – 8 AZR 312/10, BAGE 139, 52 = NZA 2012, 152.
1046 Kritisch: *Lindemann*, ZInsO 2012, 605, 610.
1047 *Lindemann*, ZInsO 2012, 605, 610.
1048 BAG vom 18.8.2011 – 8 AZR 312/10, BAGE 139, 52 = NZA 2012, 152.

Stimmen keinen Perspektivenwechsel[1049] ableiten. Vielmehr machte das BAG 2012[1050] deutlich, dass nach wie vor auf den konkreten Arbeitnehmer abzustellen ist. Es kommt darauf an, wie der konkrete Arbeitnehmer das Verhalten des Erwerbers zum Zeitpunkt des Aufhebungsvertragsschlusses verstehen durfte. Gleichwohl kann das schutzwürdige Vertrauen nicht aus der subjektiven Sicht des einzelnen Arbeitnehmers beurteilt werden. Da das Vorgehen gegenüber der Gesamtbelegschaft in allen Fällen gleich war, kommt es darauf an, wie ein besonnener, durchschnittlicher Arbeitnehmer der Belegschaft den Erklärungswert des objektiven Verhaltens des Erwerbers verstehen durfte. Würde man das schutzwürdige Vertrauen des einzelnen Arbeitnehmers beurteilen, müsste gleichzeitig auch seine soziale Stärke im Sinne von § 1 Abs. 3 KSchG berücksichtigt werden. Denn ein sozial starker Arbeitnehmer darf eher mehr als weniger mit der Wiedereinstellung beim Erwerber rechnen. Dies würde aber zu einer inzidenten Prüfung der Sozialauswahl im Rahmen des schutzwürdigen Vertrauens führen, für welches der Arbeitnehmer die Darlegungs- und Beweislast trägt.

c. Dogmatische Einwände

§ 613a BGB ist eine Schutznorm zugunsten des Arbeitnehmers, sodass es auf den ersten Blick nicht abwegig erscheint, die Unwirksamkeit des Aufhebungsvertrags anhand dessen schutzwürdigen Vertrauens zu beurteilen. Dennoch ist es rechtsdogmatisch verfehlt, die Frage der Umgehung und damit die Frage der Normgeltung und -anwendung von den subjektiven Vorstellungen des Arbeitnehmers[1051] und seinem schutzwürdigen Vertrauen abhängig zu machen.

Überdies dient die Rechtsprechung des BAG und damit auch das Erfordernis des „endgültigen Ausscheidens“ dazu, das Motiv der Arbeitgeberseite, also des Veräußerers und des Erwerbers, zu kontrollieren. Es kommt maßgeblich darauf an, warum der Arbeitnehmer zum Abschluss eines Aufhebungsvertrages „veranlasst“ wurde. Bezweckt der Arbeitgeber die Kontinuität bei gleichzeitigem Erhalt des Arbeitsplatzes zu durchbrechen, liegt ein unwirksames Umgehungsgeschäft vor. Dies setzt wiederum voraus, dass der Vertrag nicht auf ein endgültiges Ausscheiden aus dem Betrieb gerichtet ist. Es erscheint sinnwidrig, bei der Beurteilung, ob ein solch zu missbilligendes Arbeitgebermotiv vorliegt,

1049 *Fuhlrott* NZA 2012, 549, 552; *Hinrichs/Kleinschmidt*, ZInsO 2012, 949, 954; *Pils*, NZA 2013, 125, 128.

1050 BAG vom 25.10.2012 – 8 AZR 575/11, EzA § 613a BGB 2002 Nr. 138 = NZA 2013, 203.

1051 Dazu § 6 B III.

auf die subjektive Erwartungshaltung und damit die Motive des Arbeitnehmers hinsichtlich des endgültigen Ausscheidens abzustellen, zumal dieser sich regelmäßig auch nur auf den dreiseitigen Vertrag einlassen wird, wenn er mit einer Wiedereinstellung beim Erwerber rechnet.[1052]

Fraglich ist zudem, ob das Verhalten des Erwerbers für die Beurteilung des dreiseitigen Vertrages überhaupt eine Rolle spielen kann, da er selbst gar nicht Vertragspartner ist. Demnach könnte es für die Wirksamkeit des Vertrages auch völlig unerheblich sein, dass ein am Vertrag Unbeteiligter den Vertrauenstatbestand geschaffen hat, zumal der Veräußerer als Vertragspartner des dreiseitigen Vertrages auch nicht immer Kenntnis davon hat, welche Vorstellungen der Erwerber beim Arbeitnehmer geweckt hat. Dennoch soll mit dem dreiseitigen Vertrag die Betriebsübernahme gefördert werden, sodass die Motive des Erwerbers nicht außer Acht gelassen werden können. Auch ihn trifft die Unwirksamkeit des dreiseitigen Vertrages, da das Arbeitsverhältnis dann unverändert gem. § 613a Abs. 1 Satz 1 BGB mit all seinen Rechten und Pflichten übergeht.

Das endgültige Ausscheiden kann daher nicht aus der Sicht des jeweiligen Arbeitnehmers, sondern müsste konsequenterweise anhand der Vorstellungen und Motive des Veräußerers bzw. Erwerbers beurteilt werden. Schon aus diesem Grund ist das „verbindliche In-Aussicht-stellen" als Abgrenzungskriterium abzulehnen.

4. *Zwischenergebnis: Risikogeschäft ungeeignet*

Wie diese Entscheidungen zeigen, sind die Kriterien des „Risikogeschäfts" und des „verbindlichen Inaussichtstellens" ungeeignet, um die Wirksamkeit des Aufhebungsvertrages zu beurteilen. Vor allem mit dem „verbindlichen In-Aussicht-stellen" ist eine erhebliche Rechtsunsicherheit verbunden.[1053]

Letztlich wurde das BQG-Modell von der Praxis entwickelt, damit der Aufhebungsvertrag durch die Zwischenschaltung der Transfergesellschaft auf ein endgültiges Ausscheiden gerichtet und nach der Rechtsprechung des BAG wirksam ist. Mit dem Kriterium des „verbindlichen Inaussichtstellens" sollte einer missbräuchlichen Zwischenschaltung wahrscheinlich entgegengewirkt werden. Doch geht dies letztlich zu Lasten desjenigen, der eigentlich durch § 613a BGB geschützt werden sollte: Die Wirksamkeit des Aufhebungsvertrages wird vom BAG umso eher bejaht, je mehr Risiko der Arbeitnehmer eingeht. Je unklarer sich die Situation für den Arbeitnehmer hinsichtlich der Wiedereinstellung

1052 So auch: *Naber*, Aufhebungsverträge, S. 78 f.
1053 So auch *Willemsen*, NZA 2013, 242, 243.

beim Erwerber darstellt, umso höher ist die Wahrscheinlichkeit, dass der Aufhebungsvertrag der gerichtlichen Überprüfung standhält, weil nur dann nicht von einem „verbindlichen In-Aussicht-stellen", sondern von einem endgültigen Ausscheiden aus dem Betrieb auszugehen ist. Demnach wäre dem Erwerber zu raten, so wenige Informationen wie möglich Preis zu geben, um dem dreiseitigen Vertrag zur Wirksamkeit zu verhelfen.[1054] Dieses Ergebnis kann nicht gewollt sein, weil gerade dieses Informationsdefizit zu einer intellektuellen Disparität zu Lasten des Arbeitnehmers führt, vor der die Gerichte den Arbeitnehmer eigentlich schützen müssten.[1055] Dem Erwerber wird durch das „Risikogeschäft" des Arbeitnehmers das freie Auswahlrecht eingeräumt, welches § 613a BGB gerade verhindern wollte.[1056] Das Risikogeschäft ist zur Beurteilung der Wirksamkeit des Aufhebungsvertrages mithin völlig ungeeignet.

II. BQG nur zum Schein

Neben dem endgültigen Ausscheiden aus dem Betrieb macht das BAG die Wirksamkeit des dreiseitigen Vertrages auch davon abhängig, ob die BQG nur zum Schein eingerichtet wurde.

1. Definition der Rechtsprechung

Das Kriterium der „Schein-BQG" wurde erstmals in der BAG Entscheidung vom 18.8.2005 erwähnt. Der Aufhebungsvertrag könne nach Ansicht des BAG als Umgehung[1057] der gesetzlichen Folgen des § 613a BGB unwirksam sein, wenn die Übernahme in die Beschäftigungs- und Qualifizierungsgesellschaft nur zum Schein erfolge.[1058] In der Entscheidung vom 23.11.2006 stellte das BAG auf die Verweildauer in der BQG ab. Eine Schein-BQG läge nahe, da die Einrichtungsdauer (vom 9. Februar 2004 bis 8. Juni 2004) nur einen Monat länger betragen habe, als die Kündigungsfrist nach § 113 InsO. Da aber ein Großteil der Arbeitnehmer ausgeschieden sei und damit tatsächlich ein Bedürfnis für die Transferleistungen bestanden habe, läge keine Umgehung vor.[1059]

1054 *Naber*, Aufhebungsverträge, S. 78.
1055 Dazu ausführlich § 8 E IV 4.
1056 Dazu § 2 A und § 2 B.
1057 Zur Abgrenzung von Umgehungs- und Scheingeschäft: § 6 B IV.
1058 BAG vom 18.8.2005 – 8 AZR 523/04, BAGE 115, 340, 351 = NZA 2006, 145, 148.
1059 BAG vom 23.11.2006 – 8 AZR 349/06, AP Nr. 1 zu § 613a BGB Wiedereinstellung = NZA 2007, 866, 868.

Im Jahr 2011 bejahte das BAG erstmals das Vorliegen einer Schein-BQG, da die Arbeitnehmer niemals in der Beschäftigungsgesellschaft gearbeitet hätten. Das Arbeitsverhältnis habe rechtlich nur 24 Stunden bestanden, wobei an diesem Tag die Betriebsversammlung abgehalten wurde und die neuen Arbeitsverträge unterzeichnet wurden. Die ausgewählten Arbeitnehmer wurden sodann zum 2. Juni 2006 bei der Beklagten neu eingestellt.[1060] Das BAG stellte im Gegensatz zur Vorentscheidung nicht auf die geplante Verweildauer (sieben Monate) des Klägers in der BQG ab, sondern auf die tatsächliche Verweildauer von lediglich 24 Stunden. Auch die Instanzgerichte beurteilen die Wirksamkeit anhand der tatsächlichen Verweildauer in der BQG.[1061]

In der Entscheidung vom 25.10.2012[1062] ging das BAG nicht mehr auf dieses Wirksamkeitskriterium ein, obwohl die tatsächliche Verweildauer in der BQG lediglich 30 Minuten betrug. Es begründete die Unwirksamkeit des dreiseitigen Vertrages allein damit, dass der Aufhebungsvertrag nicht auf ein endgültiges Ausscheiden gerichtet gewesen sei. Die Vorinstanz nahm hingegen an, dass die Übernahme des Klägers in die Transfergesellschaft nur zum Schein erfolgt sei, da der Arbeitnehmer tatsächlich nie in der BQG gearbeitet hatte.[1063]

2. *Indizien der Rechtsprechung*

a. Geplante Verweildauer in der BQG

In der Entscheidung aus dem Jahr 2006 stellte das BAG zunächst auf die geplante Verweildauer des Arbeitnehmers der BQG ab. Der Arbeitsvertrag in der BQG war auf vier Monate befristet und dauerte nur einen Monat länger als die Kündigungsfrist des § 113 InsO. Dies könne nach Ansicht des BAG als Indiz für eine Schein-BQG herangezogen werden.[1064] Eine solche Indizwirkung überzeugt indes nicht, da dem Arbeitnehmer regelmäßig nur ein auf ein paar Monate befristeter Arbeitsvertrag von der BQG angeboten wird. Dennoch sollte – um den Vorwurf des Scheingeschäfts und einer etwaigen Umgehung zu entkräften – darauf geachtet werden, dass die geplante Verweildauer über der für den Veräußerer

---

1060 BAG vom 18.8.2011 – 8 AZR 312/10, BAGE 139, 52, 60 f. = NZA 2012, 152, 155.

1061 LAG Köln vom 7.3.2012 – 9 Sa 1310/11 Rn. 69 zitiert nach juris; LAG Köln vom 28.10.2010 – 13 Sa 701/10, BeckRS 2011, 68517 Rn. 28; LAG Köln vom 2.9.2010 – 13 Sa 698/10 Rn. 23 zitiert nach juris.

1062 BAG vom 25.10.2012 – 8 AZR 575/11, EzA § 613a BGB 2002 Nr. 138 = NZA 2013, 203.

1063 LAG Köln vom 7.3.2012 – 9 Sa 1310/11, ArbRB 2012, 302.

1064 BAG vom 23.11.2006 – 8 AZR 349/06, AP Nr. 1 zu § 613a BGB Wiedereinstellung = NZA 2007, 866, 868.

zu beachtenden Kündigungsfrist liegt, soweit dies wirtschaftlich möglich ist. Im Insolvenzfall sollte die geplante Verweildauer des Arbeitnehmers daher mehr als drei Monate betragen (§ 113 InsO), sodass die Arbeitnehmer einen Vorteil gegenüber dem Verbleib beim alten Arbeitgeber haben.[1065]

b. Tatsächliche Verweildauer

Im Jahr 2011 beurteilte das BAG das Vorliegen einer Schein-BQG anhand der tatsächlichen Verweildauer des Arbeitnehmers in der BQG. Es wertete das lediglich 24-stündige Arbeitsverhältnis als starkes Indiz für das Vorliegen eines Scheingeschäfts. Doch auch dies ist für sich genommen problematisch, da die BQG ja gerade dazu dienen soll, die Arbeitnehmer so schnell wie möglich auf dem Arbeitsmarkt in ein neues Beschäftigungsverhältnis zu vermitteln. Stellt man allein auf die tatsächliche Verweildauer ab, würden dem Arbeitnehmer bei der schnellen Weitervermittlung Steine in den Weg gelegt, da die Gefahr besteht, dass das BAG dies als unwirksames Umgehungsgeschäft einordnet. Die BQG könnte ihren Zweck nicht effizient erfüllen.[1066]

c. Tatsächliches Bedürfnis für Transferleistungen

Die Grenze wird man dort ziehen müssen, wo die Qualifizierungs-, Vermittlungs- und Fortbildungsdienste der BQG tatsächlich durchgeführt werden oder durchgeführt hätten werden können. Auch das BAG stellt darauf ab, ob ein tatsächliches Bedürfnis für die Beschäftigungs- und Qualifizierungsmaßnahmen besteht bzw. ob diese den Arbeitnehmern angeboten werden.[1067] Die BQG darf nicht lediglich als „Verschiebebahnhof" dienen.[1068] Wird aber zeitgleich mit dem dreiseitigen Vertrag die Entscheidung über ein neues Arbeitsverhältnis getroffen und das kurze Arbeitsverhältnis in der BQG wie z.B. in der Entscheidung vom 18.8.2011,[1069] nie betrieben, liegt der Verdacht nahe, dass die BQG nur „auf dem Papier" bestand.[1070] Demnach muss die BQG immer mit den entsprechenden finanziellen Mitteln ausgestattet werden, sodass die Beschäftigungs- und Qualifizierungsmaßnahmen auch durchgeführt werden können.[1071]

1065 *Fuhlrott*, NZA 2012, 549, 552.
1066 So auch *Lindemann*, ZInsO 2012, 605, 611; *Pils*, NZA 2013, 125, 129.
1067 *Fuhlrott*, NZA 2012, 549, 552; *Thum*, BB 2013, 1525, 1527.
1068 WHSS/*Schweibert*, 4. Auflage, C Rn. 250a.
1069 BAG vom 18.8.2011 – 8 AZR 312/10, BAGE 139, 52 = NZA 2012, 152.
1070 *Thum*, BB 2013, 1525, 1527.
1071 *Fuhlrott*, NZA 2012, 549, 552.

III. Umgehung der Sozialauswahl

Das Wirksamkeitskriterium der „Umgehung der Sozialauswahl" wurde erstmals in der Entscheidung aus dem Jahr 2005 aufgestellt, ohne dass sich das BAG genauer damit auseinandersetzte.[1072] Im Urteil vom 23.11.2006 lehnte das BAG die Umgehung des Kündigungsverbots durch Aufhebungsvertrag ab, weil eine betriebsbedingte Kündigung nach Erwerberkonzept sozial gerechtfertigt gewesen wäre. Die beklagte Betriebserwerberin wollte ihren Betrieb unstreitig verkleinern. Die lediglich pauschale Behauptung der Umgehung der Sozialauswahl reiche nicht aus, zumal insoweit die insolvenzbedingten Maßstäbe für die Sozialauswahl nach § 125 InsO Berücksichtigung finden müssten.[1073] In den aktuelleren Entscheidungen begründete das BAG[1074] die Umgehung damit, dass die Aufhebungsvereinbarungen nicht auf ein endgültiges Ausscheiden aus dem Betrieb gerichtet gewesen seien. Auf die Umgehung der Sozialauswahl ging es in beiden Urteilen nicht näher ein, obwohl die Vorinstanzen die Unwirksamkeit des dreiseitigen Vertrages jeweils mit der Umgehung der Sozialauswahl begründet hatten.

Das LAG Niedersachen[1075] sah in dem von der Beklagten durchgeführten Losverfahren eine Umgehung der Sozialauswahl. Zwar konnten die Arbeitnehmer nicht wissen, wer übernommen werden würde. Gleichzeitig hatte die Arbeitsplatzverlosung aber zur Folge, dass die Beklagte keine Sozialauswahl nach § 1 Abs. 3 KSchG durchführen musste. Die Beklagte habe den Betrieb mit dem überwiegenden Teil der Belegschaft fortsetzen können, ohne eine Sozialauswahl durchzuführen. Dies stelle eine klassische Umgehung des § 613 BGB dar.[1076]

Auch das LAG Köln[1077] nahm eine Umgehung an, weil durch das BQG-Modell die freie Auswahl des Erwerbers ermöglicht werden sollte. Ob die Umgehung der Sozialauswahl im Vordergrund stehe, sei unerheblich. Ausschlaggebend sei, dass die Beklagte nach ihrem eigenen Sachvortrag die Stellen „betriebsgerecht", also ohne sonstige rechtliche Beschränkungen, mit den Arbeitnehmern der

---

1072 BAG vom 18.8.2005 – 8 AZR 523/04, BAGE 115, 340, 351 = NZA 2006, 145, 148.

1073 BAG vom 23.11.2006 – 8 AZR 349/06, AP Nr. 1 zu § 613a BGB Wiedereinstellung = NZA 2007, 866, 868.

1074 BAG vom 25.10.2012 – 8 AZR 575/11, EzA § 613a BGB 2002 Nr. 138 = NZA 2013, 203; BAG vom 18.8.2011 – 8 AZR 312/10, BAGE 139, 52 = NZA 2012, 152.

1075 Vorinstanz zu: BAG vom 18.8.2011 – 8 AZR 312/10, BAGE 139, 52 = NZA 2012, 152.

1076 LAG Niedersachsen vom 18.2.2010 – 7 Sa 779/09, LAGE § 613a BGB 2002 Nr. 29 = BB 2010, 2181, 2183.

1077 Vorinstanz zu: BAG vom 25.10.2012 – 8 AZR 574/11, Parallelentscheidung zu: BAG vom 25.10.2012 – 8 AZR 575/11, EzA § 613a BGB 2002 Nr. 138 = NZA 2013, 203.

Insolvenzschuldnerin besetzen wollte. Es sei der Beklagten daher darum gegangen, die zwangsläufige Übernahme aller Arbeitnehmer gem. § 613a Abs. 1 BGB zu vermeiden.[1078]

Auch das Arbeitsgericht Freiburg[1079] befand einen dreiseitigen Vertrag wegen Umgehung der Sozialauswahl für unwirksam. § 613a BGB wolle vermeiden, dass der Betriebserwerber bei der Übernahme eine Auswahl zu Ungunsten der sozial schwachen Arbeitnehmer treffe.

D. Rechtliche Beurteilung des dreiseitigen Vertrages

Nachdem soeben die Anforderungen der Rechtsprechung an die Wirksamkeit des dreiseitigen Vertrages genauer dargestellt wurden, soll im Folgenden untersucht werden, ob diese Anforderungen einer rechtlichen Überprüfung standhalten. Insbesondere soll geprüft werden, ob bzw. wann der Aufhebungsvertrag im Rahmen des dreiseitigen Vertrags ein unwirksames Umgehungsgeschäft ist.

I. Rechtsnatur des dreiseitigen Vertrages

Zunächst ist die Rechtsnatur des dreiseitigen Vertrages genauer zu untersuchen. Die Aufhebungsvereinbarung mit dem Veräußerer und der Arbeitsvertrag mit der BQG sind ein zusammengesetztes Rechtsgeschäft, von denen jedes für sich allein existieren kann.[1080] Sie könnten jedoch ein sog. einheitliches Rechtsgeschäft im Sinne des § 139 BGB bilden, sodass die Nichtigkeit eines Vertrags (Aufhebungsvertrag oder Arbeitsvertrag mit der BQG) zur Nichtigkeit des gesamten dreiseitigen Vertrages führt. Die Gesamtnichtigkeit ist jedoch nur anzunehmen, wenn die Beteiligten das Geschäft nicht ohne den nichtigen Teil abgeschlossen hätten. Dabei kommt es entscheidend auf den Willen der Parteien an.[1081] Ist dieser nicht erkennbar, ist der objektive Sinnzusammenhang zwischen den beiden Abreden maßgeblich.[1082] Die Einheitlichkeit kann vorliegend bejaht werden, da die Parteien den Aufhebungsvertrag nicht ohne den Arbeitsvertrag in der Transfergesellschaft geschlossen hätten.[1083] Die Verträge „stehen und fallen"

1078 LAG Köln vom 25.2.2011 – 3 Sa 1470/09, ZIP 2011, 1633, 1635 f. = EWiR 2011, 633.

1079 ArbG Freiburg vom 9.5.2009 – 5 Ca 538/08, BeckRS 2010, 69323 unter II 2.

1080 *Wolf/Neuner*, Allgemeiner Teil des Bürgerlichen Rechts, 10. Auflage, § 56 Rn. 9.

1081 Staudinger/*Roth*, 2011, § 139 BGB Rn. 37.

1082 MüKo/*Busche*, 6. Auflage, § 139 BGB Rn. 16; *Flume*, BGB-AT II, 4. Auflage, S. 571; Staudinger/*Roth*, 2011, § 139 BGB Rn. 38.

1083 *Wimmer*, Unternehmenssanierung, S. 22 f.

miteinander.[1084] Sie sind wirtschaftlich eng miteinander verflochten und ergeben nur zusammen eine sinnvolle Regelung.[1085] Dies ergibt sich auch daraus, dass beide Verträge in einer einheitlichen Urkunde zusammengefasst sind[1086] und der Vertragsabschluss gleichzeitig erfolgte.[1087] Unschädlich ist, dass es sich um zwei unterschiedliche Vertragstypen (Aufhebungs- und Arbeitsvertrag) handelt und verschiedene Personen (Arbeitnehmer, Veräußerer bzw. Insolvenzverwalter und Transfergesellschaft) beteiligt sind.[1088] Folglich ist der dreiseitige Vertrag als einheitliches Rechtsgeschäft im Sinne des § 139 BGB zu qualifizieren,[1089] sodass die einzelnen Bestimmungen unselbständige Teile eines einheitlichen Rechtsgeschäfts sind.[1090]

Daneben können auch zwei getrennte Verträge geschlossen werde.[1091] Diese Variante konnte sich aber in der Praxis bislang nicht durchsetzen.[1092]

II. Der Aufhebungsvertrag als Umgehungsgeschäft

Im Folgenden wird untersucht, ob durch den Aufhebungsvertrag im Rahmen des dreiseitigen Vertrages § 613a BGB unzulässig umgangen wird.[1093]

1. Umgehung wenn potentieller Erwerber bereits vorhanden

Zum maßgeblichen Zeitpunkt des Aufhebungsvertragsschlusses muss ein potentieller Erwerber vorhanden sein, dass überhaupt eine Umgehung der Rechtsfolgen des § 613a BGB in Betracht kommt. Dies ist der Fall, wenn die

---

1084 BGH vom 20.5.1966 – V ZR 214/64, LM Nr. 34 zu § 139 BGB = MDR 1966, 749; BGH vom 23.2.1968 – V ZR 188/64, BGHZ 50, 8, 13 = MDR 1968, 481; BGH vom 30.3.2011 – VIII ZR 94/10, NJW 2011, 2874, 2876 = ZIP 2011, 2112, 2114; Staudinger/*Roth*, 2011, § 139 BGB Rn. 39; *Wolf/Neuner*, Allgemeiner Teil des Bürgerlichen Rechts, 10. Auflage, § 56 Rn. 10.

1085 *Wolf/Neuner*, Allgemeiner Teil des Bürgerlichen Rechts, 10. Auflage, § 56 Rn. 10.

1086 Hier besteht eine tatsächliche, widerlegliche Vermutung für einen Einheitlichkeitswillen: MüKo/*Busche*, 6. Auflage, § 139 BGB Rn. 20; Palandt/*Ellenberger*, 74. Auflage, § 139 BGB Rn. 5.

1087 *Wolf/Neuner*, Allgemeiner Teil des Bürgerlichen Rechts, 10. Auflage, § 56 Rn. 10.

1088 BGH vom 30.4.1976 – V ZR 143/74, NJW 1976, 1931, 1932; Palandt/*Ellenberger*, 74. Auflage, § 139 BGB Rn. 5; Staudinger/*Roth*, 2011, § 139 BGB Rn. 42 ff.; a.A. bzgl. der Beteiligung mehrerer Personen: *Flume*, BGB-AT II, 4. Auflage, S. 572.

1089 Ebenso: *Wimmer*, Unternehmenssanierung, S. 22 f.

1090 Soergel/*Hefermehl*, 13. Auflage, § 139 BGB Rn. 16.

1091 *Lembke*, BB 2004, 773, 775; WHSS/*Schweibert*, 4. Auflage, C Rn. 252b.

1092 *Wimmer*, Unternehmenssanierung, S. 16.

1093 Zur Umgehung ausführlich: § 6 B.

Betriebsübernahme durch einen Vorvertrag bzw. durch einen, ggf. auch aufschiebend bedingten, Kaufvertrag vereinbart wurde oder bereits konkrete Verkaufsgespräche geführt wurden.[1094] Fehlt es daran, steht auch der Übergang der Arbeitsverhältnisse nach § 613a Abs. 1 Satz 1 BGB noch nicht im Raum. Der Betriebsübergang war für den Aufhebungsvertrag dann nicht ursächlich.[1095]

2. *Anknüpfungspunkt der Gesetzesumgehung*

Auch im Rahmen des BQG-Modells ist die umgangene Norm zu ermitteln, deren Rechtsfolge sodann mittels Gleichstellung herzustellen ist.[1096]

a. Vermeidung des Kündigungsverbotes

Im Gegensatz zum Lemgoer Modell[1097] sollen beim BQG-Modell nicht alle Arbeitnehmer wieder beim Erwerber eingestellt werden.[1098] Nicht die Änderung der Arbeitsbedingungen, sondern der Personalabbau steht im Vordergrund.[1099] Der potentielle Erwerber hat sich regelmäßig schon vor der Betriebsübernahme einen Überblick über die „besten Pferde im Stall" verschafft und sich in personeller Hinsicht entschieden.[1100] Dennoch wird den Arbeitnehmern vor Abschluss des Aufhebungsvertrages die Wiedereinstellung nicht fest zugesagt, da die „aussortierten" Arbeitnehmer anderenfalls nicht in die Beschäftigungsgesellschaft wechseln würden. Sie würden vielmehr auf eine Betriebsübernahme und damit einen unveränderten Übergang der Arbeitsverhältnisse gem. § 613a Abs. 1 Satz 1 BGB hoffen. Nur durch die Unsicherheit der Arbeitnehmer hinsichtlich ihrer Wiedereinstellung beim Erwerber kann die Überleitung aller Arbeitnehmer in die BQG und damit ein freies Auswahlrecht des Erwerbers erreicht werden.[1101] Dem Erwerber wird somit eine Personalreduzierung ohne Beachtung kündigungsrechtlicher Vorschriften, insbesondere der Sozialauswahl, ermöglicht. Folglich werden die Aufhebungsverträge vornehmlich deshalb veranlasst,

---

1094 *Wimmer*, Unternehmenssanierung, S. 79 in Fn. 497.

1095 ErfK/*Preis*, 15. Auflage, § 613a BGB Rn. 167.

1096 *Benecke*, Gesetzesumgehung, S. 90; dazu bereits § 6 C I.

1097 § 6 A.

1098 So auch *Naber*, Anmerkung zu BAG EzA Nr. 40 zu § 613a BGB, 14, 16.

1099 *Pils*, NZA 2013, 125, 126.

1100 *Pils*, NZA 2013, 125, 127; WHSS/*Willemsen*, 4. Auflage, H Rn. 124; *Wimmer*, Unternehmenssanierung, S. 74 f.

1101 In diese Richtung auch ArbG Freiburg vom 9.5.2009 – 5 Ca 538/08, BeckRS 2010, 69323: „Eine Auslese der sozial schwachen Arbeitnehmer ist der Sinn der dreiseitigen Verträge für die nahezu gesamte Belegschaft".

um das kündigungsschutzrechtliche Risiko auszuschalten[1102] und den Ausspruch einer nach § 613a Abs. 4 Satz 1 BGB verbotenen Kündigung zu vermeiden.

b. Verstoß gegen das gesetzgeberische Ziel des § 613a Abs. 4 Satz 1 BGB

Letztendlich führt die Zwischenschaltung der Transfergesellschaft dazu, dass der Erwerber sich seine „Wunschmannschaft"[1103] aus dem Pool der BQG auswählen und sich damit gewissermaßen die „Rosinen aus dem Kuchen rauspicken"[1104] kann. Durch die Einführung des § 613a BGB sollte das freie Ablehnungsrecht des Erwerbers aber vermieden und die damals bestehende „Lücke im Kündigungsschutz" geschlossen werden.[1105] § 613a BGB ordnet daher den Übergang der Arbeitsverhältnisse kraft Gesetzes an und verhindert, dass der Erwerber lediglich von ihm favorisierte Arbeitnehmer aus der Gesamtbelegschaft auswählt. Die Norm enthält ein „Verbot der Negativauslese".[1106] Dieser Schutzzweck wurde schon § 613a Abs. 1 BGB a.F. entnommen und hat nun in Abs. 4 seinen ausdrücklichen Niederschlag gefunden. § 613a Abs. 4 BGB soll gerade die Arbeitsplätze der schutzbedürftigen Arbeitnehmer sichern. Der Erwerber darf sich deshalb nicht nur für junge, unverbrauchte und gegen langjährig beschäftigte Arbeitnehmer entscheiden, ohne § 1 Abs. 3 KSchG berücksichtigen zu müssen.[1107] Das Verbot der Negativauslese bildet das „Spiegelbild" der Sozialauswahl.[1108]

Folglich verstößt der dreiseitige Vertrag im Rahmen des BQG-Modells gegen das gesetzgeberische Ziel des § 613a Abs. 4 Satz 1 BGB, weil er das Arbeitnehmerauswahlrecht nach Belieben des Erwerbers ermöglicht. Die Lücke im Kündigungsschutz, die eigentlich durch § 613a BGB geschlossen werden sollte, bleibt bestehen, wenn der Erwerber die Arbeitnehmer durch die Zwischenschaltung der Transfergesellschaft ohne Durchführung einer Sozialauswahl auswählen

---

1102 *Annuß/Lembke*, Umstrukturierung, 2. Auflage, S. 123; *Lindemann*, ZInsO 2012, 605, 606; *Thum*, BB 2013, 1525.

1103 *Lembke*, BB 2004, 773.

1104 *Wimmer*, Unternehmenssanierung, S. 73.

1105 § 2 A.

1106 § 2 B.

1107 BAG vom 26.5.1983 – 2 AZR 477/81, BAGE 43, 13, 15, 21 = NJW 1984, 627, 629; BAG vom 20.3.2003 - 8 AZR 97/02, BAGE 105, 338, 342 = NZA 2003, 1027, 1028; BAG vom 11.12.2008 – 2 AZR 395/07, BAGE 129, 25, 29 = NZA 2009, 556, 557 f.; ArbG Freiburg vom 9.5.2009 – 5 Ca 538/08, BeckRS 2010, 69323; *Wimmer*, Unternehmenssanierung, S. 76 f.; a.A. *Pils*, NZA 2013, 125, 129: „Grundsätzlich gebietet es der Schutzzweck von § 613a Abs. 4 Satz 1 BGB nicht, eine Sozialauswahl durchzuführen".

1108 Zutreffend: *Naber*, Aufhebungsverträge, S. 113.

kann.[1109] Dabei sollte das Risiko, vom Betriebserwerber nicht zur Weiterbeschäftigung vorgesehen zu werden, nach dem Willen des Gesetzgebers nicht auf die Arbeitnehmer übertragen werden.[1110]

3. *Rechtsfolge: § 613a Abs. 4 Satz 1 BGB analog*

Durch den Veranlassungsbeitrag des Arbeitgebers wird der Aufhebungsvertrag auf Wertungsebene einer Arbeitgeberkündigung gleichgestellt: Der Aufhebungsvertrag ist analog § 613a Abs. 4 Satz 1 BGB unwirksam, wenn er „wegen" des Betriebsübergangs geschlossen wurde (sog. teleologische Extension[1111]). Eine Motivzensur ist durch die analoge Anwendung mithin möglich. Liegt der Aufhebungsvereinbarung aber ein anderer Grund im Sinne des § 613a Abs. 4 Satz 2 BGB zugrunde, ist sie nicht überwiegend durch den Betriebsübergang motiviert. Folglich ist der Aufhebungsvertrag wirksam, wenn analog § 613a Abs. 4 Satz 2 BGB ein anderer Grund vorliegt, der auch eine Kündigung aus sich heraus zu rechtfertigen vermag. Ersetzt die Aufhebungsvereinbarung den Ausspruch einer betriebsbedingten Kündigung, ist auch die Aufhebungsvereinbarung nicht „wegen" des Betriebsübergangs erfolgt, § 613a Abs. 4 Satz 2 BGB.

a. Anforderungen an den anderen Kündigungsgrund i.S.d. § 613a Abs. 4 Satz 2 BGB bei betriebsbedingter Kündigung

Fraglich ist, welche Anforderungen an den anderen Kündigungsgrund im Sinne des § 613a Abs. 4 Satz 2 BGB zu stellen sind. Genügt bei der betriebsbedingten Kündigung bereits, dass ein dringendes betriebliches Erfordernis gem. § 1 Abs. 2 Satz 1 KSchG einer Weiterbeschäftigung des Arbeitnehmers entgegensteht, oder muss die Kündigung insgesamt sozial gerechtfertigt sein, sodass auch die Grundsätze der Sozialauswahl gem. § 1 Abs. 3 KSchG zu beachten sind?[1112]

aa. Beachtung der Sozialauswahl

Steht der Weiterbeschäftigung des Arbeitnehmers ein dringendes betriebliches Erfordernis gem. § 1 Abs. 2 Satz 1 KSchG entgegen, könnte die Kündigung nicht überwiegend durch den Betriebsinhaberwechsel, sondern durch die unternehmerische Entscheidung des Veräußerers bzw. des Erwerbers bedingt sein. Die

---

1109 So auch APS/*Steffan*, 4. Auflage, § 613a BGB Rn. 198; WHSS/*Willemsen*, 4. Auflage, H Rn. 124.

1110 Zutreffend: ArbG Freiburg vom 9.5.2009 – 5 Ca 538/08, BeckRS 2010, 69323.

1111 Ein Spezialfall der Analogie: *Rüthers/Fischer/Birk*, Rechtstheorie, 7. Auflage, S. 529.

1112 Statt aller: APS/*Kiel*, 4. Auflage, § 1 KSchG Rn. 654.

Kündigung wäre mithin nicht „wegen“ des Betriebsübergangs ausgesprochen worden. Wurden die Grundsätze der Sozialauswahl missachtet, verstieße die Kündigung lediglich gegen § 1 KSchG, nicht aber gegen § 613a Abs. 4 BGB.

Dies ist jedoch abzulehnen. Im Rahmen von § 613a Abs. 4 Satz 2 BGB kommt es darauf an, dass die betriebsbedingte Kündigung insgesamt sozial gerechtfertigt ist und damit auch die Grundsätze der Sozialauswahl gem. § 1 Abs. 3 KSchG beachtet wurden. Denn die Entscheidung, welche Arbeitnehmer von den Konsequenzen des unternehmerischen Konzepts betroffen sind, darf nicht der freien Disposition des Erwerbers unterliegen. Dies verstößt sowohl gegen § 1 Abs. 3 KSchG als auch gegen den Schutzzweck des § 613a Abs. 1, 4 BGB. Durch § 613a BGB soll das freie Auswahlrecht des Erwerbers verhindert werden, was letztlich auch die Beachtung der Grundsätze der Sozialauswahl fordert. Zur Rechtfertigung der Kündigung dürfen demnach keine Umstände herangezogen werden, die den Schutzzweck des § 613a BGB vereiteln.

bb. Vergleich mit Druckkündigung

Insoweit ist die Situation mit einer sog. „Druckkündigung“[1113] vergleichbar. Hier macht der Erwerber die Betriebsübernahme davon abhängig, dass er einzelne Arbeitnehmer nicht übernehmen will und diese betriebsbedingt gekündigt werden sollen. Diese Kündigung verstößt gegen § 613a Abs. 4 Satz 1 BGB, weil durch die Norm das freie Ablehnungsrecht des Erwerbers gerade verhindert werden soll.[1114] Der Druck des Erwerbers kann kein anderer Grund im Sinne des § 613a Abs. 4 Satz 2 BGB sein. Anderenfalls würde der Zweck des § 613a Abs. 1, 4 BGB konterkariert – der Arbeitnehmer könnte sich für die verbleibenden Stellen seine „Wunschmannschaft“[1115] zusammenstellen.[1116]

cc. Zwischenergebnis

Folglich kann eine betriebsbedingte Kündigung, bei der die Grundsätze der Sozialauswahl missachtet wurden, nie ein anderer Kündigungsgrund im Sinne des § 613a Abs. 4 Satz 2 BGB sein. Ist die Kündigung unabhängig von einem Betriebsübergang schon nach § 1 Abs. 1 KSchG unzulässig, muss dies konsequenterweise auch beim Betriebsinhaberwechsel gelten.[1117] Der Arbeitnehmer soll

1113 Dazu bereits § 10 B I 1 a.

1114 BAG vom 26.5.1983 – 2 AZR 477/81, BAGE 43, 13, 22 ff. = NJW 1984, 627, 629.

1115 *Lembke*, BB 2004, 773.

1116 *Willemsen*, ZIP 1983, 411, 416.

1117 In diese Richtung: *Seiter*, Betriebsinhaberwechsel, S. 113.

durch den Betriebsübergang nicht schlechter gestellt werden.[1118] Die Kündigung ist nur dann nicht „wegen“ des Betriebsübergangs erfolgt, wenn sie auch ohne den zeitlichen und/oder sachlichen Zusammenhang mit dem Betriebsübergang nach § 1 KSchG sozial gerechtfertigt wäre.[1119] Der Betriebsübergang ist also nur dann nicht das tragende Motiv, wenn der Kündigungsgrund im Wegfall der Beschäftigungsmöglichkeit und dem Ergebnis der Sozialauswahl liegt.[1120]

b. Übertragung auf BQG-Modell: Beachtung der Sozialauswahl bei Angebot des Aufhebungsvertrags

Entgegen der Ansicht einiger Autoren[1121] gibt es somit eine dogmatische Grundlage für die Beachtung der Grundsätze der Sozialauswahl bei Aufhebungsverträgen. Das Aufhebungsvertragsangebot des Veräußerers wird durch die analoge Anwendung des § 613a Abs. 4 BGB auch am Maßstab von § 1 Abs. 3 KSchG kontrolliert.[1122]

Beim BQG-Modell wird allen Arbeitnehmern ein Aufhebungsvertragsangebot unterbreitet. Die Grundsätze der Sozialauswahl werden dabei nicht beachtet. Demnach kann der Aufhebungsvertrag auch keine wirksame betriebsbedingte Kündigung ersetzen. Zwar wird die Sozialauswahl in der Insolvenz bei Vorliegen eines Interessenausgleichs mit Namensliste analog § 125 Abs. 1 Satz 1 Nr. 2 InsO[1123] nur eingeschränkt (Dauer der Betriebszugehörigkeit, Lebensalter und Unterhaltspflichten) auf grobe Fehlerhaftigkeit überprüft.[1124] Die Sozialauswahl ist grob fehlerhaft, wenn ein evidenter, ins Auge springender, schwerer Fehler vorliegt und der Interessenausgleich jede Ausgewogenheit vermissen lässt.[1125] Dies kann bejaht werden, wenn überhaupt keine soziale Auswahl getroffen wurde. Eine betriebsbedingte Kündigung nach Erwerberkonzept wäre

---

1118 *Döpner*, Erwerberkonzept, S. 160, 164.

1119 So: WHSS/*Willemsen*, 4. Auflage, H Rn. 96.

1120 BAG vom 28.10.2004 – 8 AZR 391/03, BAGE 112, 273, 285 = NZA 2005, 285, 289.

1121 A.A. aber *Fuhlrott*, NZA 2012, 549, 552 f.; *ders.*, GWR 2013, 97, *Pils*, NZA 2013, 125, 129; *Raif/Ginal*, GWR 2013, 1, 3; *Thum*, BB 2013, 1525, 1528.

1122 A.A. *Fuhlrott*, NZA 2012, 549, 553.

1123 BAG vom 23.11.2006 – 8 AZR 349/06, AP Nr. 1 zu § 613a BGB Wiedereinstellung = NZA 2007, 866, 868.

1124 Uhlenbruck/*Berscheid*, 13. Auflage, § 125 InsO Rn. 6; APS/*Dörner/Künzl*, 4. Auflage, § 125 InsO Rn. 19; ErfK/*Gallner*, 15. Auflage, § 125 InsO Rn. 9.

1125 BAG vom 17.11.2005 – 6 AZR 107/05, BAGE 116, 213, 220 = NZA 2006, 661, 664; MüKo-InsO/*Caspers*, 3. Auflage, § 125 InsO Rn. 99; ErfK/*Gallner*, 15. Auflage, § 125 InsO Rn. 9.

demnach mangels Durchführung einer Sozialauswahl gem. § 1 Abs. 1 KSchG sozial ungerechtfertigt und somit auch nach § 613a Abs. 4 Satz 1 BGB unwirksam. Ein anderer Kündigungsgrund gem. § 613a Abs. 4 Satz 2 BGB liegt mithin nicht vor. Folglich ist auch der Aufhebungsvertrag analog § 613a Abs. 4 Satz 1 BGB unwirksam, da er dem Erwerber ein freies Auswahlrecht ermöglicht. Hier realisiert sich die spezifische Gefahr des Betriebsinhaberwechsels, sodass die Aufhebungsvereinbarung „wegen" des Betriebsübergangs erfolgt.[1126]

c. Zwischenergebnis

Ist dem Arbeitnehmer die Weiterbeschäftigung, so wie beim Lemgoer Modell, bereits fest zugesagt, dient der Aufhebungsvertrag der Beseitigung des Inhaltsschutzes der Arbeitsbedingungen gem. § 613a Abs. 1 Satz 1 BGB. Die Norm steht weder einer einvernehmlichen Änderung der Arbeitsbedingungen mittels Änderungsvertrags noch mittels unechten Aufhebungsvertrags entgegen.[1127]

Ist dem Arbeitnehmer die Weiterbeschäftigung nicht fest zugesagt worden, ist der Aufhebungsvertrag ein unwirksames Umgehungsgeschäft, wenn die übertragende Sanierung mit dem Erwerber bereits feststeht und die Arbeitnehmer zum Abschluss von Aufhebungsvereinbarungen veranlasst werden, um dem Kündigungsverbot gem. § 613a Abs. 4 Satz 1 BGB auszuweichen. Durch die Zwischenschaltung der BQG könnte der Erwerber sich die leistungsfähigen Arbeitnehmer ohne vorherige Durchführung einer Sozialauswahl nach freiem Ermessen auswählen. Dies liefe der gesetzgeberischen Intention des § 613a Abs. 1, 4 BGB diametral zuwider, sodass die vom Arbeitgeber veranlasste Aufhebungsvereinbarung auf Wertungsebene einer verbotenen Arbeitgeberkündigung gleichzustellen ist. Die analoge Anwendung der umgangenen Norm des § 613a Abs. 4 Satz 1 BGB ermöglicht daher eine Kontrolle des Arbeitgebermotives. Dabei kommt es – entgegen der Rechtsprechung des BAG – nicht auf das „bezweckte endgültige Ausscheiden" aus dem Betrieb an. Dieses Motiv kann lediglich bei der Feststellung der umgangenen Norm herangezogen werden. Vielmehr ist zu prüfen, ob der Aufhebungsvertrag „wegen" des Betriebsübergangs geschlossen wurde. Hätte anstelle des Aufhebungsvertrages eine betriebsbedingte Kündigung, ggf. nach Erwerberkonzept, wirksam, also unter Beachtung der Grundsätze der Sozialauswahl, ausgesprochen werden können, liegt ein anderer Grund im Sinne von § 613a Abs. 4 Satz 2 BGB vor. Der Betriebsinhaberwechsel war dann lediglich der äußere Anlass, nicht aber der tragende Grund für den

1126 APS/*Steffan*, 4. Auflage § 613a BGB Rn. 198.
1127 Dazu ausführlich § 7 C III.

Aufhebungsvertrag. Dies ist beim BQG-Modell gerade nicht der Fall. Die Aufhebungsverträge sollen dem Erwerber ein freies Auswahlrecht ermöglichen und werden daher ohne Durchführung einer Sozialauswahl gem. § 1 Abs. 3 KSchG allen Arbeitnehmern angeboten, obwohl sich der Erwerber schon zum Zeitpunkt des Aufhebungsvertragsschlusses in personeller Hinsicht entschieden hat. Dadurch realisiert sich das spezifische Risiko des Betriebsinhaberwechsels, sodass der Aufhebungsvertrag „wegen" des Betriebsübergangs erfolgt und damit analog § 613a Abs. 4 Satz 1 BGB unwirksam ist.

III. Arbeitsvertrag mit der BQG als Scheingeschäft

Das BAG begründet das Vorliegen eines unwirksamen Umgehungsgeschäfts damit, dass die BQG nur zum Schein gegründet worden sei. Fraglich ist, ob tatsächlich ein Scheingeschäft im Sinne des § 117 BGB vorliegt.

1. Anknüpfungspunkt: Arbeitsvertrag mit der BQG

Als Scheingeschäft im Sinne des § 117 BGB kommt sowohl der Arbeitsvertrag mit der BQG als auch die Gründung einer neuen Beschäftigungsgesellschaft in Betracht. Da die Beschäftigungsgesellschaft regelmäßig in der Rechtsform einer GmbH gegründet wird,[1128] folgt aus den Vorschriften über die Nichtigkeitsklage (§§ 75 ff. GmbHG), dass der Einwand der Scheingründung nach der Registereintragung präkludiert ist.[1129] Folglich kann lediglich der Arbeitsvertrag mit der BQG als Scheingeschäft qualifiziert werden.

2. Scheingeschäft oder Umgehung

Entgegen der Ansicht des BAG kann nicht vom Vorliegen eines Scheingeschäfts auf eine unwirksame Gesetzesumgehung geschlossen werden[1130], da sich beide Rechtsinstitute gegenseitig ausschließen.[1131] Der Unterschied zwischen der Gesetzesumgehung und einem Scheingeschäft (Simulation) besteht darin, dass

---

1128 Dazu oben § 12 A I.

1129 MüKo/*Armbrüster*, 6. Auflage, § 117 BGB Rn. 3; Staudinger/*Singer*, 2011, § 117 BGB Rn. 6.

1130 *Flume*, BGB-AT II, 4. Auflage, S. 408; Soergel/*Hefermehl*, 13. Auflage, § 117 BGB Rn. 9; so aber: BAG vom 18.8.2005 – 8 AZR 523/04, BAGE 115, 340, 351 = NZA 2006, 145, 148; BAG vom 23.11.2006 – 8 AZR 349/06, AP Nr. 1 zu § 613a BGB Wiedereinstellung = NZA 2007, 866, 868; missverständlich auch *Meyer*, SAE 2012, 89, 91.

1131 § 6 B IV.

beim Umgehungsgeschäft der Eintritt der erzielten Rechtsfolge wirklich gewollt ist.[1132] Bei einem Scheingeschäft hingegen müssen sich der Erklärende und der Erklärungsempfänger darüber einig sein, dass das objektiv Erklärte nicht gelten soll. Beide wollen den Abschluss eines Rechtsgeschäftes nur zum äußeren Schein hervorrufen. Die mit dem Rechtsgeschäft verbundenen Rechtswirkungen sollen nicht eintreten.[1133] Kennzeichnend für das Scheingeschäft ist das Fehlen eines Rechtsbindungswillens.[1134] Meistens ist damit auch die Täuschung eines Dritten verbunden.[1135] Die Täuschungsabsicht ist aber keine Tatbestandsvoraussetzung von § 117 BGB.[1136]

3. *Arbeitsvertrag als Scheingeschäft gem. § 117 Abs. 1 BGB*

Der Arbeitsvertrag mit der BQG könnte ein Scheingeschäft im Sinne des § 117 Abs. 1 BGB sein. Demnach ist zu untersuchen, ob sich die Parteien (Arbeitnehmer und die gesetzlichen Vertreter der Beschäftigungsgesellschaft) über die Nichtgeltung des Arbeitsvertrages einig sind.[1137] Das Einverständnis mit der Nichtgeltung der Erklärung muss zum Zeitpunkt des Vertragsschlusses vorliegen.[1138]

a. Abgrenzungskriterium: endgültiges Ausscheiden aus dem Betrieb

Zur Erforschung des Rechtsbindungswillens der Parteien kann auf das vom BAG in anderem Zusammenhang entwickelte Kriterium des „endgültigen Ausscheidens aus dem Betrieb" zurückgegriffen werden: Wurde dem Arbeitnehmer die Neueinstellung beim Erwerber fest zugesagt bzw. verbindlich in Aussicht gestellt, ist das Arbeitsverhältnis mit der BQG nach dem Willen der Vertragsparteien nur

---

1132 *Benecke*, Gesetzesumgehung, S. 37; Palandt/*Ellenberger*, 74. Auflage, § 117 BGB Rn. 5; *Flume*, BGB-AT II, 4. Auflage, S. 408; Staudinger/*Sack/Seibl*, 2011, § 134 BGB Rn. 145; *Sieker*, Umgehungsgeschäfte, S. 103; *Teichmann*, Gesetzesumgehung, S. 8.

1133 BGH vom 25.10.1961 - V ZR 103/60, BGHZ 36, 84, 87 f = NJW 1962, 295, 297; BGH vom 24.1.1980 – III ZR 169/78, LM Nr. 6 zu § 117 BGB = NJW 1980, 1572, 1573; MüKo/*Armbrüster*, 6. Auflage, § 117 BGB Rn. 1; Staudinger/*Singer*, 2011, § 117 BGB Rn. 1; *Wolf/Neuner*, Allgemeiner Teil des Bürgerlichen Rechts, 10. Auflage, § 40 Rn. 15; dazu § 6 B IV.

1134 BGH vom 25.10.1961 – V ZR 103/60, BGHZ 36, 84, 87 f. = NJW 1962, 295, 297; Palandt/*Ellenberger*, 74. Auflage, § 117 BGB Rn. 3.

1135 *Wolf/Neuner*, Allgemeiner Teil des Bürgerlichen Rechts, 10. Auflage, § 40 Rn. 15.

1136 MüKo/*Armbrüster*, 6. Auflage, § 117 BGB Rn. 13; Staudinger/*Singer*, 2011, § 117 BGB Rn. 2; BeckOK-BGB/*Wendtland*, Ed. 33, § 117 BGB Rn. 10.

1137 Staudinger/*Singer*, 2011, § 117 BGB Rn. 7.

1138 MüKo/*Armbrüster*, 6. Auflage, § 117 BGB Rn. 10.

dem äußeren Schein nach gewollt, nicht aber hinsichtlich dessen Rechtsfolgen (Beschäftigungs- und Qualifizierungsmaßnahmen).[1139] Der Rechtsbindungswille beurteilt sich beim Scheingeschäft nicht aus der Sicht eines objektiven Beobachters, sondern hängt davon ab, was die Parteien tatsächlich und ernsthaft gewollt haben.[1140] Im Gegensatz zur Gesetzesumgehung[1141] müssen die subjektiven Vorstellungen – der Rechtsbindungswille – der Parteien berücksichtigt werden, sodass auch auf den Vertrauensschutz hinsichtlich der Wiedereinstellung[1142] abgestellt werden kann. Wurde dem Arbeitnehmer die nahtlose Anschlussbeschäftigung bereits zum Zeitpunkt des Vertragsschlusses zugesagt oder durch Schaffung eines Vertrauenstatbestandes verbindlich in Aussicht gestellt, kann auf den fehlenden Rechtsbindungswillen des Arbeitnehmers geschlossen werden. Daneben muss auch den gesetzlichen Vertretern der Beschäftigungsgesellschaft der Rechtsbindungswille fehlen.[1143] Beide Parteien müssen übereinstimmend davon ausgegangen sein, dass der Aufhebungsvertrag im Rahmen des dreiseitigen Vertrages nicht auf ein endgültiges Ausscheiden aus dem Betrieb gerichtet war und somit von vornherein kein Bedarf für die Beschäftigungs- und Qualifizierungsmaßnahmen in der Transfergesellschaft bestand, damit eine Simulation gegeben ist. Sollte der Arbeitnehmer nach dem übereinstimmenden Willen der Vertragsparteien lediglich kurzzeitig in der BQG „zwischengeparkt“ werden, um dem Aufhebungsvertrag zur Wirksamkeit zu verhelfen[1144] und um den Betriebsübergang mit dem Erwerber[1145] zu ermöglichen, kann ein Scheingeschäft im Sinne des § 117 Abs. 1 BGB bejaht werden.

b. Darlegungs- und Beweislast

Es hat derjenige das Scheingeschäft darzulegen und zu beweisen, der sich auf dessen Nichtigkeit beruft.[1146] Die beweisbelastete Partei – in der Regel der

1139 BGH vom 25.10.1961 – V ZR 103/60, BGHZ 36, 84, 87 f. = NJW 1962, 295, 297.
1140 Staudinger/*Singer*, 2011, § 117 BGB Rn. 10.
1141 § 6 B III.
1142 § 12 C I 2.
1143 Anderenfalls liegt ein misslungenes Scheingeschäft vor, dazu unten § 12 D III 4.
1144 Der Aufhebungsvertrag ist dann nach der Rechtsprechung des BAG auf ein endgültiges Ausscheiden gerichtet und daher wirksam.
1145 Regelmäßig macht der Erwerber die Übernahme von der Zwischenschaltung einer BQG abhängig, indem er den Kaufvertrag z.B. unter eine sog. „Closing-Bedingung“ stellt.
1146 Palandt/*Ellenberger*, 74. Auflage, § 117 BGB Rn. 9; Soergel/*Hefermehl*, 13. Auflage, § 117 BGB Rn. 14.

Arbeitnehmer – muss darlegen, dass die Rechtsfolgen des Arbeitsvertrages mit der BQG übereinstimmend von vornherein nicht gewollt waren. Dabei können die vom BAG entwickelten Indizien herangezogen werden.[1147] Der Arbeitnehmer wird den übereinstimmenden Willen zum Abschluss eines Scheingeschäfts leichter beweisen können, wenn der potentielle Erwerber die Übernahme nahezu aller Arbeitnehmer geplant hat und die tatsächliche Verweildauer in der BQG entsprechend kurz (24 Stunden, 30 Minuten, ggf. kürzer als die fiktive individuelle Kündigungsfrist[1148]) ausgefallen ist. Hier kann die BQG insgesamt ihren Zweck, die Durchführung von Beschäftigungs- und Qualifizierungsmaßnahmen, von vornherein nicht erfüllen. In diesem Fall wird auch die materielle und finanzielle Ausstattung der BQG eher gering ausfallen.[1149] Zudem wird die BQG wohl keine Kooperation mit der Agentur für Arbeit anstreben, um die Vermittlungsaussichten des jeweiligen Arbeitnehmers durch amtliche Unterstützung zu verbessern.[1150]

c. Rechtsfolge

Der Arbeitsvertrag ist als Scheingeschäft gem. § 117 Abs. 1 BGB nichtig, wenn nach dem übereinstimmenden Willen beider Parteien kein Bedarf für die Transferleistungen bestand.

§ 117 Abs. 2 BGB findet keine Anwendung. Zwar wird durch das Scheingeschäft der Übergang der Arbeitsverhältnisse nach § 613a Abs. 1 Satz 1 BGB verhindert.[1151] Der Betriebsübergang vollzieht sich aber zwischen dem Erwerber und dem Veräußerer. Zwischen den Parteien des Arbeitsvertrages (Arbeitnehmer und BQG) gibt es keine „verdeckte" Vereinbarung, die anstelle des Scheingeschäfts gelten könnte.[1152] Der Arbeitsvertrag wird nur geschlossen, um dem Aufhebungsvertrag zwischen dem Veräußerer und dem Arbeitnehmer zur Wirksamkeit zu verhelfen, weil er bei Zwischenschaltung einer BQG auf ein endgültiges Ausscheiden gerichtet ist. Mithin fehlt es an einem dissimulierten Geschäft.

4. Misslungenes Scheingeschäft

Ein sog. misslungenes Scheingeschäft liegt vor, wenn der Erklärende annimmt, der Erklärungsempfänger werde die mangelnde Ernsthaftigkeit der

1147 § 12 C II 2.

1148 *Meyer*, SAE 2012, 89, 91.

1149 *Fuhlrott*, NZA 2012, 549, 552; *Meyer*, SAE 2012, 89, 91.

1150 *Meyer*, SAE 2012, 89, 92.

1151 In diese Richtung aber: *Meyer*, SAE 2012, 89, 91.

1152 MüKo/*Armbrüster*, 6. Auflage, § 117 BGB Rn. 26.

Willenserklärung erkennen und nur zum Schein darauf eingehen, während jener die Erklärung in Wirklichkeit ernst nimmt.[1153] Gibt der Arbeitnehmer seine Willenserklärung zum Abschluss eines Arbeitsvertrages mit der BQG nur zum Schein ab, weil er auf die nahtlose Weiterbeschäftigung beim Erwerber vertraut, und geht er davon aus, dass auch die gesetzlichen Vertreter der BQG den Arbeitsvertrag nur zum Schein abschließen, obwohl diese in Wirklichkeit nichts von der zugesagten oder verbindlich in Aussicht gestellten Weiterbeschäftigung beim Erwerber wissen, liegt ein sog. einseitig misslungenes Scheingeschäft vor. Die Erwartung des Arbeitnehmers, dass die Vertreter der BQG den Schein erkennen werden, wird enttäuscht. In diesem Fall ist nach der herrschenden Meinung § 118 BGB anzuwenden.[1154] Da das gegenseitige Einverständnis über die Simulation fehlt, liegt kein Scheingeschäft im Sinne des § 117 Abs. 1 BGB vor. Die Willenserklärung des Arbeitnehmers ist als nicht ernst gemeinte Erklärung gem. § 118 BGB zu qualifizieren und daher nichtig.

Die Beweislast trifft nach den allgemeinen Regeln denjenigen, der sich auf § 118 BGB beruft. Dieser muss sowohl die fehlende Ernsthaftigkeit als auch die Erwartung, dass diese erkannt werde, darlegen und beweisen.[1155]

IV. Rechtsfolge bei Unwirksamkeit eines Vertragsbestandteils

Fraglich ist weiter, wie sich die Unwirksamkeit des Arbeitsvertrages mit der BQG auf den Aufhebungsvertrag mit dem Veräußerer und umgekehrt auswirkt. Diese beiden Verträge können entweder in einem dreiseitigen Vertrag zusammengefasst oder einzeln abgeschlossen werden.

1. Dreiseitiger Vertrag

Der dreiseitige Vertrag ist als einheitliches Rechtsgeschäft im Sinne des § 139 BGB zu qualifizieren.[1156] Ist ein Teil dieses Rechtsgeschäft, der Aufhebungsvertrag oder der Arbeitsvertrag, nichtig, ist gem. § 139 BGB der gesamte dreiseitige Vertrag nichtig. Dabei ist aber zu beachten, dass die Nichtigkeit

---

1153 MüKo/*Armbrüster*, 6. Auflage, § 118 BGB Rn. 11; BeckOK-BGB/*Wendtland*, Ed. 33, § 118 BGB Rn. 3.

1154 MüKo/*Armbrüster*, 6. Auflage, § 118 BGB Rn. 11; Palandt/*Ellenberger*, 74. Auflage, § 118 BGB Rn. 2; *Flume*, BGB-AT II, 4. Auflage, S. 405; Soergel/*Hefermehl*, 13. Auflage, § 118 BGB Rn. 8; Staudinger/*Singer*, 2011, § 117 BGB Rn. 2; *Wolf/ Neuner*, Allgemeiner Teil des Bürgerlichen Rechts, 10. Auflage, § 40 Rn. 9.

1155 Staudinger/*Singer*, 2011, § 118 BGB Rn. 9.

1156 § 12 D I.

des Arbeitsvertrages nicht für die Vergangenheit geltend gemacht werden kann, wenn der Arbeitnehmer tatsächlich schon in der BQG gearbeitet hat.[1157] Aufgrund der Schwierigkeit der Rückabwicklung ist das Arbeitsverhältnis nach der Lehre vom fehlerhaften Arbeitsverhältnis für die Vergangenheit bzw. die Dauer der tatsächlichen Beschäftigung wie ein fehlerfrei zustande gekommenes Arbeitsverhältnis zu behandeln.[1158] Es kann durch einseitige Erklärung fristlos mit Wirkung für die Zukunft beendet werden.[1159]

2. *Zwei Einzelverträge*

Wurden ausnahmsweise zwei getrennte Verträge abgeschlossen, wird die Wirksamkeit des einen Rechtsgeschäfts in der Regel (objektive) Geschäftsgrundlage gem. § 313 Abs. 1 BGB für das andere sein[1160], weil nach der Intention der Vertragspartner nur so eine sinnvolle Regelung getroffen werden kann.[1161] § 139 BGB ist in diesem Fall nicht anwendbar.[1162] Durch die enge Verbindung der beiden Rechtsgeschäfte kommt eine Vertragszweckstörung in Betracht.[1163] Der Leistungserfolg kann zwar noch herbeigeführt werden, doch haben die Vertragsparteien regelmäßig kein Interesse mehr daran.[1164] Ist die Fortsetzung des Vertrages nicht möglich bzw. unzumutbar, kann der benachteiligte Teil gem. § 313 Abs. 3 Satz 1 BGB vom Vertrag zurücktreten.

3. *Rechtsfolgen*

Ist der dreiseitige Vertrag von Anfang an unwirksam, gehen die Arbeitsverhältnisse gem. § 613a Abs. 1 Satz 1 BGB unverändert auf den Erwerber über, da sie zum Zeitpunkt des Betriebsübergangs bestanden haben.

Haben der Veräußerer und der Arbeitnehmer hingegen einen wirksamen Aufhebungsvertrag geschlossen, weil der Veräußerer auch eine wirksame

---

1157 *Wimmer*, Unternehmenssanierung, S. 23.

1158 BAG vom 15.11.1957 - 1 AZR 189/57, BAGE 5, 58, 65 f. = AP Nr. 2 zu § 125 BGB; ErfK/*Preis*, 15. Auflage, § 611 BGB Rn. 145.

1159 BAG vom 7.12.1961 - 2 AZR 12/61, BAGE 12, 104, 105 = NJW 1962, 555, 556; Küttner/*Röller*, 21. Auflage, Faktisches Arbeitsverhältnis Rn. 4; Palandt/*Weidenkaff*, 74. Auflage, § 611 BGB Rn. 23.

1160 *Medicus*, Allgemeiner Teil des BGB, 10. Auflage, Rn. 503; Staudinger/*Roth*, 2011, § 139 BGB Rn. 46.

1161 Palandt/*Grüneberg*, 74. Auflage, § 313 BGB Rn. 4.

1162 Staudinger/*Roth*, 2011, § 139 BGB Rn. 46.

1163 MüKo/*Finkenauer*, 6. Auflage, § 313 BGB Rn. 255.

1164 Palandt/*Grüneberg*, 74. Auflage, § 313 BGB Rn. 35.

Kündigung hätte aussprechen können, kann der Erwerber den Arbeitnehmer nach dem Betriebsübergang sofort neu einstellen. Eine unwirksame Umgehung des § 613a Abs. 4 Satz 1 BGB liegt nicht vor.[1165] Der Aufhebungsvertrag ist dann nicht „wegen" des Betriebsübergangs erfolgt.

E. Kein Fortsetzungsanspruch der Arbeitnehmer der BQG gegenüber dem Erwerber

Die in der BQG „geparkten" Arbeitnehmer haben nach dem Wechsel in die Transfergesellschaft keinen Fortsetzungsanspruch gegenüber dem Erwerber, wenn es später zum geplanten Betriebsübergang kommt. Zwar steht dem Arbeitnehmer aufgrund richtlinienkonformer Auslegung ein solcher Fortsetzungsanspruch zu, wenn sich die Kündigungsumstände nach Zugang der Kündigung grundlegend geändert haben und doch noch ein Betriebsübergang stattfindet.[1166] Nach Ansicht des BAG[1167] kann diese Rechtsprechung aber nicht auf Betriebsübergänge in der Insolvenz übertragen werden, da entsprechende europarechtliche Vorschriften fehlen. Darüber hinaus scheiden die Arbeitnehmer auch nicht durch betriebsbedingte Kündigung, sondern aufgrund eines einvernehmlichen Aufhebungsvertrages aus dem Arbeitsverhältnis aus. Der Fortsetzungsanspruch dient als Korrektiv für das bei Kündigungen geltende Prognoseprinzip, das bei Aufhebungsverträgen nicht in Betracht kommt.[1168]

F. Exkurs: AGG-Verstoß bei Neueinstellung durch Erwerber

Das Aufhebungsvertragsangebot wird an § 1 Abs. 3 KSchG gemessen, wenn der Aufhebungsvertrag eingesetzt wird, um dem Kündigungsverbot gem. § 613a Abs. 4 Satz 1 BGB auszuweichen.[1169] Fraglich ist, ob der Erwerber unabhängig von der Wirksamkeit des dreiseitigen Vertrages bei der Auswahl der

1165 Zutreffend: MüKo/*Müller-Glöge*, 6. Auflage, § 613a BGB Rn. 203; a.A. ErfK/*Preis*, 15. Auflage, § 613a BGB Rn. 157.

1166 BAG vom 27.2.1997 – 2 AZR 160/96, BAGE 85, 194, 201 ff. = NZA 1997, 757, 758 ff.; BAG vom 13.11.1997 – 8 AZR 295/95, BAGE 87, 115, 119 = NZA 1998, 251, 252 f.; dazu *Lessing*, Entlassungen, S. 115 ff.; APS/*Steffan*, 4. Auflage, § 613a BGB Rn. 182 ff.

1167 BAG vom 10.12.1998 – 8 AZR 324/97, BAGE 90, 260, 271 ff. = NZA 1999, 422, 425.

1168 *Krieger/Fischinger*, NJW 2007, 2289, 2292; *Lembke*, BB 2004, 773, 777 f.; *Wimmer*, Unternehmenssanierung, S. 92 f.

1169 Ergebnis zu § 12 D II.

Arbeitnehmer aus der BQG die Vorschriften des Allgemeinen Gleichbehandlungsgesetzes (AGG) zu beachten hat.[1170]

I. Sachlicher und persönlicher Anwendungsbereich des AGG

Dem Erwerber wird durch das BQG-Modell ein freies Auswahlrecht aus dem Pool der BQG eingeräumt. Dementsprechend besteht die Gefahr, dass sich der Erwerber z.B. nur junge und leistungsfähige Arbeitnehmer aussucht und einstellt.[1171] Solche Benachteiligungen vor allem wegen des Alters, einer Behinderung oder des Geschlechts, sollen gem. § 1 AGG verhindert werden. Dies gilt auch bei Auswahlkriterien und Einstellungsbedingungen für den Zugang zu unselbständiger Erwerbstätigkeit, § 2 Abs. 1 Nr. 1 AGG. Da beim BQG-Modell mit einem Teil der Arbeitnehmer neue Arbeitsverträge abgeschlossen werden sollen[1172], ist der sachliche Anwendungsbereich eröffnet.

Nach § 7 Abs. 1 Halbs. 1 AGG dürfen Beschäftige nicht wegen eines in § 1 AGG genannten Grundes benachteiligt werden. Dazu zählen gem. § 6 Abs. 1 Satz 2 Alt. 1 AGG auch Bewerber. „Bewerber“ ist im Hinblick auf die Schutzfunktion des AGG jede Person, die bei einer Einstellungsentscheidung einer verbotenen Benachteiligung nach § 7 Abs. 1 AGG zum Opfer fallen kann.[1173] Die Einreichung von Bewerbungsunterlagen ist nicht zwangsläufig erforderlich. Auch Vertragsanbahnungskontakte können einer Bewerbung gleichstehen.[1174] Zudem spielt es – in Abkehr von der bisherigen Rechtsprechung[1175] – keine Rolle, ob der Bewerber für die zu besetzende Stelle objektiv geeignet ist. Dies ist nach der Rechtsprechung erst im Rahmen der vergleichbaren Situation gem. § 3 Abs. 1 AGG zu prüfen.[1176] Auch auf die subjektive Ernsthaftigkeit der Bewerbung kommt es nicht mehr an. Das Fehlen einer solchen kann lediglich zum Einwand

---

1170 So *Annuß/Lembke*, Arbeitsrechtliche Umstrukturierung, 2. Auflage, S. 123; *Krieger/Fischinger*, NJW 2007, 2289, 2292; *Thum*, BB 2013, 1525, 1528.

1171 Küttner/*Kania*, 21. Auflage, Beschäftigungsgesellschaft Rn. 6 spricht von der Zusammenstellung einer „olympiareifen Mannschaft junger, gesunder Arbeitnehmer“.

1172 *Bauer/Göpfert/Krieger*, 3. Auflage, § 2 AGG Rn. 15.

1173 *Bauer/Göpfert/Krieger*, 3. Auflage, § 6 AGG Rn. 10.

1174 Zum Profifußball: EuGH vom 25.4.2013 – C-81/12, AP Nr. 29 zu Richtlinie 2000/78/EG = NZA 2013, 891, 893 f. – ACCEPT; ErfK/*Schlachter*, 15. Auflage, § 6 AGG Rn. 3.

1175 BAG vom 17.12.2009 – 8 AZR 670/08, AP Nr. 2 zu § 7 AGG = NZA 2010, 383, 384.

1176 BAG vom 18.3.2010 – 8 AZR 77/09, AP Nr. 2 zu § 8 AGG = NZA 2010, 872, 873; BAG vom 24.1.2013 – 8 AZR 429/11, AP Nr. 2 zu § 10 AGG = NZA 2013, 498, 500; ErfK/*Schlachter*, 15. Auflage, § 6 AGG Rn. 3.

treuwidrigen Verhaltens des Bewerbers führen.[1177] Demnach fallen auch die Arbeitnehmer der BQG in den persönlichen Anwendungsbereich des AGG, obwohl sie sich nicht formell beim Erwerber beworben haben. Die Arbeitnehmer haben sich nur auf das BQG-Modell eingelassen, weil sie auf eine Übernahme beim Erwerber hoffen und an einer Weiterbeschäftigung an ihrem alten Arbeitsplatz interessiert sind. Bei der freien Auswahl durch den Erwerber können auch sie einer AGG-Diskriminierung ausgesetzt sein. Mithin ist auch der persönliche Anwendungsbereich gem. § 6 Abs. 1 Satz 2 Alt. 1 AGG eröffnet.

II. Benachteiligungsverbot gem. § 7 Abs. 1 AGG

Die Übernahme der Arbeitnehmer aus der BQG darf vom Erwerber nicht wegen eines in § 1 AGG genannten Merkmals abgelehnt werden. Ansonsten liegt eine Benachteiligung im Sinne des § 7 Abs. 1 AGG vor. Die Benachteiligung kann sowohl unmittelbar (§ 3 Abs. 1 AGG) also auch mittelbar (§ 3 Abs. 2 AGG) erfolgen. Insbesondere kommt eine unmittelbare Benachteiligung wegen des Alters[1178] in Betracht, wenn der Erwerber beispielsweise nur Arbeitnehmer unter 40 Jahren aus der BQG auswählt, während die verbleibenden Arbeitnehmer älter als 40 Jahre sind. Die Benachteiligung kann aber nach §§ 5, 8, 9, 10 AGG gerechtfertigt sein. Der Erwerber sollte daher die Gründe für die Einstellung und den Auswahlvorgang der einzelnen Arbeitnehmer genau dokumentieren.[1179]

III. Beweislast gem. § 22 AGG

Der Anspruchssteller muss sämtliche anspruchsbegründenden Tatsachen darlegen und beweisen. Diese Regeln werden aber durch § 22 AGG modifiziert. Die Norm enthält eine Absenkung des Beweismaßes, sodass der nicht eingestellte Arbeitnehmer lediglich Indizien (Vermutungstatsachen) beweisen muss, die eine Benachteiligung wegen eines in § 1 AGG genannten Grundes vermuten lassen. Hierfür genügt die überwiegende Wahrscheinlichkeit.[1180] Diese

---

1177 BAG vom 16.2.2012 – 8 AZR 697/10, AP Nr. 4 zu § 22 AGG = NZA 2012, 667, 668 f.; BAG vom 24.1.2013 – 8 AZR 429/11, AP Nr. 2 zu § 10 AGG = NZA 2013, 498, 500; Palandt/*Weidenkaff*, 74. Auflage, § 6 AGG Rn. 3.

1178 So *Krieger/Fischinger*, NJW 2007, 2289, 2292; *Thum*, BB 2013, 1525, 1528.

1179 *Krieger/Fischinger*, NJW 2007, 2289, 2292.

1180 BAG vom 17.12.2009 - 8 AZR 670/08, AP Nr. 2 zu § 7 AGG = NZA 2010, 383, 385; BAG vom 7.7.2011 – 2 AZR 396/10, AP Nr. 70 zu § 123 BGB = NZA 2012, 34, 36; *Bauer/Göpfert/Krieger*, 3. Auflage, § 22 AGG Rn. 6; Palandt/*Grüneberg*, 74. Auflage, § 22 AGG Rn. 2; ErfK/*Schlachter*, 15. Auflage, § 22 AGG Rn. 3.

Beweiserleichterung bezieht sich aber ausschließlich auf die Kausalität des Benachteiligungsgrundes. Für alle anderen anspruchsbegründenden Tatsachen (Anwendungsbereich, Vorliegen einer objektiven Benachteiligung) muss der Arbeitnehmer weiterhin den vollen Beweis erbringen. Kommt der Arbeitnehmer dieser abgestuften Darlegungs- und Beweislast nach, trifft den Erwerber als Anspruchsgegner die volle Darlegungs- und Beweislast für die fehlende Kausalität des Benachteiligungsgrundes, das Vorliegen eines Rechtfertigungsgrundes und das Vertretenmüssen.[1181]

IV. Rechtsfolge

Der abgelehnte Arbeitnehmer kann gem. § 15 Abs. 1 AGG Ersatz des materiellen Schadens verlangen, wenn der Arbeitgeber die Pflichtverletzung zu vertreten hat, § 15 Abs. 1 Satz 2 AGG. Für den Umfang des Schadensersatzanspruchs gelten die §§ 249 ff. BGB, wobei die Naturalrestitution gem. § 15 Abs. 6 AGG ausgeschlossen ist.[1182] Der abgelehnte Bewerber hat keinen Anspruch auf Begründung eines Arbeitsverhältnisses.[1183] Er kann aber gem. § 15 Abs. 1 AGG i.V.m. § 252 BGB Schadensersatz für den ihm entstandenen Verdienstausfall zumindest bis zum ersten hypothetischen Kündigungstermin geltend machen, wenn er für die Stelle am besten geeignet war.[1184] Hierfür trägt der abgelehnte Arbeitnehmer die Darlegungs- und Beweislast nach den allgemeinen Regeln, § 22 AGG greift nicht.[1185] Dieser Nachweis wird dem nicht übernommenen Arbeitnehmer möglicherweise gelingen, wenn der Erwerber im Rahmen einer übertragenden Sanierung auf seinem bisherigen Arbeitsplatz einen anderen, beispielsweise jüngeren Arbeitnehmer aus dem Pool der BQG ausgewählt und eingestellt hat.

Daneben kann der benachteiligte Arbeitnehmer auch für Nichtvermögensschäden gem. § 15 Abs. 2 Satz 1 AGG eine angemessene Entschädigung in Geld verlangen. Ein Verschulden des Arbeitgebers ist, im Gegensatz zu § 15 Abs. 1 AGG, nicht erforderlich. Bei einem Verstoß gegen das Benachteiligungsverbot wird

---

1181 *Bauer/Göpfert/Krieger*, 3. Auflage, § 22 AGG Rn. 6 ff.; MüKo/*Thüsing*, 6. Auflage, § 22 AGG Rn. 6, 20.

1182 *Bauer/Göpfert/Krieger*, 3. Auflage, § 15 AGG Rn. 23.

1183 *Bauer/Göpfert/Krieger*, 3. Auflage, § 15 AGG Rn. 68; *Krieger/Fischinger*, NJW 2007, 2289, 2292; ErfK/*Schlachter*, 15. Auflage, § 15 AGG Rn. 20.

1184 *Bauer/Göpfert/Krieger*, 3. Auflage, § 15 AGG Rn. 27; Schaub/*Linck*, 15. Auflage, § 36 Rn. 79 f.; MüKo/*Thüsing*, 6. Auflage, § 15 AGG Rn. 28; Palandt/*Weidenkaff*, 74. Auflage, § 15 AGG Rn. 5; kritisch: BeckOK-BGB/*Fuchs*, Ed. 33, § 15 AGG Rn. 4.

1185 BAG vom 19.8.2010 – 8 AZR 530/09, AP Nr. 5 zu § 15 AGG = NZA 2010, 1412, 1417; *Bauer/Göpfert/Krieger*, 3. Auflage, § 15 AGG Rn. 25.

der Eintritt eines immateriellen Schadens vermutet.[1186] Diese Vermutung kann aber z.B. im Falle des Rechtsmissbrauchs widerlegt werden.[1187] Die Höhe der Entschädigung steht im Ermessen des Gerichts. Sie ist aber auf drei Monatsgehälter begrenzt, wenn der Bewerber auch bei benachteiligungsfreier Auswahl nicht eingestellt worden wäre, § 15 Abs. 2 Satz 2 AGG. Die Beweislast hierfür liegt beim Arbeitgeber. Hätte der Bewerber die Stelle bei diskriminierungsfreier Auswahl erhalten (sog. Bestbewerber), steht ihm der unbegrenzte Anspruch nach § 15 Abs. 2 Satz 1 AGG zu.[1188]

G. Zusammenfassung der Ergebnisse zum BQG-Modell

Die bisher ergangene Rechtsprechung des BAG zu dreiseitigen Verträgen ist weitgehend abzulehnen.

I. Der Aufhebungsvertrag als Umgehungsgeschäft

1. Neue Definition des „endgültigen Ausscheidens“

Die Ansicht des BAG, nach der Aufhebungsverträge auf ein endgültiges Ausscheiden gerichtet sind, wenn die Weiterbeschäftigung beim Erwerber weder zugesagt noch verbindlich in Aussicht gestellt wurde („Risikogeschäft“), ist abzulehnen. Diese Definition beinhaltet erhebliches Missbrauchspotential, da ein solches Verständnis den Arbeitnehmerschutz des § 613a BGB in sein Gegenteil verkehrt: Der Aufhebungsvertrag hätte eine größere Chance die Wirksamkeitskontrolle der Gerichte für Arbeitssachen zu bestehen, je unsicherer und risikobehafteter die Weiterbeschäftigung beim Erwerber ist. Nur dann kann nach der Rechtsprechung von einem endgültigen Ausscheiden ausgegangen werden. Das BAG ermöglicht dem Arbeitgeber damit die Vermeidung des Kündigungsverbots und räumt dem Erwerber ein freies Auswahlrecht ohne Durchführung einer Sozialauswahl ein, was durch § 613a BGB verhindert werden sollte.[1189] Erst durch die Unsicherheit und das „Risiko“ des Arbeitnehmers bezüglich der Neueinstellung wird der Aufhebungsvertrag wirksam, obwohl sich der Erwerber

1186 BAG vom 22.1.2009 – 8 AZR 906/07, BAGE 129, 181, 201 f. = NZA 2009, 945, 952.

1187 ErfK/*Schlachter*, 15. Auflage, § 15 AGG Rn. 7, 12.

1188 BAG vom 19.8.2010 – 8 AZR 530/09, AP Nr. 5 zu § 15 AGG = NZA 2010, 1412, 1416; Moll/*Melms*, 3. Auflage, § 10 Rn. 69; ErfK/*Schlachter*, 15. Auflage, § 15 AGG Rn. 10; Palandt/*Weidenkaff*, 74. Auflage, § 15 AGG Rn. 6.

1189 In diese Richtung auch: ArbG Freiburg vom 9.5.2009 – 5 Ca 538/08, BeckRS 2010, 69323.

zu diesem Zeitpunkt in der Regel längst einen Überblick über die potentiellen, leistungsfähigen Übernahmekandidaten verschafft hat.[1190]

Die Aufhebungsverträge sind nur dann auf ein endgültiges Ausscheiden gerichtet, wenn zum Zeitpunkt des Vertragsschlusses noch kein potentieller Erwerber gefunden bzw. die Betriebsübernahme noch nicht hinreichend konkret verhandelt wurde oder der mögliche Erwerber die Vertragsverhandlungen abgebrochen hat. Lediglich dann kommt von vorneherein keine Umgehung des § 613a BGB in Betracht.

2. *Umgehung des § 613a Abs. 4 Satz 1 BGB*

Ist eine übertragende Sanierung hinreichend konkret geplant (z.B. durch einen Vorvertrag oder einen bedingten Kaufvertrag), kann das von der Rechtsprechung entwickelte „endgültige Ausscheiden" als Anknüpfungspunkt der Gesetzesumgehung dienen. Die Motive der Parteien sind bei der Suche nach der umgangenen Norm zu berücksichtigen. Ist die Weiterbeschäftigung beim Erwerber (objektiv) fest zugesagt worden, bezwecken die Parteien mit dem Aufhebungsvertrag eine Unterbrechung der Kontinuität des Arbeitsverhältnisses. § 613a Abs. 1 Satz 1 BGB ist die umgangene Norm.[1191]

Wird hingegen – wie regelmäßig beim BQG-Modell – die Weiterbeschäftigungsmöglichkeit nicht fest vereinbart, kommt eine Vermeidung des Kündigungsverbotes gem. § 613a Abs. 4 Satz 1 BGB in Betracht. Die Risikoübernahme durch den Arbeitnehmer geht mit einem freien Auswahlrecht des Erwerbers einher. Dies läuft dem Schutzzweck des § 613a Abs. 1, 4 BGB diametral zuwider. Die Aufhebungsverträge werden daher durch die analoge Anwendung der Norm einer verbotenen Arbeitgeberkündigung gleichgestellt. Demnach ist die Aufhebungsvereinbarung kein unwirksames Umgehungsgeschäft, wenn der Veräußerer stattdessen eine zulässige betriebsbedingte Kündigung nach Erwerberkonzept aussprechen könnte, § 613a Abs. 4 Satz 2 BGB analog. Dies setzt voraus, dass die unternehmerische Entscheidung des Erwerbers zum Wegfall der Weiterbeschäftigungsmöglichkeit des Arbeitnehmers geführt hat und die Grundsätze der Sozialauswahl beachtet wurden. Andernfalls wurde der Aufhebungsvertrag „wegen" des Betriebsübergangs geschlossen und ist analog § 613a Abs. 4 Satz 1 BGB unwirksam.

1190 *Pils*, NZA 2013, 125, 127; *Wimmer*, Unternehmenssanierung, S. 74 f.

1191 Zum Lemgoer Modell ausführlich: § 6 C I.

3. *Unterschied zum Lemgoer Modell*

Die bisherige Untersuchung hat gezeigt, dass Aufhebungsverträge im Rahmen des Lemgoer Modells zulässig sind – beim BQG-Modell hingegen nicht. Der entscheidende Unterschied liegt darin, dass das Lemgoer Modell letztlich auf eine Änderung der Vertragsbedingungen abzielt. Da dem Arbeitnehmer klar kommuniziert wird, dass er beim Erwerber weiterbeschäftigt wird, und er demnach weiß, was auf ihn zukommt, kann er auf den Inhaltsschutz des § 613a Abs. 1 Satz 1 BGB freiwillig verzichten. Unechte Aufhebungsverträge bzw. Änderungsverträge stellen weder eine unzulässige Umgehung noch einen Verstoß gegen die ratio legis des § 613a BGB dar.[1192]

Das BQG-Modell hingegen basiert auf der Ungewissheit und dem Risiko des Arbeitnehmers. Er weiß weder „ob" er übernommen wird, noch zu welchen Bedingungen („wie"). Die Reichweite seines Verzichts ist ihm zum Zeitpunkt des Vertragsschlusses nicht bekannt.[1193] Die Ungewissheit der Arbeitnehmer ermöglicht ein Auswahlrecht des Erwerbers, das durch § 613a BGB verhindert werden soll und den Schutzzweck der Norm konterkariert. Die Aufhebungsverträge im Rahmen des dreiseitigen Vertrages umgehen die Rechtsfolgen des § 613a Abs. 4 Satz 1 BGB, sodass die Vertragsfreiheit des Arbeitnehmers – im Gegensatz zum Lemgoer Modell – beschränkt werden muss.

II. *Arbeitsvertrag mit der BQG als Scheingeschäft*

Der Arbeitsvertrag mit der BQG ist als Scheingeschäft gem. § 117 Abs. 1 BGB zu qualifizieren, wenn beide Vertragsparteien übereinstimmend die mit dem Rechtsgeschäft verbundenen Rechtsfolgen nicht eintreten lassen wollen. Der Arbeitnehmer und die gesetzlichen Vertreter der BQG müssen sich bei Vertragsschluss darüber einig sein, dass für die Transferleistungen kein Bedarf besteht. Dies ist der Fall, wenn die Weiterbeschäftigung beim Erwerber fest vereinbart wurde. Gleiches gilt, wenn die Vertragsparteien darauf vertrauen durften, dass der Arbeitnehmer beim Erwerber nahtlos weiterbeschäftigt wird, weil ihm die Übernahme „verbindlich in Aussicht gestellt" wurde. Da beim Scheingeschäft der Rechtsbindungswille maßgeblich ist, sind die subjektiven Vorstellungen der Parteien – anders als im Fall der Gesetzesumgehung – beachtlich. Ging lediglich der Arbeitnehmer davon aus, dass der Arbeitsvertrag bei der BQG nur zum

1192 Zur Gesetzesumgehung: § 6 C, zur ratio legis des § 613a BGB ausführlich: § 7 C III.

1193 In diese Richtung auch *Kracht*, Kündigungsverbot, S. 156 bzgl. Änderungs- und Verzichtsvereinbarungen.

Schein erfolgt ist, handelt es sich um ein sog. misslungenes Scheingeschäft. Die Willenserklärung des Arbeitnehmers ist gem. § 118 BGB nichtig.

III. Rechtsfolge bei Unwirksamkeit des dreiseitigen Vertrages

Der dreiseitige Vertrag ist ein einheitliches Rechtsgeschäft gem. § 139 BGB. Ist ein Teil dieses Rechtsgeschäft, also der Aufhebungsvertrag oder der Arbeitsvertrag, unwirksam, ist gem. § 139 BGB der gesamte dreiseitige Vertrag nichtig. Das Arbeitsverhältnis mit dem Veräußerer wurde dann durch den Aufhebungsvertrag nicht wirksam beendet. Es geht gem. § 613a Abs. 1 Satz 1 BGB unverändert auf den Erwerber über.

IV. Neuer Arbeitsvertrag mit dem Erwerber

Der Erwerber hat bei der Auswahl der Arbeitnehmer aus der BQG das Diskriminierungsverbot des §§ 1, 7 Abs. 1 AGG zu beachten.

§ 13 Lösungsvorschlag

A. Aufhebungsvereinbarung nach Erwerberkonzept

Als Lösung wird in der Insolvenz eine Kombination der zulässigen Kündigung nach Erwerberkonzept und dem BQG-Modell vorgeschlagen (sog. „Aufhebungsvereinbarungen nach Erwerberkonzept").

Das BQG-Modell ist zulässig, wenn die Aufhebungsverträge anstelle wirksamer Kündigungen geschlossen werden. Liegen betriebsbedingte Gründe gem. § 1 Abs. 2 Satz 1 KSchG vor und beachtet der Erwerber die Grundsätze der Sozialauswahl gem. § 1 Abs. 3 KSchG, sind die Aufhebungsverträge nicht „wegen" des Betriebsübergangs geschlossen worden, § 613a Abs. 4 Satz 2 BGB analog, sondern dienen vorrangig der Sanierung des Betriebes. Sie widersprechen nicht dem Schutzzweck des § 613a BGB, weil sie dem Erwerber kein freies Auswahlrecht einräumen.

I. Durchführung einer Sozialauswahl

Für die Wirksamkeit ist daher maßgeblich, dass der Erwerber bereits vor dem Betriebsübergang ein hinreichend konkretes unternehmerisches Konzept erstellt, aus dem hervorgeht, wie viele Arbeitnehmer der bisherigen Belegschaft übernommen werden können. Die verbleibenden Stellen sind sodann unter Beachtung der Sozialauswahl zu besetzen.

1. Reichweite der Sozialauswahl

Wird eine Kündigung nach einem Konzept des Erwerbers ausgesprochen, ist in der Literatur umstritten, ob und wann eine rechtsträgerübergreifende Sozialauswahl durchzuführen ist. Teilweise wird eine solche ganz abgelehnt, weil dies zu einer ungerechtfertigten Besserstellung des Arbeitnehmers in Form eines zusätzlichen Bestandsschutzes führe und gegen das Prinzip der Betriebsbezogenheit der Sozialauswahl verstoße.[1194] Dennoch spricht sich ein Großteil der Literatur im Falle einer Eingliederung für eine rechtsträgerübergreifende Sozialauswahl aus.[1195] Es könne nichts anderes gelten als wenn der Erwerber nach Übernahme des Betriebes die Kündigungen selbst aussprechen würde.[1196] Andere Autoren unterscheiden zwischen Betriebs- und Betriebsteilübergang, unabhängig davon, ob es sich um einen fortführenden oder eingliedernden Betriebsübergang handelt. Lediglich im Falle eines Betriebsteilübergangs sei auch auf die Arbeitnehmer im Erwerberbetrieb abzustellen.[1197]

Nach richtiger Ansicht ist die Sozialauswahl bei einer Eingliederung auch auf die Arbeitnehmer des Erwerbers auszudehnen, unabhängig davon, ob ein Betriebs- oder ein Betriebsteilübergang vorliegt. Da die Kündigungsgründe auf den betrieblichen Verhältnissen des Erwerbers basieren, muss dies aufgrund des Prognoseprinzips auch für die Sozialauswahl gelten. Kündigungsgrund und Sozialauswahl müssen korrelieren.[1198] Die Kündigung wird auf den Zeitpunkt nach dem Betriebsübergang projiziert mit der Folge, dass sowohl die Sozialauswahl als auch die Prüfung der Versetzungsmöglichkeiten rechtsträgerübergreifend erfolgt.[1199]

1194 So Moll/*Cohnen*, 3. Auflage, § 54 Rn. 173; *Döpner*, Erwerberkonzept, S. 233; *Lipinski*, NZA 2002, 75, 79; MüKo/*Müller-Glöge*, 6. Auflage, § 613a BGB Rn. 195.

1195 So Gottwald/*Bertram*, 4. Auflage, § 106 Rn. 79; *Fuhlrott*, BB 2013, 2042, 2044; Küttner/*Kreitner*, 21. Auflage, Betriebsübergang Rn. 76; *Schmähdicke*, NZA 2014, 515, 518 f.; MüHdbArbR/*Wank*, 3. Auflage, § 103 Rn. 46; WHSS/*Willemsen*, 4. Auflage H Rn 116; HWK/*ders./Müller-Bonanni*, § 613a BGB Rn. 314; KDZ/*Zwanziger*, 9. Auflage, § 613a BGB Rn. 205.

1196 Gottwald/*Bertram*, 4. Auflage, § 106 Rn. 79.

1197 ErfK/*Preis*, 15. Auflage, § 613a BGB Rn. 172, APS/*Steffan*, 4. Auflage, § 613a BGB Rn. 194.

1198 *Schmähdicke*, NZA 2014, 515, 518 f.

1199 WHSS/*Willemsen*, 4. Auflage H Rn 116.

2. *Beschränkte Nachprüfung der Sozialauswahl*

Die Beendigung des Arbeitsverhältnisses durch Aufhebungsvertrag kann eine Betriebsänderung gem. § 111 BetrVG darstellen und zu einem Mitbestimmungsrecht des Betriebsrates führen.[1200] Wird ein Interessenausgleich mit Namensliste vereinbart, kommt dem Arbeitgeber die eingeschränkte Überprüfung der Sozialauswahl gem. § 125 Abs. 1 Satz 1 Nr. 2 InsO zugute, die analog auch für Aufhebungsverträge gilt.[1201] Die Sozialauswahl kann nur auf grobe Fehlerhaftigkeit (Dauer der Betriebszugehörigkeit, Lebensalter und Unterhaltspflichten) überprüft werden.[1202] Von einer grob fehlerhaften Sozialauswahl kann nur gesprochen werden, wenn ein evidenter, ins Auge springender, schwerer Fehler vorliegt und der Interessenausgleich jede Ausgewogenheit vermissen lässt.[1203]

II. Dreiseitiger Vertrag mit „aussortierten" Arbeitnehmern

Nach der Durchführung einer Sozialauswahl ist nur denjenigen Arbeitnehmern, deren Weiterbeschäftigungsmöglichkeit nach der Betriebsübernahme unter Beachtung des § 1 Abs. 3 KSchG wegfällt, der Wechsel in die Transfergesellschaft anzubieten. Denn in diesem Fall wäre auch eine betriebsbedingte Kündigung nach Erwerberkonzept zulässig gewesen, sodass der Aufhebungsvertrag nicht analog § 613a Abs. 4 Satz 1 BGB unwirksam ist. Zudem besteht für diese Arbeitnehmer tatsächlich ein Bedürfnis für die Transferleistungen, sodass der neue Arbeitsvertrag mit der BQG kein Scheingeschäft im Sinne des § 117 BGB ist.

Stimmt der Arbeitnehmer dem dreiseitigen Vertrag nicht zu, kann der Veräußerer auf Grundlage des Erwerberkonzepts eine wirksame, betriebsbedingte Kündigung aussprechen.

III. Verbleib der Wunscharbeitnehmer beim Veräußerer

Die Arbeitnehmer, mit denen nach der Durchführung der Sozialauswahl der Betrieb fortgeführt werden soll, verbleiben zunächst beim Veräußerer. Ihre Arbeitsverhältnisse gehen gem. § 613a Abs. 1 Satz 1 BGB auf den Erwerber über. § 613a Abs. 1 Satz 1 BGB steht einer einvernehmlichen Änderung der

---

1200 § 10 B II 2 c aa und § 12 A VI.

1201 Zur analogen Anwendung des § 125 Abs. 1 Satz 1 Nr. 1 InsO auf Aufhebungsverträge: § 10 B II 2 c aa.

1202 Uhlenbruck/*Berscheid*, 13. Auflage, § 125 InsO Rn. 6; APS/*Dörner/Künzl*, 4. Auflage, § 125 InsO Rn. 19; ErfK/*Gallner*, 15. Auflage, § 125 InsO Rn. 9.

1203 BAG vom 17.11.2005 – 6 AZR 107/05, BAGE 116, 213, 220 = NZA 2006, 661, 664; MüKo-InsO/*Caspers*, § 125 InsO Rn. 99; ErfK/*Gallner*, 15. Auflage, § 125 InsO Rn. 9.

Arbeitsbedingungen weder vor noch nach dem Betriebsübergang entgegen.[1204] Jedenfalls ist sie zulässig, wenn auch eine Änderungskündigung (ggf. nach Erwerberkonzept) wirksam ausgesprochen werden könnte, die Aufhebungsvereinbarung also dem Erhalt von Arbeitsplätzen dient.[1205] Dieser sachliche Grund für die Verschlechterung der Arbeitsbedingungen wird in der Insolvenz – widerleglich – vermutet.[1206]

IV. Vorteile dieses Modells

Auch wenn sich dieses Modell aufgrund der notwendigen Sozialauswahl nicht wesentlich von der Kündigung nach Erwerberkonzept unterscheidet[1207], bietet es dennoch einige Vorteile: Durch den Abschluss der Aufhebungsverträge kann das Kündigungsschutzprozessrisiko minimiert und dadurch die Attraktivität des Betriebs für potentielle Erwerber gesteigert werden.[1208] Denn dass die Erhebung massenhafter Kündigungsschutzklagen den Erwerb aus der Insolvenz hindern und potentielle Erwerber von der Übernahme abschrecken kann, hat nicht zuletzt der Fall *Schlecker* gezeigt.[1209] Zudem ist es für den Veräußerer bzw. Insolvenzverwalter einfacher, Aufhebungsverträge abzuschließen anstatt Kündigungen auszusprechen: Zum einen müssen keine Genehmigungen (z.B. bei Schwerbehinderung) eingeholt werden oder evtl. Sonderkündigungsschutz (§ 15 KSchG) beachtet werden. Zum anderen bietet der Aufhebungsvertrag trotz des Anfechtungsrisikos[1210] eine bessere Planungssicherheit. Überdies muss keine Kündigungsfrist beachtet werden, auch wenn diese nach Eröffnung des Insolvenzverfahrens gem. § 113 Satz 2 InsO nur maximal drei Monate beträgt. Die Masse wird sowohl durch die wegfallenden Gehaltszahlungspflichten als auch durch den ungewissen Ausgang der Kündigungsschutzprozesse und dem Verzugslohnrisiko entlastet. Lediglich die Sozialplankosten nach §§ 112, 122a Abs. 1 BetrVG[1211] bleiben erhalten. Da sich diese aber an den Verhältnissen des in wirtschaftliche Not geratenen Veräußererbetriebs orientieren, dürfte das Volumen regelmäßig niedriger ausfallen als beim Erwerber.[1212] Durch die vorherige

---

1204 Dazu ausführlich § 7 C III.

1205 § 10 B I 5.

1206 § 10 B II 2 c cc.

1207 So *Pils*, NZA 2013, 125, 129.

1208 *Bissels/Jordan*, NZI 2009, 865, 868; *Wimmer*, Unternehmenssanierung, S. 97.

1209 *Meyer*, SAE 2012, 89, 91.

1210 *Meyer*, SAE 2012, 89, 91.

1211 *Meyer*, SAE 2012, 89, 91.

1212 *Schmädicke*, NZA 2014, 515, 516.

Durchführung einer Sozialauswahl kann eine Bestenauslese verhindert werden, sodass die Aufhebungsvereinbarungen nicht gegen den Schutzzweck des § 613a Abs. 4 Satz 1 BGB verstoßen, da sie anstelle einer wirksamen betriebsbedingten Kündigung abgeschlossen worden sind.

Die Arbeitnehmer, die nicht übernommen werden können, werden befristet in eine BQG überführt und können so der Arbeitslosigkeit vorerst entgehen. In der BQG erhalten sie Beschäftigungs- und Qualifizierungsmaßnahmen und beziehen Transferkurzarbeitergeld. Die Übernahme ist kein „Risiko" für die Arbeitnehmer. Vielmehr steht konkret fest, dass sie nicht übernommen werden. Demnach wissen alle Beteiligten, was auf sie zukommt.

Gleichwohl ist zuzugeben, dass sicher einige potentielle Erwerber von der Übernahme absehen, wenn ihnen kein Arbeitnehmerauswahlrecht eingeräumt wird.[1213] Nichtsdestotrotz widerspräche ein freies Auswahlrecht des Erwerbers dem Sinn und Zweck des § 613a BGB. Hier könnte lediglich eine Ausnahmevorschrift in der Insolvenz – wie es Art. Art. 5 Abs. 1 der Richtlinie 2001/23/EG vorsieht – Abhilfe schaffen. Um die „Last" des § 613a BGB für den Erwerber erträglicher zu machen, sollten Änderungsvereinbarungen jedenfalls nach den oben entwickelten Grundsätzen möglich sein, um die sanierungshemmende Wirkung des § 613a BGB teilweise abzuschwächen.

Auch die sog. Aufhebungsvereinbarungen nach Erwerberkonzept sind nicht frei von Manipulationsversuchen. So könnte beispielsweise allen Arbeitnehmern dreiseitige Verträge angeboten werden, aber lediglich die der sozial Schwachen gegengezeichnet werden.[1214] Auch dies wäre wieder eine unzulässige Umgehung des § 613a Abs. 4 Satz 1 BGB, weil durch den Aufhebungsvertrag eine ansonsten unzulässige Kündigung vermieden und dem Erwerber ein freies Auswahlrecht eingeräumt würde, was durch § 613a BGB gerade verhindert werden soll.

B. Alternativ: Änderungsverträge mit der Gesamtbelegschaft

Daneben kann der Erwerber die Arbeitsbedingungen mit der Gesamtbelegschaft einvernehmlich verschlechtern. Änderungsverträge sind – nach der hier vertretenen Auffassung – zulässig.[1215]

1213 *Thum*, BB 2013, 1525, 1528 spricht von einer Sinnentlehrung des BQG-Modells im Rahmen einer übertragenden Sanierung, wenn sich der Erwerber seine Mitarbeiter nicht aussuchen könne und eine Sozialauswahl durchführen müsse.

1214 ArbG Freiburg vom 9.5.2009 – 5 Ca 538/08, BeckRS 2010, 69323.

1215 Dazu oben § 10 A II.

Fünfter Teil: Andere Unwirksamkeitsgründe des Aufhebungsvertrages und andere Gestaltungsformen

§ 14 Andere Unwirksamkeitsgründe des Aufhebungsvertrages

A. Anfechtung

Wie jede Willenserklärung ist auch die auf den Abschluss eines Aufhebungsvertrages gerichtete Willenserklärung anfechtbar. Durch die Ausübung des Anfechtungsrechts ist der Aufhebungsvertrag von Anfang an nichtig, § 142 Abs. 1 BGB, sodass das Arbeitsverhältnis zum Zeitpunkt des Betriebsübergangs noch bestanden hat und gem. § 613a Abs. 1 Satz 1 BGB auf den Erwerber übergeht. Außerdem kommt eine Anfechtung des Übernahmevertrages in Betracht, wenn eine Vielzahl der Arbeitnehmer ihre Aufhebungsverträge mit dem bisherigen Arbeitgeber anfechten.[1216]

I. § 119 BGB

Eine Anfechtung des Aufhebungsvertrages kommt bei Inhalts-, Erklärungs- oder Eigenschaftsirrtümern in Betracht. Dem Erklärungsirrtum gem. § 119 Abs. 1 Alt. 2 BGB bei Versprechen, Verschreiben usw. kommt praktisch kaum eine Bedeutung zu.[1217] Ein Inhaltsirrtum gem. § 119 Abs. 1 Alt. 1 BGB liegt vor, wenn zwar der äußere Tatbestand der Erklärung dem Willen des Erklärenden entspricht, dieser sich aber über die rechtliche Bedeutung oder die Tragweite seiner Erklärung irrt.[1218] Im Zusammenhang mit Betriebsübergängen kommt vor allem ein – grundsätzlich unbeachtlicher – Rechtsfolgenirrtum in Betracht. Dieser kann ausnahmsweise zur Anfechtung berechtigen, wenn die Rechtsfolgen selbst Inhalt der Willenserklärung geworden sind und dem Erklärenden über diesen Inhalt ein Irrtum unterläuft.[1219] In der Regel irrt sich der Arbeitnehmer aber

---

1216 *Bauer/Krieger/Arnold*, Arbeitsrechtliche Aufhebungsverträge, 9. Auflage, S. 529.

1217 MüKo/*Armbrüster*, 6. Auflage, § 119 BGB Rn. 46; *Becker*, Die unzulässige Einflussnahme des Arbeitgebers, S. 212; Palandt/*Ellenberger*, 74. Auflage, § 119 BGB Rn. 10.

1218 *Becker*, Die unzulässige Einflussnahme des Arbeitgebers, S. 213; *Burkardt*, Aufhebungsvertrag, S. 211; Palandt/*Ellenberger*, 74. Auflage, § 119 BGB Rn. 10; Staudinger/*Singer*, 2011, § 119 BGB Rn. 38.

1219 BAG vom 16.2.1983 – 7 AZR 134/81, EzA § 123 BGB Nr. 21 = NJW 1983, 2958.

nicht über die Beendigung des Arbeitsverhältnisses als unmittelbare Rechtsfolge des Aufhebungsvertrages, sondern über die arbeits-, sozial- und oder steuerrechtlichen Nebenfolgen. In diesem Fall liegt kein beachtlicher Rechtsfolgenirrtum, sondern ein unbeachtlicher Motivirrtum vor.[1220] Denn wer in Kenntnis der unmittelbaren Rechtsfolgen bewusst dem Abschluss eines Aufhebungsvertrages zustimmt, muss auch die nachteiligen mittelbaren Folgen in Kauf nehmen.[1221] Gleiches gilt, wenn der Arbeitnehmer korrekt über die Rechtsfolgen des Aufhebungsvertrages aufgeklärt wurde, aber irrig davon ausgeht, vom Erwerber eine sichere Einstellungszusage bekommen zu haben.[1222]

Ein Irrtum über eine verkehrswesentliche Eigenschaft im Sinne des § 119 Abs. 2 BGB ist denkbar, wenn die Arbeitnehmer über die drohende Zahlungsfähigkeit des Arbeitgebers getäuscht wurden.[1223]

II. § 123 BGB

Größere Bedeutung kommt bei Betriebsübergängen den Anfechtungsgründen des § 123 Abs. 1 BGB zu.

1. Arglistige Täuschung

Eine Anfechtung wegen arglistiger Täuschung gem. § 123 Abs. 1 Alt. 1 BGB kommt in Betracht, wenn der Arbeitgeber den Arbeitnehmer durch das bewusste Vorspiegeln falscher Tatsachen bzw. das Verschweigen wahrer Tatsachen zum Abschluss eines Aufhebungsvertrages veranlasst.[1224] Dies ist dann der Fall, wenn der Arbeitgeber falsche Angaben über die wirtschaftliche Situation des Betriebes und seine Zukunft macht.[1225] So z.B., wenn der Arbeitgeber dem Arbeitnehmer bei Vertragsschluss vorspiegelt, dass der Betrieb stillgelegt werden soll, obwohl

---

1220 *Bauer/Krieger/Arnold*, Arbeitsrechtliche Aufhebungsverträge, 9. Auflage, S. 67; *Becker*, Die unzulässige Einflussnahme des Arbeitgebers, S. 213 f.; Palandt/*Ellenberger*, 74. Auflage, § 119 BGB Rn. 15; *Franz*, Aufhebungsvertrag, S. 447; *Wimmer*, Unternehmenssanierung, S. 82.

1221 *Becker*, Die unzulässige Einflussnahme des Arbeitgebers, S. 214; *Burkardt*, Aufhebungsvertrag, S. 214.

1222 *Burkardt*, Aufhebungsvertrag, S. 213; *Krieger/Fischinger*, NJW 2007, 2289, 2292.

1223 *Bauer/Krieger/Arnold*, Arbeitsrechtliche Aufhebungsverträge, 9. Auflage, S. 67.

1224 *Bauer/Krieger/Arnold*, Arbeitsrechtliche Aufhebungsverträge, 9. Auflage, S. 67; Staudinger/*Singer*, 2011, § 123 BGB Rn. 6.

1225 *Burkardt*, Aufhebungsvertrag, S. 215.

der Betriebsübergang tatsächlich bereits feststand bzw. konkret geplant war.[1226] Daneben ist auch eine Täuschung durch Unterlassen denkbar, wenn der Arbeitgeber bei Vertragsschluss nicht über den geplanten Betriebsübergang bzw. über die wirtschaftlichen und rechtlichen Konsequenzen eines Betriebsübergangs informiert. Insoweit besteht eine Aufklärungspflicht des Arbeitgebers.[1227] Darüber hinaus ist im Zusammenhang mit dreiseitigen Verträgen eine Anfechtung auch möglich, wenn die Arbeitnehmer über ihrer tatsächlichen Einstellungschancen beim Erwerber getäuscht werden,[1228] wobei nur der bisherige Arbeitgeber arglistig täuschen kann, weil der Erwerber nicht Vertragspartner des dreiseitigen Vertrages ist.[1229] Die Anfechtungsfrist beträgt gem. § 124 Abs. 1 BGB ein Jahr und beginnt ab Kenntnis des arglistigen Verhaltens, § 124 Abs. 2 Satz 1 Alt. 1 BGB.[1230]

2. Widerrechtliche Drohung

Häufig werden die Arbeitnehmer vor Vertragsschluss darauf hingewiesen, dass es zur Betriebsstilllegung und damit zu einer betriebsbedingten Kündigung kommen kann, wenn sie dem Aufhebungsvertrag nicht zustimmen. Dies könnte eine widerrechtliche Drohung im Sinne des. § 123 Abs. 1 Alt. 2 BGB sein und den Arbeitnehmer zur Anfechtung des Aufhebungsvertrages berechtigen.

a. Drohung

Unter einer Drohung versteht man das vorsätzliche Inaussichtstellen eines künftigen Übels, auf dessen Verwirklichung der Drohende vorgibt, Einfluss zu haben. Der Bedrohte soll in eine Zwangslage versetzt werden, um ihn zur Abgabe einer Willenserklärung zu bestimmen.[1231] Allerdings reicht der bloße Hinweis auf wirtschaftliche Schwierigkeiten und deren Folgen für sich genommen nicht aus, um den Tatbestand der Drohung im Sinne des § 123 Abs. 1 Alt. 2 BGB zu

---

1226 BAG vom 23.11.2006 – 8 AZR 349/06, AP Nr. 1 zu § 613a BGB Wiedereinstellung = NZA 2007, 866, 868 f.; *Bauer/Krieger/Arnold*, Arbeitsrechtliche Aufhebungsverträge, 9. Auflage, S. 67; *Hinrichs/Kleinschmidt*, ZInsO 2012, 949, 951; *Krieger/Fischinger*, NJW 2007, 2289, 2292; *Pietzko*, ZIP 1990, 1105, 1113; APS/*Rolfs*, 4. Auflage, Aufhebungsvertrag Rn. 95; *Willemsen*, NZA 2013, 242, 244.

1227 Dazu schon § 3 A IV 2.

1228 *Willemsen*, NZA 2013, 242, 244.

1229 *Fuhlrott/Chwalisz*, FA 2011, 38, 41.

1230 Palandt/*Ellenberger*, 74. Auflage, § 124 BGB Rn. 2.

1231 MüKo/*Armbrüster*, 6. Auflage, § 123 BGB Rn. 97; Palandt/*Ellenberger*, 74. Auflage, § 123 BGB Rn. 15; Soergel/*Hefermehl*, 13. Auflage, § 123 BGB Rn. 40; Staudinger/*Singer*, 2011, § 123 BGB Rn. 66.

erfüllen.[1232] Es handelt sich um eine bloße Warnung, weil der Arbeitgeber den Eintritt der Konsequenzen nicht beeinflussen kann.[1233] Er weist lediglich auf Folgen hin, die bei unverändertem Fortgang ohnehin eintreten würden.[1234]

Fraglich ist aber, ob die Arbeitnehmer beim BQG-Modell bzw. beim Lemgoer Modell zum Abschluss eines Aufhebungsvertrages als „geringeres Übel" zur betriebsbedingten Kündigung bestimmt werden. Lehnt der Arbeitnehmer das Angebot auf Abschluss eines Aufhebungsvertrages ab, droht die Übernahme zu scheitern. Mögliche Konsequenz ist die Betriebsstilllegung und eine damit einhergehende betriebsbedingte Kündigung. Die Ankündigung des drohenden Verlustes von Arbeitsplätzen ist geeignet, die Arbeitnehmer in eine Zwangslage zu versetzen.[1235] Wird während der Vertragsverhandlungen bewusst intensiv auf die betriebsbedingte Kündigung hingewiesen, um Druck zu erzeugen, mit dem der Arbeitnehmer zur Zustimmung der Aufhebungsvereinbarung veranlasst werden soll, so kann dadurch unter Umständen der Tatbestand der Drohung erfüllt sein.[1236] Allerdings hat der Veräußerer den Eintritt des Übels nicht in der Hand, wenn der Erwerber die Übernahme von der Überleitung der Arbeitnehmer in die BQG bzw. vom Abschluss unechter Aufhebungsverträge abhängig macht. Letztlich trifft der Erwerber die Entscheidung, ob es zur Übernahme kommt und die Arbeitsplätze erhalten bleiben.[1237] Anders ist der Sachverhalt zu bewerten, wenn die Betriebsübernahme bereits fest vereinbart wurde. In diesem Fall ist die Stilllegung und damit auch die betriebsbedingte Kündigung nicht die unausweichliche Konsequenz, sodass nicht mehr von einer bloßen Warnung gesprochen werden kann.[1238]

Die Ankündigung des potentiellen Erwerbers, den Betrieb nicht zu übernehmen, wenn die Arbeitnehmer das Aufhebungsvertragsangebot ablehnen und betriebsbedingte Kündigungen erforderlich werden, ist nicht als Drohung eines Dritten zu verstehen.[1239] Der Erwerber hat auf den Ausspruch der

---

1232 BAG vom 9.6.2011 – 2 AZR 418/10, AP Nr. 71 zu § 123 BGB = NZA-RR 2012, 129, 130; *Franzen*, ZfA 2005, 315, 325.

1233 Staudinger/*Singer*, 2011, § 123 BGB Rn. 67; *Wolf/Neuner*, Allgemeiner Teil des Bürgerlichen Rechts, 10. Auflage, § 41 Rn. 124.

1234 *Wimmer*, Unternehmenssanierung, S. 84.

1235 *Franzen*, ZfA 2005, 315, 325.

1236 *Franzen*, ZfA 2005, 315, 325.

1237 *Naber*, Anmerkung zu BAG EzA § 613a BGB 2002 Nr. 40, 14, 25.

1238 *Wimmer*, Unternehmenssanierung, S. 85; dazu schon oben § 8 E IV 5 d cc; daneben kommt hier auch eine Anfechtung wegen arglistiger Täuschung in Betracht: § 14 A II 1.

1239 Staudinger/*Singer*, 2011, § 123 BGB Rn. 68.

betriebsbedingten Kündigung durch den Veräußerer bzw. Insolvenzverwalter keinen Einfluss. Eine Stilllegung steht zwar oft im Raum, gleichwohl könnte theoretisch noch ein anderer potentieller Erwerber gefunden werden.

b. Widerrechtlichkeit

Ist der Tatbestand der Drohung gegeben, muss diese auch widerrechtlich erfolgt sein. Fraglich ist, woraus sich die Rechtswidrigkeit ergeben könnte. Die Drohung mit einer betriebsbedingten Kündigung im Falle einer Betriebsstilllegung ist kein rechtswidriges Mittel. Auch der Abschluss eines Aufhebungsvertrages ist an sich ein zulässiger Erfolg. Die Widerrechtlichkeit könnte nur aus der Inadäquanz von Zweck und Mittel folgen. Der Einsatz des an sich zulässigen Mittels muss gerade zu jenem Zweck unangemessen sein.[1240] Die Drohung mit einer rechtlich nicht zulässigen Kündigung ist nach ständiger Rechtsprechung nicht widerrechtlich, wenn ein verständiger Arbeitgeber sie in Betracht gezogen hätte.[1241] Dies ist der Fall, wenn Gründe vorlagen, die den Arbeitgeber zum Ausspruch einer Kündigung berechtigt hätten.[1242] Im Falle einer Betriebssanierung und erst recht im Falle einer Betriebsstilllegung kann eine betriebsbedingte Kündigung vom Arbeitgeber bzw. dem Insolvenzverwalter ernsthaft erwogen werden.[1243] Die Drohung mit einer betriebsbedingten Kündigung zwecks Abschlusses eines Aufhebungsvertrages, ist nur dann widerrechtlich, wenn weitere Umstände hinzutreten.[1244] In Kleinbetrieben, in denen das Kündigungsschutzgesetz keine Anwendung findet, kann der Arbeitgeber jederzeit grundlos ordentlich kündigen. Die Drohung ist deshalb in der Regel nicht widerrechtlich, sofern die Kündigung nicht aus anderen Gründen (wie z.B. § 138 BGB) unwirksam ist.[1245] Ist der Arbeitnehmer ausnahmsweise zur

---

1240 MüKo/*Armbrüster*, 6. Auflage, § 123 BGB Rn. 107; Palandt/*Ellenberger*, 74. Auflage, § 123 BGB Rn. 21; *Franzen*, ZfA 2005, 315, 327; *Wimmer*, Unternehmenssanierung, S. 85.

1241 St. Rspr. BAG vom 16.11.1979 – 2 AZR 1041/77, BAGE 32, 194, 196 = EzA § 123 BGB Nr. 19; BAG vom 30.9.1993 – 2 AZR 268/93, BAGE 74, 281, 285 = NZA 1994, 209, 2010; BAG vom 15.12.2005 – 6 AZR 197/05, EzA § 123 BGB 2002 Nr. 6 = NZA 2006, 841, 843 f.; BAG vom 9.6.2011 – 2 AZR 418/10, AP Nr. 71 zu § 123 BGB = NZA-RR 2012, 129, 130; MüKo/*Armbrüster*, 6. Auflage, § 123 BGB Rn. 109; ErfK/*Müller-Glöge*, 15. Auflage, § 620 BGB Rn. 11; Staudinger/*Singer*, 2011, § 123 BGB Rn. 79; *Wimmer*, Unternehmenssanierung, S. 85 f.; kritisch: *Becker*, Die unzulässige Einflussnahme des Arbeitgebers, S. 230 ff.

1242 *Franz*, Aufhebungsvertrag, S. 477; Soergel/*Hefermehl*, 13. Auflage, § 123 BGB Rn. 54.

1243 Gottwald/*Heinze/Bertram*, 4. Auflage, § 105 Rn. 17; *Naber*, Anmerkung zu BAG EzA § 613a BGB 2002 Nr. 40, 14, 25; *Wimmer*, Unternehmenssanierung, S. 86.

1244 *Krieger/Fischinger*, NJW 2007, 2289, 2292; *Wimmer*, Unternehmenssanierung, S. 85 f.

1245 *Wagner*, Individualarbeitsrechtliche Vereinbarungen, S. 52 f.

Anfechtung gem. § 123 Abs. 1 Alt. 2 BGB berechtigt, muss er sie innerhalb eines Jahres ab Ende der Zwangslage erklären, § 124 Abs. 2 Satz 1 Alt. 2 BGB.[1246]

B. Widerruf des Aufhebungsvertrages

Der Aufhebungsvertrag könnte außerdem unwirksam sein, wenn dem Arbeitnehmer ein Widerrufsrecht gem. § 312g Abs. 1 i.V.m. § 355 BGB zusteht und er von diesem Widerrufsrecht Gebrauch macht. Obwohl die Verbrauchereigenschaft des Arbeitnehmers[1247] mittlerweile anerkannt ist und ein Verbrauchervertrag im Sinne des § 310 Abs. 3 BGB vorliegt, erteilte das BAG[1248] dem Widerruf arbeitsrechtlicher Aufhebungsverträge nach § 355 i.V.m. § 312 BGB a.F. eine Absage. Daran hat sich durch die Neufassung der §§ 312 ff. BGB[1249] zur Umsetzung der Verbraucherrechterichtlinie[1250] nichts geändert. Obwohl die Definition der „außerhalb von Geschäftsräumen geschlossenen Verträge" im Sinne des § 312b Abs. 1 BGB n.F.[1251] weiter ist als die Definition des Haustürgeschäfts gem. § 312 Abs. 1 BGB a.F.[1252], steht den Arbeitnehmern auch nach den neuen Regelungen kein Widerrufsrecht für Aufhebungsverträge, die am Arbeitsplatz geschlossen wurden, zu. Die §§ 312 ff. n.F. BGB enthalten Bestimmungen zu „besonderen Vertriebsformen"[1253] (Fernabsatz und außerhalb von Geschäftsräumen geschlossenen Verträgen) und sollen den Verbraucher vor atypischen Vertragsabschlusssituationen schützen. Im Hinblick auf diese Schutzfunktion kommt es entscheidend darauf an, ob der Arbeitnehmer mit dem Auftreten des Arbeitgebers rechnen musste, oder ob eine sog.

1246 Palandt/*Ellenberger*, 74. Auflage, § 124 BGB Rn. 2.

1247 BAG vom BAG 25.5.2005 – 5 AZR 572/04, BAGE 115, 19, 28 ff. = NZA 2005, 1111, 1115; ErfK/*Preis*, 15. Auflage, § 611 BGB Rn. 182; ausführlich: *Becker*, Die unzulässige Einflussnahme des Arbeitgebers, S. 286 ff.

1248 BAG vom 27.11.2003 – 2 AZR 135/03, BAGE 109, 22, 30 ff. = NZA 2004, 597, 601 ff., in dieser Entscheidung lies das BAG die Verbrauchereigenschaft noch offen.

1249 Die neuen Vorschriften sind am 13.6.2014 durch das Gesetz zur Umsetzung der Verbraucherrechterichtlinie und zur Änderung des Gesetzes zur Regelung der Wohnungsvermittlung vom 20.9.2013 (VRRLUmsG) in Kraft getreten.

1250 RL 2011/83/EU des Europäischen Parlaments und des Rates vom 25.10.2011 über die Rechte der Verbraucher, zur Abänderung der RL 93/13/EWG des Rates und der RL 1999/44/EG des Europäischen Parlaments und des Rates sowie zur Aufhebung der RL 85/577/EWG des Rates und der RL 97/7/EG des Europäischen Parlaments und des Rates, ABl. EU 2011, L 304/64.

1251 Die Vorschrift geht auf Art 2 Nr. 8, 9 Verbraucherrechte-RL zurück.

1252 Palandt/*Grüneberg*, 74. Auflage, § 312b BGB Rn. 1; HK-BGB/*Schulte-Nölke*, 8. Auflage, § 312b BGB Rn. 1.

1253 Untertitel 2: „Grundsätze von Verbraucherverträgen und besondere Vertriebsformen."

Überrumpelungssituation vorliegt.[1254] An einer solchen Überrumpelung fehlt es, wenn sich der Arbeitnehmer bei Abschluss des Aufhebungsvertrages am Arbeitsplatz befindet.[1255] Die Änderung oder Aufhebung eines Arbeitsverhältnisses wird typischerweise im Betrieb des Arbeitgebers vereinbart. Es handelt sich weder um einen Vertrieb, noch findet der Vertragsschluss außerhalb eines Geschäftsraumes statt.[1256] Mithin steht dem Arbeitnehmer kein Widerrufsrecht zu.

C. Störung der Geschäftsgrundlage

Des Weiteren kommt die Beseitigung des Aufhebungsvertrages bei Störung der Geschäftsgrundlage in Betracht. Nach § 313 Abs. 1 BGB ist der Vertrag anzupassen, wenn sich Umstände, die zur Grundlage des Vertrags geworden sind, schwerwiegend verändert haben und die Parteien den Vertrag nicht oder mit anderem Inhalt geschlossen hätten, wenn sie diese Veränderung vorausgesehen hätten. Ist die Vertragsanpassung nicht möglich oder kann sie einem Teil nicht zugemutet werden, so kommt als „ultima ratio" auch eine Vertragsauflösung in Betracht, § 313 Abs. 3 Satz 1 BGB.[1257] Geschäftsgrundlage sind die bei Abschluss des Vertrages bestehenden gemeinsamen Vorstellungen beider Parteien oder die dem Geschäftsgegner erkennbaren und von ihm nicht beanstandeten Vorstellungen der anderen Vertragspartei vom Vorhandensein oder künftigen Eintritt bestimmter Umstände, sofern der Geschäftswille der Parteien auf diesen Vorstellungen aufbaut.[1258] Einseitige Erwartungen oder Motive genügen hierfür nicht.[1259]

1254 Palandt/*Grüneberg*, 74. Auflage, § 312b BGB Rn. 2.

1255 Ausführlich zur alten Fassung: BAG vom 27.11.2003 – 2 AZR 135/03, BAGE 109, 22, 30 ff. = NZA 2004, 597, 601 ff.; BAG vom 18.8.2005 – 8 AZR 523/04, BAGE 115, 340 351 f. = NZA 2006, 145, 149; *Bauer/Krieger/Arnold*, Arbeitsrechtliche Aufhebungsverträge, 9. Auflage, S. 58 f.; *Krieger/Fischinger*, NJW 2007, 2289, 2292; Staudinger/*Oetker*, 2011, Vorb. zu § 620 ff. Rn. 62; *Wimmer*, Unternehmenssanierung, S. 87 f.; a.A. *Becker*, Die unzulässige Einflussnahme des Arbeitgebers, S. 369; *Franz*, Aufhebungsvertrag, S. 364.

1256 Zur neuen Fassung ebenso: HK-BGB/*Schulte-Nölke*, 8. Auflage, § 312b BGB Rn. 10.

1257 *Becker*, Die unzulässige Einflussnahme des Arbeitgebers, S. 278; Palandt/*Grüneberg*, 74. Auflage, § 313 BGB Rn. 42.

1258 St. Rspr. BGH vom 23.10.1957 – V ZR 219/55, BGHZ 25, 390, 392 = NJW 1958, 297; BAG vom 9.7.1986 – 5 AZR 44/85, BAGE 52, 273, 276 = NZA 1987, 16; BAG vom 25.7.1990 – 5 AZR 394/89, BAGE 65, 290, 301 = NZA 1991, 16, 17; BAG vom 8.10.2009 - 2 AZR 235/08, AP Nr. 143 zu § 2 KSchG 1969 = NZA 2010, 465, 467; Palandt/*Grüneberg*, 74. Auflage, § 313 BGB Rn. 3.

1259 MüKo/*Finkenauer*, 6. Auflage, § 313 BGB Rn. 57; Palandt/*Grüneberg*, 74. Auflage, § 313 BGB Rn. 9.

Eine Störung der Geschäftsgrundlage kommt im Zusammenhang mit Betriebsübergängen in Betracht, wenn der Aufhebungsvertrag bzw. der dreiseitige Vertrag anlässlich einer Betriebsstilllegung geschlossen wurde, der Betrieb aber später doch weiterveräußert wurde. Die dauerhafte Stilllegungsabsicht ist in diesem Fall aber nicht zur rechtserheblichen Grundlage des Vertrages geworden. Sie war lediglich der Hintergrund bzw. das einseitige Motiv des Arbeitnehmers.[1260] Die Arbeitnehmer sind vor Abschluss solcher Verträge darauf hinzuweisen, dass dadurch die Betriebsübernahme durch den Erwerber ermöglicht und eine Stilllegung verhindert werden soll.

Auch die Erwartung der späteren Übernahme durch den Erwerber aus der BQG ist nicht Geschäftsgrundlage des Aufhebungsvertrages. Es kann allenfalls angenommen werden, dass die Parteien des Aufhebungsvertrages davon ausgehen, dass der Insolvenzverwalter alles tun werde, um eine Auffanggesellschaft in Gang zu setzen und dass diese die Arbeitnehmer möglichst umfänglich beschäftigen werde. Die Erwartung der Arbeitnehmer, später ein Arbeitsverhältnis beim Erwerber angeboten zu bekommen, ist eine einseitige Hoffnung, mithin nicht Geschäftsgrundlage des Vertrages.[1261]

§ 15 Alternative Gestaltungsmöglichkeiten zur Vermeidung der Rechtsfolgen des § 613a BGB

A. Kündigung nach Erwerberkonzept

Die bisher nach der Rechtsprechung des BAG zulässige Alternative zum BQG-Modell bildet die Kündigung nach Erwerberkonzept.[1262]

B. Befristungen und Bedingungen

I. Auflösende Bedingung

Der Unterschied zwischen einer Befristung und einer auflösenden Bedingung liegt darin, dass bei der Bedingung das „Ob" des Ereigniseintritts ungewiss ist.[1263]

1260 BAG vom 23.11.2006 – 8 AZR 349/06, AP Nr. 1 zu § 613a BGB Wiedereinstellung = NZA 2007, 866, 867; *Hinrichs/Kleinschmidt*, ZInsO 2012, 949, 951; *Krieger/Fischinger*, NJW 2007, 2289, 2292; *Wimmer*, Unternehmenssanierung, S. 89.

1261 BAG vom 10.12.1998 – 8 AZR 324/97, BAGE 90, 260, 272 = NZA 1999, 422, 425; *Krieger/Fischinger*, NJW 2007, 2289, 2293; *Wimmer*, Unternehmenssanierung, S. 88.

1262 Dazu ausführlich § 10 B I 3.

1263 APS/*Backhaus*, 4. Auflage, § 3 TzBfG Rn. 25.

Wird im Arbeitsvertrag vereinbart, dass das Arbeitsverhältnis im Falle eines bis dahin nicht konkret gewordenen Betriebsübergangs aufgelöst werden soll, liegt darin eine unzulässige Abweichung vom zwingenden Arbeitnehmerschutzrecht des § 613a BGB. Der Arbeitnehmer kann nicht im Voraus auf seine Rechte aus § 613a BGB verzichten.[1264] Dem kann zwar entgegengehalten werden, dass die Dispositionsbefugnis des Arbeitnehmers durch § 613a BGB nicht beschränkt werden soll und er auch einvernehmlich einen Aufhebungsvertrag schließen kann. Die auflösende Bedingung wurde aber zu einem Zeitpunkt vereinbart, zu welchem der Betriebsübergang noch nicht bzw. noch nicht hinreichend konkret feststand. In diesem Fall vermag der Arbeitnehmer die Bedeutung seines Verzichts nicht zu überblicken. Der abstrakte Vorausverzicht ist deshalb unwirksam.

II. Vereinbarung einer Befristung

Der Gesetzgeber beschränkt die Vertragsfreiheit bei Abschluss eines befristeten Arbeitsverhältnisses, indem er die Befristungsvereinbarung vom Vorliegen sachlicher Gründe abhängig macht, § 14 Abs. 1 TzBfG.

Fraglich ist, ob ein geplanter Betriebsübergang ein sachlicher Grund für eine Befristung des Arbeitsverhältnisses sein kann. Dies ist abzulehnen, wenn durch die Befristungsvereinbarung § 613a BGB umgangen wird. Der Arbeitnehmer kann anlässlich eines konkreten Betriebsübergangs wirksam eine Eigenkündigung aussprechen oder echte Aufhebungsverträge schließen und damit über den Bestand seines Arbeitsverhältnisses disponieren. Für die Vereinbarung einer Befristung könnte das gleiche gelten.

Gemäß § 613a Abs. 4 Satz 1 BGB sind Kündigungen, die „wegen" des Betriebsübergangs erfolgen, unwirksam. Vertraglich vereinbarte Befristungen sind davon ebenso wenig umfasst, wie Eigenkündigungen und Aufhebungsverträge.[1265] Gleichwohl könnte durch die Befristungsvereinbarung das Kündigungsverbot unzulässig umgangen werden. Durch die Befristung wird die Beendigung des Arbeitsverhältnisses aus Anlass des Betriebsübergangs bezweckt und der Ausspruch einer – möglicherweise nach § 613a Abs. 4 Satz 1 BGB unwirksamen – Kündigung vermieden. Dies läuft dem Bestandsschutzschutzzweck der Norm zuwider. § 613a BGB will eine Schlechterstellung des Arbeitnehmers anlässlich eines Betriebsüberganges verhindern. Die Vereinbarung einer Befristung „wegen" des Betriebsübergangs verstößt gegen das gesetzgeberische Ziel

---

1264 Staudinger/*Annuß*, 2011, § 613a BGB Rn. 35; *Kreitner*, Kündigungsrechtliche Probleme, S. 193; *Lipinski*, Sonderkündigungsschutz, S. 121; dazu auch § 5 B II 1.

1265 Dazu § 5 A I.

des Kündigungsverbotes und ist analog § 613a Abs. 4 Satz 1 BGB unwirksam. Folglich kann allein der bevorstehende Betriebsinhaberwechsel kein sachlicher Grund im Sinne des § 14 Abs. 1 TzBfG für die Befristung sein.[1266] Eine Befristung im Zusammenhang mit einem Betriebsübergang ist nur zulässig, wenn andere Gründe im Sinne von § 613a Abs. 4 Satz 2 BGB vorliegen, die sie zu rechtfertigen vermögen.[1267] So z.B., wenn ein vorübergehender Bedarf an der Arbeitsleistung gem. § 14 Abs. 1 Satz 2 Nr. 1 TzBfG vorliegt, weil ein Betrieb oder Betriebsteil geschlossen werden soll.[1268]

1266 BAG vom 15.2.1995 – 7 AZR 680/94, AP Nr. 166 zu § 620 BGB Befristeter Arbeitsvertrag = NZA 1995, 987, 988; BAG vom 30.10.2008 – 8 AZR 855/07, AP Nr. 359 zu § 613a BGB = NZA 2009, 723, 726; *Fuhlrott*, FA 2013, 258, 260; *Wagner*, Individualarbeitsrechtliche Vereinbarungen, S. 18.

1267 So im Ergebnis auch BAG vom 2.12.1998 – 7 AZR 579/97, AP Nr. 207 zu § 620 BGB Befristeter Arbeitsvertrag = NZA 1999, 926, 928; BDH/*Dreher*, 3. Auflage, § 613a BGB Rn. 270; MüKo/*Müller-Glöge*, 6. Auflage, § 613a BGB Rn. 204; ErfK/*Preis*, 15. Auflage, § 613a BGB Rn. 157;

1268 MüKo/*Müller-Glöge*, 6. Auflage, § 613a BGB Rn. 204.

Sechster Teil: Ergebnisse der Untersuchung

§ 16 Zusammenfassung der Ergebnisse

A. Charakterisierung des § 613a BGB

Nicht alle zwingenden Bestimmungen sind automatisch Verbotsgesetze im Sinne des § 134 BGB. Die Auslegung der für die Untersuchung maßgeblichen Normen hat ergeben, dass § 613a Abs. 1 Satz 1 BGB zwar eine zwingende Norm, aber kein Verbotsgesetz ist, wohingegen § 613a Abs. 4 Satz 1 BGB als gesetzliches Verbot im Sinne des § 134 BGB zu qualifizieren ist.

B. Echte Aufhebungsverträge

Ein echter Aufhebungsvertrag liegt vor, wenn dadurch das Arbeitsverhältnis mit dem Veräußerer endgültig beendet wird.

I. Vorliegen eines echten Aufhebungsvertrages

Von einem endgültigen Ausscheiden des Arbeitnehmers aus dem Betrieb kann – entgegen der bisherigen Rechtsprechung des BAG – nur dann ausgegangen werden, wenn zum Zeitpunkt des Aufhebungsvertragsschlusses noch kein potentieller Erwerber vorhanden ist. Gleiches gilt, wenn der Arbeitnehmer den Abschluss des Aufhebungsvertrages veranlasst hat. Nur in diesen Fällen kann ohne weiteres von einem echten Aufhebungsvertrag mit Beendigungsfunktion ausgegangen werden. Eine Umgehung steht dann nicht im Raum.

II. Zulässiger Verzicht auf den Bestandsschutz des § 613a BGB

Echte Aufhebungsverträge verstoßen nicht gegen § 613a BGB. Der Arbeitnehmer kann wirksam auf den Bestandsschutz des Kündigungsschutzgesetzes verzichten. Dieser Schutz wird dem Arbeitnehmer nicht aufgedrängt. Dies gilt folgerichtig auch für den Bestandsschutz des § 613a BGB, der den allgemeinen Kündigungsschutz flankiert, aber nicht darüber hinausgeht. Andernfalls würde der Schutzzweck des § 613a BGB überspannt. Kann der Arbeitnehmer trotz bestehenden allgemeinen oder besonderen Kündigungsschutzes sein Arbeitsverhältnis mittels Aufhebungsvertrag beenden, muss dies auch im Rahmen des § 613a BGB gelten. Die Norm schützt den Arbeitnehmer lediglich vor einseitigen Maßnahmen des Arbeitgebers. Aus diesem Grund ist es ohne weiteres möglich, Aufhebungsverträge mit Beendigungsfunktion zu schließen. Sachliche Gründe sind nicht erforderlich.

Der Existenz des arbeitnehmerseitigen Widerspruchsrechts kann „a minore ad maius" eine Wertung entnommen werden, die für die Zulässigkeit echter Aufhebungsverträge bei Betriebsübergängen spricht. § 613a Abs. 6 BGB zeigt, dass die Arbeitnehmer keinem Kontrahierungszwang unterliegen. Das Widerspruchsrecht ist sachlich ein Verzicht des Arbeitnehmers auf seinen durch § 613a BGB erweiterten Bestandsschutz. Auch durch Abschluss eines Aufhebungsvertrages muss der Arbeitnehmer auf diesen Bestandsschutz verzichten können.

Die Betriebsübergangsrichtlinie 2001/23/EG steht dem Abschluss echter Aufhebungsverträge nicht entgegen.

C. Unechte Aufhebungsverträge im Rahmen des Lemgoer Modells

Ein unechter Aufhebungsvertrag liegt vor, wenn dem Arbeitnehmer die Wiedereinstellung beim Erwerber rechtsverbindlich zugesagt wurde, sodass ein Anspruch des Arbeitnehmers auf die Neueinstellung besteht. In diesem Fall handelt es sich im Ergebnis nicht um einen Aufhebungs-, sondern um einen Änderungsbzw. Verzichtsvertrag.

I. Unzulässige Motivkontrolle des BAG

Das BAG nimmt bei Aufhebungsverträgen eine Motivkontrolle vor: Entscheidend ist, ob mit dem Aufhebungsvertrag ein endgültiges Ausscheiden des Arbeitnehmers aus dem Betrieb bezweckt wird oder die Kontinuität des Arbeitsverhältnisses bei gleichzeitigem Erhalt des Arbeitsplatzes durchbrochen werden soll. Durch den Veranlassungsgedanken wird deutlich, dass die Rechtsprechung eine Kontrolle des Arbeitgebermotivs beabsichtigt.

Die Motivzensur orientiert sich an § 613a Abs. 4 Satz 1 BGB: Denn auch dieses – nach der Rechtsprechung zu missbilligendes – Motiv des Arbeitgebers zielt auf eine Erleichterung der Betriebsübernahme ab, sodass der Aufhebungsvertrag „wegen" des Betriebsübergangs geschlossen wurde. Der Aufhebungsvertrag ist nur gerechtfertigt, wenn sachliche Gründe vorliegen, die ihn aus sich heraus rechtfertigen (vgl. § 613a Abs. 4 Satz 2 BGB).

Diese Motivkontrolle findet aber rechtlich keine Stütze. Sie kann weder auf eine Umgehung des § 613a BGB noch auf eine Rechtsfortbildung extra legem oder eine Inhaltskontrolle i.e.S. gestützt werden. Sowohl unechte Aufhebungsals auch Änderungsverträge sind uneingeschränkt zulässig, selbst wenn sie „wegen" des Betriebsübergangs geschlossen wurden. Sachliche Gründe sind dabei ebenso wenig erforderlich wie bei echten Aufhebungsverträgen. Die Vertragsfreiheit des Arbeitnehmers wird nicht beschränkt.

II. Kein unwirksames Umgehungsgeschäft

§ 613a BGB wird durch den unechten Aufhebungsvertrag nicht unzulässig umgangen.

1. Allgemein zur Gesetzesumgehung

Die Gesetzesumgehung wird mittels Analogie gelöst, da die Auslegung nur der Ermittlung des Geltungsbereichs eines Gesetzes dient. Von einer Umgehung kann methodisch erst gesprochen werden, wenn die Auslegung an ihre Grenzen, den möglichen Wortsinn, stößt. Die Gesetzesumgehung beginnt also erst dort, wo der Geltungsbereich der Norm endet. Subjektive Motivationen der Parteien können nur Berücksichtigung finden, wenn die umgangene Norm selbst eine Motivzensur zulässt.

2. Umgehungszweck zur Ermittlung der Entscheidungsnorm

Der Umgehungszweck des Arbeitgebers kann Aufschluss darüber geben, welche Norm durch den Aufhebungsvertrag umgangen wird und analog angewendet werden muss: Werden die Aufhebungsvereinbarungen – wie beim BQG-Modell – veranlasst, um dem Kündigungsverbot auszuweichen, ist § 613a Abs. 4 Satz 1 BGB die umgangene Norm. Bezweckt der Arbeitgeber aber – wie beim Lemgoer Modell – die Beseitigung der Kontinuität des Arbeitsverhältnisses bei gleichzeitigem Erhalt des Arbeitsplatzes, zielt die Aufhebungsvereinbarung mithin auf eine inhaltliche Änderung der Arbeitsbedingungen ab, ist § 613a Abs. 1 Satz 1 BGB die Entscheidungsnorm, über deren Anwendung zu befinden ist. Denn § 613a Abs. 1 Satz 1 BGB ordnet den Übergang der Arbeitsverhältnisse in ihrer konkreten Ausgestaltung an und vermittelt neben dem Bestandsschutz auch einen einzelvertraglichen Inhaltsschutz.

Der Abschluss unechter Aufhebungsverträge bezweckt weder eine Beendigungs- noch eine Änderungskündigung zu vermeiden. Der Bestandsschutz ist durch die feste Wiedereinstellungszusage nicht gefährdet.

§ 613a Abs. 4 Satz 1 BGB ist keine spezialgesetzliche Ausprägung des allgemeinen Umgehungsverbotes. Die Norm bezieht sich – im Gegensatz zu anderen spezialgesetzlichen Ausprägungen des Umgehungsverbotes, wie z.B. § 306a BGB oder § 312k Satz 2 BGB – nicht auf alle Gestaltungsmöglichkeiten, sondern nur auf den bestimmten Umgehungsfall der arbeitgeberseitigen Kündigung. § 613a Abs. 4 Satz 1 BGB kann daher nicht auf alle Umgehungsgeschäfte analog angewendet werden.

§ 613a Abs. 1 Satz 1 BGB ist die umgangene Norm.

3. *Ergebnis: Rechtsfortbildung extra legem*

Da die analoge Anwendung des § 613a Abs. 1 Satz 1 BGB nicht zur Unwirksamkeit des Umgehungsgeschäfts führt, stößt die Umgehungslehre an ihre Grenzen. Das BAG setzt ein Ergebnis durch, ohne dass sich Anhaltspunkte aus dem Gesetz ergeben. Es handelt sich – entgegen der Ansicht des BAG – nicht um einen Fall der echten Gesetzesumgehung, sondern um eine (unzulässige) Rechtsfortbildung extra legem.

4. *Gesetzesumgehung und Motivkontrolle*

§ 613a Abs. 1 Satz 1 BGB lässt – im Gegensatz zu § 613a Abs. 4 Satz 1 BGB – ohnehin keine Motivzensur zu. Einvernehmliche Vertragsänderungen verstoßen entweder objektiv – und damit unabhängig vom Motiv des Arbeitgebers – immer gegen die gesetzgeberische Intention des § 613a BGB oder sie sind – nach der hier vertretenen Auffassung – auch im Zusammenhang mit Betriebsübergängen uneingeschränkt zulässig.

III. *Unzulässige Rechtsfortbildung des § 613a BGB*

Auch eine Rechtsergänzung des § 613a BGB vermag die Motivkontrolle des BAG nicht zu legitimieren. Zwar kommt eine Rechtsfortbildung extra legem in Hinblick auf ein bedeutsames Rechtsgut – Bestandsschutz der Arbeitsverhältnisse und Arbeitsbedingungen – in Betracht, das in Art. 12 GG verfassungsrechtlich verankert und in § 613a BGB (und dem KSchG) eine einfachgesetzliche Ausprägung gefunden hat. Gleichwohl steht die gesetzgeberische Intention des § 613a BGB einem Verzicht des Arbeitnehmers auf den Inhaltsschutz nicht entgegen. Sachliche Gründe sind für den Verzicht nicht erforderlich. Alle einvernehmlichen Änderungen der Arbeitsbedingungen im zeitlichen und sachlichen Zusammenhang mit dem Betriebsübergang sind zulässig, selbst wenn sie überwiegend durch diesen motiviert waren, d.h. „wegen" des Betriebsübergangs geschlossen wurden.

§ 613a BGB kann nicht entnommen werden, dass der Inhalt der Arbeitsverhältnisse stärker zu schützen ist als ihr Bestand. Die Auslegung des § 613a BGB ergibt, dass die Norm einem Verzicht des Arbeitnehmers auf den Inhaltsschutz des § 613a BGB ebenso wenig entgegensteht wie einem Verzicht auf den Bestandsschutz mittels echten Aufhebungsvertrags. § 613a BGB will den Arbeitnehmer vor einer Fremd-, nicht aber vor einer Selbstbenachteiligung bewahren.

§ 613a Abs. 1 Satz 1 BGB schützt zwar die Kontinuität des Arbeitsverhältnisses, enthält aber keine Arbeitsplatzgarantie. Der Arbeitnehmer soll durch den Betriebsinhaberwechsel nicht besser gestellt werden. Die Norm will den

Arbeitnehmer nicht vor solchen Arbeitsplatzrisiken schützen, die auch ohne den Wechsel des Arbeitgebers abstrakt bestanden hätten. Das Risiko einer Verschlechterung der Arbeitsbedingungen besteht unabhängig vom Bevorstehen eines Betriebsübergangs, vor allem in Zeiten wirtschaftlicher Krisen. Auch beim Anteilserwerb (Share Deal) ist die einvernehmliche Verschlechterung der Arbeitsbedingungen ohne weiteres möglich.

Eine analoge Anwendung des § 613a Abs. 1 Satz 2 BGB scheidet aus. Der Gesetzgeber hat bewusst nur angeordnet, dass kollektive Regelungen auch mit Zustimmung des Arbeitnehmers anlässlich eines Betriebsübergangs nicht verschlechtert werden dürfen. Daraus ergibt sich im Umkehrschluss, dass die Vertragsfreiheit der Arbeitnehmer im Falle des § 613a Abs. 1 Satz 1 BGB nicht beschränkt werden sollte.

Da der Arbeitnehmer auf den gem. § 2 KSchG vermittelten Inhaltsschutz durch vorbehaltlose Annahme des Änderungsangebotes – auch ohne Vorliegen sachlicher Rechtfertigungsgründe – verzichten kann, muss dies folgerichtig auch für die flankierende Regelung des § 613a BGB gelten.

Art. 3 Abs. 1 der Richtlinie 2001/23/EG lässt sich ebenfalls keine Einschränkung der Vertragsfreiheit des Arbeitnehmers entnehmen, weil eine Änderung der Arbeitsbedingungen auch unabhängig von einem Betriebsinhaberwechsel nach innerstaatlichem Recht zulässig ist.

IV. Kein Scheingeschäft

Der unechte Aufhebungsvertrag im Rahmen des Lemgoer Modells ist kein Scheingeschäft im Sinne des § 117 Abs. 1 BGB, weil die Vertragsbeendigung als Rechtsfolge des Aufhebungsvertrages von den Parteien tatsächlich gewollt ist.

V. Unzulässige Inhaltskontrolle des unechten Aufhebungsvertrages

Die vom BAG unter der „Leerformel des sachlichen Grundes“ vorgenommene Inhaltskontrolle der Vereinbarung ist unzulässig. Sie kann weder auf § 307 Abs. 1 Satz 1 BGB noch auf § 2 KSchG analog oder § 138 BGB gestützt werden.

Die Vertragsfreiheit des Arbeitnehmers kann auch nicht durch die Lehre von den Schutzpflichten mit Hilfe der zivilrechtlichen Generalklauseln eingeschränkt werden.

Zwar besteht eine staatliche Pflicht, die freie Selbstbestimmung des Arbeitnehmers vor einem ungleichen Kräfteverhältnis zu schützen. Die Voraussetzungen der Inhaltskontrolle im engeren Sinn gem. § 242 BGB liegen im Falle des Lemgoer Modells aber nicht vor. Nach der Rechtsprechung des BVerfG müsste das BAG im Falle des Lemgoer Modells nur schützend eingreifen, wenn der

Inhalt des Vertrages für den Arbeitnehmer „ungewöhnlich belastend" und der Interessenausgleich „offensichtlich unangemessen" ist. Dies ist der Fall, wenn der unechte Aufhebungsvertrag aufgrund einer typisierbaren Fallgestaltung die Folge einer „strukturell ungleichen Verhandlungsstärke" wäre und ein spezifisches Schutzbedürfnis erkennen ließe.

Es fehlt jedoch bereits an einer strukturellen Unterlegenheit des Arbeitnehmers. Die mögliche Drucksituation resultiert nicht aus dem Betriebsinhaberwechsel an sich, sondern aus der drohenden betriebsbedingten Kündigung als Folge der wirtschaftlichen Schwierigkeiten des Betriebs. Denn beim Betriebsinhaberwechsel ist der Arbeitnehmer durch § 613a BGB geschützt. Indes: Eine drohende betriebsbedingte Kündigung vermag eine Inhaltskontrolle nicht zu rechtfertigen. Denn der Gesetzgeber erkennt einvernehmliche Änderungen unter dem unmittelbaren Druck einer drohenden Kündigung in Form einer Änderungskündigung an und unterzieht sie selbst dann keiner nachträglichen Inhaltskontrolle, wenn die Vereinbarung für den Arbeitnehmer nachteilig war. Dies muss hier umso mehr gelten, als das Angebot auf Abschluss eines unechten Aufhebungsvertrages nicht unmittelbar mit dem Ausspruch einer betriebsbedingten Kündigung verknüpft wird.

Der Hinweis auf wirtschaftliche Folgen kann nur dann eine Drucksituation erzeugen, wenn es sich nicht um eine bloße Warnung, sondern um eine Drohung im Sinne des § 123 Abs. 1 Alt. 2 BGB handelt. Dies kommt nur in Betracht, wenn der künftige Betriebsübergang bereits feststeht, weil nur dann die Stilllegung nicht die unausweichliche Konsequenz ist, der Veräußerer mithin Einfluss auf die Stilllegung hat. In diesem Fall ist der Arbeitnehmer aber durch das Anfechtungsrecht (§ 123 Abs. 1 Alt. 1 und 2 BGB) ausreichend geschützt, sodass es keiner Inhaltskontrolle der Vereinbarung bedarf.

VI. Kein institutioneller Rechtsmissbrauch

Durch das Lemgoer Modell wird weder der Aufhebungsvertrag noch die Vertragsfreiheit missbraucht.

VII. Ergebnis: Zulässigkeit des unechten Aufhebungsvertrages

§ 613a BGB steht weder einer einvernehmlichen Verschlechterung der Arbeitsvertragsbedingungen noch dem Abschluss eines echten Aufhebungsvertrages entgegen. Somit spricht auch nichts dagegen beides in einem unechten Aufhebungsvertrag zu kombinieren. Die unechten Aufhebungsverträge unterscheiden sich in ihrer Wirkung nicht wesentlich von Änderungsverträgen, weil dem Arbeitnehmer durch den engen und zeitlichen Zusammenhang der

Arbeitsverhältnisse seine Beschäftigungsdauer angerechnet wird. Seine sozialen Besitzstände bleiben ihm – auch ohne Anrechnungsklausel – erhalten.

Folglich können sowohl Änderungs- als auch unechte Aufhebungsverträge im zeitlichen und sachlichen Zusammenhang mit Betriebsübergängen geschlossen werden. Wie bei der Kündigung nach Erwerberkonzept kann auch hier kein künstliches Hinauszögern der Änderungsvereinbarung auf den Zeitpunkt nach dem Betriebsübergang gewollt sein. Es macht – entgegen der bisherigen Rechtsprechung des BAG – auch keinen Unterschied, ob die Verschlechterung der Arbeitsbedingungen vor oder nach dem Betriebsübergang vereinbart wurde.

Sowohl Änderungsvereinbarungen als auch unechte Aufhebungsverträge sind uneingeschränkt zulässig, selbst wenn die Änderung „wegen" des Betriebsübergangs vereinbart wurde. Sachliche Gründe sind nicht erforderlich. Die vom BAG vorgenommene Motivkontrolle lässt sich nicht rechtfertigen. Eine Unwirksamkeit derartiger Vereinbarungen kann sich nur aus den allgemeinen zivilrechtlichen Regeln, insbesondere § 123, § 138 BGB ergeben.

VIII. Anforderungen an die sachlichen Rechtfertigungsgründe

Das Kriterium des sachlichen Grundes zur Herstellung eines angemessenen Interessenausgleichs ist überdies völlig ungeeignet. Denn nach bisheriger Rechtsprechung ist unklar, ob und wann der sachliche Grund überhaupt zur Rechtfertigung von unechten Aufhebungsverträgen und Änderungsvereinbarungen herangezogen werden kann, noch welche konkreten Anforderungen an den Rechtfertigungsgrund zu stellen sind. Demnach sind solche Vereinbarungen mit einem erheblichen Prognose- und damit Prozessrisiko verbunden, das zu Lasten des eigentlich zu schützenden Arbeitnehmers geht.

Einvernehmliche Änderungen sind jedenfalls dann als sachlich gerechtfertigt anzusehen, wenn auch eine wirksame Änderungskündigung (ggf. nach Erwerberkonzept) ausgesprochen werden könnte. Als Obergrenze der sachlichen Gründe kann § 613a Abs. 4 Satz 2 BGB herangezogen werden. Liegt der Änderung der Arbeitsbedingungen ein unternehmerisches Konzept des Veräußerers oder des Erwerbers zugrunde, das zum Wegfall des Beschäftigungsbedürfnisses zu bisherigen Bedingungen führt, und dient die damit regelmäßig einhergehende Entgeltreduzierung dazu, eine Stilllegung und/oder die Reduzierung eines wesentlichen Teils der Belegschaft zu verhindern, ist auch die einvernehmliche Änderung und damit der Verzicht des Arbeitnehmers „sachlich gerechtfertigt." In diesem Fall wird die Änderung der Arbeitsbedingungen nicht „wegen" des Betriebsübergangs, sondern „wegen" der Sanierung des Betriebes vereinbart. Durch die einvernehmlichen Änderungsvereinbarungen kann eine Stilllegung und damit der Verlust sämtlicher Arbeitsplätze verhindert werden, wenn der Erwerber die Personalkostenreduzierung zur Voraussetzung der Übernahme macht. Zudem kann durch die Zulässigkeit einer einvernehmlichen Änderung auch dem Ausspruch einer wesentlich schwerwiegenderen Änderungs- oder Beendigungskündigungen durch den Erwerber nach der Übernahme entgegengewirkt werden.

Darüber hinaus ist § 613a BGB nicht nur bei Ausspruch einer schwerwiegenderen Kündigung im Hinblick auf die Richtlinie 2001/23/EG sanierungsfördernd auszulegen. Auch bei unechten Aufhebungs- und Änderungsvereinbarungen muss in Anlehnung an §§ 125 Abs. 1 Satz 1 Nr. 1, 128 Abs. 2 InsO – widerleglich – vermutet werden, dass die Änderung nicht „wegen" des Betriebsübergangs erfolgt.

IX. Günstigkeit der Vereinbarung durch Beschäftigungszusagen des Erwerbers

Der Erwerber kann einer Unwirksamkeit der Vereinbarung auch mit Beschäftigungszusagen begegnen. In diesem Fall sind die Regelungen im Neuvertrag nach einem synallagmatischen Günstigkeitsvergleich auch bei objektiver Verschlechterung der Arbeitsbedingungen für den Arbeitnehmer nicht ungünstiger im Sinne des Günstigkeitsprinzips. Denn dem Verzicht des Arbeitnehmers steht eine kompensatorische Gegenleistung des Erwerbers synallagmatisch gegenüber.

D. Der dreiseitige Vertrag im Rahmen des BQG-Modells

Der dreiseitige Vertrag zwischen dem Arbeitgeber bzw. Insolvenzverwalter, dem Arbeitnehmer und der Beschäftigungsgesellschaft ist ein zusammengesetztes Rechtsgeschäft im Sinne des § 139 BGB. Ist ein Teil dieses Rechtsgeschäfts, der Aufhebungsvertrag (zwischen Arbeitgeber und Arbeitnehmer) oder der Arbeitsvertrag (zwischen Arbeitnehmer und BQG) nichtig, ist gem. § 139 BGB der gesamte dreiseitige Vertrag nichtig.

I. Der Aufhebungsvertrag als Umgehungsgeschäft

Beim BQG-Modell wird den Arbeitnehmern die Wiedereinstellung gerade nicht fest zugesagt. Diese Unsicherheit wird dazu genutzt, alle Arbeitnehmer in die BQG zu überführen, um das Kündigungsverbot zu vermeiden und dem Erwerber eine freie Auswahl an Arbeitnehmern zu ermöglichen. Diese Vorgehensweise läuft dem gesetzgeberischen Ziel des § 613a Abs. 4 Satz 1 BGB zuwider. Der Aufhebungsvertrag ist im Rahmen des dreiseitigen Vertrages als Umgehungsgeschäft analog § 613a Abs. 4 Satz 1 BGB unwirksam, wenn er „wegen" des Betriebsübergangs geschlossen wurde, weil es ansonsten zu einer Aushöhlung der Vorschrift kommt.

Dabei kann jedoch nur bedingt auf die Wirksamkeitskriterien der Rechtsprechung zurückgegriffen werden:

1. Definition des Risikogeschäfts nach der Rechtsprechung des BAG

Das BAG beurteilt die Wirksamkeit des Aufhebungsvertrages danach, ob der Neuvertrag ein Risikogeschäft für den Arbeitnehmer ist. Daran fehlt es, wenn dem Arbeitnehmer die Wiedereinstellung beim Erwerber bereits zugesagt bzw. verbindlich in Aussicht gestellt wurde.

a. Feste Einstellungszusage

Wurde die Wiedereinstellung fest zugesagt, handelt es sich um einen unechten Aufhebungsvertrag, dem § 613a Abs. 1 Satz 1 BGB nicht entgegensteht.

b. Verbindliches In-Aussicht-stellen

Es liegt auch dann kein Risikogeschäft vor, wenn dem Arbeitnehmer die Weiterbeschäftigung verbindlich in Aussicht gestellt wurde. Dies ist der Fall, wenn der Arbeitnehmer zum Zeitpunkt des Aufhebungsvertragsschlusses auf die Neueinstellung beim Erwerber schutzwürdig vertrauen durfte. Das BAG stellt die Bindung des Erwerbers durch Schaffung eines Vertrauenstatbestandes einer vertraglichen Bindung gleich.

Nach der derzeitigen Rechtsprechung des BAG ist das Vertrauen eines besonnenen Durchschnittsarbeitnehmers schutzwürdig, wenn die Einstellung überwiegend wahrscheinlich ist (mehr als 50%) und der Erwerber den Arbeitnehmern individuell auf sie zugeschnittene Vertragsexemplare, die bereits die essentialia negotii enthalten, vorlegt. Dieses Verhalten erweckt bei den Arbeitnehmern den Eindruck, dass das „ob" der Einstellung bereits feststehe und nur das „wie" hinsichtlich der Dauer des Arbeitsverhältnisses – also befristet oder unbefristet – vom Losglück bzw. der Entscheidung des Erwerbers abhänge.

Das Kriterium des „verbindlichen In-Aussicht-stellens" ist zur Beurteilung der Wirksamkeit des Aufhebungsvertrages völlig ungeeignet. Denn die Frage der Umgehung und damit die Frage der Normgeltung und Normanwendung kann nicht von den subjektiven Vorstellungen des Arbeitnehmers und dessen schutzwürdigen Vertrauens abhängig gemacht werden, zumal die Rechtsprechung des BAG in erster Linie dazu dient, die Motive des Arbeitgebers zu kontrollieren.

c. Ergebnis: Risikogeschäft ungeeignet

Das Risikogeschäft ist als Wirksamkeitskriterium abzulehnen. Dem Erwerber wird ein freies Auswahlrecht ermöglicht, das durch § 613a BGB verhindert werden soll. Es führt zu dem verqueren Ergebnis, dass der Aufhebungsvertrag von den Gerichten für Arbeitssachen umso eher als wirksam angesehen wird, je unsicherer die Lage für den Arbeitnehmer ist, und setzt letztlich die intellektuelle Unterlegenheit des Arbeitnehmers für seine Wirksamkeit voraus.

2. *Schein-BQG zur Beurteilung einer Gesetzesumgehung ungeeignet*

Zudem kann, entgegen der Rechtsprechung, nicht von einem Scheingeschäft auf eine unzulässige Umgehung geschlossen werden. Beide Rechtsinstitute schließen sich gegenseitig aus.

3. *Maßgebliches Kriterium: Umgehung der Sozialauswahl*

Maßgeblich ist allein, ob beim Angebot des Aufhebungsvertragsschlusses die Grundsätze der Sozialauswahl beachtet wurden. Dieses Kriterium wurde vom BAG bislang lediglich „stiefmütterlich“[1269] behandelt.

a. § 613a Abs. 4 Satz 1 BGB als umgangene Norm

Beim BQG-Modell wird allen Arbeitnehmern der Wechsel in die BQG angeboten. Durch die Zwischenschaltung der Transfergesellschaft wird der Aufhebungsvertrag wirksam, weil er auf ein endgültiges Ausscheiden aus dem Betrieb gerichtet ist. Der Erwerber kann sich sodann seine „Wunschmannschaft“ zusammenstellen. Der Ausspruch einer möglicherweise nach § 613a Abs. 4 Satz 1 BGB unwirksamen Kündigung kann dadurch vermieden werden. Der Arbeitgeber muss die kündigungsrechtlichen Vorschriften und damit auch die Sozialauswahl nicht beachten. Dem Erwerber wird ein freies Auswahlrecht ermöglicht, das durch § 613a BGB gerade verhindert werden soll. Der Aufhebungsvertrag dient der Umgehung der Rechtsfolgen des § 613a Abs. 4 Satz 1 BGB.

b. § 613a Abs. 4 Satz 2 BGB analog i.V.m. § 1 KSchG

Der Aufhebungsvertrag ist auf Wertungsebene einer verbotenen Arbeitgeberkündigung gleichzustellen und analog § 613a Abs. 4 Satz 1 BGB unwirksam, wenn er „wegen“ des Betriebsübergangs geschlossen wurde. Könnte gem. § 613a Abs. 4 Satz 2 BGB aber statt des Aufhebungsvertrages eine wirksame

1269 So *Pils*, NZA 2013, 125, 127.

Kündigung ausgesprochen werden, ist auch der Aufhebungsvertag nicht überwiegend durch den Betriebsinhaberwechsel motiviert. Der „andere“ Kündigungsgrund des § 613a Abs. 4 Satz 2 BGB setzt bei der betriebsbedingten Kündigung neben dem dringenden betrieblichen Erfordernis, das zum Wegfall der Beschäftigungsmöglichkeit des Arbeitnehmers führt, auch die Beachtung der Sozialauswahl gem. § 1 Abs. 3 KSchG voraus. Somit kommt es auch für die Wirksamkeit des Aufhebungsvertrages maßgeblich darauf an, ob die Grundsätze der Sozialauswahl beachtet wurden. Dies wird analog § 125 Abs. 1 Satz 1 Nr. 2 InsO nur eingeschränkt überprüft, wenn ein Interessenausgleich mit Namensliste verhandelt wurde. Die Sozialauswahl ist sowohl beim Betriebs- als auch beim Betriebsteilübergang rechtsträgerübergreifend durchzuführen.

c. Ergebnis: Beachtung der Sozialauswahl bei Angebot des Aufhebungsvertrages

Zwar wird so bereits das Aufhebungsvertragsangebot und nicht erst die Auswahlentscheidung des Erwerbers aus der BQG am Maßstab von § 1 Abs. 3 KSchG gemessen. Gleichwohl hat sich der Erwerber schon vor der Betriebsübernahme einen Überblick verschafft und weiß bereits zum Zeitpunkt des Aufhebungsvertragsschlusses, welche „Wunscharbeitnehmer“ er – in der Regel nur kurze Zeit später – aus der BQG auswählen und neu einstellen wird. Selbst wenn diese Übernahme mittels Losentscheid erfolgen soll, steht zum Zeitpunkt des Aufhebungsvertragsschlusses bereits fest, dass keine Sozialauswahl durchgeführt wird.

II. Der Arbeitsvertrag mit der BQG als Scheingeschäft

Der neue Arbeitsvertrag mit der BQG kann ein Scheingeschäft im Sinne des § 117 Abs. 1 BGB sein, wenn beide Vertragsparteien übereinstimmend die mit dem Rechtsgeschäft verbundenen Rechtsfolgen nicht eintreten lassen wollen. Der Arbeitnehmer und die gesetzlichen Vertreter der BQG müssen sich bei Vertragsschluss darüber einig sein, dass für die Transferleistungen kein Bedarf besteht. War die Weiterbeschäftigung beim Erwerber fest vereinbart oder durften die Parteien auf eine Übernahme beim Erwerber vertrauen, kommt ein Scheingeschäft in Betracht. Ging lediglich der Arbeitnehmer davon aus, dass der Arbeitsvertrag bei der BQG nur zum Schein erfolgt ist, handelt es sich um ein misslungenes Scheingeschäft. Die Willenserklärung des Arbeitnehmers ist im Fall des misslungenen Scheingeschäfts gem. § 118 BGB nichtig.

III. Beachtung des AGG bei der Auswahlentscheidung des Erwerbers

Der Erwerber hat bei der Auswahl der Arbeitnehmer aus der BQG das Diskriminierungsverbot des §§ 1, 7 Abs. 1 AGG zu beachten. Denn die Arbeitnehmer in der BQG gelten auch ohne die förmliche Einreichung von Bewerbungsunterlagen im Hinblick auf die Schutzfunktion des AGG als Bewerber im Sinne des § 6 Abs. 1 Satz 2 Alt. 1 AGG.

Nicht das Angebot des Veräußerers auf Abschluss des Aufhebungsvertrages, sondern erst das Vertragsangebot des Erwerbers wird am Maßstab des AGG kontrolliert. Somit hat der Erwerber auch dann die Vorschriften des AGG zu beachten, wenn die Arbeitnehmer – nach den oben genannten Grundsätzen – wirksam in die BQG überführt wurden.

E. Gesamtergebnis der Untersuchung

Die Untersuchung hat gezeigt, dass § 613a BGB dem Abschluss eines echten Aufhebungsvertrags mit Beendigungsfunktion nicht entgegensteht.

Das früher praktizierte Lemgoer Modell ist – entgegen der Rechtsprechung des BAG – zulässig. Sowohl Änderungs- und Verzichtsverträge als auch Aufhebungsverträge, die eine Inhaltsänderung vorbereiten (sog. unechte Aufhebungsverträge), können in der Betriebsübergangsituation – unabhängig von den Motiven des Arbeitgebers – abgeschlossen werden. Der Arbeitnehmer kann auf den Inhaltsschutz des § 613a Abs. 1 Satz 1 BGB verzichten, ohne dass sachliche Rechtfertigungsgründe erforderlich sind.

Das BQG Modell ist hingegen eine unzulässige Umgehung des Kündigungsverbotes gem. § 613a Abs. 4 Satz 1 BGB, wenn dem Erwerber dadurch ein freies Auswahlrecht ermöglicht wird. Dieses soll durch § 613a BGB gerade verhindert werden. Obwohl die übertragende Sanierung und damit die Übernahme eines Großteils der Belegschaft bereits hinreichend konkret ist, wird durch die Unsicherheit und das Risiko der Arbeitnehmer im Hinblick auf ihre Weiterbeschäftigung ein Aufhebungsvertrag geschlossen. Dabei vermag der Arbeitnehmer die Reichweite seines Verzichts – im Gegensatz zum Lemgoer Modell – nicht zu überblicken. Aus diesem Grund ist die Vertragsfreiheit des Arbeitnehmers durch die analoge Anwendung des § 613a Abs. 4 BGB zu beschränken, wenn der Aufhebungsvertrag „wegen“ des Betriebsübergangs geschlossen wurde. Eine Motivkontrolle ist in diesem Fall mithin zulässig.

F. Andere Unwirksamkeitsgründe des Aufhebungsvertrages

Im Zusammenhang mit Betriebsübergängen ist insbesondere eine Anfechtung wegen arglistiger Täuschung über eine Betriebsstilllegung gem. § 123 Abs. 1

Alt. 1 BGB sowie eine Anfechtung wegen widerrechtlicher Drohung mit einer betriebsbedingten Kündigung gem. § 123 Abs. 1 Alt. 2 BGB relevant.

G. Lösungsvorschlag: Aufhebungsvereinbarung nach Erwerberkonzept

Als mögliches Sanierungsmodell wird eine Kombination aus dem BQG-Modell und der zulässigen Kündigung nach Erwerberkonzept vorgeschlagen (sog. Aufhebungsvereinbarung nach Erwerberkonzept). Dabei ist erforderlich, dass der Erwerber bereits vor der Betriebsübernahme ein hinreichend konkretes Sanierungskonzept erstellt, aus dem hervorgeht, wie viele Arbeitnehmer der bisherigen Belegschaft übernommen werden können. Die verbleibenden Stellen sind sodann unter Beachtung der Sozialauswahl zu besetzen. Nach Durchführung der Sozialauswahl ist nur den Arbeitnehmern, deren Weiterbeschäftigungsmöglichkeit wegfällt, der Wechsel in die BQG mittels dreiseitigen Vertrages anzubieten. Alle anderen Arbeitnehmer verbleiben zunächst beim Veräußerer, sodass ihre Arbeitsverhältnisse gem. § 613a Abs. 1 Satz 1 BGB auf den Erwerber übergehen. Etwaige Änderungen der Arbeitsbedingungen können – nach der hier vertretenen Ansicht – sowohl vor als auch nach dem Betriebsübergang wirksam vereinbart werden.

Literaturverzeichnis

Adomeit, Klaus: Das Günstigkeitsprinzip – neu verstanden, NJW 1984, S. 26-27

–: Die gestörte Vertragsparität – ein Trugbild, NJW 1994, S. 2467-2469

Adrian, Axel: Grundprobleme einer juristischen (gemeinschaftsrechtlichen) Methodenlehre, Berlin 2009

von Alvensleben, Constantin: Die Rechte der Arbeitnehmer bei Betriebsübergang im Europäischen Gemeinschaftsrecht – Eine Studie zu den gemeinschaftsrechtlichen Grundlagen des § 613a BGB, Baden-Baden 1992

Annuß, Georg: Der Betriebsübergang in der Insolvenz – § 613a BGB als Sanierungshindernis?, ZInsO 2001, S. 49-60

– / *Lembke, Mark*: Arbeitsrechtliche Umstrukturierung in der Insolvenz, Köln 2012

Ascheid, Reiner / Preis, Ulrich / Schmidt, Ingrid (Hrsg.): Kündigungsrecht, Großkommentar zum gesamten Recht der Beendigung von Arbeitsverhältnissen, 4. Auflage, München 2012
(Zit.: APS/*Bearbeiter*, 4. Auflage)

Bauer, Jobst-Hubertus / Göpfert, Burkard / Haußmann, Katrin / Krieger, Steffen: Umstrukturierung – Handbuch für die arbeitsrechtliche Praxis, 2. Auflage, Köln 2009

Bauer, Jobst-Hubertus / Göpfert Burkard / Krieger, Steffen: Allgemeines Gleichbehandlungsgesetz, Kommentar, 3. Auflage, München 2011

Bauer, Jobst-Hubertus / Krieger, Steffen / Arnold, Christian: Arbeitsrechtliche Aufhebungsverträge, 9. Auflage, München 2014

Beck'scher Online Kommentar: Zum Arbeitsrecht, Hrsg.: *Rolfs, Christian / Kreikebohm, Ralf / Giesen, Richard / Udsching, Peter*; Edition 34, München, Stand: 1.12.2014
(Zit.: BeckOK-ArbR/*Bearbeiter*, Ed. 34)

–: Zum BGB, Hrsg: *Bamberger, Heinz Georg / Roth, Herbert;* Edition 33, München, Stand 01.11.2014
(Zit.: BeckOK-BGB/*Bearbeiter*, Ed. 33)

Becker, Gunnar: Die unzulässige Einflussnahme des Arbeitgebers auf die Entscheidungsfreiheit des Arbeitnehmers am Beispiel des arbeitsrechtlichen Aufhebungsvertrages, Berlin 2011

Bengelsdorf, Peter: Arbeitsrechtlicher Aufhebungsvertrag und gestörte Vertragsparität – Konsequenzen aus dem Beschluß des Bundesverfassungsgerichts vom 19.10.1993, BB 1995, S. 978-984

–: Aufhebungsvertrag und Abfindungsvereinbarungen, 5. Auflage, München 2011

–: Der gesetzes- und verfassungswidrige Zugriff auf die arbeitsrechtliche Beendigungsfreiheit, NZA 1994, S. 193-200

Berkowsky, Wilfried: Betriebsübergang und Kündigungsverbot nach § 613a BGB, DB 1983, S. 2683-2689

Bernsau, Georg / Dreher, Daniel / Hauck, Friedrich (Hrsg.): Betriebsübergang – Kommentar zu § 613a BGB unter Einschluss von betriebsverfassungsrechtlichen und insolvenzrechtlichen Vorschriften, 3. Auflage, Köln 2010 (Zit.: BDH/*Bearbeiter*, 3. Auflage)

Bickel, Dietrich: Anmerkung zu BAG Urteil vom 13.12.1984 – 2 AZR 294/83, AP § 620 BGB Nr. 8 Bedingung, Bl. 909-911

–: Die „objektive Gesetzesumgehung" des BAG – BAG, NZA 1987, 241, JuS 1987, S. 861-864

Birk, Rolf / Deffner, Siegfried: Anmerkung zu BAG vom 26.1.1977 – 5 AZR 302/75, EzA BGB § 613a Nr. 11, S. 61-62g

Bissels, Alexander / Jordan, Christopher: Sozialverträglicher Personalabbau durch den Einsatz von Transfergesellschaften, NZI 2009, S. 865-870

Blomeyer, Wolfgang: Anmerkung zu BAG vom 8.2.1983 – 3 AZR 299/81, AP Nr. 35 zu § 613a BGB, Bl. 439 R-442 R

Boemke, Burkhard: Kontrahierungszwang im Arbeitsrecht wegen Grundrechtsverletzung? NJW 1993, S. 2083-2085

–: Privatautonomie im Arbeitsvertragsrecht, NZA 1993, S. 532-538

Borngräber, Helmut: Arbeitsverhältnis bei Betriebsübergang – Der Eintritt des neuen Betriebsinhabers in die Rechte und Pflichten aus den Arbeitsverhältnissen beim Betriebsübergang durch Rechtsgeschäft (§ 613a Abs. 1 BGB), Düsseldorf Frankfurt 1977

Bross, Nikolaus: Kurzkommentar zu BAG Urteil vom 27.9.2012 – 8 AZR 826/11 in BAG EWiR § 613a BGB 4/13, S. 369-370

Bunte, Anne Christin: Nichtigkeit eines Erlassvertrages zur Umgehung der Rechtsfolgen des § 613a Abs. 1 Satz 1 BGB, NZA 2010, S. 319-321

Burkardt, Nicole: Der arbeitsrechtliche Aufhebungsvertrag – Einvernehmliche Beendigung von Arbeitsverhältnissen unter Berücksichtigung der Rechtslage nach der Schuldrechtsreform, Frankfurt am Main 2004

Canaris, Claus-Wilhelm: Die Feststellung von Lücken im Gesetz, 2. Auflage, Berlin 1983

Commandeur, Gert / Kleinebrink, Wolfgang: Gestaltungsgrundsätze im Anwendungsbereich des § 613a BGB – Möglichkeiten zur Übernahme einer Wunschmannschaft, NJW 2008, S. 3467-3473

–: Läuft das Kündigungsverbot bei einem Betriebsübergang ins Leere?, BB 2012, S. 1857-1862

Däubler, Wolfgang: Das Arbeitsrecht 2 – Das Arbeitsverhältnis: Rechte und Pflichten, Kündigungsschutz; Leitfaden für Arbeitnehmer, 12. Auflage, Hamburg 2009

–: Der Änderungsvertrag – das vergessene Problem, in Festschrift für Reinhard Richardi zum 70. Geburtstag; Hrsg.: *Annuß, Georg; Picker, Eduard; Wissmann, Helmut;* München 2007

Debong, Bernhard: Die EG-Richtlinie über die Wahrung der Arbeitnehmeransprüche beim Betriebsübergang, Pfaffenweiler 1988

Dommermuth-Alhäuser, Daniel / Heup, Eva: Haftung des Betriebsrats und seiner Mitglieder, BB 2013, S. 1461-1468

Döpner, Martin Sebastian: Die Veräußererkündigung auf Erwerberkonzept beim Betriebsübergang – Eine Untersuchung des Kündigungsschutzes gemäß § 613a Abs. 4 BGB und § 1 Abs. 2 KSchG unter Berücksichtigung insolvenzrechtlicher Gesichtspunkte, Baden-Baden 2013.

Dzida, Boris / Wagner, Tobias: Vertragsänderungen nach Betriebsübergang, NZA 2008, 571-574

Ende, Monika: Das Recht des Arbeitnehmers auf Beendigung seines Arbeitsverhältnisses bei Betriebsübergang im EG-Recht, NZA 1994, S. 494-496

Erfurter Kommentar zum Arbeitsrecht: Hrsg.: *Müller-Glöge, Rudi; Preis, Ulrich; Schmidt, Ingrid*; 15. Auflage, München 2015
(Zit. ErfK/*Bearbeiter*, 15. Auflage)

Erman, Walter (Begründer): Bürgerliches Gesetzbuch, Handkommentar mit AGG, EGBGB (Auszug), ErbbauRG, LPartG, ProdHaftG, VBVG, VersAusglG und WEG, Hrsg.: *Westermann, Harm Peter; Grunewald, Barbara; Maier-Reimer, Georg*; Band 1, 14. Auflage, Köln 2014

Ernst, Falk: Aufhebungsverträge zur Beendigung von Arbeitsverhältnissen, Köln Berlin Bonn München 1993

Fastrich, Lorenz: Inhaltskontrolle im Arbeitsrecht nach der Bürgschaftsentscheidung des Bundesverfassungsgerichts vom 19.10.1993, RdA 1997, S. 65-80

–: Richterliche Inhaltskontrolle im Privatrecht, München 1992

Feudner, Bernd W.: Arbeitsrecht und Wirtschaft: Zur Frage einer stärkeren Einbeziehung ökonomischer Gesichtspunkte bei der arbeitsgerichtlichen Rechtsfindung, DB 2003, S. 2334-2339

Feuerborn, Andreas: Sachliche Gründe im Arbeitsrecht, München 2003

Fitting, Karl (Begründer): Betriebsverfassungsgesetz, Hrsg.: *Engels, Gerd; Trebinger, Yvonne; Schmidt, Ingrid; Lisenmaier, Wolfgang;* 27. Auflage, München 2014
(Zit.: *Fitting*, 27. Auflage)

Flume, Werner: Allgemeiner Teil des Bürgerlichen Rechts, Zweiter Band: Das Rechtsgeschäft, 4. Auflage, Berlin Heidelberg 1992

Franz, Einiko B.: Der Abschluss eines Aufhebungsvertrages – Schutz des Arbeitnehmer-Verbrauchers und seine Grenzen, Frankfurt am Main 2006

Franzen, Martin: Standortverlagerung und Arbeitskampf, ZfA 2005, S. 315-351

–: Vorgaben des Europäischen Gemeinschaftsrechts für die arbeitsrechtliche Regulierung des Betriebsübergangs, NZA 2008, Beilage 4, S. 139-145

Fuchs, Maximilian / Marhold, Franz: Europäisches Arbeitsrecht, 3. Auflage, Wien 2010

Fuhlrott, Michael: Betriebsübergang trotz Zwischenschaltung einer Transfergesellschaft, GWR 2013, 97

–: Erwerberkonzeptkündigungen als Alternative zum BQG-Modell bei Betriebsübergängen, BB 2013, S. 2042-2045

–: Reichweite und Grenzen des betriebsübergangsrechtlichen Kündigungsverbots, FA 2013, S. 258-260

–: Zwischengeschaltete Transfergesellschaften zur Vermeidung von Betriebsübergängen, NZA 2012, S. 549-554

– / *Chwalisz, Patrizia*: Transfergesellschaften und Betriebsübergang, FA 2011, 38-41

– / *Fabritius, Burkhard*: Das Schicksal arbeitgebergebundener Rechtspositionen beim Betriebsübergang, BB 2013, S. 1592-1597

– / *Salamon, Erwin*: Vermeidungsstrategien und Gestaltungsmöglichkeiten bei Betriebsübergängen, BB 2012, S. 1793-1798

Gaul, Björn / Otto, Björn: Das Spiel über die Bande – Der Wechsel in Beschäftigungsgesellschaften zur Vermeidung von § 613a BGB, ZIP 2006; 644-648

Gemeinschaftskommentar zum Kündigungsschutzgesetz und zu sonstigen kündigungsschutzrechtlichen Vorschriften, Hrsg.: *Etzel, Gerhard*

–: 9. Auflage, Mitbegründer: *Becker, Friedrich; Hillebrecht, Wilfried*; Köln 2009 (Zit.: KR/*Bearbeiter*, 9. Auflage)

–: 10. Auflage, Mitbegründer: *Becker, Friedrich; Hillebrecht, Wilfried*; Köln 2013 (Zit: KR/*Bearbeiter*, 10. Auflage)

Germelmann, Claas-Hinrich: Grenzen der einvernehmlichen Beendigung von Arbeitsverhältnissen, NZA 1997, S. 236-245

Gottwald, Peter (Hrsg.): Insolvenzrechts-Handbuch, 4. Auflage, München 2010 (Zit.: Gottwald/*Bearbeiter*, 4. Auflage)

Gramlich, Ludwig / Zerres, Thomas: Umgehungsverbote im Verbraucherschutz – zur Auslegung des § 5 Abs. 1 HWiG, ZIP 1998, S. 1299-1305

Grobys, Marcel: Die Neuregelung des Betriebsübergangs in § 613a BGB, BB 2002, S. 726-731

Grunewald, Benno: Der arbeitsrechtliche Aufhebungsvertrag und Arbeitnehmerschutz de lege lata und de lege ferenda, AuR 1994, S. 260-261

Habersack, Mathias: Vertragsfreiheit und Drittinteressen – Eine Untersuchung zu den Schranken der Privatautonomie unter besonderer Berücksichtigung der Fälle typischerweise gestörter Vertragsparität, Berlin 1992

Hadding, Walther / Häuser, Franz: Anmerkung zu BAG Urteil vom 18.8.1976 – 5 AZR 95/75, SAE 1978, S. 54-57

Hagebusch, Alfred / Oberle, Thomas: Gläubigerbefriedigung durch Unternehmenssanierung: die übertragende Sanierung – Eine Bestandsaufnahme vor dem Hintergrund jüngster InsO-Reformen, NZI 2006, S. 618-622

Hanau, Peter: Anmerkung zu BAG vom 10.12.1998 – 8 AZR 324/97, ZIP 1999, S. 324-326

–: Deregulierung des Arbeitsrechts – Ansatzpunkte und verfassungsrechtliche Grenzen, Berlin New York 1997

–: Perversion und Prävention bei § 613a BGB, ZIP 1998, S. 1817-1822

–: Zur Kündigung von Arbeitsverhältnissen wegen Betriebsübergangs – Anmerkung zum Urteil des BAG vom 26.5.1983 – 2 AZR 477/81, ZIP 1984, S. 141-145

Handkommentar zum Bürgerlichen Gesetzbuch: *Schulze, Reiner* (Schriftleitung), 8. Auflage, Baden Baden 2014
(Zit.: HK-BGB/*Bearbeiter*, 8. Auflage)

Heerma, Per Hendrik: Betriebsinhaberwechsel in der Insolvenz – Die Umsetzung von Art 5 Richtlinie 2001/23/EG in England, Österreich und Deutschland, Konstanz 2002

Heinrich, Christian: Formale Freiheit und materiale Gerechtigkeit, Tübingen 2000

Heinze, Meinhard: Anmerkung zu LAGE § 613a BGB Nr. 61, S. 11 f.

–: Die Arbeitgeber-Nachfolge bei Betriebsübergang – Die Regelungsstruktur des § 613a BGB und rechtliche Konsequenzen, insbesondere im Konkurs, DB 1980, S. 205-213

Henckel, Wolfram: Die Betriebsveräußerung im Konkurs, ZIP 1980, S. 2-9

Henssler, Martin / Willemsen, Heinz Josef / Kalb, Heinz-Jürgen (Hrsg.): Arbeitsrecht Kommentar, 6. Auflage, Köln 2014
(Zit.: HWK/*Bearbeiter*, 6. Auflage)

Herschel, Wilhelm: Kündigung bei Betriebsübergang, DB 1984, S. 612

Hess, Harald: Gesetzlicher Übergang des Arbeitsverhältnisses bei Betriebsveräußerung nur mit Einwilligung des Arbeitnehmers? BB 1977, S. 501 f.

Hillebrecht, Wilfried: Der Bestandsschutz des Arbeitsverhältnisses im Zusammenhang mit § 613a BGB, NZA 1989, Beil. 4, S. 10-20

Hinrichs, Lars / Kleinschmidt, Andreas: Sanierungsmodell mit neuen Hindernissen? Beschäftigungs- und Qualifizierungsgesellschaften im Lichte der jüngsten arbeitsgerichtlichen Rechtsprechung, ZInsO 2012, S. 949-957

von Hoyningen-Huene, Gerrick: Die Billigkeit im Arbeitsrecht, München 1978

– / Windbichler, Christine: Der Übergang von Betriebsteilen nach § 613a BGB

Hromadka, Wolfgang (Hrsg.): Änderung von Arbeitsbedingungen, 1. Auflage, Heidelberg 1990
(Zit.: Hromadka/*Bearbeiter*, Änderung von Arbeitsbedingungen)

–: Änderung von Arbeitsbedingungen, RdA 1992, S. 234-265

–: Die Änderungskündigung – eine Skizze, DB 2002, S. 1322-1326

Hueck, Alfred / Nipperdey, Hans Carl: Lehrbuch des Arbeitsrechts, Erster Band, 7. Auflage, Berlin und Frankfurt am Main 1963

Huber, Ulrich: Typenzwang, Vertragsfreiheit und Gesetzesumgehung, JurA 1970, S. 784-812

Hutzler, Kurt: Kündigung und Kündigungsausschluss bei Betriebsübergang, BB 1981, S. 1470-1471

Jaeger, Ernst (Begründer): Insolvenzordnung Großkommentar, Dritter Band §§ 103-128 InsO, Hrsg.: *Henckel, Wolfram; Gerhardt, Walter*; 1. Auflage, München 2014
(Zit.: Jaeger/*Bearbeiter*, 1. Auflage)

Junker, Abbo: AGB-Kontrolle von Arbeitsvertragsklauseln in der neueren Rechtsprechung des Bundesarbeitsgerichts, BB 2007, S. 1274-1281

–: Grundkurs Arbeitsrecht, 13. Auflage, München 2014

–: Individualwille, Kollektivgewalt und Staatsintervention im Arbeitsrecht, NZA 1997, S. 1305-1319

– / Kamanabrou, Sudabeh: Vertragsgestaltung, 3. Auflage, München 2010

Kamanabrou, Sudabeh: Europarechtliche Bedenken gegen die Klagefrist bei Kündigungen wegen Betriebsübergangs, NZA 2004, S. 950-952

Kirschner, LAG Präsident: Betriebsnachfolge und Betriebsinhaberwechsel, DB 1964, S. 1061-1065

Kittner, Michael / Däubler, Wolfgang / Zwanziger, Bertram (Hrsg.): Kündigungsschutzrecht – Kündigungen und andere Formen der Beendigung des Arbeitsverhältnisses, 9. Auflage, Frankfurt am Main 2014
(Zit: KDZ/*Bearbeiter*, 9. Auflage)

Kracht, Ortrud: Das Kündigungsverbot gemäß § 613a BGB – Anwendungsbereich und Umgehung, Bonn 1988

Kraft, Alfons: Betriebsübergang und Arbeitsverhältnis in der Rechtsprechung des Bundesarbeitsgerichts, in: Festschrift 25 Jahre Bundesarbeitsgericht, Hrsg.: *Gamillscheg, Franz; Hueck, Götz; Wiedemann, Herbert*; München 1979, S. 299-314

–: Anmerkung zu BAG Urteil vom 29.8.1979 – 4 AZR 863/77, AP Nr. 50 zu § 620 BGB befristeter Arbeitsvertrag, Bl. 394 R-396 R

Krüll, Armin: Der Wiedereinstellungsanspruch des Arbeitnehmers, Frankfurt am Main 2003

Kübler, Bruno M. / Prütting, Hanns / Bork, Reinhard (Hrsg.): Kommentar zur Insolvenzordnung, Band II, 60. Lieferung, Köln, September 2014
(KPB/*Bearbeiter*, 2014)

Küttner, Wolfdieter (Begründer): Personalbuch 2014 – Arbeitsrecht, Lohnsteuerrecht, Sozialversicherungsrecht, Hrsg.: *Röller, Jürgen*; 21. Auflage, München 2014
(Zit.: Küttner/*Bearbeiter*, 21. Auflage)

Larenz, Karl (Begründer): Allgemeiner Teil des Bürgerlichen Rechts, 9. Auflage, fortgeführt von: *Wolf, Manfred*; München 2004
(Zit.: Larenz/Wolf, 9. Auflage)

–: Allgemeiner Teil des Bürgerlichen Rechts, 10. Auflage, vormals bearbeitet von *Wolf, Manfred*; fortgeführt von *Neuner, Jörg*; München 2012
(Zit.: Wolf/Neuner, 10. Auflage)

–: Methodenlehre der Rechtswissenschaft, 6. Auflage, Berlin Heidelberg 1991

– / *Canaris, Claus-Wilhelm*: Methodenlehre der Rechtswissenschaft, 3. Auflage, Berlin, Heidelberg 1995

Latzel, Clemens / Streinz, Thomas: Das richtige Vorabentscheidungsersuchen, NJOZ 2013, 97-109

Lembke, Mark: Umstrukturierung in der Insolvenz unter Einschaltung einer Beschäftigungs- und Qualifizierungsgesellschaft, BB 2004, 773-782

Lessing, Johann-Gottfried: Entlassungen zwischen Stilllegungsentschluss und unverhofftem Betriebsübergang, Baden-Baden 2009

Lieb, Manfred / Westhoff, Stefan: Voraussetzungen und Abgrenzung von richterlicher Inhaltskontrolle und Rechtsfortbildung – Methodische Überlegungen aus Anlaß des sog. Unverfallbarkeitsurteils des BAG vom 10.3.1972, DB 1973, S. 69-76

Lindemann, Silvio: Fallstricke bei der Einbindung von Transfergesellschaften in der Insolvenz – Zugleich Besprechung BAG, Urteil vom 18.8.2011 – 8 AZR 312/10, JurionRS 2011, 29651, ZInsO 2012, S. 605-612

Lingemann, Stefan / Groneberg, Rut: Der Aufhebungsvertrag (Teil 1), NJW 2010, S. 3496-3498

Lipinski, Wolfgang: Reichweite der Kündigungskontrolle durch § 613a Abs. 4 Satz 1 BGB, NZA 2002, S. 75-81

–: Sonderkündigungsschutz bei Betriebsübergang, Regensburg 2001

Lorenz, Stephan: Arbeitsrechtlicher Aufhebungsvertrag, Haustürwiderrufsgesetz und „undue influence", JZ 1997, S. 277-282

Loritz, Karl-Georg: Aktuelle Rechtsprobleme des Betriebsübergangs nach § 613a BGB, RdA 1987, S. 65-88

Löw, Friederike: Die Betriebsveräußerung im europäischen Arbeitsrecht – Die EG-Richtlinie 77/197 und ihre Umsetzung in Deutschland und Großbritannien, Frankfurt am Main 1992

Mader, Peter: Rechtsmißbrauch und unzulässige Rechtsausübung, Wien 1994

Maunz, Theodor / Dürig, Günter (Begründer): Grundgesetz Kommentar, Band I: Texte, Art. 1-5; Hrsg.: *Herzog, Roman; Scholz, Rupert; Herdegen, Matthias; Klein, Hans H.*; 72. Ergänzungslieferung, München 2014
(Zit.: Maunz/Dürig/*Bearbeiter*, 72. Ergänzungslieferung)

von Maydell, Bernd: Anmerkung zu BAG Urteil vom 29.10.1985 – 3 AZR 485/83, SAE 1987, S. 219-220

Mayer-Maly, Theo: Handelsrechtliche Verbotsgesetze in Strukturen und Entwicklungen im Handels-, Gesellschaft- und Wirtschaftsrecht, in: Festschrift für Wolfgang Hefermehl zum 70. Geburtstag am 18. September 1976, Hrsg.: *Fischer, Robert; Gessler, Ernst; Schilling, Wolfgang; Serick, Rolf; Ulmer, Peter*; München 1976, S. 103-112

Medicus, Dieter: Allgemeiner Teil des BGB, 10. Auflage, Heidelberg 2010

Meyer, Cord: Arbeitsvertragsänderungen bei Betriebsübergang, NZA 2002, S. 246-255

–: Erlassvertrag bei Betriebsübergang, SAE 2010, S. 105-108

–: Grenzen des Einsatzes einer Beschäftigungs- und Qualifizierungsgesellschaft beim Betriebsübergang – Besprechungsaufsatz zum BAG-Urteil vom 18.8.2011, SAE 2012, S. 89-92

–: Vertragsänderungen bei Betriebsübergang – insbesondere auch nach § 613a Abs. 1 Satz 4 zweite Alternative BGB, SAE 2009, S. 110-118

Meyer, Holger: Der Tatbestand des Betriebsübergangs nach der Rechtsprechung des Europäischen Gerichtshofs und des Bundesarbeitsgerichts, Frankfurt am Main 2004

Mielke, Jahel: Gewinner und Verlierer: Ein Jahr nach der Schlecker-Insolvenz vom 23.01.2013, erschienen auf www.tagesspiegel.de; zuletzt abgerufen am 13.12.2014: http://www.tagesspiegel.de/wirtschaft/gewinner-und-verlierer-ein-jahr-nach-der-schlecker-insolvenz-/7671716.html.

Moll, Wilhelm (Hrsg.): Münchener Anwaltshandbuch Arbeitsrecht, 3. Auflage, München 2012
(Zit.: Moll/*Bearbeiter*, 3. Auflage)

–: Die Rechtsstellung des Arbeitnehmers nach einem Betriebsübergang, NJW 1993, S. 2016-2023

Mohnke, Lars: Erlassvertrag und Umgehung der Rechtsfolgen eines Betriebsübergangs, Anmerkung zu BAG vom 19.3.2009 – 8 AZR 722/07, BB 2009, S. 2319-2320

Mues, Werner M.: Anwendbarkeit von § 613a BGB bei firstloser Eigenkündigung des Arbeitnehmers; BAG vom 27.09.2012 – 8 AZR 826/11; ArbRB 2013, S. 100-101

Münchener Handbuch zum Arbeitsrecht: Band 1: Individualarbeitsrecht, Hrsg.: *Richardi, Reinhard; Wißmann, Hellmut; Wlotzke, Otfried; Oetker, Hartmut*; 3. Auflage, München 2009
(Zit.: MüHdbArbR/*Bearbeiter*, 3. Auflage)

Münchener Kommentar zum Bürgerlichen Gesetzbuch, Hrsg.: *Säcker, Jürgen; Rixecker, Roland*

–: Band 1: Allgemeiner Teil §§ 1-240 ProstG AGG, Redakteur: *Säcker, Franz Jürgen*; 6. Auflage, München 2012

–: Band 4: Schuldrecht Besonderer Teil II §§ 611-704; EFZG, TzBfG, KSchG; Redakteur: *Henssler, Martin*; 6. Auflage, München 2012
(Zit.: MüKo/*Bearbeiter*, 6. Auflage)

–: Band 10: Internationales Privatrecht, Rom I-Verordnung, Rom II-Verordnung, Einführungsgesetz zum Bürgerlichen Gesetzbuche (Art. 1-24), 5. Auflage, München 2010
(Zit: MüKo/*Bearbeiter*, 5. Auflage)

Münchener Kommentar zur Insolvenzordnung, Hrsg.: *Kirchhof, Hans-Peter; Eidenmüller, Horst; Stürner, Rolf*

–: Band 2: §§ 80-216 InsO, 3. Auflage, München 2013

–: Band 3: §§ 217-359 InsO, Art. 103a-110 EGInsO, Konzerninsolvenzrecht, Insolvenzsteuerrecht, 3. Auflage, München 2014
(zit. MüKo-InsO/*Bearbeiter*, 3. Auflage)

Münchener Kommentar zur Zivilprozessordnung mit Gerichtsverfassungsgesetz und Nebengesetzen: Hrsg.: *Rauscher, Thomas; Krüger, Wolfgang*; 4. Auflage, München 2013
(Zit. MüKo-ZPO/*Bearbeiter*, 4. Auflage)

Naber, Sebastian: Anmerkung zu BAG vom 18.8.2005 – 8 AZR 523/04, EzA BGB 2002, § 613a Nr. 40, S. 14-28

–: Anmerkung zu BAG vom 7.11.2007 – 5 AZR 1007/06, EzA BGB 2002 § 613a Nr. 79, S. 5-10

–: Der massenhafte Abschluss arbeitsrechtlicher Aufhebungsverträge, Kenzingen, 2009

Nägele, Stefan: Aufklärungs- und Hinweispflichten des Arbeitgebers bei Abschluss eines Aufhebungsvertrages, BB 1992, S. 1274-1278

Nikisch, Arthur: Arbeitsrecht, Erster Band, 3. Auflage, Tübingen 1961

Palandt, Otto (Begründer): Bürgerliches Gesetzbuch, 74. Auflage, München 2015 (Zit.: Palandt/*Bearbeiter*, 74. Auflage)

Papier, Hans-Jürgen: Der verfassungsrechtliche Rahmen für Privatautonomie im Arbeitsrecht, RdA 1989, S. 137-144

Pietzko, Joachim: Der Tatbestand des § 613a BGB, Berlin 1988

–: Rechtsgeschäftliche Gestaltungsmöglichkeiten der Arbeitnehmer beim Betriebsübergang, ZIP 1990, S. 1105-1116

Pils, Michael Johannes: Umgehung von § 613a BGB durch Einsatz einer Transfergesellschaft – Erneuter Prüfstand der Transfergesellschaft?, NZA 2013, 125-130

Preis, Ulrich: Arbeitsrecht, Verbraucherschutz und Inhaltskontrolle, NZA 2003, Sonderbeilage zu Heft 16, S. 19-33

–: Autonome Unternehmerentscheidung und „dringendes betriebliches Erfordernis“, NZA 1995, S. 241-250

–: Grundfragen der Vertragsgestaltung im Arbeitsrecht, Neuwied Kriftel Berlin 1993

Raab, Thomas: Betriebliche Bündnisse für Arbeit – Königsweg aus der Beschäftigungskrise?, ZfA 2004, S. 371-403

Raif, Alexander / Ginal, Jens: Vermeidung eines Betriebsübergangs: Gestaltungsmöglichkeiten nach der aktuellen BAG-Rechtsprechung zur Transfergesellschaft, GWR 2013, S. 1-3

Reuter, Dieter: Möglichkeiten und Grenzen einer Deregulierung des Arbeitsrechts, in: Festschrift für Herbert Wiedemann zum 70. Geburtstag, Hrsg.: *Wank, Rolf; Hirte, Heribert; Frey, Kaspar; Fleischer, Holger; Thüsing, Gregor*; München 2002, S. 449-491

Richardi, Reinhard (Hrsg.): Betriebsverfassungsgesetz mit Wahlordnung, 14. Auflage, München 2014
(Zit.: Richardi/*Bearbeiter*, 14. Auflage)

Rieble, Volker: Kollektivwiderspruch nach § 613a VI BGB, NZA 2005, S. 1-8

–: Widerspruch nach § 613a VI BGB – die (ungeregelten) Rechtsfolgen, NZA 2004, S. 1-9

Riedel, Johannes: § 613a BGB und die Betriebsveräußerung durch den Konkursverwalter, NJW 1975, S. 765-767

Roemheld, Bernard: Anmerkung zu BAG Urteil vom 26.1.1977 – 5 AZR 302/75, SAE 1977, S. 298-299

–: Übergang des Arbeitsverhältnisses auf Erwerber eines Betriebs; Anmerkung zu BAG Urteil vom 29.10.1975 – 5 AZR 444/74, SAE 1976, S. 199-200

–: Zum Übergang der Arbeitsverhältnisse nach § 613a BGB, BB 1976, S. 845-847

Rolfs, Christian: Die betriebliche Altersversorgung beim Betriebsübergang, NZA 2008, Beilage 4, S. 164-172

Rüthers, Bernd / Fischer, Christian / Birk, Axel: Rechtstheorie mit Juristischer Methodenlehre, 7. Auflage, München 2013

Sandmann, Bernd: Die Haftung von Arbeitnehmern, Geschäftsführern und leitenden Angestellten, Tübingen 2001

Schaub, Günter (Begründer)Arbeitsrechts-Handbuch – Systematische Darstellung und Nachschlagewerk für die Praxis, 15. Auflage, München 2013 (Zit.: Schaub/*Bearbeiter*, 15. Auflage)

–: Rechtsprobleme des Betriebsübergangs, ZIP 1984, 272-279

Schiefer, Bernd: Rechtsfolgen des Betriebsübergangs nach § 613a BGB, NJW 1998, S. 1817-1827

Schliemann, Harald: Tarifliches Günstigkeitsprinzip und Bindung der Rechtsprechung, NZA 2003, S. 122-128

Schmädicke, Axel: Sozialauswahl bei der Veräußererkündigung nach Erwerberkonzept, NZA 2014, S. 515-520

Schmalenberg, Werner: Die Tatbestandsvoraussetzungen des Betriebsübergangs gemäß § 613a BGB, NZA 1989, Beilage 3, S. 14-25

Schmidt, Karsten: Organverantwortlichkeit und Sanierung im Insolvenzrecht der Unternehmen, ZIP 1980, S. 328-337

Schmitt, Jochem: Zur Rechtsnatur des Übergangs der Arbeitsverhältnisse gemäß § 613a BGB, ZfA 1979, S. 503-518

Schneider, Egon / Schnapp Friedrich E.: Logik für Juristen – Die Grundlagen der Denklehre und der Rechtsanwendung, 6. Auflage, München 2006

Schurig, Klaus: Die Gesetzesumgehung im Privatrecht – Eine Studie mit kollisionsrechtlichen und rechtsvergleichenden Aspekten, in: Festschrift für Murad Ferid zum 80. Geburtstag am 11. April 1988; Hrsg.: *Heldrich, Andreas; Sonnenberger, Hans Jürgen*; S. 375-422, Frankfurt am Main 1988

Schwanda, Klaus: Der Betriebsübergang in § 613a BGB unter besonderer Berücksichtigung des Betriebsbergriffs, Berlin 1992

Schwerdtner, Peter: Individualarbeitsrechtliche Probleme des Betriebsübergangs – Versuch einer Bestandsaufnahme, in: Arbeitsleben und Rechtspflege – Festschrift für Gerhard Müller, Hrsg.: *Mayer-Maly, Theo; Richardi, Reinhard; Schambeck, Herbert; Zöllner, Wolfgang*; Berlin 1981, S. 557-588

Seiter, Hugo: Anmerkung zu BAG Urteil vom 16.1.1977, 5 AZR 302/75 AP Nr. 5 zu § 613a BGB, Bl. 221-224

–: Betriebsinhaberwechsel, Stuttgart Wiesbaden, 1980

Sieg, Rainer / Maschmann, Frank: Unternehmensumstrukturierung aus arbeitsrechtlicher Sicht, 2. Auflage, München 2010

Simon, Uwe: Unabdingbarkeit und vertraglicher Verzicht – Ein Beitrag zur Reichweite und Grenzen der Vertragsfreiheit im Arbeitsrecht, Berlin 2008

Soergel, Hans Theodor (Begründer): Bürgerliches Gesetzbuch mit Einführungsgesetz und Nebengesetzen, Band 2, Allgemeiner Teil 2 (§§ 104-240), Redaktion: *Wolf, Manfred*; 13. Auflage, Stuttgart Berlin Köln Mainz 1999
(Zit.: Soergel/*Bearbeiter*, 13. Auflage)

–: Bürgerliches Gesetzbuch mit Einführungsgesetzen und Nebengesetzen, Band 2, Schuldrecht I (§§ 241-432), Redaktion: *Mertens, Hans-Joachim*; 12. Auflage, Stuttgart Berlin Köln 1990
(Zit.: Soergel/*Bearbeiter*, 12. Auflage)

von Staudinger, Julius (Begründer): Kommentar zum Bürgerlichen Gesetzbuch mit Einführungsgesetz und Nebengesetzen

–: Buch 1: Allgemeiner Teil, §§ 30-124; §§ 130-133 (Allgemeiner Teil 3), Redaktor: *Habermann, Norbert*; Neubearbeitung 2012, Berlin 2012

–: Buch 1: Allgemeiner Teil, §§ 134-138; Anh. Zu § 138: ProstG (Allgemeiner Teil 4a), Redaktor: *Habermann, Norbert*; Neubearbeitung 2011, Berlin 2011

–: Buch 1: Allgemeiner Teil, §§ 139-163 (Allgemeiner Teil 4b), Redaktor: *Habermann, Norbert*; Neubearbeitung 2010, Berlin 2010

–: Buch 2: Recht der Schuldverhältnisse, Einleitung zum Schuldrecht; §§ 241-243 (Treu und Glauben), Neubearbeitung 2015

–: Buch 2: Recht der Schuldverhältnisse, §§ 305-310, UKlaG (Recht der Allgemeinen Geschäftsbedingungen), Neubearbeitung 2013, Redaktor: *Martinek, Michael*; Berlin 2013

–: Buch 2: Recht der Schuldverhältnisse, §§ 311, 311a, 312, 312a-i (Vertragsschluss), Neubearbeitung 2013, Redaktor: *Mansel, Heinz-Peter*; Berlin 2013

–: Buch 2: Recht der Schuldverhältnisse, §§ 397-432 (Erlass, Abtretung, Schuldübernahme, Mehrheit von Schuldnern und Gläubigern), Neubearbeitung 2012, Redaktor: *Löwisch, Manfred*; Berlin 2012

–: Buch 2: Recht der Schuldverhältnisse, §§ 613a-619a BGB (Dienstvertragsrecht 2), Neubearbeitung 2011, Redaktor: *Reuter, Dieter*; Berlin 2011

–: Buch 2: Recht der Schuldverhältnisse, §§ 620-630 (Dienstvertragsrecht 3), Neubearbeitung 2012, Redaktor: *Reuter, Dieter*; Berlin 2012 (Zit.: Staudinger/*Bearbeiter*)

Stoffels, Markus: Grundfragen der Inhaltskontrolle von Arbeitsverträgen, ZfA 2009, S. 861-895

Stratmann, Marita: Zum Widerspruchsrecht des Arbeitnehmers – Anmerkung zu BAG vom 2.10.1974 – 5 AZR 504/73; SAE 1976, S. 78-81

Streinz, Rudolf: Europarecht, 9. Auflage, Heidelberg 2012

Stückemann, Wolfgang: Außerordentliche Kündigung der Arbeitnehmer bei drohendem Konkurs, BB 1977, S. 1711

Teichmann, Arndt: Die „Aushöhlung“ erbrechtlicher Bindungen als methodisches Problem, MDR 1972, S. 1-8

–: Die Gesetzesumgehung, Göttingen 1962

Thies, Christoph, T.: Der Schutz des Arbeitnehmers bei Abschluss arbeitsrechtlicher Aufhebungsverträge, Berlin 2007

Thum, Rainer: Neue Spielregeln für die Zwischenschaltung von Transfergesellschaften?, BB 2013, S. 1525-1528

Thüsing, Gregor: Angemessenheit durch Konsens – Zu den Grenzen der Richtigkeitsgewähr arbeitsvertraglicher Vereinbarungen, RdA 2005, S. 257-270

Uhlenbruck, Wilhelm / Hirte, Heribert / Vallender, Heinz (Hrsg.): Insolvenzordnung Kommentar, 13. Auflage, München 2010 (Zit.: Uhlenbruck/*Bearbeiter*, 13. Auflage)

–: Zur Krise des Insolvenzrechts, NJW 1975, S. 897-903

Ulrici, Bernhard: Verbotsgesetz und zwingendes Gesetz, JuS 2005, S. 1073-1076

Unfried, Tobias A.: Betriebsübergang und Sanierung in der Insolvenz, Bayreuth 2007

Vogel, Andreas / Neufeld, Tobias: Anmerkung zu BAG vom 25.10.2007 – 8 AZR 917/06, BB 2008, S. 1178-1180

Wagner, Ralph: Individualarbeitsrechtliche Vereinbarungen beim Betriebsübergang – Vertragsfreiheit, gesetzliche Vorgaben und richterliche Kontrolle, Aachen 2002

Wank, Rolf: Anmerkung zu BAG vom 27.9.1984 – 2 AZR 309/83, Kündigung wegen Betriebsstilllegung und Betriebsübergang, SAE 1986, S. 151-157

Warmbein, Manfred: Der Betriebsübergang nach § 613a BGB – ein Sanierungshindernis in der Insolvenz?, DZWIR 2003, S. 11-17

Weimar, Robert / Alfes, Jochen: Betriebsübernahme ohne § 613a BGB, NZA 1993, S. 155-161

Wellensiek, Jobst: Übertragende Sanierung, NZI 2002, S. 233-239

Westhoff, Stefan: Die Inhaltskontrolle von Arbeitsverträgen – Rechtsanwendung, Rechtsfortbildung oder Rechtspolitik? – dargestellt am Beispiel der Kontrolle von Rückzahlungs-, Befristungs-, Wettbewerbs- und Verfallsklauseln, Düsseldorf 1975

Willemsen, Heinz Josef: Aktuelles zum Betriebsübergang – § 613a BGB im Spannungsfeld von deutschem und europäischem Recht, NJW 2007, S. 2065-2075

–: Anmerkung zu BAG Urteil vom 28.4.1987 – 3 AZR 75/86, EzA Nr. 67 zu § 613a BGB, S. 9-17

–: Aufhebung und Änderung von Versorgungszusagen aus Anlass eines Betriebsübergangs, RdA 1987, S. 327-333

–: Aufhebungsverträge bei Betriebsübergang – ein „Erfurter Roulette"? NZA 2013, S. 242-246

–: Die Kündigung wegen Betriebsübergangs – Zur Auslegung des § 613a Abs. 4 BGB, ZIP 1983, S. 411-418

–: Europäisches und deutsches Arbeitsrecht im Widerstreit? – Aktuelle „Baustellen" im Recht des Betriebsübergangs, NZA 2008, Beilage 4, S. 155-164

– / *Annuß, Georg*: Neue Betriebsübergangsrichtlinie – Anpassungsbedarf im deutschen Recht?, NJW 1999, S. 2073-2080

– / *Hohenstatt, Klaus-Stefan / Schweibert, Ulrike / Seibt Christoph H.* (Hrsg.): Umstrukturierung und Übertragung von Unternehmen, 4. Auflage, München 2011
(Zit.: WHSS/*Bearbeiter*, 4. Auflage)

Wimmer, Klaus / Dauernheim, Jörg / Wagner, Martin / Gietl, Josef (Hrsg.): Handbuch des Fachanwalts Insolvenzrecht, 6. Auflage, Köln 2014
(Zit.: Wimmer/Dauernheim/Wagner/Gietl/*Bearbeiter*, 6. Auflage)

Wimmer, Markus: Unternehmenssanierung mittels Transfergesellschaft, Frankfurt am Main 2011

Winter, Kathleen: Aufklärungspflichten beim Aufhebungsvertrag, Baden-Baden 2010

Wisskirchen, Alfred / Worzalla, Michael: Aktuelle Fragen zu arbeitsrechtlichen Aufhebungsverträgen, DB 1994 S. 577-582

Wolf, Manfred: Inhaltskontrolle von Arbeitsverträgen am Beispiel der Befristung einzelner Arbeitsbedingungen, RdA 1988, S. 270-276

Graf von Westphalen, Friedrich / Thüsing, Gregor (Hrsg.): Vertragsrecht und AGB-Klauselwerke, 35. Ergänzungslieferung, München 2014
(Zit.: Graf von Westphalen/*Bearbeiter*, 35. Ergänzungslieferung)

Zöllner, Wolfgang: Immanente Grenzen arbeitsvertraglicher Regelungen, RdA 1989, S. 152-162

–: Privatautonomie und Arbeitsverhältnis - Bemerkungen zu Parität und Richtigkeitsgewähr beim Arbeitsvertrag, AcP 176 (1976), S. 221-246

–: Regelungsspielräume im Schuldvertragsrecht - Bemerkungen zur Grundrechtsanwendung im Privatrecht und zu den sogenannten Ungleichgewichtslagen, AcP 196 (1996), S. 1-36

Zwanziger, Bertram: Arbeitsrechtliche Aufhebungsverträge und Vertragsfreiheit - Zugleich Anmerkung zum BAG-Urteil vom 30.9.1993 - 2 AZR 268/93, DB 1994, S. 982-984

Schriften zum Arbeitsrecht und Wirtschaftsrecht

Herausgegeben von Abbo Junker

Band 1 Christoph-N. Lerche: Der Europäische Betriebsrat und der deutsche Wirtschaftsausschuß. Eine vergleichende Analyse der betrieblichen Mitwirkung der Arbeitnehmer vor dem Hintergrund der Globalisierung der Märkte. 1997.

Band 2 Christian Walter Mecke: Zur rechtlichen Verbindlichkeit kollektiver Vereinbarungen in England. 1997.

Band 3 Katja Francke: Die betriebliche Mitwirkung der Arbeitnehmer in Belgien. Unter Berücksichtigung vergleichender Aspekte zum deutschen Betriebsverfassungsrecht. 1997.

Band 4 Christian Schulze: Die Zulässigkeit einstweiliger Verfügungen gegen Betriebsänderungen. 1998.

Band 5 Stefan Miersch: Die Rechtsfolgen mitbestimmungswidriger Maßnahmen für das Arbeitsverhältnis. Eine zivilrechtsdogmatische Untersuchung. 1998.

Band 6 Heike Wegner: Internationaler Verbraucherschutz beim Abschluß von Timesharingverträgen: § 8 Teilzeitwohnrechtegesetz. 1998.

Band 7 Julia Wichmann: Dienstleistungsfreiheit und grenzüberschreitende Entsendung von Arbeitnehmern. 1998.

Band 8 Johann-Volker Peter: Société par actions simplifiée (S.A.S.). Die Vereinfachte Aktiengesellschaft in Frankreich, eine Rechtsform für die Kooperation von Unternehmen. 1999.

Band 9 Sylvia Schnelle: Der Europäische Betriebsrat in Spanien. Zugleich eine Einführung in das spanische Recht der Arbeitnehmervertretung. 1999.

Band 10 Viktoria Bornhagen: Die Zumutbarkeit als Rechtsgedanke im Arbeitsrecht. 1999.

Band 11 Thorsten Schacht: Der Übereilungsschutz beim arbeitsrechtlichen Aufhebungsvertrag. Arbeitnehmerschutz bereits de lege lata? 2000.

Band 12 Marcus Hellmann: Immobilienkauf nach spanischem Recht. 1999.

Band 13 Nicolaus Johannes Ehinger: Die juristischen Personen des öffentlichen Rechts als herrschende Unternehmen. 2000.

Band 14 Alexander Lentz: Das kollektive Arbeitsrecht der Republik Südafrika. Eine Untersuchung mit Bezügen zum deutschen Recht. 2000.

Band 15 Michaela Brunssen: Der Arbeitgeberverbandswechsel. Tarifrechtliche und arbeitskampfrechtliche Konsequenzen. 2000.

Band 16 Morten Petersenn: Das Recht des Grundstückskaufs in Südafrika. 2000.

Band 17 Stefan Krüger: Die umwandlungsrechtliche Haftungsregelung bei der Betriebsaufspaltung und ihre Analogiefähigkeit. 2001.

Band 18 Jürgen Kitzinger: Der GmbH-Geschäftsführer zwischen Arbeits- und Gesellschaftsrecht. Im Blickpunkt: Zuständigkeit der Arbeitsgerichte. 2001.

Band 19 Anja Ruge: Die Lohnersatzansprüche ehemaliger Zwangsarbeiter gegen deutsche Industrieunternehmen. 2001.

Band 20 Michael Knoll: Die Sozialauswahl im Arbeitsrecht. 2001.

Band 21 Britta Albrecht: Mediation im Arbeitsrecht. Individualarbeitsrecht und Betriebsverfassungsrecht. 2001.

Band 22 Annusch Barten: Das System der Arbeitnehmervertretung in Frankreich. 2001.

Band 23 Diane Westera: Der Wiedereinstellungsanspruch nach wirksamer Kündigung. 2001.

Band 24 Kristin Doerlich: Die Tariffähigkeit der Gewerkschaft. Eine Analyse der Mächtigkeitsrechtsprechung des Bundesarbeitsgerichts im Lichte neuerer Erfahrungen. 2002.

Band 25 Tina Witten: Vertragsgestaltung und Gesetzesbindung im Recht der Zeitarbeit. 2002.

Band 26 Martin Hellfeier: Die Leistungszeit im Arbeitsverhältnis. Eine Untersuchung zum Fixschuldcharakter der Arbeitspflicht und zu den Folgen ihrer Nichterfüllung. 2003.

Band 27 Almut Maulshagen: Betriebliche Arbeitskampfregelungen. 2003.

Band 28 Maren Band: Tarifkonkurrenz, Tarifpluralität und der Grundsatz der Tarifeinheit. 2003.

Band 29 Manuela Schulz: Der Bereitschaftsdienst in öffentlich-rechtlich organisierten Krankenhäusern. Eine rechtliche Bewertung. 2003.

Band 30 Felix Benedikt: Die Kürzung von Tariflöhnen zur Sanierung. Eine verfassungskonforme Auslegung des § 3 III TVG entsprechend § 626 BGB. 2003.

Band 31 Tim Kaden: Individuelle Bündnisse für Arbeit und Günstigkeitsprinzip. 2003.

Band 32 Simone Kreiling: Die Erstreckung betrieblicher und betriebsverfassungsrechtlicher Tarifnormen auf Außenseiter. 2004.

Band 33 Carsten Beck: Betriebliche Mitbestimmung und Kündigungsschutz. Die Funktionen betrieblicher Mitbestimmung im und deren Einfluß auf den Kündigungsschutz nach dem KSchG. 2004.

Band 34 Jost Eder: Die Regelungsabrede als Alternative zur Betriebsvereinbarung bei der Gestaltung materieller Arbeitsbedingungen. 2004.

Band 35 Christian Pfab: Wirkungsweise und Reichweite tarifvertraglicher Öffnungsklauseln. 2004.

Band 36 Julia Amlang: Die unternehmerische Entscheidungsfreiheit bei „betriebsbedingten Kündigungen" im europäischen Rechtsvergleich. Kündigung aus wirtschaftlichen Gründen in Deutschland, Frankreich, Spanien, Großbritannien und Schweden. 2005.

Band 37 Alida Milthaler: Das Fragerecht des Arbeitgebers nach den Vorstrafen des Bewerbers. 2006.

Band 38 Doreen Peter: Nebentätigkeiten von Arbeitnehmern. Interessenkollisionen von Arbeitgebern und Arbeitnehmern. 2006.

Band 39 Julia V. C. Bartlog: Das Verhältnis von Gesetz und Tarifvertrag. 2006.

Band 40 Michael Fuhlrott: Der geschädigte Arbeitnehmer. Zur Verfassungsmäßigkeit des Ausschlusses von Schmerzensgeld in der Unfallversicherung sowie zur Herleitung der Haftung bei Eigenschäden im Hinblick auf das Verschuldensprinzip. 2006.

Band 41 Femke Reinecke: Leistungsbestimmung des Arbeitnehmers. 2006.

Band 42 Maria M. Bausback: Der Bestandsschutz des Arbeitsverhältnisses auf europäischer und internationaler Ebene. Entwicklungen vom Mittelalter bis zur Gegenwart. Teil 1 / Teil 2. 2007.

Band 43 Jens Günther: AGB-Kontrolle von Arbeitsverträgen. Analyse der deutschen Rechtslage nach der Schuldrechtsreform und vergleichende Betrachtung des österreichischen Kontrollsystems. 2007.

Band 44 Claudiana Triskatis: Ethikrichtlinien im Arbeitsrecht. 2008.

Band 45 Annette Bruder: Die Weitergabe von Insiderinformationen durch Arbeitnehmervertreter. 2008.

Band 46 Ute Dietrich: Nichtraucherschutz am Arbeitsplatz. 2008.

Band 47 Markus Ebert: Übertragung und Zuordnung von Versorgungsverpflichtungen gegenüber Arbeitnehmern im Rahmen einer umwandlungsrechtlichen Spaltung. 2008.

Band 48 Susanne Schneider: Broad-based Black Economic Empowerment in der Republik Südafrika. 2008.

Band 49 Mandy Reichel: Die Einbeziehung des Außenseiter-Arbeitgebers in den Verbandsarbeitskampf. 2008.

Band 50 Abbo Junker (Hrsg.): Betriebsübergang in Europa. Symposion aus Anlass des 10-jährigen Bestehens der Schriften zum Arbeitsrecht und Wirtschaftsrecht am 10.10.2008 in München. 2009.

Band 51 Till Bender: Vorschläge zur Neuordnung des Sonderkündigungsschutzes nach MuSchG und SGB IX. 2009.

Band 52 Manuela Rauch: Die geschlechtsbezogene Diskriminierung am Arbeitsplatz nach kalifornischem Recht. 2009.

Band 53 Tina Luise Allenberg: Das französische règlement intérieur d'entreprise. Die Arbeitsordnung im französischen Arbeitsrecht. 2009.

Band 54 Bernd Haas: Anwaltliches Mandatsverhältnis zum Betriebsrat. 2009.

Band 55 Martin Fröhlich: Die erweiterte Weisungsbefugnis des Arbeitgebers im spanischen Recht. 2009.

Band 56 Stefanie Lorenzen: Inhaltskontrolle beim Betriebsübergang. Die Anpassung tariflicher Arbeitnehmerpflichten nach Privatisierungen. 2009.

Band 57 Oliver E. Aldea: Das französische Kündigungsrecht im Spannungsfeld von Abfindungen und Bestandsschutz. 2010.

Band 58 Wolfgang Stock: Die Einsetzung einer Transfergesellschaft. Unter besonderer Berücksichtigung betriebsverfassungs- und arbeitsförderungsrechtlicher Vorgaben. 2010.

Band 59 Claudia Hagedorn: Zulässigkeit und Grenzen von Tarifsozialplänen. 2010.

Band 60 Daniela Quink: Inhaltskontrolle von Freiwilligkeitsvorbehalten in Arbeitsverträgen. 2010.

Band 61 Kathrin Kentner: Arbeitskampfmittel der Arbeitgeber. 2010.

Band 62 Angela Nunes Fernandes Gil Wolf: Arbeitnehmereinsatz im Ausland. Das auf doppelte Arbeitsverhältnisse anwendbare Recht am Beispiel der Vertragsgestaltung eines internationalen Konzerns. 2010.

Band 63 Annemarie Berthold: Whistleblowing in der Rechtsprechung des Bundesarbeitsgerichts. 2010.

Band 64 Malte Koch: Die Beteiligung von Arbeitnehmervertretern an Aufsichtsrats- und Verwaltungsratsausschüssen einer Europäischen Aktiengesellschaft. 2011.

Band 65 Agnes Maria Kollerbaur: Die französische Arbeitsinspektion. Eine Untersuchung unter besonderer Berücksichtigung ihrer Rolle bei Kündigungen. 2011.

Band 66 Marcus Christian Leinenweber: Landesschlichtungsgesetze? 2011.

Band 67 Frederike Cathérine Gärtner: Die gesetzliche Regulierung von Bahnstreiks in Frankreich. Arbeitskampf vs. Kontinuität öffentlicher Dienstleistungen. 2011.

Band 68 Carolin van Straelen: Der Rollenkonflikt des Arbeitnehmervertreters zwischen Betriebsratsmitglied und Gewerkschaftsfunktionär. 2012.

Band 69 Anna Maria Jordan: Entgeltdiskriminierung in Frauenberufen? 2012.

Band 70 Dominic Köstner: Compliance-Richtlinien im Unternehmen. Arbeits- und datenschutzrechtliche Implementierungsaspekte. 2012.

Band 71 Michael Kobler: Fremdeinflüsse auf die tarifliche Willensbildung. 2012.

Band 72 Anne Kraas: Zulässigkeit und Grenzen der arbeitsvertraglichen Entgeltflexibilisierung. 2012.

Band 73 Melanie Amann: Die Belegschaftsabstimmung. 2012.

Band 74 Christina Mennemeyer: „Dritter Weg" und rechtliche Grenzen der Flexibilisierung des Arbeitsrechts der katholischen Kirche. 2012.

Band 75 Joël Philipp Hofmann: Rechtsmissbrauch und Verwirkung bei Widerspruch gegen den Übergang des Arbeitsverhältnisses nach § 613a BGB. 2013.

Band 76 Jennifer Junker: Das Recht der Arbeitnehmerüberlassung in Japan. 2013.

Band 77 Gabriele Geiselhart: Tarifliche Regelungsmacht bei Haustarifverträgen und Unternehmerfreiheit. Dargestellt am Beispiel von Standortgarantien und Zeitarbeitsquoten. 2013.

Band 78 Lorenz Sylvester Mitterer: AGB-Korrektur in Dauer- und Langzeitschuldverhältnissen. 2013.

Band 79 Janina Morgenweck: Die Arbeitsgerichtsbarkeit in England. 2013.

Band 80 Christoph B. Kistler: Die Rechtmäßigkeit von Spartenstreiks. Alte Kriterien in neuem Licht. 2013.

Band 81 Julia Strasser: Die Haftung bei Lohnwucher im Arbeitsrecht der USA. 2014.

Band 82 Stephanie Amschler: Constructive dismissal. Fingierte Arbeitgeberkündigung im englischen Kündigungsschutzrecht. 2014.

Band 83 Felix Berding: Die Urabstimmung im britischen Arbeitskampfrecht im Licht der EMRK. 2014.

Band 84 Christine Kumpf: Multinationalität der SE-Mitbestimmungsordnung. 2014.

Band 85 Florian Schiffer: Der Leistungsmaßstab im Arbeitsverhältnis. 2014.

Band 86 Stefan Hoffmann: Unterrichtungspflicht und Widerspruchsrecht bei Betriebsübergang gemäß § 613a Abs. 5 und 6 BGB – Grenzen, weitere aktuelle Rechtsprobleme und Strategien zur Risikominimierung. 2015.

Band 87 Marie-Theres Boetzkes: Die Konzernmutter als Mitarbeitgeberin im französischen Recht. 2015.

Band 88 Ines Kranz: Landesarbeitskampfgesetze? 2015.

Band 89 Hendrik Schulte-Wrede: Die Beteiligung der Arbeitnehmer in der Europäischen Privatgesellschaft – SPE. 2015.

Band 90 Kathrin Charlotte Enke: Beteiligungsvereinbarungen nach § 21 SEBG. 2015.

Band 91 Tom Christopher Pröstler: Modelle betrieblicher Arbeitnehmerbeteiligung. Ein historisch-europäischer Rechtsvergleich zwischen Deutschland und dem Vereinigten Königreich. 2015.

Band 92 Achim Engel: Collective Governance in Tarifverbänden. 2015.

Band 93 Michaela Felisiak: Reglierungsbedarf grenzüberschreitender Betriebsübergänge. Zweifel an der grenzüberschreitenden Anwendbarkeit des § 613a BGB. (Urteil des BAG vom 26. Mai 2011). 2015.

Band 94 Robert Cornelius Richard: Inhaltliche Grenzen des Zeugnisanspruchs des Arbeitnehmers. 2015.

Band 95 Martina Reiser: Umgehung des § 613a BGB durch Aufhebungsvereinbarung und Neuvertrag. 2015.

www.peterlang.com